KB064592

부자의 탄생과 몰락에서 배우는 투자 전략

부자의 역사

일러두기

1. 본문에 등장하는 단행본 저작은 『 』으로, 보고서나 논문, 잡지 및 기타 저작, 영화는 「 」으로 표기했습니다.
2. 본문에 등장하는 외래어는 기본적으로 국립국어원 외래어표기법을 따랐으며, 필요에 따라 한자, 영문 및 외국어를 병기했습니다. 표기법에는 어긋나지만, 제프 베조스나 나탄 로스차일드처럼 이미 대중들에게 굳어진 이름들은 그대로 썼습니다. 외국인명은 원칙적으로 영문명을 병기했으나, 잘 알려진 인물의 경우나 특별히 불필요하다는 판단이 들 때에는 본문의 가독성을 위해 생략했습니다.
3. 책이나 기타 자료에서 참고한 사항은 본문에 따옴표로 엮었으며, 미주(尾註)로 출처를 밝혔습니다. 인용된 대부분의 본문은 인용 허가를 받았지만, 개중에 연락이 닿지 않아 허가를 얻지 못한 몇몇 자료들이 있습니다. 출판사에 정식 요청하시면 추후 협의를 진행하도록 하겠습니다. 본문의 일관성을 위해 필요하다면 인용문의 맞춤법과 띄어쓰기, 고유명사 등을 일부 고쳤습니다. 참고문헌(bibliography)은 책 뒤에 따로 실었습니다.
4. 책 속에 등장하는 사진은 위키피디아, 구글, 핀터레스트 및 저작권이 해결된 소스에서 가져왔으나, 그 외 삽화의 저작권은 출판사에 귀속됩니다.

부자의 탄생과 몰락에서 배우는 투자 전략

부자의 역사

최종훈 지음

피톤치드

추천사

조만장자들이 가진 다섯 가지 특징

역사와 관련된 책을 집필하는 건 모든 작가에게 매운 큰 도전입니다. 특히 역사학자가 아닌 사람이 이런 책을 쓰는 건 여간 어려운 작업이 아닙니다. 이 작업은 다른 종류의 책에 비해 몇 배의 수집과 분석이 있어야 하기 때문이죠. 게다가 부의 역사를 한 권의 책으로 집필하는 것은 역사, 경제, 정치, 종교, 전쟁, 인물 등 다양한 주제를 망라하고 통섭해야 가능한 일입니다. 그런데 저자는 그 어려운 일에 도전했고, 결국 성공했습니다.

독자들이 책을 읽는 목적은 모두 다르겠지만, 두 가지로 정리하면 첫 번째는 저자의 생각과 논리, 메시지를 이해하고 기억해 내재화하기 위함일 것이고, 다른 하나는 책에서 전달하거나 암시하는 교훈이나 배움을 자신의 삶에 적용해보기 위함일 것입니다. 이런 관점에서 이 책의 저자는 부의 정점에 있던 인물들의 강점과 약점을 추출하여 설명하고, 이것을 교훈 삼아 독자들도 참고하고 적용해보도록 안내하고 있습니다. 그리고 부를 갖게 되는 핵심 요소를 다섯 가지로 정리해 독자들에게 제시해주었습니다. 저자의 설명에 자신을 맡기면 지루하지 않게, 점점 더 흥미를 느끼며 이 책을 읽어나갈 수 있습니다.

이 책에서 소개하는 인물들이 당대 최고의 부를 얻을 수 있었던 것은 시대와 환경이 급변하는 상황을 빠르게 감지하고, 미래를 꿰뚫어보는 시각이 있었기 때문입니다. 특히 위기 상황에서 남들과 다르게 판단하고 행동해 엄청난 기회를 만들었죠. 이 책은 남들과 다르게 생각하고 행동해야 성공과 부를 거머쥘 수 있다는 교훈을 줍니다. 독자들이 이 책을 읽을 때 각 인물이 어떻게 다르게 생각하고 행동했는지 눈여겨본다면 많은 도움을 얻을 것이라 생각합니다. 또한 거듭 실패한다 해도 중도에 포기하지 않고 꾸준히 실행하는 것, 즉 회복탄력성도 위대한 인물들의 성공 비결 중 하나라는 사실을 깨닫길 바랍니다.

제가 인생의 좌우명처럼 생각하는 것이 있는데, 바로 '인디언 기우제'입니다. 인디언들은 가뭄이 계속되면 기우제를 지냅니다. 그러면 반드시 비가 내리죠. 이 비결은 인디언들이 비가 내릴 때까지 기우제를 지내기 때문입니다. 성공하고 싶다면, 포기하지 말고 끝까지 실행해야 합니다. 누구나 부자를 꿈꾸지만 소수만이 부자의 반열에 오릅니다. 그 이유가 무엇인지 이 책을 통해 답을 얻길 바랍니다.

심재우(에스비컨설팅·맘스퀘스천 대표)

세상에 단 하나 밖에 없는 부자론

누구나 부자가 되고 싶어 합니다. 하지만 아무나 부자가 될 수 있는 건 아닙니다. 많은 사람이 부자들의 화려한 겉모습만 보려 하지, 그들이 세계적인 반열에 오르기까지 개인적으로 겪은 고통과 아픔은 보려 하지 않습니다. 저는 욥의 회복탄력성부터 규모의 경제를 달성한 제프 베조스의 끈기에 이르기까지 부자들의 일대기를 읽으며 '고통 없이 성취는 없다.'는 옛말을 다시금 떠올렸습니다.

『부자의 역사』, 참 매력적이고 술술 읽히는 책입니다. 이 책을 읽는 내내 '아, 이래서 이들이 부자가 되었구나.'라는 생각을 참 많이 했습니다. 부자들을 시대별로 구분하고, 부富가 수렴되는 산업군을 세 가지 주제어로 묶은 건 정말 탁월한 관점이었습니다. 이 책은 다른 어떤 책에서는 보지 못한 독특한 구조로 흥미 있는 주제를 다루고 있습니다. 서점에 '부자 되는 법', '돈 버는 법'을 다룬 책은 넘쳐나지만, 부자들의 생애를 집요하게 추적한 책은 드뭅니다. 정확한 사료를 바탕으로 한 소개, 저자만의 위트 있는 설명, 부자들의 능력치를 다섯 항목으로 평가한 스파이더 차트, 일생을 일목요연하게 볼 수 있도록 정리한 연표까지! 『부자의 역사』는 매우 재미있으면서도 결코 가볍지 않은 책입니다.

저는 회사를 경영하며 눈코 뜰 새 없이 바쁜 필자가 어떻게 이렇게 대단한 역사적 탐구를 진행했는지 그저 놀라울 따름입니다. 인물마다 적지 않은 참고문헌을 일일이 읽고 자료를 뽑아 하나씩 정리하는 작업이 결코 만만치 않았을 것이라 짐작만 할 뿐입니다. 저자는 책을 집필하며 세계 모든 위대한 부자가 겪은 성장통을 함께 겪고 일취월장하는 경험을 했을 것입니다. 여러분도 저처럼 이 책을 일독하며 부자의 성공과 몰락을 함께 공부하는 귀중한 경험을 해보시기 바랍니다.

전상부(이베스트증권 강북센터장)

들어가는 글

하마르티아와 페리페테이아, 그들은 왜 부자가 될 수 있었는가

"억만장자(billionaire)가 되는 최선의 방법은
10억(billion) 명의 사람들을 돕는 것이다."
—『어번던스』, 『볼드』의 저자 피터 디아만디스—

사실 전 본 적이 없습니다만, 한때 「6백만 불의 사나이」라는 미드가 인기리에 방영되었습니다. 불의의 사고로 왼쪽 눈과 오른쪽 팔, 두 다리를 잃은 주인공 스티브 오스틴 대령이 6백만 달러라는, 당시로써는 천문학적인 액수를 들여 인조인간으로 거듭난다는 SF 이야기입니다. 6백만 불의 사나이는 온갖 작전을 수행합니다. 소머즈라는 짝꿍도 등장하죠. 제가 알기로 6백만 불의 사나이는 1987년 폴 베호벤 감독의 「로보캅」이 등장하기 전까지 사이보그계의 큰 형님으로 한 시대를 풍미했습니다. 제 삼촌뻘 되는 분들은 개구쟁이 시절 하나같이 동네 골목에서 6백만 불의 사나이 흉내를 내며 놀았다고 합니다. 이후 '6백만 불의 사나이'라는 명칭은 최고의 몸값을 자랑하는 부자나 스포츠 스타들에게 하나의 대명사처럼 붙여지곤 했습니다.

언제부턴가 6백만 불의 사나이가 조금 철 지난 표현이 되어버렸습니다. 6백만 달러라고 해봤자 요즘 환율로 68억 원에 불과한(?) 이유도 있을 겁니다. 하지만 그보다는 하루가 멀다 하고 신흥 억만장자들의 기사가 신문을 장식하면서 6백만 불의 희소성이 없어지다 보니 그만 밋밋한 표현이 되어버린 것입니다. 유럽 프로축구 리그나 미국 프로야구 리그 상위권 팀에는 몸값만 수천억 원에 달하는 선수들이 적지 않습니다. 하다못해 신종 갑부로 등장한 유튜브 인플루언서는 카메라 앞에서 라면만 몇 개 끓여 먹어도 매년 수십억 원 이상을 가뿐히 벌어들이니 요즘 사람들이 '6백만 불의 사나이'라는 표현으로는 돈의 규모를 체감하지 못하는 것 같습니다. 그

시대가 바뀌면서 돈의 가치도 그만큼 상승했다.
영화 「6백만 불의 사나이」(좌)와 「6십억 불의 사나이」(우)
(출처: google.com)

래서 최근 숫자만 바꿔 마크 월버그 주연의「6십억 불의 사나이」가 등장한 것이겠죠. 한마디로 50여 년의 세월이 흐르면서 인조인간의 물가도 인플레이션을 겪은 것입니다.

백만장자의 탄생

시간을 조금만 과거로 돌려 봅시다. 매년 수십억 원을 버는 부자들은 언제 출현했을까요? 사실 우리의 예상과 달리 백만장자의 존재는 그리 오래되지 않았습니다. 이는 백만장자라는 어원만 들여다봐도 금세 알 수 있습니다. 백만장자는 '밀리어네어millionaire'라는 영어 단어를 우리말로 옮긴 것입니다. 본래는 프랑스어였는데, 1821년에 영어사전에 등재되면서 보편적으로 알려졌죠. 이후 밀리어네어라는 단어는 이 책에서도 만나보게 될 존 록펠러와 앤드루 카네기 같은 19~20세기 입지전적 인물들을 가리키는 명칭으로 두루 쓰였습니다.

그러나 얼마 지나지 않아 '도금시대Gilded Age'라 불리는 미국의 경제 발전과 맞물리면서 더 이상 백만장자라는 말이 무색한 이른바 '슈퍼리치'들이 등장했습니다. 억만장자가 탄생한 것이죠. 억만장자를 뜻하는 '빌리어네어billionaire'는 밀리어네어의 대응어로 1844년부터 사용되기 시작했으며,

1902년에 영어사전에 등재될 정도로 거부를 가리키는 흔한 명칭이 되었습니다. 이제 사람들은 밀리어네어로는 한 명의 부자가 가진 총재산을 다 표현할 수 없다고 느끼게 되었습니다.

세기를 지나면서 실리콘밸리의 기적과 함께 빌리어네어를 넘어서는 조만장자, 즉 '트릴리어네어trillionaire'도 등장했습니다. 아마존의 수장 제프 베조스는 전처와 이혼하면서 천문학적인 위자료를 주고도 인류 최초로 조만장자라는 닉네임을 유지하고 있습니다. '작은 부자는 부지런함이 만들고 큰 부자는 하늘이 내린다.'라는 옛말이 있습니다. 영어에서도 재물을 뜻하는 단어 '포춘fortune'은 '운명의 수레바퀴를 돌리는 여신 포르투나가 내리는 재물 운'이라는 속뜻을 갖고 있습니다. 이런 표현들은 인간 입장에서 할 수 있는 역할이 거의 없다는 오해를 줍니다. '운명'이라는 말은 사실 '운대'와 다르지 않기 때문이죠. 그렇다면 부자는 하늘이 아니라 시대가 내리는 게 아닐까요? 여기서 시대를 타고난 인물이란 시류를 잘 타 부자가 된 운 좋은 사람이 아니라 시대를 관통하는 정신을 간파한 명석한 사람이겠죠.

부자들은 하마르티아를 어떻게 극복했는가

시대를 관통하는 '시대정신Zeitgeist'을 정확하게 읽고 좌표를 옮겨간 부자들은 과연 어떤 특징을 갖고 있을까요? 혹시 '하마르티아hamartia'라는 말을 아십니까? 하마르티아는 그리스어로 '벗어남', '일탈'을 뜻합니다. 궁수가 쏜 화살이 과녁에서 벗어났을 때, 헬라인들은 "하마르티아!"라고 외쳤습니다. 그리스도교 신학에서 이 단어가 보통 '죄'로 해석되는 이유도 여기에 있습니다. 인간이 마땅히 가야 할 길에서 벗어나 엉뚱한 곳을 배회하는 행위가 신에게는 죄가 되니까요. 저는 이 하마르티아의 극복이야말로 부자들의 대표적인 공통점이라고 생각합니다.

문학에서 하마르티아는 높은 지위와 고귀한 품성을 지닌 비극의 주인공이 불행을 맞는 원인으로 제시됩니다. 이는 고대 그리스 철학자 아리스토텔레스가 『시학』에서 처음 언급한 개념입니다. 그의 개념에 따르면, 하마르티아는 위대한 인물이 갖는 선천적 결함, 격정적인 성격에서 비롯한 판단 착오를 의미합니다. 끝도 없는 오만함, 종잡을 수 없는 변덕, 지독한 옹졸함, 제어할 수 없는 약점, 치명적인 도덕상 결점도 모두 하마르티아의 일종이라 할 수 있습니다. 하마르티아 때문에 오셀로는 데스데모나의 정절을 의심하게 되고, 결국 질투에 눈이 멀어 그녀를 살해합니다. 하마르티아 때문에 오이디푸스는 반란군의 수괴가 되어 부왕을 살해하고 여왕이 자신의 어머니인 줄도 모르고 전리품처럼 그녀를 취하고 말죠. 이처럼 하마르티아는 주인공이 공통적으로 갖는 결함으로 도저히 벗어나거나 뿌리칠 수 없는 숙명으로 작용합니다.

하마르티아는 영웅이 가진 선천적 결함을 의미한다.
오셀로(좌)와 오이디푸스(우)
(출처: wikipedia.org)

극중 주인공이나 신화 속 영웅은 자신이 가진 하마르티아 때문에 고난을 겪기도 하고, 비범한 여행을 떠나기도 하고, 때로는 죽기도 합니다. 약점이라고는 눈곱만큼도 없는, 100% 무균질의 영웅은 이 세상에 존재하지 않습니다. 그런 천하무적 영웅 이야기는 싱겁기 마련입니다. 그래서 반신반인의 아킬레스도 남들이 생각지도 못한 발꿈치에 약점을 갖고 있으며, 궁극의 초인 슈퍼맨조차 빌런이 들고 있는 자그마한 크립토나이트 조각 하나에 맥을 못 추는 겁니다. 영화 속 주인공이 너무 뛰어나거나 너무 사악하기만 하다면 줄거리가 너무 단순해 감동과 재미를 충분히 끌어낼 수 없을 것입니다. 그래서 아리스토텔레스는 하마르티아를 그 최적의 균형을 만들어내는 비극적인 영웅의 특성으로 묘사한 것입니다. 발버둥 치며 벗어나려 할수록 더 깊은 운명의 늪에 빠질 뿐이죠. 주인공이 겪는 곤경을 보며 관객들은 정서적 정화, 즉 카타르시스를 경험합니다.

세기의 부자들 역시 하마르티아를 지니고 태어난 영웅들과 같습니다. 리디아의 부왕富王 크로이소스는 델포이의 신탁을 자의로 해석한 오만함 때문에 페르시아 원정에 나서고, 결국 무의미한 전쟁을 벌이다 타지에서 유명을 달리하고 맙니다. 그는 역사상 가장 부유했던 왕이자 최초로 황금 주화를 주조한 인물이었으나, 그의 하마르티아가 결국 왕국의 모든 재물을 잃게 만들었습니다. 로마의 삼두정치를 이끌었던 마르쿠스 크라수스 역시 정적政敵 폼페이우스에 대한 불같은 질투심 때문에 모두가 말린 파르티아 원정에 나섭니다. 세상 모든 부귀영화를 다 가진 그였지만, 전승식에서 화려하게 행진하고 싶었던 인간적인 욕심은 하마르티아가 되어 일개 병졸의 칼날에 목이 베이는 치욕 속에 눈을 감고 말죠. 전 세계 스마트기기 혁명을 진두지휘했던 스티브 잡스 역시 고아라는 현실에서 자라난 괴팍한 성격과 종잡을 수 없는 기질 때문에 자신이 일으킨 회사 애플에서 쫓겨나는 수모를 당했습니다.

하마르티아는 페리페테이아를 낳고

두 번째로 부자들은 '페리페테이아peripeteia'를 공통적으로 갖고 있습니다. 저는 하마르티아 외에도 부자들이 페리페테이아를 활용한 비범한 인물이라고 생각합니다. 페리페테이아는 그리스어로 불행이 행운을 낳고 행운이 다시 불운을 낳는, 이른바 운의 역전을 일컫습니다. 페리페테이아는 주인공이 갖는 하마르티아 때문에 자신의 운명이 드라마틱하게 뒤바뀌는 역사의 간계를 경험합니다. 쉽게 말해, 이야기의 반전turn을 뜻하죠. 페리페테이아는 자신의 결함과 부족, 결핍을 잘만 이용하면 얼마든지 인생 역전을 이룰 수 있다는 교훈을 우리에게 전달해줍니다.

대표적인 페리페테이아의 사례는 『회남자』에 등장하는 고사 '새옹지마塞翁之馬'입니다. 우리가 익히 알고 있는 이야기입니다. 변방에 사는 한 노인에게 말이 한 마리 있었는데, 어느 날 마구간을 탈출하여 도망가버렸습니다. 동네 사람들은 졸지에 말을 잃은 노인을 위로했습니다. 그런데 그것도 잠시, 도망갔던 말이 친구들을 데리고 돌아와 하루아침에 노인의 마구간이 말들로 가득 차게 되었습니다. 한마디로 전화위복이 된 것이죠. 동네 사람들은 노인의 행운을 부러워했습니다. 그러던 어느 날, 그 말 가운데 하나를 타고 놀던 노인의 아들이 그만 떨어져 다리를 저는 불구자가 되고 말았습니다. 동네 사람들은 운이 화를 불렀다고 혀를 찼습니다. 그런데 극적 반전이 노인을 기다리고 있었습니다. 그해 오랑캐가 침입하여 전쟁이 나면서 노소를 불문하고 대부분의 남자가 징집되어 전쟁터로 끌려갔지만, 불구자가 된 아들은 다행히 제외된 것이죠.

부자들은 자신의 화禍를 복福으로 바꾸는 페리페테이아를 지렛대처럼 이용할 줄 아는 이들이었습니다. 앞서 언급한 잡스는 이사진에 의해 애플에서 비참하게 쫓겨나는 수모를 당했지만, 도리어 그 불행이 그로 하여금 픽사라는 새로운 사업 영역에 도전할 수 있는 기회를 주었고, 결국 그 페리페테이아를 잘 활용한 잡스는 아무 힘도 들이지 않고 침몰 직전에 있던 애플에 다시금 무혈입성할 수 있었습니다. 영국과 프랑스에 상당한 투자금이 물려 있던 나탄 마일드 로스차일드는 양국의 전쟁으로 도산 직전까지 몰렸지만, 웰링턴 장군이 워털루 전투에서 나폴레옹을 무찔렀다는 뉴스를 가장 먼저 듣고 시장에 쏟아져 나온 영국 국채를 헐값에 사들이는 반전을 이끌어냈습니다. 그때 벌어들인 재산은 로스차일드 가문이 명실상부 세기의 백만장자 가문으로 우뚝 서는 데 필요한 종잣돈이 되었습니다.

멘토와 빌런의 등장

하마르티아를 페리페테이아로 전환하기 위해서는 주인공이 가진 힘과 재능만으로는 어렵습니다. 사고의 지평을 넓혀주는 인생의 멘토, 자신의 한계를 극복하도록 도와주는 파트너, 난관과 모험을 함께 헤쳐 나갈 동료가 필요합니다. 신화학자 조셉 캠벨은 『천의 얼굴을 가진 영웅』이라는 책에서 신화 속 영웅들의 공통점을 이렇게 정리했습니다. 첫 번째, 영웅이 뜬금없이 미지의 세계로 모험을 떠납니다. 이 모험은 부름, 즉 소명calling에 가깝습니다. 두 번째, 영웅은 모험 중에 여러 난관을 만납니다. 세 번째, 그때마다 영웅은 멘토의 도움과 지략으로 여러 번 죽음의 문턱을 넘으며 초자연적인 세계로 인도됩니다. 그중 몇몇 영웅은 죽음을 맞이하기도 합니다. 하지만 불사의 약을 통해 곧 부활을 경험하죠. 네 번째, 결국 여정을 마치고 돌아온 영웅은 깨달음, 신성한 능력, 마법을 통해 세상을 통치합니다.

오늘날 부자를 과거 그리스 비극이나 신화, 민담에 등장하는 영웅이라고 본다면, 부자야말로 자신의 운명적 하마르티아를 극복할 멘토가 절실합니다. 캠벨이 말했듯, 부자 역시 영웅처럼 새로운 영역으로 모험을 떠나고, 생사의 기로에서 도움을 주는 친구(귀인)를 만나며, 여정에서 얻은 깨달음을 갖고 되돌아와야 합니다. 워런 버핏 옆에는 투자의 절대 원칙을 가르쳐준 벤저민 그레이엄이, 잡스 옆에는 컴퓨터 도사 스티브 워즈니악이, 마크 저커버그 옆에는 같은 유대인 출신 에두아르도 세브린이 있었습니다. 검약과 절제의 화신 록펠러도 초창기 때 모리스 클라크라는 동료가 있었기 때문에 사업을 일으킬 수 있었고, 바늘로 찔러도 피 한 방울 나올 것 같지 않던 강철왕 카네기도 곁에 헨리 프릭이라는 대리인이 있었기 때문에 그토록 욕을 먹으면서도 자신의 회사를 굳건히 끌고 갈 수 있었죠. 세상이 1등만을 기억하는 게 당연하지만, 부자의 역사를 배우는 사람이라면 1등 뒤에는 조언자나 조력자, 파트너, 숨은 동료가 있었다는 사실을 잊지 말아야 합니다.

동시에 영웅들에게는 빌런(악당)도 있어야 합니다. 어벤져스에게 타노스가 있듯, 부자들에게도 적수와 라이벌, 악당, 반대자가 존재합니다. 빌런은 영웅의 모험을 끌어가는 이야기의 한 축이 되는 동시에 영웅의 성장과 완성에 디딤대가 되어줍니다. 백만장자들에게는 멘토의 역할만큼이나 라이벌의 영향력도 중요합니다. 크라수스에게는 폼페이우스가 있었고, 메디치 가문에게는 알비치 가문이 있었습니다. 빌 게이츠에게는 잡스가 있었고, 저커버그에게는 윙클보스 형제가 있었죠. 라이벌들은 부자들에게 자신의 잠재성을 최고로 끌어올릴 수 있는 기회를 주고, 반대자들과 엎치락뒤치락하며 얻은 경험들은 부자들이 더 많은 재산을 벌어들이는 데 절대적으로 필요한 지식을 제공해줍니다.

도금시대를 이끌어간 부자들.
왼쪽부터 록펠러, 카네기, 밴더빌트
(출처: theatlantic.com)

부자에게 필요한 다섯 가지 덕목

플라톤은 『국가』에서 지도자가 가져야 할 네 가지 덕목virtue으로 신중과 용기, 절제, 정의를 꼽았습니다. 이는 이후 지도자와 정치가, 리더들이 마땅히 따라야 할 규범이 되었죠. 이와 마찬가지로 백만장자들에게서도 공통적으로 발견되는 덕목들이 있습니다. 저는 이 덕목을 다섯 가지, 즉 독창성, 진실성, 성실성, 계획성, 개방성으로 정하고, 스파이더 차트spider chart를 그려 각 부자가 가진 덕목들을 한눈에 보기 쉽게 조망했습니다. 기존의 부자학이 부자가 지닌 하나의 특성이나 덕목에 집중하여 이를 부각시키는 서술 방식을 따랐다면, 저는 모든 부자들이 연속적인 시대의 흐름에 따라 잃지 않고 보유하는 불변의 가치관이 있다고 믿었습니다. 물론 그 가치관 역시 여러 가지 형태로 표출될 수 있겠지만, 하워드 가드너가 말한 다중지능에 대한 원리를 믿는다면 부자도 다면적 덕목이 존재할 것이라는 추론에 도달한 겁니다.

다섯 가지 덕목을 구체적으로 정리하면 다음과 같습니다.

독창성: 전에 없던 개념을 생각해내는 창의적인 발상, 기존에 있던 것을 조합하는 능력

진실성: 도덕적 덕목과 사회적 기여를 통한 종교적 헌신, 정신적 가치에 대한 믿음

성실성: 끈기와 인내, 불요불굴의 정신, 집착력과 근면성

계획성: 주도면밀한 전략과 계획, 밀어붙이는 추진력

개방성: 새로운 변화에 대한 오픈마인드, 문제를 수용하는 솔직함, 회복탄력성 등

이 책만의 장점과 독창성

지금까지 거시적 관점에서 돈이나 화폐의 역사를 다룬 역사서나 미시적 관점에서 특정 지역이나 시대, 혹은 한두 주제의 경제상을 다룬 책은

많았습니다. 또한 부자들의 재테크, 성공하는 사람들의 습관, 부의 추월차선, 돈 버는 성공 전략, 단기간에 100억 원 벌기 등은 물론, 하다못해 절세 방법을 가르쳐주는 자기계발서 입장에서 부자를 기술하는 책도 많았습니다. 하지만 이제껏 시대의 변화와 흐름에 따라 부자들, 그러니까 세기의 백만장자와 억만장자의 탄생을 기술한 책은 없었습니다. 또한 단독 부자의 전기나 자서전, 인물사를 주제로 쓴 책은 그간 수두룩했지만, 통시적 관점에서 부자들과 시대상의 변화를 함께 엮은 책은 국내와 해외를 통틀어 전무하다고 할 수 있습니다.

저는 회사를 창업하고 투자 컨설팅을 오랫동안 진행해온 젊은 CEO로서 부자의 탄생과 몰락에 자연스럽게 관심이 생겼습니다. 고대시대부터 현대에 이르기까지 다양한 산업에서 세계를 호령하고 부의 지도를 그려나갔던 억만장자들의 생애를 추적한 히스토리오그래피historiography를 언젠가는 써보고 싶었습니다. 시대정신을 따라 1차, 2차, 3차 산업혁명에 응답했던 인물들이 어떠한 경로를 통해 재산을 축적했는가, 더 세밀하게 들어가 수렵-채집사회에서 농경사회로 진입하면서 어떤 형태의 재산이 만들어지고 어떻게 통화通貨 경제가 발생했는가, 도시국가가 이합집산을 거치며 제국이 형성되던 시기에 땅과 지리의 개념이 확대되면서 부의 자산이 어떻게 부동산의 가치를 끌어냈는가, 종교가 유럽을 지배하던 시절 피렌체의 상인들은 어떤 경로를 통해 종교 이데올로기를 등에 업고 지중해 상권을 접수했는가, 자신의 집에 딸린 작은 차고에서 시작한 서점업이 어떻게 특이점(싱귤레리티)을 거치며 누구도 불가능하다고 생각한 인터넷 유통의 혁명기를 가져왔는가를 역사의 프리즘을 통해 들여다보려 했습니다.

프로 복싱에서는 체급을 무시하고 역사적으로 가장 위대한 복서를 뽑는 파운드 포 파운드pound for pound 랭킹을 선정합니다. 이처럼 부자의 역사를 쓰기 위해서는 제일 먼저 시대와 지역을 불문하고 인플레이션을 감안한 자산의 맞비교를 통해 시대를 아우르는 억만장자들의 리스트를 작성해야 했습니다. 저는 「포춘」, 「포브스」를 비롯하여 「블룸버그」 등 다양한 경제지를 뒤졌습니다. 문제는 각종 리스트에 다양한 인물들이 올라왔는데, 선정 기준과 지표가 각기 달라 이 기준부터 통일시켜야 했습니다. 우선 모든 자료를 취합해 공통분모를 찾아내고 가장 많이 중복되는 인물부터 가려냈습니다.

이렇게 15명의 인물을 선정한 뒤 이들을 고대, 중세, 근대, 현대시대로 나누었습니다. 고대시대에는 신화적 인물 욥, 리디아의 부왕 크로이소스, 로마를 통째로 사들인 크라수스, 중세시대에는 영국을 세운 정복자 윌리엄 1세, 아프리카의 황금왕 만사 무사, 중세 경제 교황 코시모 데 메디치, 근대시대에는 유럽 최고의 금융 가문을 일으킨 마이어 암셸 로스차일드,

「포춘」,「포브스」,「블룸버그」 등을 참고하여 시대와 지역을 불문하고 15명의 거부를 선정했다.

석유 재벌 록펠러, 강철왕 카네기, 자동차 시대를 개척한 헨리 포드, 현대 시대에는 마이크로소프트의 게이츠, 주식 투자의 교본 버핏, 스마트기기의 개척자 잡스, 네트워크의 몽상가 저커버그, 신유통 재벌 베조스가 이름을 올렸습니다.

물론 역사적으로 살펴봐야 할 억만장자는 이보다 훨씬 많습니다. 로마의 황제 율리우스 카이사르, 송나라의 황제 신종, 무굴제국의 황제 악바르, 평민 출신에서 일약 백작의 작위에 오른 유럽 최고의 거부 야코프 푸거, 투기자본으로 미국전신회사AT&T를 세운 J. P. 모건, 증기선과 철도로 부를 거머쥔 '제독' 밴더빌트, 홍콩의 거부 리카싱, 멕시코의 '경제 대통령' 카를로스 슬림, 세계적인 브랜드 자라ZARA로 유명한 아만시오 오르테가, 베조스와 함께 '우주 남작Space Barons'으로 불리는 테슬라의 일론 머스크 등. 만약 이들까지 포함했다면 이 책의 분량은 지금의 두 배가 족히 넘었을 겁니다. 시간과 기회가 된다면 다음에는 이들에 대한 책도 써보고 싶습니다. 『부자의 역사』 시즌 투쯤이 되겠죠?

'하늘 아래 쫓기어 나오지 않은 문장이라곤 없다天下無不逼出來的文章.'라는 중국 속담이 있습니다. 딱 저를 두고 하는 말입니다. 하루가 25시간이라도 모자랄 만큼 바쁜 시간을 보내면서도 피톤치드 출판사 박상란 대표님과의 약속을 상기하며 틈틈이 읽고 쓰기를 게을리하지 않았습니다. 어떤 때는 이동하는 차 안에서 그간 접어놓은 책을 펼치기도 했고, 마라톤 회의 중 잠시 짬을 내어 노트북을 열고 그때그때 생각나는 글들을 쓰기도 했습니다. 마감일을 받아 놓고 마지막 몇 개월은 거의 새벽을 지새우며 원고를 다듬었습니다. 그런 생각과 글들이 조금씩 모여 어느덧 이렇게 한 권의 책으로 엮여 세상에 나오니 참으로 감개무량합니다. 지금 이 순간 감사함을 전하고 싶은 분들이 떠오릅니다. 부족한 원고를 꼼꼼히 읽고 추천사를 써주신 심재우 에스비컨설팅 대표님과 전상부 이베스트증권 강북센터장님, 원고를 교정해주신 김동화 님에게 감사의 마음을 전합니다. 뒤에서 묵묵히 내조해준 사랑하는 아내 채소라, 놀아주지도 못하는 바쁜 아빠를 아껴주는 유주와 유하에게 사랑의 마음을 전합니다. 그리고 누구보다 하나님 아버지께 감사 드립니다.

최종훈

차례

PART IV

망, 정보, 유통 Network, Information, Distribution

부자의 역사는 돈의 역사와 그 궤적을 같이한다. 문자로 전하지 않는 선사시대, 아니 그보다 이전 수렵-채집 생활을 영위하던 호모 사피엔스가 농경사회로 진입하며 기초적인 사회 구조와 신분, 계급을 갖추기 시작하면서 부wealth가 탄생했다. 여기서 수렵-채집이란 들로 산으로 다니며 짐승을 사냥하거나 주변에서 음식으로 삼을 만한 식물을 긁어모았다는 뜻이다. 이처럼 들짐승을 가축화하거나 곡물을 모으면서 고대의 부자가 등장했다. 이때는 자급자족을 기반으로 한 족장사회가 만들어지며 부족 간 교류가 일어나고, 간단한 물물교환에서 출발하여 농경과 목축으로 얻어진 산물들을 서로 거래하며 점차 경제 개념이 확립된 시기이기도 하다. 이 시대를 통해 부의 개념은 기초적인 의식주에서 출발했으며 먹고사는 문제가 인간사회를 이루는 가장 근본적인 유통의 원칙이라는 사실을 배울 수 있다.

프랑스 라스코Lascaux와 스페인 알타미라Altamira의 동굴벽화는 이 시기의 경제관념을 잘 보여준다. 기원전 1500년경에 그려진 것으로 추정되는 라스코 동굴벽화에는 비틀림 화법으로 묘사된 세 마리의 거대한 들소와 만화를 찢고 나온 것 같은 일각수 형태의 동물, 평원을 힘차게 달리는 황소와 말이 등장한다. 이들이 자신들의 생존을 위해 동물을 얼마나 소중하게 여겼는지 알 수 있는 대목이다. 알타미라 동굴 역시 붉은색과 보라색으로 그려진 들소의 그림들로 장식되어 있다. 특히 이 동굴을 채색한 이들은 벽면에 멧돼지와 말을 가축화한 것으로 추정되는 장면들을 삽입했다. 그들에게 가축은 부의 척도였다. 이후 그들은 동굴에서 나와 일정한 땅에 거주하며 점차 세력을 넓혀갔고, 그중 강력한 통치력을 가진 인물이 보다 넓은 지역을 차지하면서 어마어마한 부를 축적해 나갔다.

PART I

소, 돈, 땅
Cow, Money, Land

CHAPTER 1

소를 가진 동방 최고의 부자
욥

(1650 BCE?~1410 BCE)

"내가 모태에서 알몸으로 나왔사온즉
또한 알몸이 그리로 돌아가올지라.
주신 이도 여호와시요 거두신 이도 여호와시오니
여호와의 이름이 찬송을 받으실지니이다."
—욥—

개인적으로 영화 「트리 오브 라이프」를 감명 깊게 보았다. 영화에는 가부장적인 아버지 오브라이언(브래드 피트)이 등장한다. 아들에게 좀처럼 자신의 감정을 드러내지 않는 그는 사사건건 말보다는 매로 자녀를 다스린다. "아빠라 부르지 말고 아버지라 불러." 뭐 이런 식이다. 그런 그에게는 3명의 듬직한 아들이 있었는데, 특히 장남(숀 펜)은 무뚝뚝하고 근엄한 아버지를 불편해 한다. 그러던 어느 날, 삼형제 중 오브라이언이 가장 사랑하던 둘째가 그만 베트남전에서 전사한다. 청천벽력 같은 비보를 들은 어머니(제시카 차스테인)는 절망하며 신께 울부짖는다. "우리가 무슨 잘못을 했나요?"

졸지에 사랑하는 아들을 잃고 슬픔에 빠진 아버지는 긴 침묵 속에 자책한다. "좀 더 남자답게 키우려고 때렸는데… 불쌍한 자식." 따스하고 자애로운 어머니, 반면 엄격하고 두려운 아버지. 아버지는 언제나 입버릇처럼 아들에게 말했다. "착하게 살지 마라." "인생에서 뒤처지면 안 된다." "남자가 성공하기 위해서 나약해서는 안 된다." 아들의 죽음으로 모든 게 혼란스러웠던 부부는 절대자에게 자신들에게 닥친 절망과 무력함에 대해 끊임없이 질문을 던진다. 그러나 영화는, 아니 신은 이렇게 말한다. "내가 땅의 기초를 놓을 때에 네가 어디 있었느냐? 네가 깨달아 알았거든 말할지니라."[1]

뜬금없는 답변이요, 동문서답이다. "내 아들을 왜 데려갔어요?"라고 따지는 인간에게 신은 나직이 말한다. "너는 내가 우주를 만들 때 존재하기라도 했냐?" 공룡시대를 비롯한 선사시대의 장면 장면을 무덤덤하게 파노라마처럼 보여주는 영화는 한 인간의 탄생과 죽음, 가족의 의미, 우주의 신비와 변화에 대한 신의 답변처럼 느껴진다. 거역할 수 없는 인간의 운명 앞에서 병들고 죽을 수밖에 없는 나약한 존재는 신이라도 붙들어야 겨우 살 수 있다. 차디찬 우주의 질서 속에서 인간은 파리 목숨에 지나지 않는다. 아니, 하루살이에 불과하다. 그런 인간에게 생존의 위협을 가하는 불행과 재난의 의미는 그래서 언제나 미스터리로 남는다.

우리 모두는 인생에서 뜻하지 않은 상실과 고통을 만나게 된다. 그 문제가 태산처럼 다가와 우리의 앞길을 막아서면 무력한 인간은 거인의 발에 밟히기 직전 10센티미터를 남겨둔 속절없는 벌레로 전락한다. 이럴 때 신에게 고난의 의미를 묻게 된다. 가족을 부양하기 위해 하루도 쉬지 않고 부지런히 산 50대 가장이 어느 정도 살만해지니 덜컥 암이 찾아온다. 배를 갈라 보니 손쓸 수 없을 정도로 다른 장기까지 암 덩어리가 퍼진 상태다. 주인공은 절망 가운데 하늘을 보고 울부짖는다. "왜 나입니까?" 독자들이라면 이런 드라마 한 편쯤은 모두 보았을 것이다. 역사상 인간이 풀지 못한 가장 근원적인 질문을 최초로 던진 인물이 있다. 바로 욥이다.

캐시카우, 욥이 부자가 된 이유

유대교와 그리스도교의 경전인 『구약성서』에 등장하는 욥은 고대 근동 지역의 전설적인 갑부로 알려져 있다. 그는 자신의 기록을 남기지 않아 그에 대해 알 수 있는 방법은 『구약성서』 중에서 가장 오래됐다는 「욥기」를 들춰보는 것뿐이다.* 『구약성서』에 등장하는 대부분의 인물은 이름에 의미심장한 뜻을 지니고 있다. 욥은 무슨 뜻을 가지고 있을까? 욥은 고대 히브리어로 '족장' 내지 '부조父祖'를 뜻한다. 당시는 국가가 형성되기 이전이었기 때문에, 욥은 한 부족의 아버지였다는 의미가 된다.

욥은 대략 기원전 1650년에서 1410년경 우스Uz에서 살았던 것 같다. 우스는 지금의 아라비아 사막으로, 그 당시는 지금보다 훨씬 비옥한 지역이

---

* 「욥기」는 39권의 책으로 구성된 『구약성서』 중에서 열여덟 번째 책이다.

었을 것으로 추정된다. 욥에 대한 『구약성서』의 평가는 대단히 후한 편이다. "그 사람은 온전하고 정직하여 하나님을 경외하며 악에서 떠난 자"였으며, "동방 사람 중에 가장 훌륭한 자"였다.[2] 여기서 '훌륭한 자'라는 말은 엄청난 갑부였다는 의미까지를 포함한다. 과거 의로움은 왕족이나 부자들이 가진 덕목이었다. 게다가 그는 아들 일곱에 딸 셋을 둔 가장이었다. 당시는 일손이 하나라도 더 필요한 농경사회였기 때문에 장성한 아들들은 집안의 중요한 자산이 되었을 것이 분명하다. 욥의 가정은 매우 화목했던 것 같다. "그의 아들들이 자기 생일에 각각 자기의 집에서 잔치를 베풀고 그의 누이 세 명도 청하여 함께 먹고 마셨다."[3] 욥은 자식들이 자신도 모르게 신에게 죄를 지을까 두려운 마음에 매일 아침마다 제사를 지냈다. 한마디로 '금이야 옥이야' 하며 자식들을 애지중지 키웠다.

욥은 어떻게 부자가 되었을까? 목축업이었다! 소가 바로 그의 재산이자 금괴였다. 경제 용어 중에 '캐시카우cash cow'라는 개념이 있다. 캐시카우는 주기적으로 꼴만 먹여주면 젖소가 꾸준히 우유를 생산하는 것처럼, 한 기업의 수익 창출원으로 확실한 자금을 만들어내는 사업을 말한다. 목축업으로 어마어마한 자산을 일군 욥에게는 소가 말 그대로 캐시카우였다! 사실 고대시대에 소(카우)는 곧 돈(캐시)이었다. 오늘날에도 일부 농경 지역에서는 돈을 대신하여 소가 중요한 가치 척도로 쓰인다. "후에 역사가들은 로마의 최초 화폐는 양과 소가 아니었을까 추측하게 되었다. 라틴어로 '돈'을 뜻하는 페쿠니아pecunia는 '소'를 뜻하는 페쿠스pecus에서 파생되었기 때문이다."[4] 욥은 7천 마리의 양, 3천 마리의 낙타, 1천 마리의 소, 5백 마리의

소는 증식이 가능한 돈이다.

암나귀를 소유하고 있었다.* 그는 끝없이 펼쳐진 대초원에 아마도 「초원의 집」이나 「OK목장의 결투」에 나오는 것 같은 대규모 목장을 갖춘 동방 최고의 부자였을 것이다. 대규모 축산단지를 통해 부의 흐름을 파악한 욥은 자신의 대저택에서 매일 연회를 베풀고 함포고복하며 그렇게 인생의 절정을 맞이했다.

캐시카우

현금을 뜻하는 캐시와 소를 일컫는 카우의 합성어로, 지속적으로 현금을 창출할 수 있는 산업을 총칭하는 용어다. 본래 캐시카우라는 단어는 낙농업에서 꾸준한 수입을 보장하는 소를 의미했다. 캐시카우는 미국의 보스턴컨설팅그룹BCG이 개발한 전략 평가 기법으로 현재 시장점유율이 높아 수익이나 현금 흐름cash flow은 양

---

* 「욥기」 1장 3절에는 '소가 5백 겨리'라고 되어 있는데, '겨리'는 두 마리의 소가 끄는 쟁기를 뜻하기 때문에 1천 마리의 소가 있었던 것으로 봐야 한다.

호하지만 미래의 지속적인 성장에는 한계를 가지고 있는 사업 부문을 의미한다. 한 기업이 캐시카우를 보유하면 높은 점유율로 고정 수익을 많이 올릴 수 있고, 해당 제품의 성장성이 낮아 다른 기업도 탐을 내지 않게 된다. 결국 캐시카우는 해당 기업의 안정적인 수익을 가져다주는 주 수입원이 된다. IT업계를 예로 들면, 대표적으로 마이크로소프트MS의 운영체제인 윈도우Windows가 이에 해당한다.

부자는 망해도 3년은 간다?

인생에 양지가 있다면 음지도 있는 법이다. 욥의 영원할 것 같던 행복도 그리 오래 가지 않았다. 사탄이 욥을 시기하면서 욥의 인생에 갑자기 먹구름이 끼게 된다. 사탄은 신들이 모인 하늘 법정에 지구 대표로 참석한다. 신은 사탄에게 욥을 한껏 칭찬한다. "욥을 주의하여 보았느냐? 그와 같이 온전하고 정직하여 하나님을 경외하며 악에서 떠난 자는 세상에 없느니라."[5]

이 말에 사탄은 바짝 약이 오른다. "욥이 어찌 까닭 없이 하나님을 경외하리이까? 주께서 그와 그의 집과 그의 모든 소유물을 울타리로 두르심 때문이 아니니이까? 주께서 그의 손으로 하는 바를 복되게 하사 그의 소유물이 땅에 넘치게 하셨음이니이다. 이제 주의 손을 펴서 그의 모든 소유물을 치소서. 그리하시면 틀림없이 주를 향하여 욕하지 않겠나이까?"[6] 그의 제안은 『파우스트』에 등장하는 메피스토펠레스의 거래를 닮았다. 사탄은 세상은 '기브 앤 테이크', 한마디로 주는 게 있으니 받는 게 있다는 식의 논리, 지극히 이해관계로 굴러간다는 점을 강조한다. "당신께서 주는 게 있으니 그가 재물만 믿고 저러잖습니까? 어디, 제 말이 틀립니까?" 사탄의 치명적인 고소에 신은 잠시 마음이 흔들린다.

신은 사탄과 딜을 시도한다. "내가 그의 소유물을 다 네 손에 맡기노라. 다만 그의 몸에는 네 손을 대지 말지니라."[7] 신이 욥을 두고 딜을 했다는 점에서 일단 사탄의 계략은 성공했다. "욥은 세상 사람들처럼 조건을 걸고 나를 섬기는 게 아니다." "그걸 어떻게 증명하실 겁니까?" 신은 자신 있게 욥을 사탄의 손에 맡긴다. "그래? 그럼 그의 목숨만 남겨놓고 나머지를 다 빼앗아봐라. 그러고도 그가 내 이름을 부른다면 그보다 무슨 증거가 더 필요하겠는가?" 욥을 괴롭힐 생각에 들뜬 사탄은 쏜살같이 지구로 내려온다. 이제 사탄의 피의 복수가 일어난다. 고래 싸움에 새우등 터진다고 하늘의 선과 악이 충돌하면 땅에서는 인간들의 피비린내 나는 절규와 곡소리가 울려 퍼지는 법이다. 이때 사탄이 욥에게 거드름을 피우며 말한다. "살려는 드릴게."

어느 때처럼 저택의 정원에서 연회가 열리고 신명나는 풍악과 즐거운 웃음소리가 가득한 어느 날, 겁에 질린 종이 저 멀리서 맨발로 헐레벌떡 뛰어온다. 그는 쓰러질 듯 고꾸라질 듯 바닥을 구르며 욥에게 달려와 그날 아침 자신에게 일어난 기괴한 사고에 대해 아뢴다. 무소식이 희소식이다. 이런 경우 좋은 소식일 리가 없다. “어르신, 갑자기 무뢰한들이 농장에 들이닥쳤습니다. 그들이 소와 나귀를 빼앗고 닥치는 대로 하인들을 칼로 살해했습니다. 저만 겨우 목숨을 부지하여 이렇게 도망쳤습니다.” 그런데 그의 말이 채 끝나기도 전에 수평선 저쪽에서 모래바람을 일으키며 또 다른 종 하나가 똑같은 몰골을 하고 달려오고 있는 게 아닌가. 욥은 이번에도 안 좋은 소식일 것 같은 불길한 마음을 억누를 수 없다. 그 종이 가쁜 숨을 몰아쉬며 달려와서 한 말은 첫 번째 종보다 더 가관이다. “어르신, 하늘에서 갑자기 벼락이 쳐 양과 종이 다 불타 죽었습니다. 불구덩이 속에서 저만 겨우 살아남았습니다요.”

올 거면 한꺼번에 올 것이지 이번에도 두 번째 종의 말이 끝나기 무섭게 세 번째 종이 땀을 삐질삐질 흘리며 저 멀리서 달려오고 있다. 입이 벌어지고 눈이 뒤집힌 모습이 멀리서 봐도 실성한 사람처럼 보인다. “어르신, 폭도 세 무리가 갑자기 농장에 무단으로 침입하였습니다. 그들이 남아 있는 낙타를 빼앗고 종들을 칼로 찔러 죽였습니다. 저는 겨우 달아나 이렇게 목숨만 부지했습지요.” 그 종이 머리를 숙이고 주인에게 죽여 달라며 꺼이꺼이 우는데, 저쪽에서 네 번째 종이 허겁지겁 달려오고 있는 게 아닌가. 그는 얼마나 다급했는지 옷도 입지 않고 벌거벗은 채 젖 먹던 힘을 다해 이쪽으로 뛰어오고 있다. 이쯤에서 욥은 주변을 두리번거리며 ‘이거 혹시 몰래카메라 아냐?’라고 생각했을지 모르겠다. 그는 욥의 발 앞에 턱 엎어져 외친다. “어르신, 맏아들 집에서 식사를 하는데 갑자기 토네이도가 불어 건물이 폭삭 주저앉았습니다. 현장에 있던 사람들은 다 죽고 저만 살

Fur die platern Malafrantzosa.

Herr hymels vn der erden der du gen gedultigñ iob durch verheng nuß liesest slahen durch den veint des mensc hen mit den haftigñ platern So die kain mensch m gewan mit so grosser leng. Der glider vō fueß piß auf die schaitln verletzt ward. Soliche plag widerum b vō Im auf gehabñ. Durch in grose gedult erman ich dich sch er hymels vnd der er n:des frids mit Noe. Der verheissung Abrahe Des Jural entzs nach ordnung Melchisedech Der erhebung Simon s:den du allen des al=

동방의 거부 욥은 하루아침에 이유를 알 수 없는 고난을 경험한다.
1497년에 제작된 『구약성서』에 실린 삽화. 욥이 악창으로 고생하고 있다.
(출처: google.com)

아왔습니다, 흑흑."[8]

'부자는 망해도 3년은 간다.'라는 말이 있다. 하지만 동방의 거부였던 욥은 하루아침에 폭삭 망한다. 재산이고 사람이고 하나도 건지지 못하고 몽땅 잃은 것이다. 당시에 화재보험이 있을 리 만무하다. 소가 핵심 자산이었던 욥은 소를 잃자 그대로 고꾸라진다. 고대 근동 지역의 최고 부자였던 그의 손실은 아마도 오늘날 거의 한 나라의 모라토리엄moratorium과 맞먹는 수준이었을 것이다. 문제는 이게 시련의 끝이 아니었다는 점이다. 이제는 때아닌 아토피가 욥의 몸을 공격하기 시작한다. 머리부터 발끝까지 빽빽이 종기와 악창이 나 돌조각으로 긁지 않고는 간지러워 배길 수가 없었다. 오늘날이라면 쉽게 고치고도 남을 사소한 피부병이 그 당시에는 목숨을 위협하는 무시무시한 병이었다. 이내 욥의 몸에서는 피와 진물이 흘러내린다.

모라토리엄

'지체하다'라는 뜻의 라틴어 모라토리우스moratorius에서 유래한 모라토리엄은 국가가 일정 기간 채무의 이행을 유예하는 선언으로 지급 유예, 혹은 지불 유예를 가리키는 용어다. 보통은 천재지변이나 전쟁 등으로 국가의 신용이 붕괴되어 외부에서 채무의 추심이 강행될 때 자국 내 기업들의 도산을 막기 위한 응급조치로 발동된다. 원래 프랑스에서 비롯된 제도인데, 오늘날 세계 각국에서 채용하고 있다. 일례로 1931년 세계 대공황에 대처하기 위해 당시 미국의 대통령이었던 허버트 후버가 유럽 제국의 대미전채에 대해 1년간 지불을 유예해주었다. 한국의 경우, 1997년 12월 IMF 때 기업들의 줄도산으로 경제 상황이 악화되자 3개월간 지불 유예를 선언했다. 모라토리엄이 일정 기간 채무 이행을 유예하는 방식이기 때문에 채무불이행이나 국가 부도를 의미하는 디폴트default와는 성격이 다르다.

어려운 때일수록 가장 가까운 사람이 마음에 큰 생채기를 내는 법이다. 무너진 폐허더미에 앉아 질그릇 조각으로 온몸을 벅벅 긁고 있는 남편에게 아내가 다가가 저주를 퍼붓는다. "그의 아내가 그에게 이르되, 당신이 그래도 자기의 온전함을 굳게 지키느냐? 하나님을 욕하고 죽으라."[9] 요즘

같으면 욥의 아내는 이혼 전문 변호사를 대동하고 왔을 것이다. “저 웬수 같은 인간 때문에 내가 못 살아, 에휴.” 그러나 욥은 꼭지가 단단히 돈 아내에게 마치 남의 일인 듯 허허 웃으며 말한다. “그대의 말이 한 어리석은 여자의 말 같도다. 우리가 하나님께 복을 받았은즉 화도 받지 아니하겠느냐?”[10] 세계 3대 악처惡妻로 소크라테스의 아내 크산티페와 톨스토이의 아내 소피아, 그리고 이름이 따로 나오지 않는 욥의 아내를 꼽는 데에는 그만한 이유가 있다.* 어거스틴은 이런 욥의 아내를 두고 ‘마귀를 돕는 배필’이라고 질타했고, 중세의 종교개혁자 칼뱅은 그녀를 ‘사탄의 도구’라고 규정했다.

욥이 가진 정체불명의 하마르티아

절묘한 타이밍에 그가 부자였을 때 사귄 3명의 친구, 데만 사람 엘리바스, 수아 사람 빌닷, 나아마 사람 소발이 병문안을 왔다. 어쩌면 병문안을 빙자해 한때 제일 잘나가던 친구의 몰락을 구경하러 왔을지도 모르겠다. 언제나 친구의 성공에는 배가 아프고, 실패에는 혀가 고소한 법 아니겠는가. 하지만 그런 기분도 잠시! 그들은 온몸에서 피가 나고 얼굴에 죽음의 검버섯이 올라온 욥의 흉측한 몰골을 보고 놀라고 만다. 사실 곤경에 처한

---

* 『욥의 언약(Testament of Job)』이라는 고대 문헌에서는 욥의 아내 이름이 시티스(Sitis)로 명시되어 있다.

사람에게 해줄 수 있는 가장 큰 위로는 침묵을 지키는 일인지도 모른다. 그 어떤 말도 도움이 되지 않을 때가 있다. 세 친구는 처음엔 아무 말 없이 욥의 곁을 지켜준다. 그러나 일주일이 지나자 고통 속에 신음하는 욥에게 위로한답시고 한마디씩 건넨다. "이보게, 아무 이유 없이 재앙이 오지는 않는 법이네. 이렇게 큰 화를 당한 걸 보면 분명 자네가 하나님께 큰 죄를 지은 게 틀림없네." 조언을 가장한 욕이 따로 없다. 이런 말보다는 차라리 악다구니를 하는 것이 나을지도 모른다.

이것이 욥이라는 인물이 가진 하마르티아다. 욥은 인생의 풍랑을 거치며 깊은 나락에 떨어졌을 때 평소 우정을 나누었던 죽마고우에게서 위로를 가장한 모욕적 언사를 감내해야 했다. '유붕자원방래 불역락호有朋自遠方來 不亦樂乎'라는 고사성어도 평상시에나 통하고, '어려울 때 함께 있어주는 친구가 진짜 친구다A friend in need is a friend indeed.'라는 영국 속담도 비슷한 처지에나 해당하는 말이다. 어제의 친구가 오늘의 적이 되어버렸다! 정의의 탈을 쓴 친구들은 무방비 상태의 친구를 자신들의 혀로 마구 난도질한다. 위대한 인물은 이처럼 가장 가까운 사람들에게서 저주를 받는 운명을 타고난다. 카이사르는 정치적 양아들이었던 브루투스에게 암살당했고, 예수는 함께 빵을 먹던 친구이자 제자였던 유다에게 배신당했다. 벤허는 둘도 없는 친구 메살라에게 뒤통수를 맞고 노예 갤리선에 갇혀 목숨 걸고 노를 저어야 했다.

결국 굳건히 자신을 지키던 욥은 서서히 무너져 내린다. "그 후에 욥

대차게 망한 욥을 질책하는 인정머리 없는 친구들보다 옆에서 노려보는 아내가 더 무섭다.
(출처: google.com)

이 입을 열어 자기의 생일을 저주하니라. 욥이 입을 열어 이르되, '내가 난 날이 멸망하였더라면, 사내아이를 배었다 하던 그 밤도 그러하였더라면.'"[11] 자신의 생일을 저주하고, 자신의 존재를 부정하는 욥. 자녀들은 모두 죽고, 아내는 고무신 거꾸로 신고 언제 줄행랑을 칠지 모른다. 세상에 이름난 부자였던 사람이 나락으로 떨어졌으니 그 위치 에너지는 보통 사람들보다 훨씬 컸을 게 분명하다. 비유하자면, 한때 한국에서 가장 잘나가던 은막의 스타가 돈도, 친구도, 건강도 잃고 수십억 빚더미에 앉아 동네 주유소에서 알바를 하는 것과 비슷한 처지일까? 이런 막막하고 절망적인 상황에서 욥처럼 삶을 저주하는 게 더 자연스럽고 인간적인 반응이 아닐까? 욥의 말을 듣던 데만 사람 엘리바스는 욥을 힐난한다. "이제 이 일이 네게 이르매 네가 힘들어 하고 이 일이 네게 닥치매 네가 놀라는구나. 네 경외함이 네 자랑이 아니냐? 네 소망이 네 온전한 길이 아니냐? 생각하여 보라. 죄 없이 망한 자가 누구인가? 정직한 자의 끊어짐이 어디 있는가?"[12]

이에 대해 욥은 이렇게 반박한다. "내게 가르쳐서 나의 허물된 것을 깨닫게 하라. 내가 잠잠하리라. 옳은 말이 어찌 그리 고통스러운고. 너희의 책망은 무엇을 책망함이냐? 너희가 남의 말을 꾸짖을 생각을 하나 실망한 자의 말은 바람에 날아가느니라. 너희는 고아를 제비 뽑으며 너희 친구를 팔아넘기는구나. 이제 원하건대 너희는 내게로 얼굴을 돌리라. 내가 너희를 대면하여 결코 거짓말하지 아니하리라."[13] 그러자 이번에는 수아 사람 빌닷이 기진맥진한 먹잇감의 목덜미를 덥석 무는 비열한 승냥이처럼 욥에게 달려든다. "하나님을 잊어버리는 자의 길은 다 이와 같고 저속한 자의 희망은 무너지리니 그가 믿는 것이 끊어지고 그가 의지하는 것이 거미줄 같은즉, 그 집을 의지할지라도 집이 서지 못하고 굳게 붙잡아주어도 집이 보존되지 못하리라."[14]

욥은 빌닷의 질책이 매우 고통스러웠다. 욥의 보이지 않는 실책과 도덕적 결함을 헤집고 들어왔기 때문이다. 게다가 빌닷은 욥의 문제로 국한하지 않고 미처 눈도 감지 못하고 죽은 자녀들의 죄악까지 언급했다. 이에 욥은 침을 한 번 꿀꺽 삼키며 힘겹게 반박한다. "진실로 내가 이 일이 그런 줄을 알거니와 인생이 어찌 하나님 앞에 의로우랴? 사람이 하나님께 변론

하기를 좋아할지라도 천 마디에 한 마디도 대답하지 못하리라."[15] 그의 논리는 이런 식이다. "아무리 뛰어난 사업가라도 하나님 앞에 완전하고 완벽한 인간이 어디 있겠냐?"

옆에서 잠자코 자신의 차례를 기다리던 나아마 사람 소발이 드디어 등판한다. 그는 헛기침으로 목소리를 가다듬더니 대뜸 이렇게 말한다. "말이 많으니 어찌 대답이 없으랴? 말이 많은 사람이 어찌 의롭다 함을 얻겠느냐? 네 자랑하는 말이 어떻게 사람으로 잠잠하게 하겠으며 네가 비웃으면 어찌 너를 부끄럽게 할 사람이 없겠느냐?"[16] 쉽게 풀어보면 이런 식이다. "야, 너 아직 정신 못 차렸구나? 그렇게 나불거리는 거 보니 앞으로 개고생을 더 해봐야 네 잘못을 뉘우칠 거 같다." 저주에 가까운 말이다! 욥은 사력을 다해 자신을 방어한다. "나도 너희 같이 생각이 있어 너희만 못하지 아니하니 그 같은 일을 누가 알지 못하겠느냐?"[17] 한마디로 말해 "입 닥쳐! 나도 알 건 알아."쯤 될 것이다.

여기서 주목해야 할 것은 친구들이 욥의 파산을 인과응보나 권선징악의 논리로 이해하고 있다는 점이다. 모든 사건에는 원인이 있다. 당사자가 알든 알지 못하든, 원인은 특정한 결과를 만들어낸다. 당구대 위의 공이 큐대를 맞고 반대편에 있는 공으로 굴러가는 것처럼, 욥의 실패는 다 그만한 원인이 잉태한 결과일 뿐이라는 주장이다. 물론 크게 틀린 주장이 아니다. 자연에서 작동하는 모든 현상은 인과관계로 설명될 수 있기 때문이다. 하지만 사회에서 벌어지는 사건들은 결코 인과관계만 가지고는 설명되지 않는다. 욥의 하마르티아는 바로 여기에 있다. 망했는데 그 이유를 모른다는 것. 모든 것이 다 필연적인 이유가 될 수 있고, 반대로 모든 것이 다 결과와 무관한 우연적인 것일 수 있다. 우리가 욥의 생애에서 눈여겨보아야 할 것은 '그가 왜 실패했는가?'보다는 '그가 실패에서 무엇을 배웠는가?' 하는 점이다.

페리페테이아, 욥의 회복탄력성

영웅의 하마르티아는 운명의 페리페테이아를 가져온다. 유대인들 중 갑부였던 벤허는 동족 사이에서는 물론, 지배 계층인 로마인들 사이에서도 존경을 받을 만큼 덕망이 높았다. 그가 인생에서 저지른 유일한 실수는 배은망덕하고 야망에 불타는 메살라를 친구로 둔 것이었다. 하지만 벤허가 노예 갤리선을 타도록 만들었던 그의 하마르티아는 도리어 인생에 반전을 가져다주었다. 함대장 퀸투스 아리우스를 생환시킨 공로로 하루아침에 로마 최고 권력 실세의 양아들이 된 것이다. 양아버지가 건넨 인장이 박힌 반지는 벤허가 피지배 계급인 유대인 노예에서 지배 계급인 로마의 시민이자 귀족으로 급상승한 신분을 극적으로 상징한다.

욥의 하마르티아 역시 극적인 반전을 불러왔다. 신에게 의리를 지킨 그의 말년은 자신이 가장 부유했을 때보다 모든 것이 두 배로 불어났다. 패가망신한 어제의 부자가 갑자기 천억 대 슈퍼로또에 당첨된 꼴이다. "여호와께서 욥의 말년에 욥에게 처음보다 더 복을 주시니, 그는 양 1만 4천 마리와 낙타 6천 마리, 소 1천 겨리와 암나귀 1천 마리를 소유하게 되었다."[18] 쫄딱 망하기 이전에 양 7천 마리, 낙타 3천 마리, 소 5백 겨리, 암나귀 5백 마리였던 재산이 짜기라도 한 듯 정확히 두 배가 되었다. 흥미로운 점은 자녀들만큼은 두 배로 불어나지 않았다는 사실이다. 전통적으로 목축업을 하는 집안에서 장정들이 귀중한 자산이 된다는 점에서, 그리고 결혼한 딸들이 생산을 통해 얼마든지 그 장정들을 불릴 수 있다는 점에서 매우 이례적인 부분이다.

서두에서 언급한 영화 「트리 오브 라이프」를 떠올려보자. 졸지에 아들을 잃은 부모는 황망한 마음에 신에게 따진다. "왜 접니까?" "저희가 뭘 잘못했죠? 왜 이러십니까?" 아무리 아들의 죽음을 가지고 하나님께 떼를 써

욥은 결국 자신의 하마르티아를 회복탄력성으로 극복하며 멋지게 재기에 성공한다.

(출처: google.com)

봤자 돌아오는 건 없다. 이게 바로 재산과 인간의 차이라고 할 수 있다. 욥이 다시 자식을 낳았다 하더라도 이미 세상을 떠난 자식에 대한 추억을 잊을 수 없다. 첫째 아들의 기저귀를 갈아주었던 일, 둘째 아들이 초등학교에 등교하던 날 양말을 신겨주었던 일, 고열이 난 딸의 머리에 물수건을 갈아주느라 밤을 꼬박 지새웠던 일… 사람과 사람 사이에 일어났던 모든 기억은 고스란히 남아 있다. 아니 잃어버린 뒤에는 망각의 저편에서 더욱 생생하게 되살아난다.

여기서 우리는 부자들이 갖는 회복탄력성resilience을 주목할 필요가 있다. 페이스북 최고운영책임자COO인 셰릴 샌드버그Sheryl Sandberg는 자신의 책 『옵션 B』에서 회복탄력성의 중요성을 언급했다. 월간 24억 명 이상이 이용하는 세계적인 소셜 네트워크 플랫폼을 관리하는 최고운영책임자지만, 그녀 역시 졸지에 남편을 잃고 깊은 절망과 상실의 늪에서 허우적거릴 수밖에 없었음을 고백했다. 누구에게나 뜻하지 않은 역경이 닥친다. 2012년 「타임」지가 선정한 '세계에서 가장 영향력 있는 100인'에 선정되었지만 인생의 파고는 그녀를 비켜가지 않았다. 영원할 것 같던 행복한 결혼 생활은 급성 심장부정맥으로 허망하게 남편이 세상을 떠나며 순식간에 종결되고 말았다. 그녀는 애덤 그랜트Adam Grant 박사의 심리학적 조언을 통해 집단 따돌림과 차별, 이혼, 실직, 성폭력 등 실제적인 문제로 고통받는 사람들이 회복탄력성을 활용하여 나쁜 상황을 객관적으로 직시하고 부정적인 감정을 어떻게 몰아낼 수 있는지 유용한 지침들을 소개했다.

샌드버그가 말하는 회복탄력성이란 무엇일까? 이는 한 개인이 인생에서 크고 작은 다양한 역경과 실패를 겪을 때마다 깨지거나 부서지지 않고 본래의 자신으로 되돌아갈 수 있는 심리적 복원력을 말한다. 회복탄력성을 가지고 있는 사람이라면 문제에 봉착했다고 자동차 문을 걸어 잠그고 번개탄을 피워 자살하거나 한강 다리에서 무작정 뛰어내리는 극단적인 선택을 하지 않는다. 역경으로 인해 삶의 밑바닥까지 떨어졌다 해도 자신을 포기하거나 삶의 책임을 방기하지 않는다. 고무공은 있는 힘껏 땅바닥에 패대기쳐도 터지거나 찌그러지지 않는다. 일시적으로 균형점을 잃고 외관이 심하게 뒤틀리면서도 금세 위로 튀어 오르며 원형을 복원해낸다. 샌드버그는 이런 회복탄력성을 인생의 '옵션 B'라고 부른다. 그 어떤 삶도 계획대로 진행되지 않는다. 옵션 A만으로 마무리되는 인생은 없다. 누구나 욥처럼 불가항력적인 실패와 좌절의 구덩이를 지날 수 있다. "삶은 결코 완벽하지 않다. 그러므로 우리는 모두 어떤 식으로든 옵션 B의 삶을 맞닥뜨리기 마련이다."[19]

샌드버그는 마틴 셀리그먼Martin Seligman 심리학 교수의 말을 인용하면서 회복탄력성을 방해하는 3P가 있다고 이야기했다. 첫 번째 P는 역경의 원인을 자기 자신의 탓으로 돌리는 개인화personalization이고, 두 번째 P는 그 역경이 삶의 모든 영역에 영향을 미칠 것이라고 두려워하는 침투성pervasiveness이며, 세 번째 P는 그 역경의 결과가 삶에 영원히 이어질 것이라고 짐작하는 영속성permanence이다. 욥의 역경을 3P로 이해하면 우리는 대번 세 친구의 논리와 맞아떨어진다는 사실을 깨달을 수 있다. 욥의 친구들은 하나같이 그의 파산을 욥의 탓으로 돌렸다. 욥의 아내 역시 남편의 실패를 인생의 끝으로 인식하고 자살을 권유했다. 이러한 반응은 결코 욥의 문제를 해결해주지 못했으며, 스스로 넘어진 이유를 깨닫고 몸을 툭툭 털고 일어나도록 이끌어주지도 않았다.

회복탄력성

영어 resilience의 번역어로 심리학, 정신의학, 경제학 등 다양한 분야에서 연구되는 개념이며, 한 개인이 문제나 시련에 직면했을 때 이를 극복하고 다시 본래의 자신으로 돌아갈 수 있는 탄력성 내지 회복력을 일컫는다. 고무공처럼 인생의 바닥을 치고 다시금 위로 올라올 수 있는 힘, 문제를 회피하거나 부인하지 않고 직접 극복해내는 마음의 근력을 의미한다. 본래 회복탄력성은 심리학에 앞서 생태학에서 시작된 개념이다. 생태계가 외부의 변화나 파괴에 어떻게 반응하며 최적의 상태를 유지하는가를 가리키던 지표 중 하나였다. 회복탄력성은 심리학과 교육학을 넘어 최근에는 경제학, 도시 건축, 커뮤니케이션 분야에서도 주목받을 만큼 널리 유행하고 있다.

도리어 욥은 문제의 원인이 아니라 해결에 초점을 맞췄다. 그는 시련이 자신의 책임이라고 자책하지 않았으며, 역경이 영원히 자신을 뒤흔들 것이라고 여기지도 않았다. 그는 인생의 문제를 그대로 받아들였으며 슬픔을 애써 피하려고도 하지 않았다. 이런 회복탄력성이야말로 욥을 다시금

고대 최고의 부자로 거듭날 수 있도록 만들어준 비결이었다. "회복탄력성은 내면 깊숙한 곳에서 우러나올 때, 외부의 지지를 받을 때 생겨난다. 자기 삶에 주어진 혜택에 감사하고, 최악의 상황에 달려들 때 생겨난다. 스스로 슬픔을 처리하는 방식을 분석하고, 슬픔을 그대로 수용하는 과정에서 생겨난다."[20]

신은 절망한 욥에게 묻는다. "너는 대장부처럼 허리를 묶고 내가 네게 묻겠으니 내게 대답할지니라."[21] 욥은 실패와 패배에 맞서 대장부가 되라는 신의 요구를 담담히 받아들였다. 동방의 부자 욥의 회복탄력성은 필자가 가장 높이 사는 덕목이다. 투자 컨설팅을 하다 보면, 의뢰인 중에 과거에 대차게 말아먹었던 경험을 가진 부자들이 의외로 많다. 그들은 자신의 실패에 좌절하거나 포기하지 않고 다시 일어났다. 흥미로운 사실은 적지 않은 이들이 실패의 원인을 찾으려 애쓰지 않았다는 점이다. 그들은 그저 툭툭 털고 다시 일어났을 뿐이다. 거미는 자신이 전날 처마 밑에 쳐 놓은 거미줄이 망가진 걸 보고서 절망하거나 넋 놓고 울지 않는다. 거미는 아무 일도 없었다는 듯 다시 처음부터 거미줄을 친다. 그것이 전부다.

욥의 분석 차트

독창성	★★
진실성	★★★★
성실성	★★★★★
계획성	★★
개방성	★★★★★

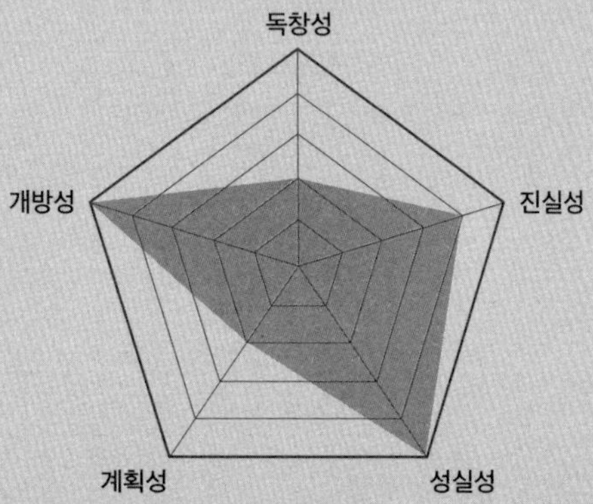

욥의 연표

- 기원전 1650년 — 아라비아 우스에서 태어남
- 기원전 1600년 — 대규모 농장으로 동방 최고의 거부가 됨
- 기원전 1580년 — 도적 떼의 침입과 천재지변으로 자녀들과 재산을 모두 잃음
- 기원전 1550년 — 농장을 다시 꾸려 재기에 성공함
- 기원전 1410년 — 240세의 나이로 사망함

CHAPTER 2

돈을 만들어 유통시킨 부자
크로이소스

Croesus

(595 BCE?~546 BCE?)

"평화보다 전쟁을 선택할 정도로
무분별한 인간이 어디 있겠습니까?
평화로울 때에는 아들이 아버지를 묻지만,
전쟁이 일어나면 아버지가 아들을 묻어야 합니다."
—크로이소스—

'돈 나고 사람 났냐, 사람 나고 돈 났지.' 돈 때문에 억장이 무너지는 경험을 해본 사람이라면 이 말을 한 번쯤 떠올려보았을 것이다. 김수일은 사랑과 돈 사이에서 갈팡질팡하는 심순애에게 연애사에 길이 남을 명대사를 투척한다. "김중배의 다이아 반지가 그렇게도 탐나더란 말이냐?" 연인들 사이에서도 사랑처럼 불확실한 개념보다는 돈처럼 확실한 매개가 종종 위력을 발휘한다. 그래서 『팡세』를 쓴 블레즈 파스칼은 눈에 보이지도 않고 만져지지도 않는 신의 존재를 두고 돈을 걸어서라도 확인하려 했다. "도박이란 불확실한 것을 얻기 위해 확실한 것을 거는 행위다." 그래서 영화 「타짜」의 고니는 아귀에게 "확실하지 않으면 돈을 걸지 말라. 도박판에서 이런 거 배우지 않았어?"라고 되묻는다. 사람들은 잘도 말한다. 돈은 요물이라고, 뜨거운 가슴으로 벌고 냉철한 머리로 다루어야 한다고, 그렇지 않으면 돈이 삶의 목적이 되고, 돈이 사람의 주인이 된다고 말이다. 돈의 노예가 되어 맘몬을 섬기는 이들에게 프랜시스 베이컨은 "돈은 최고의 하인이자 최악의 주인이다."라고 일갈했다.*

돈은 과연 언제부터 생겨난 걸까? 수렵-채집사회에서는 물물교환으로 가치가 이동했다면, 본격적인 농경사회로 진입하면서는 곡식이 주요 통화의 단위가 되었다. 그러다 점점 상업이 발달하고 무역이 일어나면서 휴대하기 간편하고 변형이 적은 쇠붙이나 금, 은 같은 귀금속이 그 자리를 대신하게 되었다. "대부분의 거래는 물물교환으로 이루어졌지만, 금이나 은 같은 금속을 지불하기도 했다. 금과 은을 소유하는 것은 가치 있는 일이었기 때문에 다른 상품과 교환하는 데 쓰이기가 쉬웠다. … 그런 이유로 금이나 은은 적은 양이라 해도 보편적인 활용성 덕분에 상업적, 법적, 사회적 지불을 위한 효과적인 수단이 될 수 있었다."[22] 시간이 지나고 동전도 들고 다니기 불편해지자 아예 지폐가 등장하면서 더욱 편리한 상거래의 매개로 정착했다. 중세에서 근대로 넘어가던 시기의 이야기다. 그렇다면 오늘날은 어떤가? 눈부신 산업 기술의 발달로 각종 신용카드와 온라인 뱅킹이 출현하면서 돈이 디지털 단위로 저장되고 송금되는 시대가 되었다. 최근에는 비트코인처럼 아예 실체도, 모양도 없이 오로지 전자장부 속 숫자로만 존재하는 암호화폐도 등장했다. 자기도 돈이라며 화폐의 범주에 끼워달라고 아우성이다!

---

* 맘몬(Mammon)은 재물의 신을 의미한다.

최초로 금화를 만든 왕

그리스의 역사가 헤로도토스가 쓴 『역사』를 보면, 돈의 역사에서 빼놓을 수 없는 매우 흥미로운 인물이 등장한다. 리디아의 왕으로 역사상 최초로 금화와 은화를 주조한 인물, 그 돈으로 세상을 떡 주무르듯 가지고 놀았던 부자, 그러나 운명적인 하마르티아의 간계로 모든 재산을 잃은 비운의 왕, 바로 크로이소스다. 크로이소스는 일반 유통을 위해 표준화된 순도를 가진 최초의 금화 크로이세이드Croeseid를 찍어낸 것으로 유명하다. 고고학적 발굴과 여러 문헌을 보면, 실제로 그가 만든 금화는 당시 여러 방식으로 유통되었다. 크로이세이드가 출현하기 이전에도 엘렉트룸Electrum이라는 주화가 있었지만, 불순물이 섞인 조잡한 금화였기 때문에 가치가 들쭉날쭉했다. 훗날 기술이 발달하면서 가열한 소금으로 정제된 금을 얻을 수 있었고, 비로소 순도 높은 금화 크로이세이드가 탄생했다.

그리스와 페르시아 문화에서 크로이소스라는 이름은 부자와 동의어였다. 그는 부왕父王으로부터 엄청난 재산을 물려받았는데, 그의 아버지는 손에 닿는 물건이면 무엇이든지 금으로 만들어버린다는 미다스를 연상시키는 인물이었다. 그도 그럴 것이 크로이소스는 신화 속 미다스가 자신의 특별한 능력을 씻어버린 것으로 알려진 팍톨루스Pactolus 강에서 채취한 금으로 주화를 만들었기 때문이다. 그래서 영어에는 아직도 '크로이소스만큼 부자rich as Croesus'라는 표현이 남아 있을 정도다. 금은 인류의 역사가 기록되기 시작한 때부터 부의 상징이었고, 상업과 무역을 지탱해주는 토대가 되었다. 한동안 미국 달러를 비롯한 세계적인 화폐들이 금본위제를 채택했던 이유 역시 이와 무관하지 않다. 그렇다면 그는 어떻게 엄청난 재산을 모을 수 있었을까? 그에 대한 기록은 헤로도토스의 『역사』를 비롯하여 몇 개의 저술에 단편적으로 전해진다.

금본위제

통화의 표준 단위가 일정한 무게의 금으로 정해져 있거나 일정량의 금 가치에 연계되어 있는 화폐제도를 말한다. 금은 지역과 문화를 불문하고 보편적인 귀금속으로 그 가치를 인정받았기 때문에 오래전부터 핵심적인 통화로 사용될 수 있었다. 하지만 금은 속성상 불순물이 쉽게 섞일 수 있고, 사람들의 손을 거치며 마모와 훼손이 빈번히 일어날 수 있었기 때문에 거래 때마다 매번 금의 무게를 재야 하는 불편함이 뒤따랐다. 그로 인해 보다 단단한 재질의 금속이 사용되기에 이르렀고, 지폐는 그 정점에 있었다. 하지만 종이는 자체로 아무런 가치가 없는 재질이었기 때문에 국가는 지폐당 일정한 금을 바꾸어준다는 사회적 신용을 만들어야 했다. 그래서 지폐는 정부 주도하에 은행에 가져가면 바로 일정량의 금과 교환이 가능한 태환화폐로 발행될 수밖에 없었다. 미국은 냉전체제와 베트남전에서 소모되는 엄청난 국방비 지출을 감내하기 위해 오랫동안 유지해오던 달러의 금본위제gold standard를 폐기하기에 이른다. 오늘날 대부분 나라의 화폐는 금으로 교환이 안 되는 명목화폐fiat currency들이다.

부왕으로부터 엄청난 재산을 물려받은 크로이소스는 여러 모로 중국의 '푸얼다이富二代'를 연상케 한다.* 중국 완다그룹 회장의 아들은 전형적인 푸얼다이로, 자신이 키우는 반려견에게 1천 5백만 원 상당의 애플워치를 2개나 채운 모습을 찍은 뒤 SNS에 올려 대중들의 공분을 샀다. 크로이소스 역시 푸얼다이 빰치는 수준의 부유함을 누렸다. 그는 리디아 왕국이 가장 번성했을 때 아버지로부터 왕좌를 물려받았다. 그가 아버지로부터 물려받은 최고의 유산은 재산도, 권좌도 아닌 돈에 대한 감각과 부자로서의 자부심이었다. 어쩌면 눈에 보이는 금화보다 더 가치 있는 자산일지도 모른다. 크로이소스는 왕국을 다스리는 최고 권력자로서 자신의 지위를 십분 이용하여 선대로부터 내려온 금은보화를 지렛대 삼아 세계 최초의 명실상부한 거부로 거듭났다.

크로이소스의 첫 번째 하마르티아

리디아인에 대한 헤로도토스의 평가는 박한 편이다. 리디아인은 헬라인과 비슷한 풍습을 지니고 있었다고 평하면서도, "딸들이 창녀 노릇을 하는 민족"이라고 평가절하했다.[23] 대단한 욕이다! 한국인이 중국인을 '떼놈', 일본인을 '왜놈'이라고 부르는 것보다 어쩌면 더 심한 험구다. 물론 헤

---

* 푸얼다이: 중국어로 재산을 뜻하는 '부(富)'와 2대를 뜻하는 '얼다이(二代)'의 합성어로 부자 2세대를 지칭하는 중국 신조어. 우리나라의 '재벌 2세'나 '금수저'와 유사한 표현이다.

로도토스가 과거 리디아 왕국과 적대관계에 있었던 그리스 출신이라는 사실을 상기할 필요가 있다. 당시 지중해 지역에서 상술과 거래에 밝았던 리디아인에 대한 주변 민족들의 시기와 질투가 섞인 평가일 수도 있다. 실제로 리디아인은 역사상 최초의 소매상으로 꼽히기 때문이다. 하지만 리디아의 여인들이 창녀가 몸을 마구 굴리는 것처럼 농지거리를 한다는 헤로도토스의 기술은 단순히 크로이소스가 가진 막대한 재산이 아니꼬워서만은 아니었다. 그는 나름 타당한 근거를 제시했는데, 이는 다음과 같다.

크로이소스의 선조 중에 기게스(귀게스)라는 인물이 있다(기네스 맥주가 아니다). 그는 당시 리디아의 왕이었던 칸다울레스 옆에서 경호를 담당했다. 우리나라에 빗대자면, 청와대의 대통령 경호실 소속 경호원쯤 될까? 그런데 그의 운명이 뒤바뀌는 일생일대의 사건이 일어난다. 평소 습관처럼 왕비의 미모를 자랑했던 칸다울레스가 궁정 경호원인 기게스에게 왕비의 침실을 은밀히 훔쳐볼 수 있는 기회를 주겠노라고 말한 것이다. 물론 기게스는 이를 왕의 농담으로 여겨 단호하게 거절했으나, 칸다울레스는 그럴수록 야릇한 제안에 더 집착했다. "너 지금 내 말 안 듣는 거야? 안 보면 죽일 거야." 결국 기게스는 어쩔 수 없이 커튼 뒤에서 왕과 왕비의 동침 장면을 몰래 지켜볼 수밖에 없었다. 역사에 기록된 최초의 포르노 생방이었다.

세상에 영원한 비밀은 없다. 결국 왕비가 자초지종을 알게 된 것이다. 어쩌면 남편이 침실에서 농담 삼아 이러이러한 일이 있었노라고 툭 던졌을지도 모를 일이다. 하지만 이 일은 단순한 해프닝으로 끝나지 않았다.

왕비의 침실을 훔쳐본 기게스는 급기야 왕을 죽이고 왕권을 찬탈하는 모반을 일으킨다.
(출처: wikipedia.org)

끔찍스런 수치와 모욕을 느낀 왕비는 기게스를 따로 불러 그를 매섭게 추궁한다. "네 이놈! 네가 내 몸을 보고도 살아남기를 바라느냐?" '아이고, 이제 꼼짝 없이 죽었구나.' 납작 엎드려 이실직고하는 기게스에게 왕비는 도리어 섬뜩한 역제안을 한다. "내 묻겠다. 왕을 죽이고 왕이 되겠느냐, 아니면 당장 내 칼에 죽겠느냐?" 왕비는 자신의 벗은 몸을 본 기게스보다 자신의 몸을 보여준 왕에게 더 큰 배신감을 느낀 것이다. 여자가 한을 품으면 오뉴월에도 서리가 내린다.

권태기에 빠진 왕과 왕비의 변덕 때문에 괜히 개죽음을 당하고 싶지 않았던 기게스는 모월 모일 왕비가 알려준 장소에 들이닥쳐 왕을 살해하고 그녀가 시키는 대로 왕좌에 오른다. 벗방 한 번 보고 한 나라의 왕이 되었으니 기게스 입장에서는 나쁠 게 없었을 것이다. 졸지에 왕을 잃은 리디아

백성들은 쿠데타라며 크게 반발했지만, 약삭빠른 기게스는 정치적·종교적 프로파간다를 적극 활용한다. 델포이 신전에서 받은 길한 신탁을 소개하며 자신이 왕이 될 수밖에 없는 운명임을 대외적으로 선포한 것이다. 기게스는 자신에게 유리한 신탁을 제공한 예언자에게 30달란톤, 현재 기준으로 720킬로그램이 넘는 금으로 된 항아리 6개를 몰래 바쳐 입막음까지 해둔다. 하지만 그는 알지 못했다. 이 부정한 공물들이 결국 후손 크로이소스의 하마르티아가 될 운명이란 사실을 말이다.*

어쨌든 역사의 평가는 기게스가 자기 분수에 맞지 않게 왕비를 욕보이고 선왕을 암살하여 부당하게 왕좌를 빼앗은 인물이라는 것이다. 그렇게 자신이 '뿌리도 근본도 없는' 기게스의 혈통에서 비롯했다는 열등감이 비록 시간이 많이 흘렀을지라도 크로이소스의 뇌리에서 사라지지 않았을 것이다. 우리는 그런 열등감을 가지고 있었던 또 한 명의 인물을 알고 있다. 바로 조선의 21대 임금 영조다. 그는 자신이 비천한 무수리 출신(숙빈)의 어미에게서 나왔다는 열등감 때문에 평생 주변과 갈등을 빚었고, 결국 자신의 아들인 사도세자를 뒤주에 가둬 굶겨 죽이기까지 했다. 훗날 크로

---

* 여느 민담이나 전설이 그렇듯, 기게스에 대한 다른 버전의 이야기도 전해진다. 플라톤은 『국가』를 통해 '기게스의 반지(Ring of Gyges)' 설화를 소개했다. 설화에 따르면, 기게스는 목동이었는데, 우연히 지진이 나 땅이 갈라진 틈에서 거인의 마법 반지를 손에 넣게 되었다. 그것은 손가락에 끼고 돌리면 투명인간으로 변하는 절대 반지였고, 야망에 눈이 먼 기게스는 가축의 상태를 왕에게 보고한다며 궁에 들어가 반지를 끼고 투명인간으로 변해 미모로 소문이 자자했던 왕비를 강간하고 왕을 죽였다. 이 이야기의 모티프는 J. R. R. 톨킨의 소설 『반지의 제왕』에 그대로 쓰이기도 했다.

이소스도 자신의 근본에 대한 열등감을 잘 드러내는 일화가 있다. 크로이소스는 무모하게 페르시아를 공격하다 자신의 전 재산과 나라 전체를 잃는 비극을 맞는데, 그는 모든 원인이 델포이 신전의 잘못된 신탁에 있었노라고 불평했다. 그 순간 그에게 한 예언자는 이렇게 말한다.

"정해진 운명을 모면한다는 것은 신도 할 수 없는 일이다. 크로이소스는 4대 이전 선조의 죗값을 치렀을 뿐이다. 그 사나이는 헤라클레스 왕가와 가까운 몸이면서 여자의 음모에 가담하여 주군을 시해하고, 주군 대신에 그에게는 어울리지 않는 자리에 앉은 것이다. 록시아스(아폴론)는 사르데스의 난難을 크로이소스 대가 아니라 그 아들 대에서 일어나게 하려고 바랐지만, 숙명의 여신의 마음을 바꿀 수는 없었던 것이다. 다만 숙명의 여신이 인정한 범위 안에서 크로이소스를 위해 배려를 해주셨다. 즉 사르데스의 함락을 3년 동안 지연시키셨다. 그러므로 크로이소스도 자기 몸이 붙잡힌 것은 정해진 시간보다 3년 늦었다는 것을 알아야 한다. 또 불에 타 죽게 된 크로이소스를 신은 구해주시지 않았는가? 내려진 신탁에 대한 크로이소스의 비난은 당치도 않은 일이다."[24]

자신의 뿌리에 대한 크로이소스의 하마르티아는 애플의 수장이었던 스티브 잡스에게서도 고스란히 나타난다. 잡스는 자신이 버려진 존재라는 사실에 끊임없이 신경질적인 반응을 보였고, 뿌리가 없다는 것 때문에 그의 대인관계는 늘 복잡하게 꼬여 있었다. 그는 사람들에게 쉽게 싫증을 느꼈으며, 아침에 내린 결정을 저녁에 정반대로 뒤집는 일을 밥 먹듯 했다.

동료와 직원들은 그의 무모한 집착과 광적인 독선에 지쳐갔다. 심지어 잡스는 한때 동거하던 여자친구가 아이를 임신하자 그녀와 아이를 매정하게 버리기까지 했다. 그러면서 "그 아이는 내 씨가 아닙니다."라고 말도 안 되는 변명을 늘어놓았다. 잡스의 친모가 그를 가졌을 때와 훗날 잡스의 여자친구가 아이를 임신했을 때 모두 스물세 살이었다. 묘한 평행이론이다. 크로이소스 역시 탐욕에 눈이 멀어 손에 피를 묻히고도 뇌물과 거짓으로 신탁을 꾸몄던 5대조 기게스의 원죄를 고스란히 받은 셈이다. 신탁으로 흥한 집안 신탁으로 망한 셈이다.

세상의 모든 부를 소유한 왕

선조 알리아테스가 죽은 뒤 그의 아들 크로이소스가 서른다섯의 젊은 나이로 왕위에 올랐다. 그는 생전에 리디아의 어느 왕보다 많은 영토를 복속시켰다. 크로이소스가 통치하기 전까지만 해도 모든 헬라인들은 자유로웠다. 폴리스를 중심으로 평화를 유지했으며 철학자와 시인이 등장했다. 크로이소스의 치세 이전에도 킴메리오이족이 이오니아 지방까지 침입한 적은 있었지만, 도시를 정복한 것이 아니라 해적처럼 단순 약탈 행각을 벌였을 뿐이다. 하지만 크로이소스는 달랐다. 그는 매번 이런저런 트집을 잡아 닥치는 대로 헬라의 도시들을 공격하고 집어삼켰다. 그는 땅에 눈이 멀었다. 비유하자면, 고구려의 광개토대왕처럼 가는 곳마다 영토를 자신에게 복속시켰으며, 남자들은 모조리 죽이고 여자와 아이들은 전리품으로 챙겼다. 크로이소스는 제일 먼저 에페소스인들을 공격했다. 이후 이오니아와 아이올리스 지방에 있는 헬라의 도시를 차례대로 하나씩 공격했다.

리디아 왕국은 기원전 1200년부터 기원전 546년까지 존재했다. 크로이소스가 정복한 땅은 오늘날 터키 동쪽에 해당한다. 그는 페르시아 제국에 멸망당할 때까지 당대 아나톨리아 서쪽 지역을 전부 통치했다. "그 뒤 할리스 강 서쪽의 주민들은 거의 다 크로이소스에게 정복되었다. 킬리키아인과 리키아인을 제외한 모든 민족을 크로이소스는 자기 지배하에 두게 되었던 것이다. 이들 여러 민족이란 리디아인, 프리기아인, 미시아인,

크로이소스 통치 하의 리디아 왕국
오늘날 터키 남부 지역을 아우르는 영토를 보유했다.

마리안디노이인, 칼리베스인, 파플라고니아인, 트라키아계의 티노이인과 비티니아인, 카리아인, 이오니아인, 도리스인, 아이롤리스인, 팜필리아인이다."[25] 크로이소스는 아버지가 물려준 국력을 토대로 오늘날 러시아를 제외한 할리스 강 서쪽 소아시아에 걸친 지역, 『신약성서』의 마지막 책 「요한계시록」에 등장하는 동방의 일곱 교회가 있던 지역을 비롯한 드넓은 영토를 다스리는 왕국을 건설했다. 이렇게 크로이소스는 역사가 기록된 이래 근동의 첫 번째 패자覇者가 되었다.

리디아 왕국은 전에 없던 태평성대를 누렸고, 크로이소스는 당대 최고로 부유한 사람이 되었다. 당시 무역과 거래가 번성하던, 최초의 메트로폴리탄이었던 리디아의 수도 사르데스는 물건과 돈을 환전하려는 사람들로 북적였다. 크로이소스가 주화를 만들기 전에는 대부분의 거래에서 금과 은이 직접 교환의 매개가 되었다. 그런데 금과 은은 자연 상태에서 다른 불순물들이 섞여 있는 경우가 많았다. 그로 인해 모든 거래가 이뤄지기 전에 교환되는 금에 불순물이 섞이진 않았는지 확인하는 과정을 반드시 거쳐야 했다. 이 과정은 매우 번거롭고 귀찮았다. 크로이소스는 누구나 절대적으로 신뢰할 수 있는 일관된 무게의 순금 동전을 주조하는 것만이 유일한 해결책이라고 생각했다. 오늘날 세계 시장에서 미 달러가 기축통화로 쓰이는 것처럼, 크로이소스에게는 어디에서나 통용될 수 있는 화폐가 필요했다. 크로이소스는 시행착오 끝에 화로에 금과 소금을 같이 넣고 섭씨 800도에서 가열하여 순도 높은 금을 얻어낼 수 있었다. 그는 이 금을 가지고 자신의 이름을 딴 주화 크로이세이드를 만들었다.

크로이소스가 만든 땅콩 모양의 주화 앞면에는 동전의 액면가를 나타내는 사자 문양이 있었는데, 사자의 크기에 따라 금화의 무게와 가치를 가늠할 수 있게 했다. 예를 들어, 가장 가치가 높은 주화가 사자 전체를 담고 있다면, 가치가 낮은 주화는 사자의 발만 보여주는 식이었다. 사람들이 정확한 금화의 무게를 알 수 있게 되면서 리디아의 금화는 고대 지중해 문명의 표준 통화로 자리 잡았다. 사람들은 크로이소스의 동전을 믿을 수 있었기 때문에 리디아의 경계를 벗어나 자유로이 사용했다. 이 범용성은 그에게 새로운 종류의 영향력, 즉 재정적인 힘을 주었다. 그로 인해 크로이소스와 리디아 왕국이 부유해진 것은 당연한 일이다. 크로이소스가 세계 7대 불가사의 중 하나로 꼽히는 에페소스 아르테미스 신전을 지을 수 있었던 것도 금화가 가져다준 부 덕분이었다.

대영박물관에 소장되어 있는 크로이소스의 금화, 크로이세이드

(출처: google.com)

크로이소스의 두 번째 하마르티아

어느 날, 아테네의 현자賢者 솔론이 크로이소스의 소문을 듣고 리디아 왕국을 방문했다. 솔론이 누군가? 헬라의 일곱 현자 중 한 사람으로 꼽히는 당대 최고의 지식인이 아니던가? 크로이소스는 위대한 철인이 자신을 만나러 온다는 소식에 한껏 들떴다. 자신이 이룩한 영화로운 왕국의 국력과 기세를 마음껏 뽐낼 수 있는 절호의 기회였다. 솔론이 궁전에 도착하자, 크로이소스는 직접 나가 그를 맞았다. 오늘날로 말하면, 국빈 대접을 한 셈이다. 크로이소스는 직접 마련한 주지육림酒池肉林에 귀한 손님을 초청하여 왕국에서 나는 각종 산해진미로 성대한 리셉션을 베풀었다. 무희들은 춤과 기예로 왕국의 번영을 노래했고, 합창은 하늘이 떠나갈 듯 선왕의 만세수를 빌었다. 크로이소스의 자부심은 하늘을 찔렀다. 그는 거들먹거리며 자신의 왕국에서 자랑할 수 있는 모든 것을 솔론 앞에 늘어놓았다. 이틀 동안 자신의 보물창고를 열어 자신이 동방에서 얼마나 대단한 보물들을 모았는지 하나하나 보여주는 것도 잊지 않았다.

드디어 클라이맥스가 가까웠다. 연회의 화룡점정은 지혜로 이름 높은 솔론이 크로이소스의 위대함을 칭송하는 것이었다. 기대에 찬 크로이소스는 솔론에게 슬쩍 물었다. "아테네의 손님이여, 그대의 소문은 이 나라에도 우레처럼 들리고 있소. 그대가 현자라는 것은 물론, 지식을 구하여 널리 세상을 구경하신다는 것도 들었소. 그래서 그대에게 꼭 묻고 싶은 것이 있는데, 그대는 누군가 이 세상에서 가장 행복한 사람을 만난 일이 있소?"[26] 크로이소스는 솔론의 입에서 자신의 이름이 언급되기를 바랐을 것이다. 만약 그의 입에서 자신의 이름이 제일 먼저 언급된다면, 이 모든 왕국의 풍요로움과 세상 모든 권력을 거머쥔 자신의 치적이 동시에 인정받는 셈이 될 것이었다.

하지만 솔론은 슬쩍 입맛을 다시더니 한두 번 헛기침을 한 뒤 이렇게 말했다. "전하, 아테네의 텔로스가 가장 행복한 사람이옵니다." 기대했던 만큼 실망감도 컸다. 뜻밖의 대답에 살짝 김이 센 크로이소스는 다급하게 물었다. "어째서 그대는 텔로스가 가장 행복한 사람이라고 여기는 거요?" 이 말 속에는 '이 모든 부귀영화를 거머쥔 나보다 그까짓 군바리 텔로스가 더 행복하다는 것인가?'라는 힐난이 숨어 있었다. 그의 마음을 모를 리 없었던 솔론은 입가에 살짝 미소를 머금고 이렇게 말을 이었다. "텔로스는 우선, 번영한 나라에서 태어나 훌륭하고 좋은 아이들을 두었습니다. 또 그 아이들에게는 모두 아이들이 생겨 한 사람도 빠짐없이 잘 자라고 있습니다. 우리나라의 기준으로 보자면 생활도 유복했지만, 그 임종이 또한 훌륭했습니다. 즉 아테네가 이웃나라와 엘레우시스에서 싸웠을 때, 텔로스는 아군을 구원하러 가서 적을 패주시킨 뒤 훌륭하게 전사하였습니다. 아테네는 국비國費를 가지고 그의 시신을 그가 전몰한 곳에 매장하여 크게 그 명예를 기렸습니다."[27]

자만심이 하늘을 찔렀던 크로이소스는 솔론의 말을 듣고 기분이 확 잡쳐 연회를 중단하고 자신의 거처로 돌아갔다. 파티에 덩그러니 귀빈만

크로이소스 앞에서 눈치도 없이 텔로스를 칭송하는 현자 솔론.
자신의 소신대로 말하고 죽지 않은 게 다행이다.
(출처: wikipedia.org)

을 남겨두는 무례를 행한 것이다. 이윽고 그의 오만함은 분노로 돌변했다. '없는 것 없이 세상 모든 부귀영화를 누리는 자신보다 이름 없이 시골에 틀어박혀 살다가 전쟁터에서 개죽음을 당한 장수가 더 행복한 사람이라니.' 그는 자신의 위대함을 입증할 수 있는 증거를 찾아야 했다. 누구도 부인할 수 없는 빼박 증거로 솔론의 콧대를 꺾어줄 명분이 필요했다. 결국 그는 모두가 반대하는 페르시아 원정을 강행했고, 이는 크로이소스의 두 번째 하마르티아가 되었다.

명분 없는 전투, 하마르티아가 완성되다

페르시아는 당시 지정학적 상황으로 볼 때 리디아 왕국에 잠재적인 위협으로 부상하고 있던 신흥 강국이었다. 언제 한 번 밟아줘야 할까 시기를 재던 크로이소스는 병사들을 일으켜 전쟁을 감행할 두 가지 명분을 찾았다. 첫 번째는 자신이 유일무이한 근동의 패자임을 만천하에 알리는 일이었고, 두 번째는 솔론의 행복론이 틀렸음을 입증하는 일이었다. 키루스(『성서』에서는 '고레스'로 나옴) 대왕이 통치하고 있던 페르시아는 근동 지역에서 만만치 않은 맹위를 떨치던 군대를 지니고 있었다. 미국의 경영학자 피터 드러커Peter Drucker가 역사상 최고의 리더로 꼽은 키루스 대왕의 덕망은 주변국들에까지 자자했다. 그는 메디아 왕국의 조그만 속국이었던 자신의 왕국의 몸집을 서서히 키우더니 급기야 메디아 왕국마저 전복시켰다. 이를 본 크로이소스는 다짐했다. '어린 싹은 더 크기 전에 잘근잘근 밟아줘야 한다.'

하지만 크로이소스는 자신이 내세운 명분이 자신의 하마르티아에 근거한 것임을 깨닫지 못했다. 게다가 호시탐탐 전쟁의 빌미를 찾던 페르시아에게 약점을 잡히는 꼴이 되었다. 주변에서 모두 말린 전쟁은 이렇게 퇴로 없이 시작되었다. 신흥 페르시아는 크로이소스가 보기에도 이제껏 싸웠던 적국 중에서 가장 강한 상대였다. 그 어느 때보다 길한 신탁이 필요했다. 크로이소스는 델포이 신전에 어마어마한 재물과 노예들을 보내 신탁을 받아오게 했다. 크로이소스 일행은 신전에 살진 황소며 양이며 온갖 제물을 3천 마리나 바쳤다. 그리고는 모닥불을 피우고 평소 자신이 아끼는 것들, 아내의 펜던트, 왕국을 상징하는 금붙이들, 그 밖의 귀중한 물건을 함께 태웠다. 크로이소스는 만신전에서 성대한 희생제를 드린 후 황금을 녹여 각기 2.5달란톤이나 되는 황금 블록을 만들어 아폴로 신전에 바치기까지 했다. 5대조 조상 기게스가 한 것처럼 종교 의례를 돈으로 처바르기로 작정한 것이다.

드디어 기다리던 신탁이 나왔다. 신의 뜻은 예나 지금이나 애매하기 이를 데 없다. 이번 전쟁이 일어나면 큰 왕국이 자빠질 것이라는 내용이었다. '대체 그 왕국이 누구의 왕국이란 말인가?' 크로이소스는 고민에 빠졌다. 그는 선대의 사례를 기억해내고는 신탁의 의미를 자기에게 유리한 쪽으로 이해했다. '큰 왕국이라면, 페르시아가 패배할 게 뻔하다.' 그는 당당히 신탁의 결과를 받아들고 대규모 군사를 일으켰다.

페르시아는 여러 차례 전쟁을 통해 잘 육성된 군대를 보유하고 있었기에 별 문제없이 전쟁을 시작할 수 있었다. 두 나라 군대는 카토피아 땅 프테리아라는 곳에서 맞닥뜨렸다. 수주일 동안 격렬한 전투를 주고받으며 대치했지만 우열을 가리기 힘들었다. 병력은 크로이소스가 압도적으로 많았지만, 용맹한 페르시아 군인들의 활약으로 전투의 승패가 쉽게 가려지지 않았다. 곧 있으면 겨울이 시작될 것이었기에 크로이소스는 관례상 군대를 뒤로 물리기로 결정했다. 자신이 군을 물리면 키루스도 똑같이 진을 물릴 것이라고 예상한 것이다. 하지만 이는 뼈아픈 오산이었다.

크로이소스는 자신의 군대가 보인 위용과 전력에 위기감을 느끼고 페르시아 군대가 전열을 가다듬을 시간을 가질 것이라 예상했다. 하지만 크로이소스는 키루스를 너무 얕잡아봤다. 크로이소스가 병력을 물리자마자 키루스는 기다렸다는 듯이 진격하여 리디아의 본진을 깨부쉈다. 결국 리디아는 속수무책으로 밀려 수도인 사르데스까지 후퇴하고 말았다. 리디아군은 수도 외곽에 마지막 진지를 구축하고 파죽지세로 밀고 들어오는 페르시아군을 맞아 항전을 벌였다. 당시 페르시아 군대는 낙타 부대를 보유하고 있었는데, 이들은 모래에 발이 빠지지 않아 사막 전투에 매우 유용했다. 낙타부대를 처음 접한 리디아군은 생소한 낙타들이 사방에서 몰려드는 통에 정신을 차리지 못하고 혼란에 빠졌다. 단단했던 방어선은 금세 허물어졌고, 결국 페르시아군은 사르데스를 함락시켰다.

크로이소스는 자신의 오만과 독선이 낳은 불행에 압도되었다. "성이 점령되었을 때, 페르시아 병사 한 명이 크로이소스를 다른 사람으로 잘못 알고 그를 죽이려 접근해 왔다. 크로이소스는 눈앞의 불행에 마음이 빼앗겨 다가오는 사나이를 보면서도 신경을 쓰지 않았다. 또 당장 죽어도 여한이 없다는 기분이었다. 그런데 그 벙어리 아이가 페르시아인이 다가오는 것을 보고 무섭고 슬픈 나머지 소리를 질렀다. '크로이소스 왕을 죽이면 안 돼!' 그 아이는 이때 처음으로 말을 한 것인데, 그 이래 평생 말을 할 수 있게 되었다."[28] 그렇게 페르시아인들은 사르데스를 점령하고 크로이소스를 포로로 잡았다. "이렇게 해서 페르시아군은 사르데스를 점령하고, 크로이소스를 포로로 사로잡았다. 크로이소스는 재위 14년, 포위 공격을 당한 지

14일 만에 신탁대로 자신의 대제국에 종지부를 찍은 것이다."[29] 페르시아 입장에서는 뜻밖의 압승이었다. 리디아라는 부강한 왕국을 집어삼킨 페르시아는 결국 승리를 통해 지중해로 진출할 수 있는 교두보를 확보했다.

키루스 앞에 패전국의 전리품처럼 끌려간 크로이소스는 하루아침에 뒤바뀐 운명에 죽음을 직감하고 뒤늦은 자책에 빠졌다. 보통 전쟁의 룰은 승자가 패자의 모든 것을 전리품으로 가지는 것이었다. 여기에는 땅과 재산은 물론, 백성들도 포함되었다. 왕은 눈이 뽑히거나 사지가 찢겨 죽임을 당해야 했다. 죽어서는 시체가 장대에 매달려 전시되며 온갖 조롱과 비웃음의 대상이 되어야 했다. 죽어도 죽은 게 아닌 셈이다. 패배를 목전에 둔 왕이 흔히 자결하는 이유가 바로 이 때문이다. 키루스는 거대한 화장용 장작더미를 쌓고 결박한 크로이소스를 14명의 리디아 귀족들과 함께 불태우기로 결정했다. 거대한 불쇼로 오랜 전쟁으로 지친 아군들의 사기진작

키루스 대왕(좌)과 생사를 건 사르데스 전투에서 크로이소스는 가진 모든 것을 잃는다.
(출처: wikipedia.org)

을 도모하는 동시에 적의 우두머리를 처단함으로써 백성들에게 본보기로 삼을 작정이었다. 오늘날로 말하면, 불꽃놀이와 공개처형이 결합된 엔터테인먼트였을 것이다!

행복의 정의, 크로이소스가 얻은 깨달음

속절없이 장작더미에 올라선 크로이소스는 솔론의 말을 떠올렸다. "인간은 살아 있는 한 그 누구도 행복하지 못하다." 크로이소스는 그제야 솔론의 말을 이해했다. 인간의 운명은 '죽을 운명'이다. 인간에게 죽음은 영원한 동반자다. 우리가 잠시 잊고 있는 순간에도 죽음은 언제나 우리 곁에 머물러 있다. 그래서 니체는 우리에게 "죽음의 때를 기억하고 운명을 사랑하라amor fati."라는 말을 남긴 것인지도 모른다.(김연자의 아모르 파티가 실은 이 뜻이다!) 크로이소스는 하늘을 보며 힘껏 소리를 질렀다. "솔론! 솔론! 솔론!" 장작더미와 상당한 거리가 있었던 데다가 좋은 구경거리를 관람하려고 광장에 모여든 사람들로 북적거렸기 때문에 키루스는 크로이소스의 말을 알아듣지 못했다.

"저자가 뭐라는 것이냐?" 그는 사람을 시켜 화형을 중지하고 그 말의 뜻을 묻게 했다. 하지만 이미 한쪽 장작이 크게 타들어가고 있었다. 크로이소스는 자신의 하마르티아가 자신에게 저지른 간계로 이런 참담한 죽음에 직면했다는 절망보다는 죽음을 앞두고 뒤늦게 깨달은 자의 관조로 입적을 앞둔 선승의 넋두리처럼 뇌까렸다. "솔론을 아시는지요? 모든 왕이 천금을 주더라도 반드시 만나서 이야기를 들어봐야 할 인물이지요." 자초지종을 들은 키루스는 "자기도 같은 인간이면서 한때는 자기 못지않게 부귀영화를 누린 또 한 사람을 산 채로 불에 태워 죽이려 한다는 것을 생각하고, 더 나아가서 그 응보를 두려워하고 인간 세상의 무상을 뼈저리게 느낀 것이다. 그는 타오르고 있는 불길을 될 수 있는 대로 빨리 꺼서, 크로이소스와 아이들을 내려오도록 명령했다고 한다. 그러나 이미 타오른 불길을 어찌할 수가 없었다고 한다."[30]

하지만 그는 극적인 순간에 구원을 받았다. 하늘에서 비가 내리기 시작한 것이다. 타이밍 하나 정말 끝내준다. 이게 신의 뜻인지, 말 만들기를 좋아하는 역사가의 상상력인지 우리로서는 알 길이 없으나, 어쨌든 그가 죽음 직전에 살아남은 것은 분명해 보인다. 그리고 그의 하마르티아는 예상 밖의 페리페테이아를 낳았다. 싸움의 승자 키루스는 은혜를 베풀어 패자 크로이소스에게 마지막 지혜를 얻고자 했다. "크로이소스여, 대체 어떤 사람이 그대에게 내 나라로 쳐들어와 내 친구가 되는 대신 내 적이 되라 했소?" 크로이소스는 그의 말에 공손히 대답했다. 이는 마치 아킬레스에게 살해된 아들의 시체를 얻으러 온 트로이의 왕 프리아모스의 지혜를 닮았다. "왕이시여, 본인이 이런 일을 저지른 것은 하나는 왕의 운이 강했기 때문이고, 또 하나는 본인의 불운에 의한 것입니다. 하지만 근본을 따진다면 본인에게 출병을 독촉한 저 그리스 신이 한 짓입니다. 평화보다 전쟁을 선택할 정도로 무분별한 인간이 어디 있겠습니까? 평화로울 때에는 아들이 아버지를 묻지만, 전쟁이 일어나면 아버지가 아들을 묻어야 합니다. 그러나 아마도 이렇게 되는 것이 신의 뜻이었던 것 같습니다."[31]

크로이소스의 몰락은 헬라인들에게 지대한 영향을 미쳤다. 그들은 자신들의 달력에 리디아 왕국이 멸망한 날을 표시해두기까지 했다. 이렇게 한때 강성했던 왕국은 지도에서 깨끗이 자취를 감췄다. 크로이소스는 황금으로 일어났고 결국 황금을 좇다가 황금으로 망했다. 어쩌면 크로이소스는 통화로써 금의 진정한 가치를 이해하지 못했는지도 모른다. 크로이소스는 자신이 이룩한 통화 혁명을 소개하기 보다는 솔론에게 보물로써 금을 보여주었다. 마치 『구약성서』에 등장하는 이스라엘의 히스기야 왕이 바벨론 사신단에게 군기고와 보물창고를 열어 금은보화를 보여주며 자랑한 것처럼. 크로이소스는 키루스 앞에 끌려가 자신의 패배를 시인하고 상대방의 손에 목숨을 맡겼다. 헤로도토스는 크로이소스의 이야기를 왜 자신의 책 첫머리에 실었을까? '재물에 너무 많은 욕심을 내지 말라.' '네가 가진 부의 일부는 사회에 환원해라.' '자선은 사회 구성원 전체가 동참해야 한다.' 뭐 이런 말을 하고 싶었던 것이 아니었을까? 부자의 역사를 추적하는 우리에게 오랫동안 가시지 않을 여운을 주는 말이 아닐 수 없다.

크로이소스의 분석 차트

독창성	★★★★
진실성	★★★★★
성실성	★★★★
계획성	★★★
개방성	★★

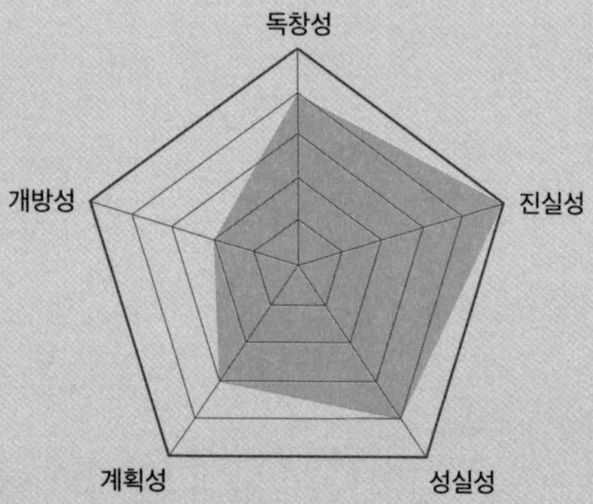

크로이소스의 연표

기원전 595년 — 알리아테스의 아들로 태어남

기원전 560년 — 왕위에 올라 리디아 왕국을 통치함
최초로 황금 주화를 주조함
델피와 테베 신전에서 신탁을 받음

기원전 546년 — 사르데스 전투에서 페르시아의 키루스에게 패배함
사망 연도 미상

CHAPTER 3

로마를 소유한 부자
마르쿠스 크라수스

Marcus Licinius Crassus

(115 BCE ~ 53 BCE)

> "여러분! 무사히 고국 땅을 밟거든
> 반드시 이렇게 전해주시오.
> 크라수스는 자기 병사들 위협에 꺾인 게 아니라
> 적의 속임수에 넘어간 거라고 말이오."
> —마르쿠스 크라수스—

영화 「스파르타쿠스」를 보면, 마르쿠스 크라수스는 우유부단하고 사치와 향락을 일삼는 참주로 나온다. 물릴 줄 모르는 물욕에 지칠 줄 모르는 계집질, 거기다 난봉꾼 기질까지 다분한 밉상 캐릭터로 그려진다. 정말 그럴까? 경제학자들은 그에 대해 대중매체와는 상반된 평가를 내린다. 일례로 2014년 2월 19일자 「워싱턴포스트」지는 2억 세스테르스를 가진 크라수스를 로마 최고의 부자로 꼽았다. 2억 세스테르스는 평균 380세스테르스를 벌어들이는 일반 로마 시민 3만 2천여 명의 수입과 맞먹는 금액이다. 대중매체에서 그려지는 이미지와 달리 그만큼 실속 있고 세상 물정에 빠삭한 인물이 따로 없다.

크라수스가 누구인가? "왔노라, 보았노라, 이겼노라!"를 외친 카이사르, '마그누스'라는 별칭이 붙은 폼페이우스와 함께 삼두정치를 통해 로마 공화정을 이끈 인물이 아닌가? 부동산을 통해 엄청난 재산을 일구어 그의 이름 뒤에는 부자를 뜻하는 '디베스dives'라는 명칭이 늘 따라다녔다. 역사가들은 그가 죽을 때 남긴 전 재산이 제국 전체를 사고도 넉넉히 남았을 것이라 추측한다. 크라수스야말로 서구에서 땅의 경제적 가치를 가장 먼저 이해한 부자가 아니었을까?

삼두정치

기원전 59년 로마 공화정 말기 율리우스 카이사르, 폼페이우스 마그누스, 마르쿠스 크라수스 사이에 비밀리에 맺어진 정치적 협력관계를 말한다. 뒤이은 2차 삼두정치와 구분하기 위해 앞의 사례를 보통 1차 삼두정치로 명명한다. 카이사르는 자신을 반대하는 원로원에 맞서 폼페이우스와 손을 잡고, 폼페이우스가 자신의 집정관 당선을 도와주면 폼페이우스의 퇴역병들을 위한 토지 배분을 추진하기로 비밀리에 합의한다. 이후 카이사르는 크라수스도 협력관계에 끌어들인다. 카이사르는 갈리아 트란살피나, 갈리아 키살피나, 일리리아 3개 속주의 총독이 되어 갈리아 전쟁을 치른다. 이후 크라수스의 사망으로 삼두정치는 막을 내린다. 반면 2차 삼두정치는 기원전 43년 옥타비아누스와 마르쿠스 안토니우스, 레피두스가 합의하며 탄생한다. 이후 이들 간의 알력 싸움이 내전으로 번지며 다시 나라는 혼란에 빠진다. 클레오파트라가 이때 안토니우스의 정부情婦였던 건 익히 알려진 사실이다. 2차 삼두정치는 로마 공화정이 붕괴되고 제정으로 넘어가는 데 결정적인 역할을 했다.

그럼에도 불구하고 그에 대한 역사의 평가는 왜 이렇게 야박한 걸까? 역사는 승자의 기록이다. 역사는 2인자를 기억하지 않는다. 크라수스는 카이사르에 가려 제대로 평가받지 못한 측면이 있다. 플루타르코스를 비롯한 많은 역사가들이 묘사하듯, 크라수스는 야비하고 몰인정하며 돈만 밝히는 속물이 아니었는지 모른다. 어쩌면 그야말로 로마에서 가장 유력한 정치가이자 부자로 이번 장에서는 역사적으로 가장 저평가된 부자 크라수스의 생애를 살펴보자.

부동산 투자에 비상한 재주를 가진 남자

크라수스는 매우 복잡한 인물이다. 그는 특정 인물로 평가하기 힘들 정도로 양극단을 오가는 삶을 살았다. 역사상 사람이 발로 밟을 수 있는 로마의 영토 대부분을 손아귀에 넣은 최고의 부동산 갑부였지만, 촌로조차 거들떠보지 않을 사소한 물건에도 물욕을 보여 사람들로부터 '속물'이라는 손가락질을 받기도 했다. 순수한 혈통, 드높은 귀족 집안의 고귀한 도련님으로 자랐지만, 당시 신전을 섬기는 여사제와 음란한 행위를 벌인 오입쟁이라는 루머도 심심찮게 돌았다. 지금이나 그때나 정치가에게 대중적 평판은 중요하다. 정치적 생명을 위협하는 위기가 닥쳤을 때 지능적인 답변으로 능숙하게 피해 나가는 기술은 그래서 더 없이 중요하다. 크라수스는 1998년 빌 클린턴 대통령이 섹스 스캔들로 청문회에 섰을 때 모니카 르윈스키와의 성관계를 추궁하는 검사에게 했던 옹색한 답변을 그대로 사용했다. 즉 자신은 부동산 매매를 두고 흥정을 하기 위해 여사제의 집에 여러 번 찾아간 적은 있지만 그녀와 그 이상의 어떤 '부적절한 관계 inappropriate relationship'는 전혀 없었노라고 딱 잡아뗐다.

그렇다고 크라수스가 평생 정치가로만 살았는가 하면, 그렇지만도 않았다. 그는 정치가이자 사업가인 동시에 군인이었다. 뼈대 있는 명문가에서 태어나 정계의 거물로 성장한 입지전적인 인물이면서도 저잣거리 장돌뱅이처럼 이러저러한 크고 작은 비즈니스를 통해 재산을 불리는 데에도 천부적인 재능을 가지고 있었다. 카이사르가 교묘한 말로 원로원을 구워삶아 삼두정치의 전면에 나설 때에는 슬쩍 뒤로 빠질 줄 아는 기회주의자였다가 노예들이 반란을 일으켜 세상에 소요를 일으킬 때에는 군사를 동원해 로마 공화정을 지킨 애국자이기도 했다. 그의 이런 이중적인 면모는 돈에 있어서도 어김없이 드러났다. 금전적인 면에서 누구보다 뛰어난 통찰력과 동물적인 감각을 가지고 있었지만, 또 그 돈에 대한 욕망을 주체하지 못해 정적들의 모함과 술수에 빠지곤 했다. 오로지 자타공인 본능적인 부의 감각만을 가지고 로마 역사상 가장 많은 재산을 모은 거부였지만, 정작 자신은 남들에게 졸부가 아닌 존경스

사뭇 상반된 이미지를 가졌던 부자, 크라수스의 두상
(출처: google.com)

런 정치가로 불리길 원했다. 이 중에서 그는 과연 어떤 인물이었을까?

크라수스는 기원전 115년에 로마의 유력한 원로원의 둘째 아들로 태어났다. 입에 금수저를 물고 태어난 크라수스는 어려서부터 착실하게 정치 수업을 받았다. 승마와 검술이 포함되었을 게 분명하고, 테이블 예절, 궁정 에티켓, 말로 품위 있게 상대방을 짓뭉개는 화술, 앞에서 약속하고는 뒤에서 상대의 뒤통수를 치는 계략, 거기에다 서푼어치 사실에 엄청난 상상력을 타 대중들을 기만하는 웅변술도 배웠을 것이다. 역사가 플루타르코스는 크라수스를 두고 이렇게 말한다. "크라수스는 웅변술처럼 실제적인 학문들을 중요하게 여겼다. 그는 로마에서 뛰어난 웅변가로 이름 날리며 시민들로부터 큰 사랑을 받았다. 또한 아무리 작은 사건이라도 법정에 나가기 전에 준비를 철저히 했다. … 크라수스는 역사에 밝았으며 철학에 관심이 많았고 아리스토텔레스 철학에 심취했다. 그에게 철학을 가르친 학자는 알렉산드로스였다. … 그는 크라수스 여행길에 동행이 되어준 유일한 친구이기도 했다. 그때마다 크라수스는 알렉산드로스에게 외투를 빌려주곤 했으나 돌아오면 곧장 돌려달라고 요구했다."[32]

하지만 그도 갑작스럽게 닥친 인생의 먹구름을 피해갈 도리가 없었다. 크라수스가 미처 자리를 잡기 전, 킨나Cinna가 전쟁에서 이긴 뒤 로마에 돌아와 갑자기 정변을 일으킨 것이다. 그들은 귀족 세력의 부패가 로마를 위태롭게 할 것이라고 대중들을 선동하며 귀족들을 눈에 띄는 대로 잡아 죽였다. 그들은 어린 크메르 루즈군을 이끌고 돌아다니며 그간 펜대 좀 잡았다는 사람들을 모조리 부르주아로 몰아 학살한 킬링필드의 주인공 폴 포트Pol Pot를 닮았다. 물론 크라수스의 집안은 귀족 중에서도 명문가에 속했기 때문에 첫 번째로 그들의 칼날이 겨누어졌을 것이다. 아버지와 형은 폭도들의 칼날에 무참히 살해되었다. 그는 혼자 남겨졌고 집안은 하루아침에 쑥대밭이 되었다. 간신히 목숨을 건진 크라수스는 친구 셋과 함께 하인 10명을 꾸려 이베리아로 달아났다.

아버지의 원수를 갚기 위해 동분서주하던 크라수스는 이역만리에서 킨나의 사망 소식을 듣게 된다. 술라Sulla가 로마를 장악한 것이다. 숨어 지내던 크라수스가 세상 밖으로 나오자 수많은 사람이 그를 따르기 위해 구름떼처럼 몰려들었다. 크라수스는 그들 가운데 2천 5백 명을 골라 친위대를 꾸려 로마로 진격했다. 술라는 단번에 크라수스의 비범함을 알아챘다. '오, 요 녀석 꽤 쓸 만하군.' 그는 크라수스를 반갑게 맞아들이고 그를 심복으로 두었다. 하지만 술라에게는 이미 총애하는 오른팔이 있었다. 바로 폼페이우스였다. 술라는 폼페이우스가 다가오면 자리에서 일어나 모자를 벗고 인사했다. 그는 폼페이우스를 습관처럼 '위대한 장군'이라 불렀는데, 크라수스는 자신보다 폼페이우스를 더 우대하는 술라가 내심 못마땅했다. "그는 경험도 부족했고 타고난 탐욕과 인색함으로 공로를 세워도 제대로 인정받지 못했기 때문이다."[33] 라이벌 폼페이우스에 대한 질투심은 이후 그의 하마르티아가 되었다.

하지만 크라수스는 폼페이우스가 가지지 못한 재능을 갖고 있었다. 그것은 바로 돈에 대한 동물적인 감각이었다. 그는 누구보다 재리에 밝았다. 특히 그의 관심을 끈 건 부동산이었다. 한 역사가는 그를 부동산의 가치에 최초로 눈을 뜬 로마인이라고 평가했다. 그는 당시 도심 부동산이 지닌 재산 창출의 가능성에 주목한 흔치 않은 안목의 소유자였다. 그의 재산 형성 과정은 오늘날 시각에서 볼 때에도 매우 독특하다. 그는 제일 먼저 로마 도심에 자리 잡은 닭장 같은 공동주택을 눈여겨보았다. 공동주택은 최대 8층 높이에 1층은 대개 상점이나 소규모 사업장으로 사용되었다. 당시 로마에는 소방대나 소방 시설이 없었다. 크라수스는 바로 이 부분을 간파하고 노예들을 훈련시켜 사설 소방대를 조직했다. 그리고 그는 불이 나기만을 기다렸다. 어쩌면 사람을 써 직접 방화를 부추겼을지도 모른다. 100여 년이나 지난 후대에 일어난 일이지만, 64년 네로가 방화했다고 알려진 로마 대화재를 떠올리면 세계적인 도시라는 명성에 걸맞지 않게 로마가 당시 화재에 얼마나 취약한 구조를 지니고 있었는지 가늠할 수 있다. 도심지는 다닥다닥 붙어있는 건물들 때문에 자칫 큰 불로 번질 위험이 다분했다. 크라수스는 불이 난 건물 앞에서 망연자실해 하는 집주인에게 다가가 슬며시 역제안을 했다. "어차피 불이 난 건물인데 이거 저한테 넘기시죠. 늑장을 부렸다가는 괜히 옆집까지 불이 옮겨 붙어 막대한 배상금을 물을 수도 있습니다." 겁이 난 주인들은 열에 아홉 헐값에 집을 넘겼다. 아무것도 건지지 못할까 두려웠던 주인에게는 그나마 다만 얼마나라도 건질 수 있었기 때문이다. 그러면 건물 등기에 도장이 채 마르기도 전에 어디에 숨어 있었는지 크라수스의 사설 소방대는 번개처럼 나타나 불을 껐다. 소방대와 연계된 그의 부동산 공략법은 대충 이랬다.

대출과 몰수, 합법과 불법의 경계

물론 이것이 크라수스가 돈을 벌어들인 유일한 비즈니스는 아니었다. 크라수스는 부동산 대출을 통해서도 막대한 이익을 얻었다. 당시 로마에 국가가 보증해주는 저리 전세 대출이나 보금자리 주택, 햇살론 같은 게 있을 리 만무하다. 크라수스는 높은 토지 비용을 감당할 수 없는 귀족들에게 토지를 할인가로 빌려주면, 나중에 그들의 힘이 필요할 때 손쉽게 자신의 편으로 구워삶을 수 있을 거라고 머리를 굴렸다. 그는 쓰임새가 있는 사람에게는 계속해서 임대료를 낮게 받았고, 자산을 살 만한 재력이 있는 사람에게는 거액의 마진을 붙여 되팔았다. 부동산을 매입하고 처분하는 과정에는 오늘날 뉴타운 재개발이나 신도시 건설 현장에 어김없이 등장하는 떳다방들의 온갖 불법적 수단들이 그대로 동원되었다. 사들인 건물은 약간의 수리와 인테리어를 거친 다음 웃돈을 붙여 되팔았고, 독과점에 가까운 시장 장악력을 바탕으로 허위 및 과장 광고로 신축 분양권을 시중에 뿌렸다. 물론 중간에서 수수료와 매매 차익을 챙기는 것도 잊지 않았다.

'성공한 쿠데타는 처벌할 수 없다.'라는 말이 있다. 딱 크라수스를 두고 한 말일지도 모른다. 크라수스에게 술라의 심복이 되어 공훈을 정하고 전리품을 나누는 일과 로마의 처벌자를 잡아내는 임무가 주어졌다. 고양이에게 어물전을 맡긴 꼴이었다. 처벌자들을 색출하고 재산을 몰수하는 일은 크라수스에게 상당한 권력을 몰아주는 알토란같은 사업이었다. 그는 중앙으로 모이는 온갖 이권에 개입했고 누구보다 먼저 노른자를 차지했다. 그 과정에서 필요한 것은 훔쳤고 원하는 것은 빼앗았다. 필요하다면 합법을 가장한 불법을 자행했고, 목숨의 대가로 자신의 배를 불렸다.

이에 대해 플루타르코스는 이렇게 말한다. "크라수스는 로마에 돌아가 자신의 반대파들을 적으로 몰아 모두 죽이고 재산을 빼앗았다. 그때 그는 귀한 물건들을 헐값에 사들이거나 그냥 가져가기도 했다. 또 브루티움 지방의 어떤 사람을 역적으로 몰아 재산을 빼앗기도 했다. 그리고 이미 많은 땅을 가졌음에도 만족하지 못하고, 자기 욕심을 채우기 위해 술라의 명령을 어기기까지 했다. … 크라수스는 아첨으로 사람들의 마음을 곧잘 얻었지만, 다른 사람들의 아첨에 잘 속아 넘어가기도 했다. 그 자신은 끝도 없이 탐욕을 부리면서도 다른 사람들의 탐욕을 보면 미워하고 비난했다."[34] 그는 이렇게 에스파냐의 무수한 은광을 손에 쥐었고, 술라의 정적과는 아무런 관계가 없는 거부들의 재산을 마구 약탈했다. 꼬리가 길면 잡히는 법. 물의를 일으킨 크라수스는 결국 직위 해제되었다. 하지만 술라는 집권 초기였기 때문에 주위 시선을 의식해 그 사건을 슬쩍 덮어주었다.

크라수스는 추방과 재산 몰수를 바탕으로 부동산 제국을 세우고 부를 쌓았다. 전장에서 퇴각하는 패잔병들은 그 자리에서 목을 베었고, 그 잘린 목을 로마로 가져가서 약속된 포상금을 받았다. 그는 누구보다 기가 막히게 돈 냄새를 잘 맡았다. 추방과 재산 몰수의 핵심은 고발이었다. 누군가를 제거하는 데 일조하면, 압류된 재산의 일부를 차지할 가능성이 꽤 높았다. 하지만 이는 토지 약탈의 서막일 뿐이었다. 평화로운 시기에 접어들면서 크라수스가 부동산 제국을 확장할 기회는 더욱 많아졌다.

"로마 사람들은 크라수스의 여러 장점이 단 하나의 단점인 욕심에 가려졌다고 말했다. 그의 탐욕이 너무나 지나쳤기에 다른 약점들은 사람들 눈에 들어오지 않았다. 크라수스가 재물을 모으는 방법과 가진 재산의 규모를 살펴보면, 그가 얼마나 재물에 욕심이 많았는지 알 수 있다. 크라수스는 본디 3백 달란톤밖에 없었다. 처음 집정관이 되었을 때, 그는 가진 재산의 10분의 1을 헤라클레스 신전에 바치고 시민들에게 큰 잔치를 베풀었다. 석 달 동안 자기가 가진 곡식을 시민들에게 나누어 주기도 했다. 하지만 파르티아 원정에 나가기 전 그의 재산은 무려 7천 1백 달란톤에 이르렀다고 한다. 이 중 대부분은 화재나 전쟁으로 불행한 일을 당한 사람들의 것으로, 결국은 나라의 불행을 이용해 사사로운 욕심을 채운 것이었다."[35] 결국 그는 살아생전에 로마 제국의 대부분을 자신의 부동산으로 등기 이전했다.

집정관과 호민관

로마의 집정관consul은 로마 공화정의 최고 권력자로 민회의 투표를 거쳐 선출되며, 행정 및 군사권을 장악하고 원로원과 합의하여 민회를 소집하는 권한을 가졌다. 왕정이 끝나고 왕을 대신할 통치자를 선정하는 과정에서 탄생한 집정관 제도는 귀족회의체인 원로원의 제안과 민회의 투표로 2명의 집정관을 세웠다. 선출된 집정관은 견제와 균형을 위해 1년간의 임기 동안 한 달씩 교대로 집무했으며, 로마법에 따라 로마의 통치권을 부여받고 로마의 최고 통치자로서 인정받았다. 반면 호민관tribunus은 오늘날로 말하면 국회의원과 같은 직위를 가졌다. 호민관은 오직 평민 계급에서만 선출할 수 있었고, 초기에는 2명이었으나 나중에는 10명까지 그 범위가 늘어났다. 호민관은 민회를 소집하고 의장으로서 회의를 주재하며 평민들의 요구를 대변하고 그들의 권리를 옹호하는 일을 했다. 이런 제도는 로마가 카이사르에 의해 제정시대로 넘어가면서 유명무실해졌다.

질투심, 크라수스의 하마르티아

기원전 73년, 크라수스는 군사 지휘권을 지닌 고위 공직인 집정관을 역임했는데, 이때 권력의 핵심을 위협하는 노예 반란이 일어났다. 책과 영화로 유명한 스파르타쿠스의 반란이 바로 그것이다. 카푸아의 검투사 양성소에 노예로 팔려온 스파르타쿠스는 검투사들에 대한 가혹한 대우를 견디지 못하고 74명의 동료 검투사와 작당하여 반란을 일으켰다. 그렇게 시작된 반란은 점점 규모와 위세가 커지더니 로마의 존망을 위협하는 커다란 세력으로 자라났다.

스파르타쿠스의 반란을 진압하고자 로마는 집정관 클로디우스를, 그다음에는 푸블리우스 바리누스를, 그다음에는 집정관 겔리우스와 렌툴루스를 보냈지만, 가는 족족 크고 작은 전투의 주도권을 스파르타쿠스에게 넘겨주고 패주를 일삼았다. 결국 로마는 최후의 보루로 카시우스 장군을 전

미드 「스파르타쿠스」에 등장한 스파르타쿠스(좌)와 크라수스(우)
(출처: spartacus.fandom.com)

장에 파견했다. 카시우스는 훗날 크라수스와 함께 카르헤 전투에도 참여한 당대 최고의 용맹스런 '원탑' 장수였다. 원로원은 그라면 반란을 막아줄 것으로 기대했다. 그러나 결과는 참패였다. 죽기 살기로 달려드는 상대에 힘 한번 써보지 못하고 본진이 탈탈 털리고 만 것이다. 로마는 일대 혼란에 빠졌다. 곧 스파르타쿠스의 반란군이 자신들의 평화로운 일상을 파괴하러 올 것이란 합리적 예측이 가능해졌다.

크라수스가 등판할 때가 되었다! 그는 단순히 대중들의 싸늘한 시선을 견뎌낼 졸부가 아니라 풍전등화 같은 나라를 위기에서 구할 난세의 영웅이 되고 싶었다. 하이 리스크 하이 리턴high risk high return. 전쟁은 투자였다. 전쟁이란 게 날이면 날마다 오는 기회가 아니었기 때문에 그는 바짝 몸이 달았을 것이다. 그래서 베트남전에 자원하여 한몫 챙기고 싶었던 젊은이들처럼, 크라수스 역시 출정으로 한몫 단단히 챙기고 싶었을지 모른다. 크라수스는 원로원 앞에서 자신이 군대를 이끌고 노예들의 반란을 진압하겠다며 로마의 구세주처럼 행동했다. 평소 평판이 좋지 않았던 그가 마음껏 거드름을 피우도록 놔둘 만큼 원로원에게는 대안이 없었다. 인내심을 발휘한 그들은 어금니를 깨물며 크라수스에게 반란을 진압하는 동시에 로마의 원상 복구를 위한 전권을 부여했다. 술라에게 붙어 처벌자 명단을 작성하며 전권을 휘둘렀던 크라수스에게 이는 누워서 떡 먹기처럼 간단한 일이었다.

크라수스는 패주한 집정관의 군대와 자신의 사비를 털어 징집한 병사를 합친 8개 군단을 이끌고 반란군을 향해 진격했다. 그의 군대는 삽시간에 전세를 역전시켰다. 그의 용병들은 일사분란하게 움직였고, 기세가 꺾인 스파르타쿠스의 반란군들은 당황하여 투항하기에 바빴다. 엎친 데 덮친 격으로 스파르타쿠스의 반란군은 전략을 놓고 내부 분열이 일어나 두 쪽이 나고 말았다. 힘을 합쳐도 이길까 말까 한 전투에서 그들은 오합지졸로 돌변하여 자멸했다. 크라수스는 이 전투에서 훌륭한 전술을 활용하며 위대한 장군으로서의 자질을 보여주었다. 그러나 이 과정에서 그는 옥의 티를 하나 남기고 말았다. 로마로 돌아오던 원정군 폼페이우스에게 원군을 요청한 것이다. 이 전쟁과 아무 상관이 없었던 폼페이우스는 '옳다구나!' 하며 다 끝난 전쟁에 빨대를 꽂는다.

크라수스는 결정적인 오판을 했다. 전쟁에선 이겼지만 경쟁에선 졌다. 장기전이 될 것을 예상한 크라수스의 전략과 달리, 스파르타쿠스의 반란군은 너무 쉽게 무너졌다. 폼페이우스의 원군이 전장에 모습을 드러내기 전에 이미 전쟁의 승기를 잡았던 크라수스는 괜히 남 좋은 일을 했다는 자책에 이불킥을 날렸을 것이다. 폼페이우스는 싱겁게 끝나버린 전쟁의 전말을 원로원에 보고하면서 공격을 시작한 건 크라수스였지만 전쟁을 끝냈건 자신이었다고 떠벌렸다. 결국 크라수스 입장에서 지원군 요청은 다 된 밥에 콧물을 떨어뜨린 격이었다. 재주는 곰이 넘고 돈은 왕서방이 번다고, 크라수스가 갖은 고생을 하며 반란군의 퇴로를 막고 수세에 몰아넣었지만 폼페이우스가 마지막 순간 신스틸러처럼 나타나 차려놓은 밥상 위에 큼지막한 숟가락을 떡하니 올려놓은 셈이었다.

폼페이우스는 먼저 전장을 벗어나 로마 시민들 앞에서 개선식을 했다. 크라수스는 분노했다. 기분 좋게 단독으로 개선식을 하고 싶었던 크라수스는 교활한 폼페이우스가 선수를 치자 화가 머리끝까지 치밀어 올랐다. 폼페이우스는 화려한 전차를 타고 로마 거리를 행진했다. 시민들은 자신의 평화를 지켜준 고마운 병사들에게 월계수와 꽃잎을 던졌고, 기쁨에 찬 아이들은 개선 행렬을 뒤따랐다. 사람들은 대중심리에 휘말려 큰 소리로 외쳤다. "폼페이우스, 마구누스여! 그대 머리에 신의 축복이 임하기를!" 이는 아름다운 선율처럼 하늘에 드높이 울려 퍼졌다. 뒤늦게 상황을 종료하고 로마에 입성한 크라수스를 보러 나온 시민들은 없었다. 보다 못한 원로원이 어쩔 수 없이 그를 위해 조촐하게 개선식을 열어주었으나 폼페이우스 때와는 너무나 대조적인 규모였다. 크라수스는 이때부터 이를 갈며 반전을 준비한다. 폼페이우스에 대한 뿌리 깊은 질투심은 훗날 그의 하마르티아가 되었다.

파르티아 원정, 불귀의 객이 되다

드디어 때가 왔다. 기원전 55년 크라수스는 군대를 이끌고 파르티아 원정에 나섰다. 이미 로마에서 최고의 부자로 올라선 그를 위험하기 짝이 없는 전쟁터로 내몬 힘은 무엇이었을까? 앞서 말한 그의 하마르티아를 들여다보지 않으면 쉽게 이해가 가지 않는 대목이다. 크라수스를 가까이서 보필하던 참모들과 병사들조차 그의 원정을 반대하고 나섰다. 명분 없는 전쟁이었다. 하지만 크라수스는 그들의 말을 듣지 않았다. 기원전 54년, 결국 크라수스는 군대를 일으켜 파르티아 정벌에 나선다. 파르티아를 복속하고 메소포타미아 지역을 합병하여 크게 한 번 먹을 속셈이었다. 하지만 그는 이미 동방 정벌을 떠났을 때의 혈기왕성한 장수가 아니었다. 전쟁터에서 시시각각 변하는 정세와 군사적 지략, 주변국의 동정 따위를 면밀히 살피기에 그는 노쇠한 퇴물에 가까웠다. 이 원정으로 그는 불귀의 객이 되고 만다.

그가 모집한 대부분의 병사는 전쟁 경험이 일천한 애송이였으나, 오로지 돈을 챙길 수 있다는 생각에 크라수스를 따라나섰다. 요즘으로 치면, 참치잡이 원양어선을 타고 나가 한 번에 큰 몫을 단단히 챙기는 것과 같다고 할까? 그리고 이런 물욕은 크라수스라고 해서 예외가 아니었다. 가지면 가질수록 더 갖고 싶은 게 사람의 욕심이다. 전쟁을 통해 남의 것을 빼앗는 것만큼 쏠쏠한 수입이 되는 일이 없었다. 이쯤 되면 크라수스에게 재산 증식에 대한 열망은 단순히 액수를 떠나 일종의 중독에 따른 금단증세일지도 모른다. 여타 중독과 마찬가지로 돈에 대한 중독 역시 무서운 게 점점 물질에 대한 욕구가 강해질수록 내성도 그만큼 커진다는 점이다. 평생 누려도 다 즐기지 못할 어마어마한 재산과 부동산을 가졌음에도 그는 결코 만족을 몰랐다. 이미 그는 브레이크가 파열된 폭주기관차와 같았다. 크라수스가 이끄는 일곱 군단은 그렇게 돈을 좇아 파르티아로 행군했다.

그들의 면모는 11세기 십자군들의 그것과 닮아 있었다. 전쟁은 그들의 목적이 아니었다. 약탈과 노략질, 갈취와 강간만이 그들의 진군 목적이었다. 이를 입증이라도 하듯, 크라수스 군대는 파르티아로 진격하며 유대의 하스모니아 왕국에 진입하여 예루살렘 사원을 약탈하는 등 10년 전에 폼페이우스가 저질렀던 행동을 그대로 반복했다. 또한 그들은 히에라폴리스에서 비너스 사원에 바쳐진 공물도 털었다. 하루는 크라수스의 아들 푸블리우스가 히에라폴리스 신전을 나오다가 문턱에 걸려 넘어지는 일이 있었다. 이를 미처 보지 못하고 뒤따르던 크라수스 역시 아들의 발에 걸려 넘어지고 말았다. 불길한 전조였다! 하지만 크라수스는 무시했다. 시리아에 도착한 크라수스는 겨울을 보내며 전열을 가다듬기로 했다. "그때 파르티아의 아르사케스 왕이 보낸 사절단이 짧은 전갈을 가지고 찾아왔다. 만약 군대가 로마에서 정식으로 파견되어 왔다면 파르티아는 끝까지 저항할 것이지만, 소문대로 로마의 뜻을 저버리고 사적인 이익을 위해 파르

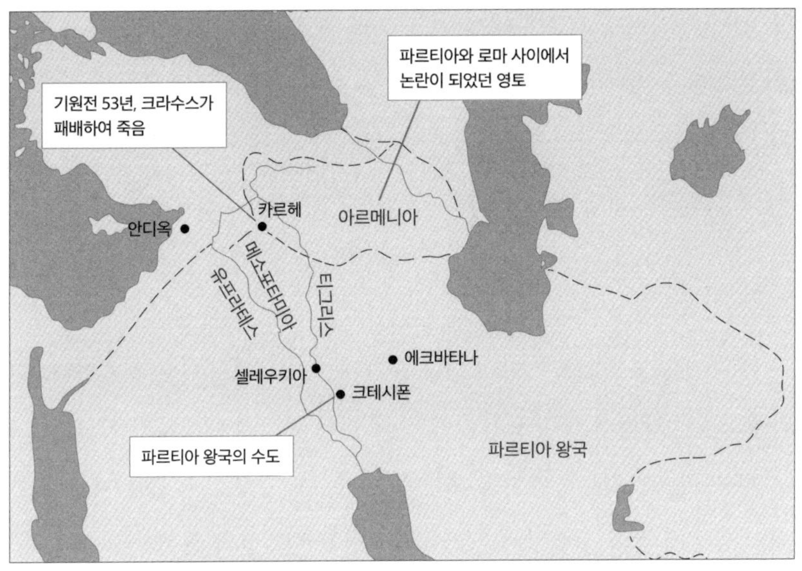

파르티아로 진격하던 크라수스는 카르헤에서 적장 수레나를 만났다

티아를 침공하는 것이라면 아르사케스 왕은 자비를 베풀어 포로나 다름없는 크라수스 군대가 무사히 돌아가도록 허락하겠다는 내용이었다."[36]

이때 교활한 아리암네스가 등장한다. 그는 현지 아랍의 부족장으로 파르티아의 사주를 받고 있었다. 그는 크라수스를 찾아와 그의 용맹함과 지략을 한껏 찬양했다. 그러면서 시리아에서 겨울을 나겠다는 크라수스의 전략을 듣고 뭉그적거리지 말고 당장 진격하라고 부추겼다. 파르티아 사람들이 크라수스의 군대가 온다는 소식을 듣고 이미 오래전부터 값진 재물과 노예들을 챙겨 스키티아로 피란을 가고 있으니 빨리 뒤쫓아 그들을 잡으라는 것이었다. "그들을 잡기 위해 무거운 무기를 들 필요도 없습니다. 무방비 상태로 걸음아 나 살려라 36계 줄행랑을 치고 있으니까요." 지금 같으면 폼페이우스에게 이메일 한 통 보내 자초지종을 물어보면 그만이겠지만, 당시는 가짜뉴스의 진위를 판정할 근거가 없었다. 파르티아군은 정면충돌을 피해 넓은 평야로 로마군을 끌어내 포위하려는 전략을 세웠고, 이런 암약을 크라수스는 알 리 없었다.

이 작전은 모두 파르티아의 장수 수레나의 머리에서 나온 것이었다. 크라수스는 수레나의 이런 교묘함에 속아 결국 파멸에 이를 운명이었다. 그는 처음에는 무모함과 자만심 때문에, 나중에는 두려움과 불운 때문에 상대의 꼼수에 속아 넘어갔다. "수레나는 결코 평범한 인물이 아니었다. 재산, 문벌, 명성 모두 왕 다음으로 뛰어난 인물이었다. 그의 용기와 전술은 파르티아에서 최고였으며, 체격과 용모도 매우 뛰어났다. 그는 개인적인 일로 여행할 때에도 낙타 1천 마리에 짐을 싣고, 마차 2백 대에 부인들과 시녀들을 태워 다녔다. 호위병으로는 철기병 1천 기와 그보다 더 많은 기병들을 데리고 다녔다. 기병과 노예들을 모두 합치면 1만이 넘었다."[37] 카시우스를 비롯한 몇몇 장군은 크라수스의 판단이 잘못 되었다고 생각해 진군을 멈추도록 간곡히 건의했지만, 이는 도리어 크라수스를 더욱 불쾌하게 만들었다. "무엄하다! 내가 그 정도밖에 안 되는 인물이었더냐?"

결국 크라수스는 진격을 감행한다. "그날 크라수스는 로마 장군이 입는 자줏빛 옷 대신 검은 옷을 입고 나섰다가, 문득 놀라서 갈아입었다고 한다. 그리고 기수들이 깃발을 들고 일어서려 하자 깃대가 땅에 뿌리박힌 것처럼 좀처럼 빠지지 않았다는 이야기도 있다. 이것을 본 병사들은 모두 불길한 징조라고 수군거렸다. 하지만 크라수스는 이런 일들을 무시하고 군대를 재촉해 보병으로 하여금 기병처럼 빨리 행군하도록 했다. 그때 정찰병 몇몇이 숨을 헐떡이며 달려와 다른 정찰대는 모두 적에게 포위되고 자기들만 겨우 빠져나왔으며, 파르티아가 대군을 이끌고 물밀듯이 몰려오고 있다고 전했다."[38] 밀려오는 적병들을 보며 병사들은 대혼란에 빠졌다. 그들은 더 이상 크라수스의 명령을 듣지 않았다. 파르티아군은 동물 가죽으로 만든 북에 청동방울을 매달아 시끄럽게 두들겨댔다. 둥둥둥둥… 나직한 소리는 크라수스의 병사들에게 소름끼치도록 무서운 공포감을 주었다. 사면초가였다.

이때 카르헤 전투에서 결정적인 변곡점이 등장한다. 파르티아 군병 하나가 크라수스의 아들 푸블리우스의 머리를 창끝에 꽂아 들고 큰 소리로 푸블리우스의 부모와 가족이 누구냐고 비꼬듯 외쳐댔다. "이 용맹한 젊은이가 설마 비겁한 크라수스의 아들은 아니겠지?" 고전적인 백병전에서 적장의 머리나 깃발을 탈취하여 상대 진영에 휘두르는 전시 행위는 매우 고도의 심리전이라 할 수 있다. 크라수스의 정적 폼페이우스조차 타고난 용맹함으로 칭찬을 아끼지 않았던 차세대 장수 푸블리우스의 머리가 긴 창끝에 대롱대롱 매달려 있는 광경은 찬물을 끼얹듯 순식간에 로마군의 사기를 꺾어놓았다. 자신보다 먼저 죽은 아들의 모습을 본 아비의 마음은 어땠을까? 그것도 자신의 욕망에 휘둘려 감행한 무모한 전투였다. 자신이 아들을 사지로 몰았다는 자책감에 몸서리치지 않았을까?

이윽고 밤이 되었다. "파르티아군은 싸움을 멈추고 로마군에게 전갈을 남겨놓고는 진영으로 물러났다. 하룻밤 더 살려줄 테니 죽은 아들을 생각하며 실컷 울고, 사로잡혀 죽고 싶지 않거든 파르티아 왕에게 어서 항복하러 오라는 내용이었다."[39] 로마군은 전우들이 널브러져 있는 전장에서 참담한 하룻밤을 보냈다. 손이 떨어져나간 전우, 다리가 잘려나간 전우, 부상을 입고 고통 속에서 신음하는 전우 사이에서 그들은 끔찍한 밤을 보낼 수밖에 없었다. 플루타르코스는 이렇게 쓰고 있다. "그것은 뒤바뀐 운명에 처한 사람들의 본보기였다. 현명한 이의 눈에는 그것이 경솔한 판단과 무모한 야심 때문이라는 것이 보였다. 그는 수많은 민중의 존경을 한 몸에 받으며 모든 것을 누렸지만 폼페이우스와 카이사르, 오직 두 사람에게 뒤진다는 이유로 무리한 고집을 부려 이렇게 비참한 결과를 맞이하고 말았다."[40]

적장 수레나는 이성적인 판단이 불가능했던 크라수스를 더욱 코너로 몰았다. 그는 '우리는 더 이상 싸움을 원하지 않으며 아무런 조건 없이 휴전하고 싶다.'는 거짓 정보를 흘렸다. 그는 심리전의 대가였다. 돌아갈 마지막 다리가 마련되었다. 비록 지금 전쟁을 무르고 내뺀다면 그의 자존심에 치명적인 손상을 입겠지만 적어도 목숨만은 건질 수 있었다. 지금 상황에서 로마군의 패배는 시간문제였다. 하지만 군인들은 더 이상 크라수스의 말을 들으려 하지 않았다. 그들은 파르티아군에게 본때를 보여줘야 할 때가 바로 지금이라고 목청을 높였다.

다음 날 수레나는 약속대로 휴전을 제의하기 위해 황금으로 꾸민 말을 크라수스에게 보냈다. 파르티아의 마부들은 크라수스를 말에 공손히 앉히고는 갑자기 돌변하여 채찍을 쳐 말을 달리게 했다. 수레나의 함정이었다! 그제야 크라수스의 참모들은 칼을 빼들고 마부들을 죽였지만 자신들의 대장을 태운 말은 이미 떠난 뒤였다. 그렇게 질주하던 말에서 떨어진 크라수스는 포막사트레스라는 파르티아 병사의 칼에 목이 잘리고 말았다. 로마 최고의 갑부는 그렇게 허망하게 타지에서 죽음을 맞았다.

크라수스는 폼페이우스, 카이사르 등 동시대 인물들과 달리 오늘날 흉상이나 초상화가 거의 남아 있지 않다. 그래서 그가 어떻게 생겼는지 논란이 많다. 크라수스는 이름에서부터 크라스crass라는 형용사가 유래한 것에서 알 수 있듯 본래 '뚱뚱한', '두꺼운', '살찐'이란 의미를 지닌 단어였다. 여기에다 '둔중한', '멍청한'이란 의미까지 붙으면서 그다지 좋지 않은 뉘앙스를 가지게 되었다. 그가 정말 뚱뚱한 체형을 가졌는지는 이름만으로 알 수 없다. 다만 역사가 그의 이름을 유쾌한 측면에서 평가하지 않았던 것은 분명하다.

마르쿠스 크라수스의 분석 차트

항목	평가
독창성	★★★★
진실성	★★★★
성실성	★★★★
계획성	★★★★
개방성	★★★

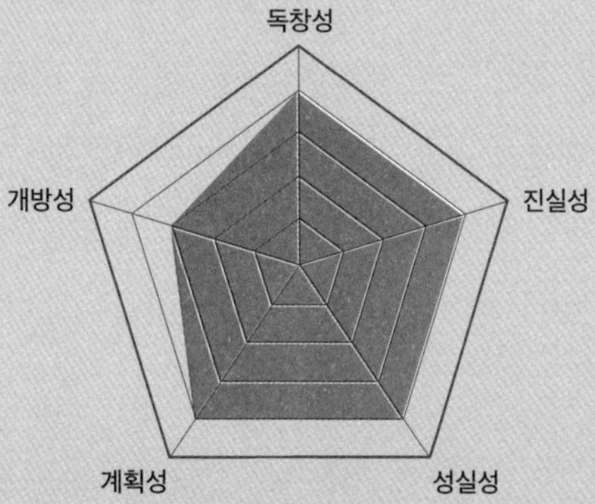

마르쿠스 크라수스의 연표

기원전 115년	로마에서 푸블리우스 리키니우스 크라수스의 둘째 아들로 태어남
기원전 87년	정변을 피해 이베리아로 달아남
기원전 84년	술라의 참모가 됨
기원전 73년	스파르타쿠스의 노예 반란이 일어남
기원전 71년	노예 반란을 성공적으로 진압함
기원전 70년	폼페이우스와 함께 집정관으로 활동함
기원전 65년	루타티우스 카툴루스와 함께 감찰관으로 활동함
기원전 59년	1차 삼두정치를 이끌어감(카이사르가 집정관을 맡음)
기원전 55년	폼페이우스와 두 번째 집정관으로 활동함 파르티아 원정에 나섬
기원전 54년	파르티아와 전쟁을 벌임
기원전 53년	카르헤 전투에서 전사함

전쟁과 무역으로 구대륙이 꿈틀대기 시작하는 시대. 시대가 낳은 부자는 전쟁과 무역을 이용하여 자신의 영향력을 빠르게 확대해 나갔다. 메디치 가문을 세운 코시모는 강력한 종교 이데올로기가 지배 원리로 작용하고 있는 이탈리아 피렌체의 상황을 십분 활용하여 경제적 이익을 얻었다. 지중해 물류의 중심지 피렌체는 세상 모든 상인들과 물류의 집결지였다. 돈이 모인 곳에서 관계가 만들어진다. 고리대금업이 불가능했던 중세시대, 종교 권력과 귀족, 상인들의 뒷거래와 결탁은 이탈리아 반도에 최초의 은행을 탄생시켰고, 장부帳簿와 부기簿記가 발달하면서 피렌체에서는 상거래 혁명이 일어났다. 그중에서 메디치 가문은 문화와 예술계의 굵직한 인물들을 적극 후원하며 이탈리아에 르네상스의 꽃을 피웠다.

하지만 이 시대는 전쟁을 통해 땅을 확보한 정복자 윌리엄 1세와 1차 원료인 금과 광물을 통해 엄청난 재산을 일군 만사 무사 같은 부자들이 주류를 이루던 때였다. 여전히 전쟁은 재산 증식의 중요한 수단이었다. 부자의 역사는 침략과 강탈의 역사와 겹쳐진다. 노르망디의 공작 윌리엄 1세는 잉글랜드를 복속시키며 막대한 부를 거머쥐었다. 말리 왕국의 만사 무사 역시 주변 영토를 넓히며 태평성대를 이루었다. 특히 말리 왕국은 금이 풍부하게 매장되어 있어 유럽 내 대부분의 금 수요를 충족시켰고, 9대 왕이었던 만사 무사는 전 세계 금값을 쥐락펴락했다. 그가 재건한 황금의 도시 팀북투는 오랫동안 유럽인들의 무의식 속에 꿈의 엘도라도로 자리 잡았다.

PART Ⅱ

칼, 금, 관계
Sword, Gold, Relationship

C H A P T E R 4

잉글랜드를 정복한 부자
윌리엄 1세

William I

(1028?~1087)

"보라! 내가 이 땅을 손에 쥐고 있지 않은가!"
—(발을 헛디뎌 넘어진) 윌리엄 1세—

PC게임 임진록으로 한국사를 퉁치고, 대항해시대로 세계사를 대신했던 젊은 독자들도 바이킹족의 대이동은 한 번쯤 들어보았을 것이다. 놀이공원에서 한 번쯤 타 보았을 바이킹에서 영감을 얻은 독자들은 '바이킹' 하면 대번에 양끝이 뾰족하게 휘어진 배를 타고 북유럽 해상을 떠돌아다니며 온갖 노략질을 해대던 해적을 떠올릴 것이다. 역사가들에 의해 '바이킹Viking'으로 불린 노르만족의 남하는 유럽 대륙에 위협적인 존재가 되었다.* 이들은 8세기부터 뛰어난 조선술과 항해술을 바탕으로 잉글랜드와 프랑스 북부를 제 집 안방 드나들 듯 활개를 치고

* 노르만족은 8세기에 오늘날 덴마크와 스웨덴이 있는 스칸디나비아 반도에서 출항하여 유럽 북부 해안 지방을 습격 및 약탈한 '북쪽 오랑캐'를 통칭하던 말이다. 바이킹은 노르드어로 '만(灣)에서 온 사람', 노르만은 '북에서 온 사람'이라는 뜻이다.

돌아다녔다. 이들의 잦은 약탈과 침략으로 골치가 아팠던 샤를 3세Charles III는 911년 노르만족의 지도자 롤로Rollo와 평화 조약을 맺고 봉토를 주어 '공작'이라는 작위를 수여하기에 이른다. 이때부터 사람들은 이 지역을 '노르만족이 사는 동네'라는 뜻의 '노르망디Normandy'라 불렀다. 이렇게 노르망디 공국이 탄생했다. 고려 말기부터 조선 초기까지 남해안에 왜구가 들끓자 부산포, 내이포, 염포에 왜관倭館을 설치하여 일본에 왕래와 무역을 열어주었던 것과 비슷한 회유책이었다.

샤를 3세의 전략은 적중했다. 노르만족은 자신들의 고향보다 따뜻하고 토질이 좋은 노르망디에서 수백 년간 평화롭게 살았다. 노르만족은 프랑크 왕국의 봉건제를 받아들여 왕국의 신하로 살면서 평화 시에는 공물을 바치고 전쟁 시에는 병사를 바쳤다. 이들은 몇 세대 가지 않아 대부분 프랑스인처럼 말하고 행동했다. 노르만족은 프랑크 왕국의 국교였던 가톨릭을 받아들이고 언어도 받아들였다. 하지만 거친 바다를 헤치며 미지의 땅을 정복하는 모험가의 로망을 가진 노르만족의 혈통은 사라지지 않았다. 아니 망각의 저편에서 끌어올린 해적의 양 뿔 달린 투구는 자신들이 본래 누구였는지 각인시켜주었다. 천상 바이킹의 후예답게 가계를 타고 면면히 흐르는 방랑벽은 그들도 어찌할 도리가 없었다. 11세기 노르망디에서 살던 한 사내가 몸이 하도 근질거린 나머지 유럽의 정치 지형을 영원히 바꾸어놓을 대형 사고를 치고야 말았다.

잉글랜드를 정복한 사생아

1027년인지, 1028년인지 정확하지 않지만 한 사내아이가 프랑스 팔레즈에서 태어났다. 아버지는 노르망디에서 공작으로 있었던 로베르(로버트) 1세였다. 한 지역을 다스리는 명문 귀족 집안에서 태어났으니 고귀한 혈통을 보유한 셈이다. 그는 장차 노르망디 공국의 일인자로 잉글랜드를 접수하고 세상을 호령할 윌리엄 1세가 될 운명을 타고났다. "아이의 이름은 노르망디에서 가장 흔한 이름 중 하나인 윌리엄이었다. 지금은 기욤이라 부르지만 당시 노르망디 방언의 발음은 영어처럼 윌리엄이었다. 윌리엄의 전설은 태어나면서부터 눈덩이처럼 생겨났다. 바스에 따르면, 산파가 이제 막 태어난 갓난아이를 짚을 깔아놓은 바닥에 누이자마자 아이는 손으로 짚을 한 움큼 쥐었다고 한다. 사람들은 이 동작의 징조를 알아차렸고, 이렇게 위대한 정복왕이 탄생했다."[41]

윌리엄은 바이킹족의 후손답게 기골이 장대한 아이로 자라났다. 그러나 그에게 한 가지 흠이 있었으니, 그의 어머니 아를레트(아를레바)가 평민 출신 무두장이의 딸이었다는 점이다. 게다가 그녀는 정식으로 로베르와 결혼한 상태에서 윌리엄을 낳은 것도 아니었다. 이러한 이유로 윌리엄은 평생 '사생아 왕'이라 불리며 친인척에게 조롱의 대상이 되었다. 모르긴 몰라도 그는 이러한 푸대접에 한을 품었을 것이다. 후궁의 서자로 태어나 붕당과 외척의 도전을 받았던 조선 중기 광해군과 비슷한 처지가 아니었을까? 개인적인 고뇌는 둘째로 치더라도 알력과 갈등 속에서 폐모살제(어미를 폐위시키고 동생들을 제거함)의 패륜을 저질렀던 것도 자신이 안고 있는 태생적 한계에 어려서부터 깊은 정신적 영향을 받았기 때문일 것이다. 어쨌든 자신이 사생아라는 사실은 윌리엄에게 그만의 거부할 수 없는 하마르티아로 작용한다.

아버지 로베르는 자신의 지위를 이용하여 정적들을 하나씩 제거했다. 거기에는 자신의 형 리샤르(리처드)도 포함되어 있었다. 아버지가 노르망디의 권력 실세로 떠오르자, 자연스럽게 그의 아들 윌리엄도 두각을 나타내기 시작했다. 얼마 지나지 않아 그에게 첫 번째 시련이 닥쳤다. 윌리엄이

'사생아 왕'이라고 놀림받던 윌리엄은
장차 유럽 대륙을 떠나 잉글랜드를 접수할 운명을 타고난 인물이었다.
(출처: westminster-abbey.org)

일곱 살 때, 아버지가 성지순례를 마치고 귀환하는 도중에 갑자기 병을 얻어 저세상으로 떠나버린 것이다. 그로 인해 윌리엄은 어린 나이에 노르망디 공작에 올랐다. 아버지가 성지순례를 떠나기 전에 윌리엄을 후계자로 내정해놓았기 때문에 그가 공작이 되는 데는 별 문제가 없었지만, 반쪽짜리 사생아라는 그의 출생이 또다시 걸림돌로 불거졌다. 특히 리샤르를 지지하던 무리는 어린 윌리엄에게 매우 위협적인 존재였다. 시기는 정확하지 않지만, 1042년부터 1044년 사이 윌리엄은 리샤르를 지지하던 무리를 몰아내고 자립하기 시작했다. 그는 부패한 인물과 측근들을 몰아내고 자신과 함께할 새로운 참모들을 선발했고, 이후 반란과 모반을 누르며 노르망디 공국에 평화를 가져왔다.

정복왕 윌리엄의 하마르티아

그의 선천적인 약점, 그러니까 그도 어쩔 수 없는 운명의 하마르티아는 이상한(?) 곳에서 발현되었다. 그는 유세 높은 플랑드르 백작의 딸 마틸다Mathilde와 결혼하겠다고 고집을 부렸다. 윌리엄이 자신의 아내로 마틸다를 꼽은 이유에는 정치적인 포석이 깔려 있었다. 그는 자신의 출생에 대한 세간의 평판이 정치적 야망의 걸림돌로 작용하고 있다는 사실을 알고 있었다. 비록 최선은 아니지만 명문가의 아내를 얻어 자신의 비천한 신분을 조금이라도 세탁하고 싶었을 것이다. 들리는 소문에는 고귀한 백작의 혈육답게 재색을 겸비한 보기 드문 신붓감이었다. 적절한 타깃이 24시간 풀가

동하던 자신의 레이다망에 포착된 이상, 윌리엄 입장에서는 '못먹어도 고'를 외칠 수밖에.

하지만 상황은 윌리엄의 바람대로 순탄하게 흘러가지 않았다. 노르망디의 윌리엄이 결혼을 원한다는 전갈을 받은 마틸다는 콧대 높은 차도녀처럼 도도하게 굴었다. "막 굴러먹던 상놈이 감히 누굴 넘봐?" 그녀의 반응이 예상 외로 강렬했던지 전령들은 돌아와 마틸다의 언행을 윌리엄에게 고스란히 일러 바쳤다. 그녀가 지적한 바로 그 문제 때문에 그녀를 선택하려 했던 윌리엄은 당사자에게 거부와 혐오의 답변을 듣자 순간 꼭지가 돌았다. "오냐, 네 년은 얼마나 대단한지 그 잘난 낯짝이나 한 번 보자." 사실 사람이란 게 약점을 찔리면 더 아픈 법이다. 게다가 깜박이도 켜지 않고 이렇게 갑자기 훅 들어오면 제아무리 강철 멘탈을 지닌 사내라 해도 무방비 상태에서 그냥 당할 수밖에 없다. 윌리엄은 그날 다른 일들을 모두 내팽개치고 말을 몰아 한 달음에 백작의 저택에 들이닥쳤다. 제지하는 하인들을 가볍게 한 손에 제압한 뒤, 마틸다의 침실까지 난입하여 그녀가 입고 있던 옷을 북북 찢어버렸다.

아닌 밤중에 홍두깨도 유분수지 난데없이 들이닥친 외간남자에게 채찍으로 맞은 것도 모자라 그래플링으로 자빠져 옷까지 벗겨진 마틸다는 말 그대로 멘붕에 빠졌다. 요즘으로 말하면, 뉴스에 자주 소개되는 부녀자 폭행 및 강간 미수 사건에 해당했다. 윌리엄의 출생을 두고 먼저 험구를 남발한 마틸다는 사실 적시에 따른 명예 훼손에 해당하려나? 그런데 여기서 누구도 상상하지 못한 대반전이 일어났다. 마틸다가 윌리엄의 청혼을 받아들인 것이다. 천한 혈통의 사생아라고 구혼남을 조롱한 그녀에게 일말 양심의 가책이 있었던 것일까? 아니면 그녀가 유독 나쁜 남자에게 끌리는 독특한 취향을 가진 전형적인 차도녀였던 것일까? 마틸다의 아버지는 자신의 딸을 욕보인 무뢰한을 죽이겠다고 길길이 날뛰었지만, 정작 마틸다는 그런 아버지를 가로막으며 으름장을 놓았다. "나는 이 사람 아니면 절대 결혼하지 않을 거예요! 과년한 딸년 처녀귀신으로 늙어 죽게 할 생각이라면 마음대로 하세요!"

그런데 하나의 문제를 해결하자 또 다른 문제가 불거졌다. 당시 교황 레오 9세가 두 사람의 결혼을 반대하고 나선 것이다. 교황 입장에서는 나름 명분이 있었다. 겉으로는 윌리엄과 마틸다가 먼 친척이라 교회가 금하는 근친결혼에 해당한다고 주장했지만, 내심 잉글랜드를 지지하는 플랑드르와 잉글랜드를 위협하는 노르망디의 결합에 정치적 불안감을 느낀 것이다. 게다가 대륙 정복의 야망을 가진 20대 피 끓는 청년 윌리엄의 좌충우돌 성장기를 봐왔기에 향후에 있을 정치적 파장을 경계하고 싶었다. 그런 의미에서 교황의 더듬이는 상당히 정확했다.

그 당시 국왕이나 귀족은 교황의 승낙이 있어야 결혼할 수 있었다. 우리도 익히 알고 있는 영국 성공회의 출발점을 떠올려보라. 영국의 헨리 8세Henry VIII는 여왕 캐서린Catherine이 아들을 낳지 못한다는 이유로 폐위하고 앤 볼린Anne Boleyn이라는 시녀와 재혼하겠다고 고집을 피웠다. 이미 앤의 배에는 헨리의 혈통이 자라고 있었으니 재혼이 아닌 간통 사건이었다. 이에 교황은 가톨릭 교리 내에서 이혼이 불가능하다는 이유를 들어 우리나라 막장 드라마의 단골 멘트를 날렸다. "내 눈에 흙이 들어가기 전에는 이 결혼 반대야!" 이에 빡친 헨리 8세는 교황과 단교를 선언하고 국교였던 가톨릭을 버린 뒤 새로운 종교를 만들어 자신을 수장으로 세웠다.

영국 성공회

16세기 헨리 8세가 여왕 캐서린과의 이혼을 반대하는 교황에 맞서 설립한 개신교단이다. 이러한 정치적 이유 외에도 대륙에서 전해진 마르틴 루터Martin Luther의 종교개혁 사상이나 존 위클리프John Wycliff의 영어 성경 번역 등과 같은 종교적 이유도 영국 성공회가 탄생하는 데 영향을 미쳤다. 헨리 8세는 지정학적인 이유로 가톨릭의 교도권을 인정하지 않았고, 잉글랜드 내의 모든 교회가 교황이 아닌 국왕인 자신을 구심으로 한 잉글랜드 국교회를 출범시켰다. 성공회는 루터교와 장로교, 감리교처럼 가톨릭 교회로부터 갈라져 나온 개신교 중 하나이며, 이들과 유사한 교리를 가지고 있다. 우리나라는 1890년 9월 29일 영국 성공회 선교사가 인천항에 도착하여 서울과 경기도, 충청도 지방에서 포교를 시작하면서 전파되었고, 명칭은 대한성공회大韓聖公會로 불린다.

헨리 8세는 어떻게 이런 참람한 행동을 할 수 있었을까? 나는 새도 떨어뜨린다는 교황의 무소불휘 권력 앞에서도 쫄지 않고 자신을 교회의 머

리로 당당히 선포할 수 있었던 데는 그의 괴팍하고 변덕스러운 성격이 한몫했다. 물론 영국이 다른 국가와 달리 대륙에서 벗어난 섬나라였다는 사실도 중요했을 것이다. 어쨌든 이 결혼은 훗날 누구도 예상치 못한 역사의 아이러니를 낳았다. 둘째 아내 앤에게서 낳은 딸이 바로 스페인 무적함대 아르마다를 격침시키고 대영제국의 기틀을 잡은 엘리자베스 1세 여왕이기 때문이다.* 하지만 윌리엄은 헨리 8세처럼 종교 권위에 맞서며 마음대로 할 만큼 정치적으로 굳건한 지위를 갖지 못한 상태였다. 대신 윌리엄은 자신의 멘토였던 캔터베리 주교 랑프랑Lanfranc의 조언을 받아 교황 달래기에 나섰다. 윌리엄의 외교술은 위력을 발휘했다. 힘으로 싸우는 것보다 머리를 쓸 줄 아는 현실감각은 세기적 부자들의 공통된 특징이기도 하다. 그는 자신의 결혼이 왜 공국의 평화와 세계 질서에 필요한 조건인지 교황을 설득했다.

1051년, 윌리엄과 마틸다는 우여곡절 끝에 결혼에 성공한다. 두 사람의 결혼 생활은 어땠을까? 윌리엄과 마틸다 사이에서는 4명의 아들과 6명의 딸이 태어났다. 나름 금슬이 좋았나 보다. 마틸다는 윌리엄과 인생의 동반자이자 정치적 후원자로 평생 해로했다. 그녀는 잉글랜드 정복에 나서는 남편을 위해 무운武運을 비는 차원에서 배를 바치기도 했다. "그들은 당시로서는 드물게 32년 동안 돈독한 부부애를 나누며 살았다. 12세기에 인

---

* 이 이야기는 미드 「튜더스」에서 자세히 묘사되었다. 필자가 재미있게 본 드라마로, 독자들에게 강추한다.

윌리엄의 아내 마틸다는 유럽인들에게 이상적인 여성상으로 추앙받고 있다.
(출처: google.com)

구에 회자했던 마틸다에 대한 중상모략에도 불구하고 윌리엄이 마틸다에게 가졌던 믿음은 전적인 것이었다. 그는 당시로서는 유일하게 사생아를 두지 않았던 제후다. … 그는 통치 기간 마틸다에게 중요한 정치적 책임을 맡겼던 것으로도 유명하다. 그는 마틸다를 동지로 여겼으며, 그녀는 남편에게 정신적 버팀목이 되어 조언을 아끼지 않았다."[42] 윌리엄이 가진 하마르티아는 언뜻 남녀 사이의 흥미로운 해피엔딩으로 마무리되는가 싶었다. 하지만 그의 하마르티아는 다른 위대한 부자들이 그러했던 것처럼 주인과 질긴 인연을 갖고 있었다.

위대한 출정과 잉글랜드 정복

1066년, 윌리엄은 에드워드Edward the Confessor가 죽은 뒤 해럴드가 잉글랜드의 왕으로 즉위하자 잉글랜드 원정을 결심했다. 자신에게 왕위 계승권이 있다고 생각한 것이다. 하지만 해럴드는 왕좌를 내줄 마음이 눈곱만큼도 없었다. "윌리엄은 기로에 섰지만 이미 그의 선택은 정해졌다. 그는 단순한 모험이 아니라 전쟁의 위험성을 감수하기로 작심했다. 병력과 배, 자금 등 모든 면에서 노르망디 공국은 영국의 상대가 되지 않았다. 그런 까닭에 윌리엄은 한시도 지체하지 않고, 그렇다고 너무 서두르지도 않으면서 체계적으로 자신이 할 수 있는 일에 모든 운명을 걸었다."[43] 그는 자신의 출정을 지지해줄 세력들을 모았다. 이때 가장 중요한 것은 명분이었다. 영화 「범죄와의 전쟁」에서 형배(하정우)가 익현(최민식)에게 말했던 그 '명분' 말이다.

윌리엄은 제일 먼저 교황청에 연락을 취했다. 그는 거국적인 출정에 앞서 자신의 결혼을 반대했던 교황과의 소원한 관계를 풀어야 했다. 선견지명이었을까? 이러한 일이 있으려고 윌리엄은 일찌감치 남자 수도원과 여자 수도원을 지어 바쳤다. 실리는 명분을 앞선다. 주판알을 열심히 튕기던 교황은 결국 대세로 떠오른 윌리엄의 잉글랜드 원정을 지지한다는 반가운 소식을 보내왔다. 천군만마를 얻은 셈이었다. 이제 윌리엄은 잉글랜드 정복의 이해 당사국들과도 긴밀히 연락을 취했다. "먼저 신성로마제국의 하인리히 4세는 정복에 개입하지 않겠다는 입장을 전해왔다. 처남인 플랑드

르의 보두앵 5세에게는 도움은 주지 못하더라도 호의적인 중립을 지켜달라고 요청했다."[44] 이와 함께 윌리엄은 영국 동쪽에 위치한 덴마크의 중립을 확보하고자 외교적 역량을 발휘했다. 곧바로 덴마크의 왕 스벤 에스트리트센은 전쟁에 개입하지 않겠다는 전갈을 보내왔다. 이제 전쟁 분위기가 한껏 무르익었다. 명분을 챙긴 윌리엄은 출정만 남겨두고 있었다.

위대한 성취를 이룬 위인이나 누구도 넘볼 수 없는 거대한 부를 거머쥔 부자들의 공통된 특징이 있다. 바로 남보다 뛰어난 메타인지를 가지고 있다는 점이다. 메타인지는 생각에 대한 생각, 즉 내가 어떤 생각을 하고 있는지를 객관화시켜 이해할 수 있는 능력으로, 상황을 냉엄하게 파악하고 자신의 현재 좌표를 정확하게 찍을 수 있는 힘이다. 『논어』에서 '아는 걸 안다고 하고 모르는 걸 모른다고 하는 그것이 바로 앎이다知之爲知之 不知爲不知 是知也.'라고 말한 공자의 명언과 일맥상통한다. 윌리엄 역시 탁월한 메타인지를 소유하고 있었다. 그는 노르망디 상비군의 전력으로는 잉글랜드를 집어삼킬 수 없다는 것을 잘 알고 있었다. 그래서 주도면밀하게 후원자를 물색했다. 가장 먼저 자신을 후원해줄 사람은 아내 마틸다였다. 그녀는 남편의 출정을 후원하기 위해 모라Mora라는 선박을 지어 바쳤다. 그 배는 윌리엄의 기함이 되었다.

그 당시 정복 전쟁은 명운과 함께 재물운이 붙은 벤처사업과 같았다. 요즘 일확천금을 꿈꾸고 전세자금까지 빼 작전주에 털어 넣는 것에 비견할 만하다. 로마의 거부 마르쿠스 크라수스가 파르티아 원정길에 오른 것도 같은 맥락에서 이해할 수 있다. 이런저런 물욕에 찬 귀족들이 똥파리처럼 달라붙었다. "로베르 모르탱은 120척의 배와 장비를 약속했고, 윌리엄의 이복동생 오동은 100척의 배를 약속했다. 르망의 주교와 생투앵의 수도원장은 20척의 배를 약속했고, 페캉의 기도원장 레미도 영국의 주교를 약속받는 대가로 같은 수의 배를 약속했다."[45] 그간 윌리엄에게 신세를 졌던 이들도 원금의 이자를 갚듯 그의 원정길에 얼마간의 헌신을 해야 했다.

윌리엄은 원정을 함께할 지원자들을 모집했다. 그는 출정에 참여하는 기사들에게 성공하면 잉글랜드의 땅을 나눠주겠다고 약속했다. 베네핏을 강조한 리크루팅은 효과가 있었다. 한몫 단단히 잡고 싶었던 사람들이 원근 각지에서 구름떼처럼 몰려왔다. "노르망디로 통하는 길은 기사와 부랑자 같은 사람들의 무리로 우글거렸다. 그들은 재물과 모험을 찾아 나선 자들이었다. 당시 서유럽에는 노르망디 공의 지휘 아래 참전하면 군인들은 봉급을 약속받고, 영국에 가면 많은 전리품을 챙길 수 있다는 소문이 널리 퍼져 있었다. 군인들은 원정대의 사령관이 윌리엄이라는 말에 열광했다."[46]

드디어 1066년 여름, 노르망디 디브-슈흐-메흐Dives-sur-Mer 항구에 윌리엄의 군대가 집결했다. 약 7천 명의 기사와 약 2천 마리의 말이 약 7백 척의 배를 나눠 타고 출항을 기다렸다. 그 자그만 항구 도시에 엄청난 병력이 도열해 있는 모습을 상상해보라. 한 역사가의 말에 따르면, 약 7천 명의 병력과 약 2천 마리의 말을 먹이는 데 하루 28톤의 밀가루와 3만 갤런의 물이 필요했다고 하니 도시 전체가 갑자기 밀려든 군대로 떠들썩했을 게 분명하다. 한 달 넘게 출항에 적당한 바람을 기다린 뒤, 드디어 함대는 잉글랜드로 향했다. 그때까지 이 세상 어느 누구도 소유하지 못했던 땅과 재물을 소유하려는 한 남자의 목숨과 명운을 건 도전이었다. 영어에 '돌아갈 다리를 끊는다burn the bridge behind.'라는 말이 있다. 만약 이 출정에서 승리하지 못한다면 도버해협에 빠져 죽을 게 분명했다. 크로이소스와 크라수스가 자신처럼 무모하게 원정길에 나섰다가 불귀의 객이 되고 말았던 사실을 윌리엄도 알고 있었을까?

1066년 9월 29일, 윌리엄은 우여곡절 끝에 잉글랜드 땅에 닻을 내렸다. 하늘은 맑고 바람 한 점 없었다. 군사의 사기는 하늘을 찔렀다. 이윽고 양쪽으로 도열해있는 군대 사이로 윌리엄이 배에서 내리는 순간이었다. 그러나 아뿔사! 이게 웬일인가. 아내가 바친 모라 호의 나무 사다리를 걸어 내려오던 윌리엄은 그만 발을 헛디뎌 공중에서 중심을 잃었다. 멋지게 땅을 밟으려던 윌리엄은 몸에 너무 힘이 들어간 건지 안전한 하선을 위해 걸쳐 놓은 사다리에 걸려 비틀거리다 넘어지고 말았다. 살짝 넘어진 게 아니라 바닥에 철퍼덕 소리를 내고 자빠졌다.

군대의 수장이 넘어지다니! 불길한 징조였다. 부하들은 수군거렸다. 누구라도 당황했을 이때 윌리엄은 순발력과 기지를 발휘해 몸을 탁탁 털고 일어나며 도리어 크게 외쳤다. "보라! 내가 이 땅을 손에 쥐고 있지 않은가! 내 손에서 절대 빠져나갈 수 없으리라!" 코미디언에게만 순발력이 필요한 게 아니다. 한 나라를 이끄는 정치가, 군대를 통솔하는 장군에게도

윌리엄은 잉글랜드에 첫발을 내디디며 넘어지고 말았지만,
도리어 자신이 두 손으로 영국을 붙잡았노라 선언했다.
(출처: google.com)

순간의 위기를 말 한마디로 타개할 수 있는 능력, 소위 기지 넘치는 '말빨'이 중요하다.

역사는 첫발을 기억한다. 1969년 7월 20일, 미국의 우주비행사 닐 암스트롱이 인류 최초로 달에 내딛은 첫발은 이후 여러 계층 다양한 사람들에게 무한한 영감을 줄 정도로 정복의 집단기억을 심어주었다. 마찬가지로 한때 사생아라 놀림을 받고 외척들의 위협 속에서 청년기를 보내야 했던 노르망디 공국의 지배자 윌리엄은 잉글랜드 해안가에 그렇게 자신의 첫 발자국을 남겼다. 하지만 그는 당시 잉글랜드에서 벌어지고 있던 내분을 자세히 알지 못했다. 당시 권좌에 오른 지 얼마 되지 않은 잉글랜드의 왕 해럴드는 북쪽 요크셔 지방에서 자신의 동생과 한창 전투 중이었다. 윌리엄이 잉글랜드에 닻을 내리기 사흘 전, 해럴드는 동생이 끌고 들어온 노르웨이 침략군을 맞아 스탬퍼드브리지 전투를 완승으로 막 끝내려던 참이었다. 해럴드는 양쪽에서 승냥이 떼처럼 잉글랜드를 노리는 주변국들의 침입을 외로이 막아내야 했다.

윌리엄을 부자로 만들어준 전투

해럴드가 반역자 동생의 목을 자르던 바로 그 시점에 윌리엄의 병사들이 잉글랜드에 도착했다. "승리한 해럴드 2세는 요크셔로 가 병사들과 연회를 벌였다. 그때 연회장 입구에서 시끄러운 소리가 들려왔다. 멀고 험한 길을 급히 달려오느라 진흙투성이가 된 전령이었다. 전령은 노르만 군대가 잉글랜드에 상륙했다는 소식을 전했다. … 해럴드 2세는 연회를 중지시킨 뒤 서둘러 런던으로 갔다. 그런 다음 일주일도 채 안 걸려 전투 준비를 마쳤다."[47] 가까스로 내란을 막아낸 국왕은 숨 돌릴 겨를도 없이 이번에는 외침을 막아야 했다.

그는 우선 군대를 정비하고 전열을 가다듬었다. 해럴드의 군대는 오합지졸이 아니었지만 바이킹과의 계속된 전투로 상당히 지쳐 있었다. 또한 많은 실전 경험으로 전투 감각은 날카로웠지만 반복된 징집과 오랜 원정으로 향수병에 걸려 있었다. 하지만 미룰 수 있는 싸움이 아니었다. 해럴드는 급히 군대를 모집하여 수적 열세를 극복하려고 했다. 하지만 그렇게 밭에서 김매던 소작농, 바다에서 물질하던 뱃사람, 들에서 양 치던 목동처럼 한 번도 무기를 들어본 적도 없던 어중이떠중이들을 모아놓으니 군대가 제대로 굴러갈 리 없었다. 무엇보다 기병은 턱없이 부족했다. 역사에 만약은 없지만, 그 '만약'을 해럴드에게 적용해본다면, 만약 윌리엄의 진격이 6개월 정도만 늦었다면 잉글랜드 지형에 익숙한 군대의 전투 경험과 해럴드의 유리한 전술로 결과는 역사의 기록과는 많이 달라졌을 것이다.

해럴드는 노르만 군대가 헤이스팅스 지방을 약탈하고 있다는 소식에 분노했다. 그래서 지원군을 기다릴 틈도 없이 진격을 감행했다. 노르만 군대가 북진할 때까지 기다렸다가 전선을 펼치는 게 유리할 거라는 참모들의 직언도 무시했다. 그간 승승장구했던 해럴드의 자신감이 하늘을 찔렀던 걸까? 그렇게 서둘러 본진을 전방에 위치시킨 것도, 그래서 홈그라운드의 이점을 제대로 살리지 못했던 것도 모두 해럴드의 실수였다. 그렇게 솔직하게 평원에서 적을 맞닥뜨리는 것보다 차라리 주변 지형지물들을 살려 복병전을 감행했다면 어땠을까 하는 가정은 영화의 결말을 미리 알고 있는 스포일러의 무의미한 결과론일 것이다. 10월 13일, 해럴드가 평원에 진을 친 날은 금요일이었다. 13일의 금요일. 불길한 날이다! 전운이 감돌았다. 해럴드와 윌리엄은 처음으로 군대를 이끌고 서로를 마주 대했다.

10월 14일, 윌리엄은 진격에 앞서 미사를 마치고 미리 마련해둔 갑옷을 입었다. 그런데 무거운 갑옷은 그의 몸에 걸쳐지는가 싶더니 그대로 미끄러져 왼쪽 다리를 찍었다. 불길한 징조였다! 잠시 불편한 정적이 흘렀다. 이때 다시금 윌리엄의 순발력이 발휘되었다. "좋은 징조다. 이건 내가 잉글랜드의 왕이 된다는 뜻이다!" 이만하면 낯짝이 철판에 가깝다! 그의 발언에 미신을 믿으려는 기류는 갑자기 하늘을 찌를 듯한 사기로 뒤바뀌었다.

전투는 윌리엄의 군대가 적진을 향해 돌진하면서 시작되었다. 해럴드의 군대는 고슴도치 대형을 이루며 무수히 날아오는 노르만 군대의 화살 세례를 끄떡없이 버텨냈다. 이른바 인간 도끼 부대였다. 밀고 밀리는 일진일퇴를 거듭하며 윌리엄은 단단히 빗장처럼 잠겨 있던 적진을 깨버릴 꼼수를 썼다. 후퇴 작전이었다. 뒤로 밀려나는 자신의 병사들을 쫓아 내려오면서 잉글랜드의 전열이 흐트러지는 걸 눈치챈 것이다. "윌리엄은 이렇게 우연히 얻은 경험을 전략으로 이용했다. 그는 또다시 언덕을 올라간 다음, 거짓으로 도주하는 척하며 정예 부대 일부를 유인했다. 그러자 언덕 위에서 철벽같이 방어진을 치고 있던 인간 도끼 부대에 틈이 생겨 대열이 흐트러졌다."[48] 노르만 군대는 빗발처럼 흐트러진 대열에 화살을 쏘아대며 공격했다. 격렬한 전투는 예상 외로 싱겁게 끝났다. 노르만 병사가 쏜 화살 하나가 말 위에서 전투를 진두지휘하던 해럴드의 눈을 관통한 것이다. 안시성 전투에서 고구려 장수 양만춘이 쏜 화살이 당 태종의 눈을 관통한 것처럼 말이다. 당 태종은 용케 목숨을 건져 본국으로 돌아갔지만, 해럴드는 전장에서 즉사했다. 이것으로 끝이었다! 이렇게 윌리엄은 유럽의 끄트머리 지방의 패주이자 이름 없는 공작에서 바다 건너 한 나라의 국왕이 되었다.

윌리엄의 통치와 죽음

윌리엄은 해럴드의 군대를 무찌른 뒤 도버와 캔터베리, 로체스터, 런던을 차례로 격파했다. 그의 진격에 겁을 먹은 다른 주들은 발 빠르게 항복 선언을 하며 충성 서약을 다짐했다. 이 과정에서 앵글로색슨의 무고한 이들이 무자비한 병사들의 칼날에 쓰러졌고, 약탈에 눈이 먼 용병들의 횃불에 마을과 성읍이 불타올랐다. 윌리엄은 노르망디를 떠나기 전 병사와 기사를 모집하며 넉넉한 전리품과 하사품, 농토를 약속했기 때문에 그들이 닥치는 대로 백성들을 유린하는 행위를 제지하지 않았다. 그는 승자였다! 이긴 자가 원하는 모든 것을 갖는 것이 룰이다. 이제 그에게 필요한 건 정치적 정당성과 종교적 권위였다. 윌리엄은 절묘하게 날짜를 맞춰 12월 25일 크리스마스에 런던 시내 웨스트민스터 사원에서 농민들과 민중들,

정복자 윌리엄의 대관식.
그는 12월 25일 크리스마스에 잉글랜드의 국왕이 되었다.
(출처: google.com)

제후와 귀족들이 보는 앞에서 성대하게 대관식을 가졌다. 잉글리시는 단 한 마디도 하지 못하던 노르망디의 공작이 잉글랜드의 국왕이 된 것이다.

1066년, 헤이스팅스 전투에서 해럴드가 패배한 뒤 잉글랜드 토착민이던 앵글로색슨 지배층의 땅은 윌리엄이 끌고 들어온 일당들에 의해 조직적으로 분할 분배되었다. 로마 병사들이 십자가에 달린 예수의 겉옷을 찢어 서로 나누었던 것처럼, 그들은 공훈에 따라 사이좋게 땅과 전리품을 나눴다. 그리고 여느 정복자들이 그러했던 것처럼, 노르망디에서 건너온 이들은 속국을 철저히 지배하기 위해 언어, 문화 등의 개혁에 착수했다. 오늘날 영어의 모태가 되는 구영어Old English는 하류 계층의 언어로 밀려났다. 한글 사용을 금지했던 일제의 문화말살정책이 떠오른다. 노르만의 정복자들은 오로지 프랑스어로만 말했고, 아이들에게 프랑스어만 가르쳤다. 프랑스어는 공식적인 언어가 되었고, 새로운 시대에 사람 구실이라도 하려면 프랑스어를 배워야 했다. 잉글랜드에 링구아 프랑카lingua franca는 이렇게 뿌리를 내렸다.* 상류층의 언어를 흉내 내길 원했던 많은 사람이 프랑스어를 사용했다. 바로 이러한 이유 때문에 오늘날 영어에 프랑스 계열의 단어들이 즐비하게 포함되어 있는 것이다. 토익이나 토플에 목매는 비영어권 학습자들에게는 거의 저주에 가까운 재앙이다!

---

* 링구아 프랑카: 라틴어로 프랑스어를 의미하며, 특히 유럽에서 상용되던 국제어(international language)로써의 위상을 지닌 프랑스어를 지칭한다.

이와 더불어 윌리엄은 인구조사를 실시했다. 정복자 입장에서 피정복민에 대한 통계가 필요한 이유는 단 한 가지밖에 없다. 바로 징세와 징발! 더 효과적으로 벗겨먹기 위해서는 상대를 정확하게 알아야 한다. 정확한 숫자가 나와야 식민지 경제 정책과 개발사업, 구호를 빙자한 근대화가 이루어질 수 있다. 영국이 인도에 세운 동인도회사나 일제가 우리나라에 세운 동양척식주식회사가 바로 인구조사를 실시한 주체였다. 윌리엄 역시 잉글랜드에 빨대를 꽂고 쪽쪽 빨아먹기 위해서는 어디에 무엇이 얼마나 있는지 알아야 했다. 그러한 맥락에서 나온 것이 바로 『둠스데이 북Domesday Book』이다.* "『둠스데이 북』은 당시 잉글랜드의 지형과 경제, 인구 등 사회상을 자세하게 알려주는 귀중한 사료史料가 되었다. 오늘날 이 책을 읽으면 정복자 윌리엄의 정책 스케일과 통치 방향을 어느 정도 가늠할 수 있다.

이로써 그는 잉글랜드의 모든 영토와 재산을 자신의 보고寶庫에 귀속시켰다. 정복 전쟁에서 승리한 윌리엄은 현재 가치로 2천 3백억 달러가 넘는 자산을 보유했고, 이는 인류 역사상 7위에 해당하는 재산이었다. "윌리엄 1세는 평탄하지 못하고 탈도 많았던 대관식부터 재위 기간 내내 자신의 손아귀에 넣은 것을 지키기 위해 그 어떤 잔혹 행위와 유혈 사태도 마다

---

* 『둠스데이 북』: 중세 잉글랜드의 토지 조사서로, 원제는 '윈토니아의 책(Liber de Wintonia)'이다. 1086년 당시 잉글랜드의 왕이었던 윌리엄 1세가 잉글랜드의 지배를 용이하게 하기 위해 토지와 인구조사를 벌인 결과물이다. 11세기 잉글랜드의 토지 소유 현황과 인구 통계가 자세히 적혀 있어 당시 경제와 사회 상황을 이해할 수 있는 귀중한 자료로 꼽힌다.

하지 않았다. 통치 기간 내내 앞에 놓인 한 가지 목표를 위해 온 힘을 쏟았다. 성품이 잔혹하고 대담했던 윌리엄은 결국 그 목표를 이루었다."[49] 하지만 윌리엄은 잉글랜드에 큰 애정을 갖지 못했다. 그는 피정복민의 언어인 영어를 배우지 않았고, 평생 프랑스어만 사용했다. 심지어 간단한 영어도 한 마디 읽을 줄 몰라 항상 통역을 대동했다. 그는 잉글랜드보다 노르망디를 더 사랑했다. 말년에는 아예 잉글랜드를 대리자에게 맡기고 노르망디로 이주하여 살았다.

위대한 정복자에게도 죽음의 그늘은 어김없이 다가왔다. 1087년 9월 어느 아침, 병상에서 골골하던 윌리엄은 성당 종소리를 듣고 잠에서 깨어났다. 그리고 이렇게 외치고 숨을 거두었다. "제 영혼을 성모 마리아께 의탁하나이다." 그의 말년은 처참했다. "왕이 서거했다는 소식이 알려지자 극심한 혼란이 찾아왔다. 다들 폭력의 희생양이 될까봐 도망가느라 정신이 없었다. 평화는 끝나고 야수의 시대가 다시 찾아온 것이다! … 왕은 호화스러운 침대에 홀로 버려졌다. 망자의 눈이라도 감겨주었을까? … 그 사이 생제르베의 하인들은 왕이 죽어 있는 방에 몰래 들어가 가구, 귀중품, 의복 등을 훔쳐 나왔다. 대담한 자들이 이 중대한 죽음 앞에서 왕의 옷을 벗겨 거의 나체로 만든 것이다."[50] 의사와 사제, 귀족들은 왕의 재물을 급히 챙겨 달아났다. 왕이 입고 있던 옷이며, 손가락에 끼고 있던 반지며, 심지어 속옷과 침대보까지 약탈했다. 이런 와중에 시신은 침대에서 굴러떨어졌다. 잉글랜드를 정복한 청년의 당당한 모습은 어디서도 찾을 수 없었다.

측근들은 뒤늦게 벌거벗긴 채 바닥에 나동그라진 시신을 수습해 생테티엔 수도원에 안장했다. 일주일 동안 노르망디 공작의 별세를 애도하는 기간이 주어졌다. 그런데 방화였는지, 자연 발화였는지 마을에 큰 화재가 나고 말았다. 사람들은 모두 불을 끄러 갔고, 시신은 다시 덩그러니 홀로 남겨졌다. 그렇게 애도 기간은 엉망이 되었다. 더 큰 문제는 장례식 때 일어났다. 윌리엄은 미리 짜두었던 관에 들어가기에 너무 뚱뚱했다. 수습하는 데 시간이 걸리다 보니 시신이 뜨거운 늦여름 날씨에 부패해 땡땡하게 불어난 것이다.

"마침내 불쌍한 윌리엄의 시신을 관에 넣어야 할 순간이 왔다. 그런데 석관을 제작한 사람들은 어떤 감정이 복받쳤기에 관의 크기를 정확히 계산하지 못했던 것일까? 시신이 너무 컸다! 오드릭 비탈에 따르면, 결국 시신을 눌러 억지로 석관에 넣었다고 한다. 너무 우겨 넣다 보니 시신을 싸고 있던 소가죽이 찢어져 끔찍한 악취가 진동했다. 향신료를 넣은 엄청난 배가 그만 터지고 만 것이다."[51] 썩다 만 내장과 부패한 장기가 바닥에 쏟아졌다. 장례식에 모인 사람들은 형언할 수 없이 지독한 냄새로 너나 할 것 없이 코를 막고 혼비백산 뛰쳐나갔다. 왕은 또다시 홀로 남겨졌다. 그렇게 한때 세상을 다 가졌던 윌리엄은 마지막 운명을 쓸쓸히 받아들여야 했다. 역사상 전쟁을 통해 그만큼 부를 거머쥔 사람은 그 이후로 없었다.

윌리엄 1세의 분석 차트

독창성	★★★
진실성	★★★★
성실성	★★★★★
계획성	★★★★★
개방성	★★★

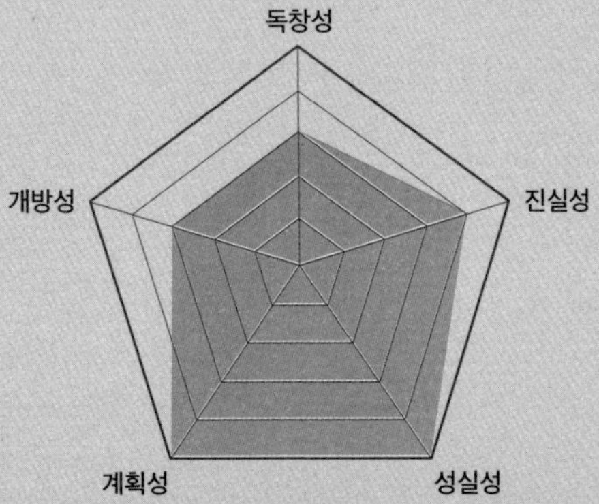

윌리엄 1세의 연표

1028년 — 노르망디 팔레즈에서 태어남

1035년 — 아버지 로베르가 죽은 뒤 노르망디 공국의 공작에 오름

1047년 — 캉 근처 발로뉜에서 일어난 노르만족의 반란을 진압함

1051년 — 잉글랜드의 참회왕 에드워드를 알현하고 후계자로 약속받음

1057년 — 바라빌에서 앙리 1세(Henry I)의 프랑스군을 무찌름

1066년 — 해럴드 2세가 웨스트민스터 사원에서 잉글랜드 왕위에 오름
9월 28일, 배를 이끌고 잉글랜드 남부 서섹스의 페븐지에 착륙함
10월~12월 20일, 런던으로 진격하며 롬니, 도버, 캔터베리, 윈체스터를 접수함
헤이스팅스 전투에서 해럴드 2세를 무찌름
12월 25일, 웨스트민스터 사원에서 대관식을 가짐

1086년 — 『둠스데이 북』이 편집되어 출간됨

1087년 — 생제르베에서 사망함
웨스트민스터 사원에서 윌리엄 2세가 왕위에 오름

CHAPTER 5

가는 곳마다 황금을 나눠준 금 부자
만사 무사

Mansa Musa

(1280?~1337?)

"술탄께서는 나에게 자비를 베푸시고
내가 왕국을 떠날 때 황금 100미트칼을 하사하셨다."
—(만사 무사에게 황금을 받았던) 이븐 바투타—

황금 사나이가 있었다. 믿기 힘들겠지만, 그는 태어날 때 뇌에 황금을 가득 채운 채 세상에 나왔다. 아이는 금 무게 때문에 머리를 가누기 힘들어 자주 넘어지곤 했다. 그런 아이를 본 의사들은 부모에게 아이가 오래 살지 못할 거라고 예견했다. 그러나 생명은 끈질긴 것. 한두 해 넘기기 힘들 거라던 아이는 어느덧 사춘기 소년이 되었다. 어느 날 바닥에 넘어진 아이의 머리에서 피와 함께 금가루가 흘러나온 것을 본 부모는 아이를 대문 밖으로 나가지 못하게 했다. "나가서 친구랑 놀고 싶어요." "안 돼." "왜요?" "네 머릿속에 있는 금을 노리고 누군가가 널 훔쳐 갈까봐 그래." 밖에서 뛰어놀고 싶어 하는 아이에게 부모가 들려준 답변이었다. 아이는 부모의 말을 따랐다. 아이는 자신의 머리를 흔들어 금을 꺼내 부모에게 선물로 주는 효자였다.

성인이 된 그는 집을 나왔고, 돈이 필요할 때마다 자신의 머리를 깨 금을 탕진했다. 돈이 있는 곳에 사람이 꼬이는 법! 이윽고 그는 한 여인과 사랑에 빠졌다. 여인은 남자의 머릿속에 금이 무한정 들어 있는 줄 알고 줄기차게 금을 요구했다. 그는 여인과 계속 살기 위해 끊임없이 머리를 부딪쳐 뇌에서 금을 털어내야 했다. 그렇게 2년 동안 금을 빼내었다. 결국 금은 자취를 감추었고 그는 피폐해졌다. 뇌가 텅 비게 된 그는 금과 함께 기억력도 잃고 말았다.

프랑스의 작가 알퐁스 도데Alphonse Daudet의 마지막 단편소설 『황금 뇌를 가진 사나이』에 나오는 이야기다. 머리를 털기만 하면 금가루가 떨어지는 사람이 실제로 세상에 존재하지 않겠지만, 그에 버금갈 정도로 엄청난 황금을 소유한 왕은 실제로 존재했다. 서아프리카 말리 왕국의 황금시대를 이끌었던 만사 무사가 바로 그 주인공이다. 캘리포니아대학의 역사학 교수 루돌프 웨어Rudolph Butch Ware는 영국 BBC와의 인터뷰에서 "만사 무사가 보유한 재산에 대한 당시 일화는 숨도 쉴 수 없을 정도로 대단해 그가 실제로 얼마나 부유했고 권세가 있었는지 이해하는 것조차 불가능하다."고 말했다. 제이콥 데이비슨Jacob Davidson 역시 2015년 머니닷컴에 실린 한 기사에 '만사 무사는 그 누가 묘사할 수 있는 것보다 더 부자였다.'라고 썼다. 2012년 미국의 한 웹사이트는 그의 재산을 4천억 달러로 추산했다.[52]

그가 가진 황금의 가치를 따지면 현재까지도 단숨에 세계 최고의 부호로 등극한다. 그가 생산한 금은 그 당시 전 세계에 유통되는 양의 70%를 가뿐히 넘었다고 한다. 1324년 7월, 독실한 '무슬림Muslim'이었던 그가 8백여 명의 부인과 1만 2천여 명의 노예를 대동하고 아라비아 메카로 성지순례를 떠났을 때는 가는 곳마다 사람들에게 금을 뿌렸다는 거짓말 같은 전설이 전해진다. 덕분에 그가 재건한 도시 팀북투는 오늘날까지 '황금의 도시'로 불린다. 만사 무사는 그야말로 소설에나 나올 법한 '황금 사나이'였다. 대체 그는 어떻게 중세 최고의 부자가 될 수 있었을까?

황금으로 부자가 된 사나이

50만 평방마일 이상의 면적을 지닌 말리 왕국은 의심할 여지없이 14세기 지구상에서 가장 부유하고 번영한 나라 중 하나로 꼽힌다. 말리의 영토는 서쪽으로는 대서양에 닿았고, 동쪽으로는 니제르 강까지 펼쳐져 있었다. 북쪽으로는 사하라 사막, 남쪽으로는 습지와 적도의 두터운 열대림으로 이어졌다. 예로부터 말리 왕국은 금과 소금, 상아가 풍부했고, 이것들은 당시 지중해 상권에서 없어서 못 파는 물건들이었다. 자연스럽게 이러한 1차 광물을 유통시키며 말리 왕국의 GDP는 크게 상승했을 것이다. 우리에게 이름조차 낯선 말리 왕국은 대체 언제 존재했던 나라일까?

말리 왕국은 순디아타 케이타Sundiata Keita가 니제르 강과 산카라니 강 사이 만딩카 고원에 세운 나라다. 순디아타는 1230년부터 1255년까지 말리 왕국을 다스렸다. 어린 시절 그는 만사(왕)가 된 형이 자신을 죽일까 두려워 불구 행세를 하며 지내다 강제 유배를 가야 했다. 퍼뜩 '상갓집 미친개'라고 놀림을 받으면서도 권력을 잡을 때까지 정신 나간 비렁뱅이 행세를 한 조선 후기 흥선대원군이 떠오른다. 모르긴 몰라도 그 시절 순디아타도 불구 행세를 하지 않으면 독살당하거나 유배를 가야 하는 처지였을 것이다. 이후 극적으로 다리가 완쾌되었고, 소소Soso 왕국의 침입으로 형이 죽자 다시 돌아와 왕위를 주장했다. 그는 주변 국가들을 차례로 정복하고 왕위에 올라 말리 왕국을 세웠다. 반전도 이런 반전이 없다.

순디아타는 니제르 강과 산카라니 강이 합류하는 곳에 수도 니아니Niani를 건설했다. 선견지명이 있던 그는 나라의 경계를 넓히고 왕국 전체에 법과 질서를 시행했고, 당대 여느 지배자보다도 목화 재배와 금광 채굴을 장려했다. 이러한 그의 정책은 그를 아프리카 역사상 가장 위대하고 건설적인 통치자로 만들었다. 그래서일까? 1255년, 순디아타가 죽은 후 50년간 혼란기가 이어졌다. 적어도 6명의 통치자가 번갈아가며 정권을 잡았지만, 업적은 미미했다. 고작 말리 왕국의 경계를 서쪽으로는 대서양, 동쪽으로는 니제르 강 너머, 북쪽으로는 사하라의 소금과 구리 광산으로 조금 확장시킨 것 정도였다.

이후 만사 무사는 혼란기를 종식시키고 말리 왕국의 9대 왕이 되었다. 만사Mansa는 '술탄', 또는 '황제'를 뜻하는 칭호이고, 무사Musa는 『구약성서』에 등장하는 출애굽의 영도자 모세의 아랍식 표현이다. 무사는 오늘날에도 무슬림들이 무함마드와 함께 자녀에게 흔히 붙이는 지극히 평범한 이

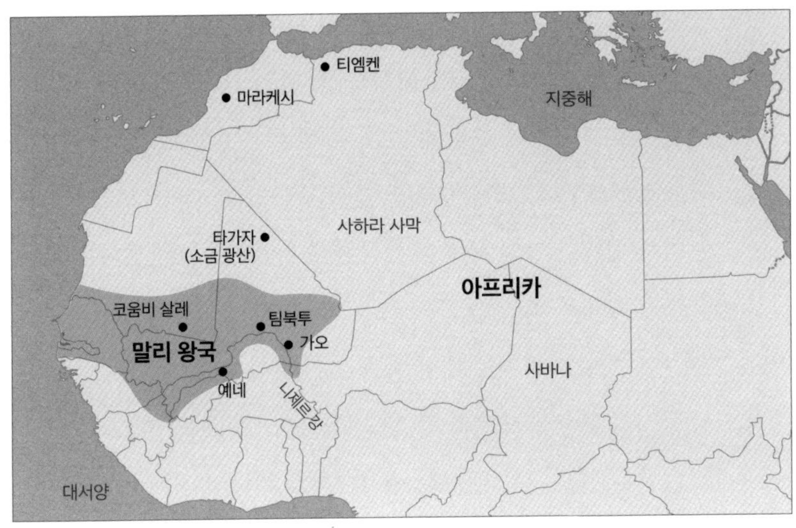

위 지도는 만사 무사가 통치하던 시기의 말리 왕국 영토를 보여준다.

름이다. 그는 1280년경에 말리 왕국에서 태어난 것으로 추정된다. '말리 Mali'라는 국명은 만딩고어로 '자유'를 의미한다고 한다.[53] 만사 무사가 이룩한 거대한 제국에 걸맞은 이름이 아닐 수 없다. 과거 만딩고 부족은 오늘날 기니아와 시에라리온 북쪽, 니제르 강 상류에 위치한 지역에서 살던 흑인 부족으로 그곳에 니아니라는 도시를 세우고 농업을 기반으로 성장했다. 말리에 거주하던 만딩고 부족은 오래전부터 무슬림들과 교역을 해왔는데, 그들로부터 자연스럽게 이슬람교를 받아들이게 된 것 같다.[54] 급기야 만사 무사는 이슬람교를 국교로 삼아 1336년에는 모든 백성이 무슬림이 되는 위업을 달성하기까지 했다.

여러 면에서 만사 무사는 신비에 가려진 인물이다. 말리 왕국은 기록을 남기지 않았기 때문에 그에 대해 알 수 있는 유일한 사료는 아랍의 무슬림 학자들이 여기저기에 남겨둔 글들뿐이다. 우리는 그러한 글들을 토대로 말리 왕국의 전모를 가늠할 수밖에 없다. 특히 이븐 할둔Ibn-Khaldun의 저술이 일반적으로 인용된다. 그에 따르면, 만사 무사의 할아버지 아부 바크르Abu Bakr는 앞서 언급한 말리 왕국을 건국한 순디아타의 조카였다고 한다. 아부 바크르는 파가 라예Faga Laye를 낳았는데, 그가 바로 만사 무사의 아버지다. 만사 무사처럼 아버지에 대한 자료 역시 남아 있는 게 거의 없다. 오로지 만사 무사가 왕위에 오르기 전, 말리 왕국의 왕이 아부바카리 케이타 2세Abubakari Keita II였고, 그가 메카로 성지순례를 떠나기 전에 만약을 대비해 만사 무사를 자신의 대리자 겸 후계자로 세워두었다는 사실만 알 수 있을 뿐이다. 전해진 바에 따르면, 그는 '대서양이 어디까지 펼쳐져 있는지 확인하기 위해' 원정에 나섰고, 다시는 왕좌로 돌아오지 못했다고 한다. 만사 무사의 시점에서 기록한 한 아랍 학자의 진술은 다음과 같다.

"선왕은 세계를 둘러싸고 있는 바다(대서양)의 끝까지 도달하는 것이 가능하다고 믿었다. 그는 그 지점에 도달하고 싶었고 자신의 계획을 추진하기로 결심했다. 그래서 그는 2백 척의 배에 수행원들을 태우고, 그 밖의 많은 배에 몇 년 동안 먹을 물과 양식, 그리고 금괴를 충분히 싣고 출발했다. 그는 선장에게 자신들이 바다 끝에 다다르거나 양식과 물을 다 써버릴 때까지 돌아오지 말 것을 명령했다. 그렇게 그들은 여행을 떠났다. 그들은 오랫동안 자리를 비웠고, 마침내 단 한 척의 배만 무사히 돌아왔다. 무슨 일이 있었는지 물으니, 선장은 대답했다. '왕자님, 우리는 바다 한가운데서 대량으로 흐르는 큰 강을 볼 때까지 오랫동안 항해하였사옵니다. 제가 탄 배는 마지막 배였습니다. 다른 이들은 제 앞에 있었습니다. 그들은 큰 소용돌이에 빠져 다시는 나오지 못했습니다. 저는 그 물살을 피하기 위해 뒤로 항해했습니다.' 그러나 술탄은 그를 믿지 않았다. 그는 자신과 부하들을 위해 2천 척의 배를 갖추도록 명령하고, 물과 식량을 위해 1천 척의 배를 더 준비하도록 명령했다. 그리고 나서 그는 자신의 부재 기간 동안 나에게 섭정을 베풀고, 그의 부하들과 함께 떠나 다시는 돌아오지 않았고, 어떤 생사의 흔적도 남기지 않았다."

만사 무사는 왕위에 오른 뒤 주변국들을 차례로 정복하고 24개의 도시를 지배했다. 그리고 권력을 장악한 뒤 선왕 순디아타가 다진 국력의 기초를 더욱 공고히 하는 작업에 착수했다. 만사 무사는 이후 150년 동안 서아프리카를 지배할 백성들을 가진 거대한 나라를 말리 왕국에 통합시켰다. 그의 통치 기간 동안 이슬람교는 공식적인 국교로 확립되었다. 이어 이슬람교를 부족의 광범위한 다양성을 통합하는 근거지로 확립한 그는 나라에서 신앙심으로 제일가는 무슬림이 되었다. 그의 신앙심은 잘 알려져 있다. 만사 무사는 6파운드가 족히 넘는 금 막대를 든 5백여 명의 노예를 이끌고 무슬림들의 고향 메카로 성지순례를 떠났으며, 성지에 2만여 개의 황금을 기부하기도 했다. 그가 통치하기 이전, 대략 11세기 후반에 팀북투라는 도시가 세워졌는데, 만사 무사는 이 도시에 화려한 궁전과 율법 학교, 여러 모스크를 세우기도 했다.[55]

만사 무사는 자신의 신앙을 철저히 이슬람교의 정통 교리 위에 두고자 했으며, 근본주의나 배타주의적 성향을 드러내지 않았다. 그는 학교와 이슬람 학자들을 후원하며 이슬람교와 학문을 장려했다. 또한 똘똘한 학생들을 국비로 유학을 보내 위대한 무슬림 학자로 키워냈다. 그의 교육 장려 정책은 다른 이슬람 국가들의 지식인들을 끌어들였고, 후에 팀북투는 아프리카 세계에서 가장 중요한 이슬람 장학 센터 중 하나로 거듭났다. 만사 무사는 자신의 경건함과 모스크를 세우기로 유명했지만, 그는 결코 성전이라는 이름으로 종교 전쟁을 도모하지 않았다. 그는 다른 종교를 불법화하지 않았고, 종종 만딩고 신앙의 의식을 행하는 개방성을 보여주었다. 그의 통치 기간 동안 말리에서 살았던 한 이집트 저술가는 그가 전통적인 법정을 주재했고 종종 사술이나 마녀 사건들을 해결했다고 전했다.

그는 어떻게 부를 거머쥐게 되었을까? 만사 무사가 누린 부와 권력의 상당 부분은 니제르 강 유역을 따라 위치한 말리 왕국의 지정학적 위치, 그리고 사하라를 관통하는 주요 횡단 무역로의 교차점에 들어선 경제학적 위치와 직접적으로 관련이 있다. 무역상들은 이집트를 거쳐 말리로 들어왔고, 말리는 사람과 물건이 오가는 서아프리카 최대의 교역국이었다. 여기서 거래된 상품들 중 대표적인 두 가지는 소금과 금이었다. 그것들은 매우 중요해 인류 역사 내내 화폐로 사용되었다.* 소금 거래는 말리 북부 타가자Taghaza 광산에서, 금 거래는 밤북Bambuk의 금광에서 시작되었다. 그곳

* 오늘날 '봉급'을 뜻하는 샐러리(salary)라는 단어는 소금(salt)에서 나왔다.

에서 캐낸 금은 세계 공급량의 절반을 차지할 정도로 어마어마했다. 만사 무사는 재위 12년이 되자, 당시 아프리카뿐 아니라 세계에서 가장 큰 왕국 중 하나를 통치하기에 이르렀다.

금은 인류 역사를 통틀어 많은 사람이 가장 원하는 금속으로 군림해왔다. 인간은 4천 년 동안 금을 제련하는 기술을 터득하고자 노력했고, 그 결과 청동기와 철기를 만들며 무기와 농기구를 얻게 되었다. 중세 연금술사들은 무가치한 것에 금을 합성하기 위해 노력하다가 화학을 정립시켰다. 금을 얻기 위해 무수한 사람이 속고 속이며 죽고 죽었다. 금 때문에 전쟁이 일어나기도 했고, 때론 그 금 때문에 평화가 유지되기도 했다. 일찌감치 인간은 금을 가지고 돈을 만들었으며, 오늘날 각국의 화폐 역시 오랫동안 금본위제를 유지해왔다. 금에 눈이 먼 미국 이민자들은 골드러시gold rush를 따라 서부를 개척해 나갔다. 이 때문에 금은 인간 문화에서 최고의 것, 가장 선한 것, 가장 가치 있는 것에 주어져 왔다. 철학자들은 수많은 종교와 도덕에서 빠지지 않는 으뜸의 원칙을 황금률이라고 부른다. 역사학자들은 문명의 진보가 절정에 이른 시기를 황금기라고 부른다. 스포츠계에서는 포디움 가장 높은 자리에 오른 한 명의 선수에게 금메달을 선사한다. 음반업계에서는 백만 장 이상 팔린 음반에 플래티넘(백금)이라는 지위를 부여한다. 그런데 만사 무사는 전 세계에서 가장 많은 금을 소유했던 남자다. 이 이상 무슨 말이 필요할까?

골드러시

1848년 1월 24일, 미국 캘리포니아 주 새크라멘토 강 근처에 있는 존 서터John Sutter의 제재소에서 사금이 발견되자, 그 이듬해에 약 8만 명의 미국인이 금을 찾아 서부로 이주한 사건을 지칭한다. 1849년, 본격적인 골드러시가 일어났다고 해서 이들을 '포티나이너fortyniner'라고 불렀다. 그해 약 8만 명의 포티나이너가 캘리포니아의 금광지대에 몰려들었고, 1853년에는 그 수가 25만 명에 달했다. 골드러시 개척자들은 대부분 아메리칸 드림을 가진 가난한 미국 이민자였는데, 이들이 미국 서부로 대거 이주하면서 골드러시 루트를 따라 도시와 산업이 발달하는 결과를 가져왔다. 캘리포니아는 급격한 인구 증가로 1850년에 정식 주州로 승인되었다. 이런 발달은 증기선과 철도, 고속도로 같은 다양한 기간산업을 일으켜 미국을 20세기 가장 부강한 나라로 만든 주요한 원동력이 되었다.

신앙심이 깊었던 왕, 금을 나눠주다

종교는 한 나라를 통치하는 데 매우 중요한 수단이 된다. 자칫 모래알처럼 흩어질 수 있는 백성들을 하나의 통치 이념으로 묶을 수 있는 기제가 바로 종교다. 세네카는 말했다. '종교는 대중에게는 진실로 여겨지고, 현자에게는 거짓으로 여겨지며, 통치자에게는 도구로 여겨진다.' 고려 태조 왕건이 불교를, 조선 태조 이성계가 유교를 국가의 기본 이념으로 삼았던 것도 그런 이유에서다. 만사 무사는 이슬람교를 선택했다. 아니 이슬람교가 그를 선택했다! 그에게 이슬람교는 동부 지중해 교양 세계로 진입할 수 있는 가교 역할을 해주었다. 그는 자신의 제국 내에서 이슬람교를 높이는 데 많은 시간을 할애했다. 가는 곳마다 모스크를 세웠고, 꾸란과 율법서를 제작했다. 하루에 다섯 번 메카를 향해 기도를 올렸고, 율법이 금하는 어떤 음식도 입에 넣지 않았다. 라마단 기간에는 남들보다 더 가혹하게 단식을 했고, 율법서를 낭송하고 외웠다.

만사 무사의 성지순례는 1324년에서 1325년 사이에 있었던 것 같다. 그 행렬에는 금괴를 운반하는 노예 5백여 명을 포함하여 페르시아 비단을 착용한 6만 명의 장정이 함께했다.[56] 그 당시에는 정복 전쟁을 제외하고 한 나라의 왕이 자신의 왕국을 떠나 다른 나라들을 순방하는 것은 상당히 이례적인 일이었다. 자칫 순례가 길어질 경우, 내부에서 반란이 일어날 수도 있고 외부에서 적이 침입할 수도 있기 때문이다. 그래서 왕이 장기간 나라의 보좌를 비울 때에는 자신의 후계자를 미리 남겨두어 권력의 공백을 메우는 경우가 일반적이었다. 그런데 만사 무사는 왜 이러한 위험을 무릅쓰면서까지 엄청난 금과 식솔들을 이끌고 그 먼 거리를 이동한 것일까? 이슬람교는 신자들이 다섯 가지 종교적 의무를 따를 것을 요구하고 있다. 흔히 이를 '5대 기둥'이라 하는데, 이를 따르는 자를 '무슬림'이라 부른다.* 그런데 5대 기둥 중 하나가 '하지Hajj'라 불리는 순례 일정으로, 무슬림이라면

---

* 무슬림은 말 그대로 '순종하는 사람'이라는 뜻이다.

반드시 평생 한 번은 메카에 있는 카바 신전을 방문해야 한다.

만사 무사는 순례 중에 만난 가난한 사람들에게 금을 나눠주었다. 얼마나 막대한 금을 나눠주었는지 그가 다녀간 이후 지중해 등지의 금값이 폭락하기도 했다. 한 아랍학자는 이렇게 썼다. "금은 그들(만사 무사 일행)이 들어오기 전까지만 해도 이집트에서 비싼 가격을 형성하고 있었다. 미트칼은 25디르함 이하로 내려가지 않고 대체로 그 위에 머물러 있었으나, 그때부터 가치가 떨어져 지금까지도 폭락한 상태를 유지하고 있다. 미트칼은 22디르함 이하를 초과하지 않고 있다. 그들이 이집트에 들어와 소비한 많은 양의 금 때문에 이것이 오늘날까지 약 12년 동안 이런 식으로 가격이 머물러 있다."[57] 지중해의 금값을 한 사람이 직접 통제한 것은 역사상 그가 유일하다.

만사 무사가 인플레이션을 무릅쓰고 금을 나눠준 데에는 다 이유가 있었다. 이는 만사 무사가 홍청망청 금을 뿌렸다는 의미가 아니다. 자신의 막강한 권력과 재산을 만천하에 과시하기 위함도 있었지만, 이슬람교의 5대 기둥 중에 자카트Zakat라고 불리는 의무, 즉 빈자貧者에 대한 자선과 기부의 의무가 존재했기 때문이다. 불교에서 보시普施가 중요한 덕목으로 여겨지는 것처럼, 무슬림이라면 반드시 구휼과 자선을 통해 자신의 신앙을 입증해야 했다. 게다가 만사 무사는 당시 이집트 카이로 주변으로 형성되어 있던 국제 금시장을 팀북투나 가오로 옮기고 싶어 했다. 그렇게 하기 위해서는 금값을 출렁이게 만들어 카이로를 비롯한 지중해에서 금을 거래하는 상인들에게 타격을 입혀야 했다. 한마디로 일부러 금시장을 교란시킬 목적이었던 것이다.

그의 목적은 실현되었다. 1375년에 발행된 「카탈로니아 지도」에 금을 나눠주는 만사 무사의 모습이 담겼다. 이전까지 전혀 알려져 있지 않던 미지의 땅 말리가 유럽 세계에 처음으로 모습을 드러낸 것이다! 이 지도는 금세 소문을 달고 유럽에 퍼졌고, 소문을 들은 이븐 바투타는 말리 왕국을 방문하기까지 했다.

만사 무사는 카이로와 메디나 등 메카로 가는 도중에 지나온 도시의 빈궁한 자들에게 금을 나누어주었을 뿐만 아니라 기념품으로 황금 주화를 거래하기도 했다. 그가 머물던 숙소는 금을 받으러 온 사람들로 늘 북적였

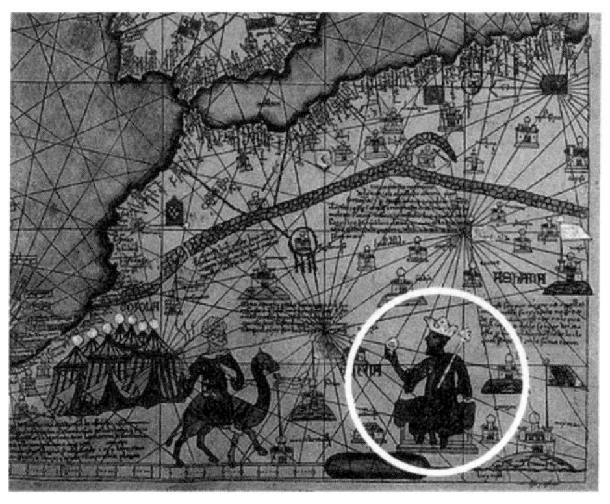

「카탈로니아 지도」
금을 나눠주는 만사 무사의 모습이 담겨 있다.
(출처: orias.berkeley.edu)

다. 만사 무사는 예배당도 지었다. 그는 매주 금요일마다 모스크를 지은 것으로 알려졌다. 왕국의 모든 백성을 자신의 신민臣民이자 알라의 신민神民으로 만드는 데에 이슬람 학자들이 동원되었다. 만사 무사는 순례길에서 끊임없이 율법학자의 의견을 물었다. 그는 왕국의 중대사를 결정하거나 중요한 법안을 반포할 때마다 이슬람 학자들을 왕궁으로 불러 의견을 물었다. 비록 만사 무사가 의지했던 학자들의 이름은 오늘날 알 수 없지만, 그의 행적을 비추어볼 때 언제나 다수의 학자를 곁에 두었던 것이 분명하다. 만사 무사는 메카로 성지순례를 떠날 때에도 이슬람 학자들의 조언을 참고해 날짜와 일정 등을 정했다. 크로이소스에게 델포이 신탁이 있었다면, 만사 무사에게는 이슬람 학자들이 있었다.

만사 무사는 1325년 메카에서 귀환하던 중에 말리의 군대가 가오를 탈환했다는 승전보를 들었다. 그 전투에는 만사 무사가 총애하는 장군 중 한 명인 사그만디아Sagmandia가 선봉에 섰다. 가오는 사쿠라의 통치 때부터 말리의 영토에 편입되어 있었고, 가끔 반란이 일어나기는 했지만 무역의 중심지로 손색이 없었다. 만사 무사는 돌아오는 길에 가오에 들러 분봉왕의 두 아들인 알리 콜롱Ali Kolon과 슐레이만 나르Suleiman Nar를 인질로 삼았다. 그는 두 소년과 함께 니아니로 돌아왔고, 후에 궁정에서 그들을 교육시켰다. 마치 『구약성서』에 바빌로니아 제국이 유다 왕국을 복속시키고 인질로 다니엘과 세 친구를 끌고 갔던 기사記事와 비슷한 상황이다. 더불어 만사 무사는 많은 아라비아 학자들과 건축가들을 대동하고 돌아왔다.

만사 무사의 하마르티아, 팀북투

과유불급. 모든 것이 과하면 모자란 것만 못한 법이다. 만사 무사는 자신의 통치 이념으로 선택한 신앙에 너무 몰두한 나머지 순례 이후 도리어 국력을 헤칠 정도로 통치에 무심했다. 이와 비근한 사례가 영국사에도 등장한다. 앞서 언급했던 잉글랜드의 '참회왕' 에드워드가 바로 그 주인공이다. 에드워드는 그리스도교 신앙에만 관심을 가지고 국사는 거의 나 몰라라 해 호시탐탐 권력을 노리던 귀족들과 토호들의 간섭을 끊임없이 받아야 했다. 그는 시간만 나면 들로 산으로 사냥을 다니거나 성당에 처박혀 기도를 올렸다. 생전에 성지순례를 계획하기도 했고, 웨스트민스터 사원을 세우는 공사를 무리하게 밀어붙이기도 했다. 당연히 나라는 엉뚱한 자들의 손아귀에 쥐어졌다. 그 후 잠시 해럴드가 왕좌에 앉았다가 정복왕 윌리엄에게 축출당했으니 에드워드는 잉글랜드 왕으로서 실질적으로 마지막 앵글로색슨 출신 왕이라고 볼 수 있다.

1796년 7월 22일, 스코틀랜드의 탐험가 멍고 파크Mungo Park는 서양인으로는 처음으로 니제르 강을 따라 뗏목을 타고 팀북투로 여행을 떠났다.[58] '드넓은 아프리카, 그대의 태양은 환히 빛나고, 그대의 언덕은 먼 옛날 밤하늘의 별처럼 아름다운 도시를 펼쳐 보이도다. 팀북투에 대한 풍문은 고대인들처럼 덧없이 흘러가는 꿈이던가.' 그는 앨프레드 테니슨 경의 시구詩句에 영감을 받아 자신의 두 눈으로 황금의 도시를 직접 보고 싶었을 것이다. 하지만 그의 뗏목 여행은 여러 난관에 부딪혔다. "파우토마(안내자

만사 무사가 재건한 황금의 도시 팀북투는 유럽인들에게 미지의 세계 엘도라도를 연상시켰다.
(출처: nationalgeographic.com)

이자 통역원)는 여행이 비극으로 얼룩졌다고 말했다. 파크는 배를 멈추려고도, 배 밖으로 나가려고도 하지 않았다. 원주민들이 카누를 타고 좇아와 공격했다. 파우토마의 말이 사실이라면, 그는 니제르 강을 따라 쏜살같이 내려갔을 것이다. 또한 파크는 여행 도중 왕국을 지나가려면 돈을 내놓으라는 추장들의 요구를 묵살했고, 분노한 추장들은 무장한 사람들을 시켜 파크가 팀북투 항에 내리지 못하게 했다고 한다. … 그는 나이지리아에 있는 부싸Bussa 급류에서 살해당했거나 익사했으며, 그가 멈춘 장소와 함께 죽은 사람들에 대한 이야기는 사실로 확인되었다. 팀북투 항에 닿은 최초의 백인이자 철의 의지를 지닌 비범한 탐험가 파크의 전설은 이렇게 탄생했다."[59]

팀북투는 만사 무사의 대단한 신앙심을 보여주는 동시에 말리 왕국의 영화로운 위용을 가감 없이 보여주는 도시였다. 만사 무사는 팀북투를 아프리카의 중심, 문화와 예술의 배꼽으로 삼고자 했다. 사료에 따르면, 만사 무사가 메카로 가는 순례길에 팀북투를 여행하고 1325년경에 돌아오면서 그들을 자신의 왕국의 일부로 삼았다고 기록되어 있다. 만사 무사의 신앙심은 대규모 건축 프로젝트에서 그대로 드러났다. 팀북투에 모스크와 마드라사를 세우는 공사를 주도한 것이다. 모스크는 교회와 같은 종교기관, 마드라사는 신학교와 같은 교육기관이다. 그는 스페인의 한 지역인 안달루시아와 카이로에서 건축가들을 데려와 팀북투에 자신의 웅장한 궁전과 오늘날에도 여전히 서 있는 위대한 징게레베르Djinguereber 모스크를 건설했다. 또한 만사 무사 말기에 이르러 세워진 상코레Sankoré 대학은 이집트의 알렉산드리아 도서관 다음으로 아프리카에서 가장 많은 서적을 소장하고 있는 도서관을 보유하고 있었는데, 당시 대략 1백만 권의 원고를 가지고 있었다. 팀북투는 곧 무역과 이슬람 문화의 중심지가 되었다. 도시에 모스크와 대학이 설립되었고, 아프리카 내륙에 들어선 최대 무역시장을 통해 팀북투의 명성은 지중해를 건너 남부 유럽까지 전해졌다. 베네치아와 제노바 등의 무역업자들은 금과 공산품을 거래하기 위해 지도에 팀북투를 추가하기도 했다.

팀북투의 전설은 빠르게 유럽으로 퍼졌다. 식민지 개척에 열을 올리던 유럽은 팀북투의 전설을 듣고 아프리카로 돌진했다. 그들이 찾고 싶었던 것은 다 쓰러져가는 폐허더미가 아니라 황금으로 반짝거리는 웅장한 도시였다. 만사 무사로 인해 팀북투는 당시 중세 유럽에 황금의 엘도라도로 여겨졌다. 이는 레오 아프리카누스Leo Africanus가 쓴 한 권의 책의 계기가 되었다. 1526년, 그가 저술한 『아프리카의 역사와 실제, 아프리카에 담긴 놀라운 것들』에는 팀북투가 궁전에 금을 입히고 학문이 크게 발달한 도시라고 적혀 있다. 이와 비슷한 예로 마르코 폴로Marco Polo의 『동방견문록』이 있다. 아프리카누스는 팀북투에 대해 이런 기록을 남겼다. "궁궐 안은 매우 화려하고 가구가 많다. 이곳에는 의사와 판사, 성직자와 여러 학식 있는 사람들이 대단히 많이 모여 있는데, 왕의 하사금으로 풍족한 생활을 한다."[60] 하지만 팀북투는 단순히 돈만 많은 곳이 아니었다. 아프리카누스는 팀북투에서 책 장사가 다른 어떤 장사보다 이윤이 많이 남는다고 주장했다. "아프리카에서 이 사하라의 도시는 계몽기 유럽의 피렌체와 같은 곳이었다."[61]

하지만 만사 무사가 서거한 뒤 팀북투는 영롱하게 빛나던 후광을 잃고 말았다. 팀북투의 신화는 유럽인들의 가슴 한편에 수백 년 동안 자리하다가 19세기가 다 되어서 그 실체가 폭로되었다. 프랑스인 르네 카이예가 아랍어를 배우고 사하라 사막을 건너 1828년 팀북투에 도착해 도시를 직접 눈으로 확인하고 난 뒤였다. "그는 팀북투의 황금 전성기는 오래전에 끝났다는, 누구도 상상하지 못한 이야기를 전했다. 그의 뒤를 이어 1853년 독일의 탐험가 하인리히 바르트가 팀북투를 방문했다. 유럽으로 돌아온 바르트는 1857년에 펴낸 책에서 아프리카누스의 분별없는 묘사를 논박하고, 황금의 도시는 '사방이 모래와 쓰레기더미'였다고 선언했다."[62] 만사 무사와 함께 팀북투의 영화도 신기루처럼 사라진 것이다.

영원할 것만 같던 만사 무사의 시대는 어떻게 저물었을까? 1325년, 메카에 성지순례를 다녀온 뒤 그의 통치는 급격히 기울기 시작했다. 순례를 마친 직후, 그가 돌연 사망했다는 기록도 일부 존재한다. 만사 무사의 사망일은 말리 왕국의 역사를 기록한 현대 역사학자들과 아랍 학자들 사이에서 아직까지 논란이 되고 있다. 1337년부터 나라를 통치한 그의 아들 만사 마한Mansa Maghan과 1341년에 왕위에 오른 형 만사 술레이만Mansa Suleyman, 만사 무사가 재위했던 25년의 기록들을 종합해볼 때, 대부분의 학자는 만사 무사가 1337년에 사망했을 것으로 추정하고 있다. 순례를 마치고도 12년이나 더 왕국을 통치했다는 이야기다. 하지만 아무도 모른다. 그토록 영화로웠던 왕국의 아우라는 만사 무사의 죽음과 함께 사라졌다. 한때 어딜 가나 황금이 넘쳐나던 부유한 왕국은 오늘날 외부의 원조를 받지 않으면 살아갈 수 없을 정도의 비참한 경제 수준으로 떨어졌다. 만사 무사의 하마르티아는 생전에 금값을 좌지우지할 정도로 막강했던 한 왕국을 산산이 무너뜨렸다.

만사 무사는 역대 최고의 부자 10인에 이름을 올린 유일한 아프리카인이다. 그의 영화와 재산은 결국 말리 왕국과 함께 역사의 저편으로 사라져 버렸다. 금으로 흥한 자 금으로 망한 것이다!

만사 무사의 분석 차트

독창성	★★★
진실성	★★★★★
성실성	★★★★
계획성	★★
개방성	★★

독창성
진실성
성실성
계획성
개방성

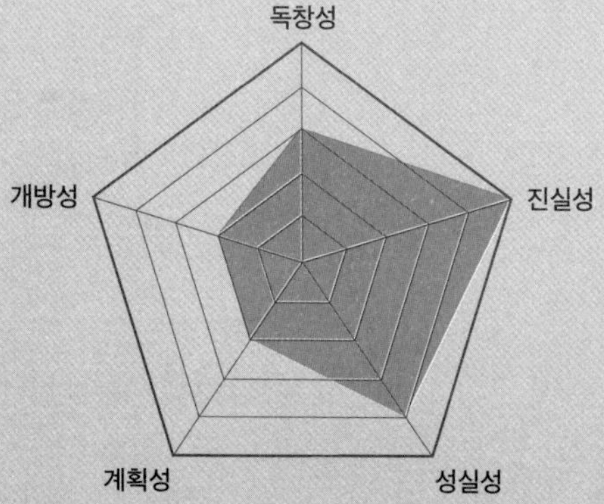

만사 무사의 연표

1280년 — 말리 왕국에서 파가 라에(Faga Laye)의 아들로 태어남

1305년 — 말리 왕국의 9대 왕으로 왕위에 오름

1317년 — 말리 왕국을 아프리카에서 가장 부유한 왕국으로 일으킴

1324~1325년 — 메카로 성지순례를 다녀오는 길에 황금을 나눠줌

1325년 — 가오를 탈환하고 황금의 도시 팀북투를 재건함

1336년 — 이슬람교를 국교로 선포함

1337년 — 사망한 것으로 추정됨

1375년 — 「카탈로니아 지도」에 금을 나눠주는 만사 무사의 모습이 등장함

CHAPTER 6

종교를 등에 업은 부자
코시모 데 메디치

Cosimo de Medici

(1389~1464)

"우리는 원수를 용서하라는 말씀은 읽었지만,
친구를 용서하라는 말씀은 읽지 못했다."
—코시모 데 메디치—

"인간에게 덕과 부귀가 공존하는 경우는 드물다."고 공언한 『군주론』의 저자 마키아벨리. 그의 사상은 메디치가와의 관계를 빼놓고는 논할 수 없다. 그가 처음 공직에 발을 들인 것도, 그가 관직에서 해임된 것도, 자신의 저작 『군주론』을 비롯하여 『리비우스 논고』, 『전쟁의 기술』, 『피렌체사』를 줄줄이 쓰게 된 것도 직간접적으로 메디치가와 연관이 있기 때문이다. 그에게 메디치가는 악연과 인연의 사슬로 연결되어 있었다. 그의 출세길은 피렌체에서 부침을 거듭하던 메디치가의 운명과 반비례했다. 그는 메디치가가 피렌체에서 추방되었을 때 공화정의 외교관으로 발탁되어 공무원 생활을 이어갔지만, 메디치가가 다시 피렌체의 정권을 잡았을 때 숙청 대상 1호가 되어 15년간 있었던 공직에서 쫓겨났다.

마키아벨리는 이후 메디치가 암살 모의에 휘말려 사선을 넘나드는 지독한 고문을 받기도 했다. 보다 못한 교황이 사람을 보내 특별 사면을 요구해 겨우 목숨만은 부지할 수 있었다.* 사면이 없었다면 그는 아마 음습한 지하 감옥에서 이름도 없이 쓸쓸히 죽어갔을 것이고, 그 유명한 『군주론』도 세상에 빛을 보지 못했을 것이다.

하지만 자존심이 강했던 마키아벨리에게는 차라리 죽음이 나았을지도 모른다. 감옥에서 풀려난 마키아벨리에게 상상할 수 없는 비참한 현실이 기다리고 있었기 때문이다. 그는 영화로웠던 과거의 삶을 벗어던지고 자신과 가족들의 생계를 위해 농장에서 돼지를 치며 포도원의 울타리를 보수해야 했다. 이따금씩 귀족 자제들의 개인 교사로 봉사할 수 있는 기회가 주어질 때는 그나마 사정이 나았지만, 대부분 고리대금업자 밑에서 이자를 수금하는 허드렛일을 하며 입에 풀칠을 할 수밖에 없었다. 그런 와중에도 그는 권력의 중심에 편입되기 위해 이를 악물고 발버둥 쳤다. 피렌체의 실세로 군림하는 메디치가의 눈에 들기 위해 로렌조 데 메디치Lorenzo de Medici에게 끊임없이 서신을 보냈고, 메디치가의 만세통치와 피렌체의 태평성대를 바라며 그에게 『군주론』을 헌정했다. 사실상 마키아벨리 입장에서 『군주론』은 '피렌체의 삼성'과 같았던 메디치가에 보내는 취업용 이력서였다.

---

* 당시 교황은 레오 10세였는데, 역설적으로 그는 메디치가 사람인 조반니 데 메디치(Giovanni de Medici)였다.

IL PRINCIPE
DI NICOLO MACHIAVELLI
AL MAGNIFICO LORENZO
DI PIERO DE MEDICI.
LA VITA
DI CASTRVCCIO CASTRACANI
DA LVCCA.
IL MODO CHE TENNE
IL DVCA VALENTINO
PER AMMAZZARE VITELLOZZO VITELLI,
OLIVEROTTO DA FERMO, IL SIGNOR PAGOLO,
ET IL DVCA DI GRAVINA.
I RITRATTI
DELLE COSE DELLA FRANCIA
ET DELL' ALAMAGNA.

M. D. L.

마키아벨리와 그가 메디치가에 구애하며 쓴 『군주론』
(출처: wikipedia.org)

여기서 한 가지 의문이 드는 게 있다. 교황까지 위험을 무릅쓰고 구명 활동을 벌일 만큼 당대 최고의 지식인이자 웅장한 문필가였던 마키아벨리조차 한껏 머리를 조아리게 만든 메디치가는 대체 어느 정도의 위력과 권세를 지닌 가문이었을까? 메디치가는 레오나르도 다빈치, 미켈란젤로, 베로키오 같은 르네상스를 일으킨 예술가들을 후원하고 교회와 수도원, 다리와 수로 같은 각종 건축물을 세워 훗날 피렌체가 유네스코 세계문화유산으로 선정되는 데 결정적인 역할을 한 지역의 핵심 가문이었다. 거짓말을 조금 보태 당시 피렌체에 메디치가가 없었다면 피렌체에서 시작해 오늘날 세계적인 명품 브랜드로 우뚝 선 구찌나 페라가모 같은 회사는 존재하지 못했을지도 모른다. 전 세계 멋쟁이 여성들에게는 매우 다행스러운 일이 아닐 수 없다!

마키아벨리

르네상스 시대의 이탈리아 사상가이자 정치철학자로 『군주론』을 쓴 인물이다. 1513년, 메디치 군주정에 대한 반란 음모에 가담한 혐의로 투옥되었다가 같은 해 교황 레오 10세의 특사로 석방된 뒤, 오랜 망명 생활을 이어갔다. 『군주론』은 군주의 덕목을 9장으로 기술한 책으로, 당시 피렌체의 실세였던 로렌조 데 메디치에게 헌정되었다. '목적이 수단을 정당화한다.'라는 말로 요약되는 그의 논지는 흔히 마키아벨리즘machiavellism이라 불린다. 정치에 있어 이상주의가 아닌 현실주의의 필요성을 강조한 마키아벨리즘은 군주란 기회가 오기를 기다리는 존재가 아니라 자기 자신의 운명을 통제하는 존재라고 말한다. 그의 이론은 근세시대 내내 서양의 정치 지도자들에게 엄청난 영향을 미쳤다. 『로마사 논고』에서는 정치 체제를 크게 군주정, 귀족정, 민중정, 참주정, 과두정, 중우정으로 나누고, 각각의 정치 체제가 타락할 가능성이 있다고 지적한다. 그러면서 과거 로마 공화정을 비롯한 공화국들에 대한 긍정적 평가를 통해 가장 이상적인 정치 체제를 제시했다.

메디치가의 탄생, 코시모 데 메디치

1389년 4월 10일, 훗날 중세 금융의 판도를 바꾸어버린 한 사내아이가 쌍둥이 중 하나로 태어났다. 그 주인공은 코시모 디 지오반니 데 메디치Cosimo di Giovanni de Medici였다. 이름 참 길다! 우리말로 옮기면, '메디치가 지오반니의 아들 코시모' 정도 될 것이다. 코시모와 함께 쌍둥이로 태어난 동생은 무슨 이유에선지 바로 세상을 떠났다. 그래서일까? 그의 아버지 지오반니 데 메디치Giovanni de Medici는 골골한 아들에게 의사의 수호성인인 코스마스의 이름을 붙여 주었다. 코시모도 자신이 의뢰하는 그림이나 그를 기념하는 그림에 이 성인을 자주 등장시켜 아버지의 유훈을 따랐다.

코시모를 이야기하기에 앞서 그의 아버지를 잠시 언급해야겠다. 그는 종교와 권력에 줄을 대는 데 비상한 재주를 가진 상인이었다. 피렌체에 2개의 모직 작업장을 가지고 있었고, 모직을 제작하고 유통하는 길드의 회원이었다. 예로부터 피렌체는 '꽃의 도시'라는 이름에 걸맞게 유럽 모직산업의 센터와 같은 곳이었다. 염료와 방직, 모피와 가죽, 실크로드를 통해 들어온 비단까지 유통되던 명실상부 구대륙 최고의 의류산업단지였다. 오늘날 구찌가 피렌체(플로렌스)에서 시작된 것도 우연이 아니다. 이처럼 상업이 발달한 곳에는 돈과 사람이 모이기 마련이다.

모직업을 기반으로 피렌체에서 막 성장하고 있던 은행업에 투신하게 된 지오반니는 1397년 10월 1일, 메디치은행을 설립했다. 지오반니는 모직물을 생산하는 1차 산업을 통해 사업의 기반을 닦았고, 금융업에 뛰어들면서 돈을 굴리기 시작했다. 처음엔 두 산업이 서로 맞물린 두 개의 톱니바퀴처럼 돌아갔지만, 서서히 금융업의 규모가 모직업을 압도하기 시작했다. 이처럼 방직산업과 금융업이 합쳐진 메디치가의 사업 구조는 훗날 워런 버핏의 버크셔 해서웨이를 연상시켰다. 메디치은행은 이후 수 세기에 걸쳐 교황을 비롯한 교회의 자금을 관리하고 귀족들의 재산을 증식시키는 일을 도맡아 하면서 유럽 최고의 은행으로 발돋움했다.

여기서 알아두어야 할 것이 하나 있다. 지오반니가 피렌체에서 모직업과 금융업으로 성공한 것은 사업적 능력이라기보다는 교황을 비롯한 종교적·정치적 인사들과 남다른 우애를 가지고 있었기 때문이다. 지오반니는 중국으로 말하면, 돈독한 꽌시关系를 바탕으로 사업을 일으켰다. 코시모는 이러한 아버지에게서 중세에 절대적인 종교권이 정치적·경제적으로 얼마나 중요한 자산인지 똑똑히 배웠다. 어쩌면 메디치가의 가풍은 지오반니의 선견지명으로부터 시작된 것이 아닐까 싶다. 그는 정치적으로 한 치 앞도 내다볼 수 없을 만큼 불안정한 피렌체에서 비즈니스를 전개하며 종교와 정치 사이에서 위태로운 줄타기를 지속했다. 지오반니는 임종의 순간에 아들에게 자신을 본받아 언제나 지배층 앞에서 몸을 사리고 눈치껏 행동하라는 유지를 남겼다. "충고를 한다는 표시를 내지 말고 신중하게 너의 의견을 제안해라. 시뇨리아 궁에 갈 때는 신중하게 행동해서 부를 때까지 기다렸다가 소환되면 그쪽에서 요구하는 바를 행하고 절대로 자존심을 내세우지 말아야 많은 표를 얻을 수 있을 것이다. … 소송이나 정치적인 논쟁을 피하고 언제나 대중의 시선에서 벗어나라."[63]

꽌시

중국어로 '관계'를 뜻하는 '꽌시'는 중국 사회와 정재계를 이끌어가는 중요한 요소로 꼽힌다. 이는 지극히 사적인 인간관계를 뜻하면서도 동시에 사회생활과 비즈니스, 정치에 이르기까지 강력한 영향력을 행사한다. 중국은 땅이 넓고 인구가 많으며 변방 이민족들의 침입이 잦았기 때문에 중국인들은 타인을 믿기보다는 가족과 친지들로 이루어진 두터운 꽌시에 의존할 수밖에 없었다. 게다가 상하관계와 유대, 예禮를 강조한 오랜 유교 문화의 영향으로 꽌시는 오늘날 중국 사회를 지탱하는 하나의 문화로 자리 잡게 되었다. 그래서 중국 관리들은 모르는 사람에게는 뇌물을 받지 않는다고 한다. 뇌물을 받을 때도 꽌시를 통해 전달되기 때문이다. 결국 꽌시는 많은 한국인이 생각하는 것처럼 단순히 중국 관리들의 부정부패와 관련된 사사로운 인맥을 의미하지 않는다.

코시모는 아버지의 조언을 묵묵히 따랐다. 코시모가 여덟 살이 되던 해에 메디치은행이 설립되었고, 그는 집안의 장자로서 아버지에게 철저한 후계자 교육을 받았다. 1415년 초, 스물일곱의 코시모는 부친의 사업 파트너 중 한 사람의 친척과 결혼식을 올렸다. 요즘 젊은이들의 자유연애와는 성격이 사뭇 다른 정략결혼이었다. 상대인 바르디가는 메디치가의 재산이 탐

메디치은행을 설립한 부친 지오반니(좌)와 메디치가의 번영을 이룩한 아들 코시모(우)
(출처: wikipedia.org)

났고, 메디치가는 바르디가의 사회적 지위가 탐났다. 바르디가는 몰락한 지주나 쇠락하는 기업 회장가에 비견할 만한 가문이었다. 코시모는 아버지의 뜻에 따라 지오반니 데 바르디의 맏딸인 콘테시나 데 바르디Contessina de Bardi를 아내로 맞았다. 코시모는 아내와 결혼하고 평생 해로했다.

코시모는 아버지가 사망하자 메디치가의 장남으로 은행업의 전면에 나섰다. 청출어람이라고 했던가? 코시모는 은행가로서 아버지보다 더 뛰어난 돈의 감각을 발휘하여 메디치은행을 직원 65명, 지사 7개를 갖춘 유럽 최고의 금융 기관으로 올려놓았다. 게다가 선대를 뛰어넘는 명민함과 놀라울 정도의 기억력, 치열한 근면성으로 일상적인 은행업 외에도 다양한 상거래에 뛰어들었다. 17세기 중반만 하더라도 '은행가'와 '환전가'는 동의

어였으며, 은행 업무는 곧 환전 업무를 의미했다. 여기서 환전은 단순한 통화의 교환이 아니라 어음 무역을 가리킨다. 중세 때 모든 어음은 국내에서 거래될 수 없는 외환 어음들이었기 때문에 항상 믿을 수 있는 환전가를 통해 거래가 이루어질 수밖에 없었다.[64] 메디치가는 이런 어음 거래와 관련된 포괄적인 거래에 모두 관여했다. 그러니 상거래에 빠삭할 수밖에! 현재 잔존하는 메디치가의 어음 대장을 분석해보면, 어음과 관련된 무수한 항목을 찾을 수 있다.[65]

은행의 역사

최초의 은행 활동과 신용 거래는 중세 로마인들에 의해 만들어졌다. 초기 은행 업무는 환전이 대부분이었다. 다양한 나라에서 통용되는 화폐가 국경을 넘을 때에는 환전상들이 금전 거래에 투입될 수밖에 없었다. 은행은 환전의 대가로 일정한 비율의 비용을 챙겼다. 또 하나의 중요한 은행 업무는 고리대금업이었다. 그리스도교는 공식적으로 고리대금업을 금지했기 때문에 이 업무는 보통 유대인들에게 맡겨졌다. 이후 근대적인 은행은 12세기 이탈리아의 토스카나와 제노바에서 태동한 것으로 알려져 있다. 최초의 은행은 제노바의 주도 아래 있던 리구리아의 도시들에 주재하던 토스카나인들이 경영했다. 이후 금융업은 피렌체로 옮겨가 14세기 바르디 가문과 페루치 가문, 15세기 메디치 가문이 주도했다. 피렌체 은행가는 유럽 전체에서 가장 큰 금융기관이었기 때문에, 이탈리아 반도에만 국한되어 있지 않고 유럽 대륙과 중동 지역, 잉글랜드까지 그 영향력을 미쳤다.

"메디치가는 일상적인 은행 업무 외에도 고객을 위해 양탄자를 공급하고 유물과 말, 노예, 안트워프 시장에서 온 채색판, 도우아이 출신의 성가대 소년들, 심지어는 기린까지 매매했다. 또한 향신료와 실크, 모직 등을 교역하고 후추와 설탕, 올리브기름, 감귤류 열매, 아몬드, 모피, 능아, 염료, 보석 등을 취급했다."[66] 그렇게 메디치 가문의 실세로 코시모가 1457년까지 벌어들인 재산은 122,669플로린(대략 2천 2백만 달러)에 달했다. '성당에 교황이 있다면, 시장엔 코시모가 있다.' 사람들은 공공연히 그의 위대함을 인정했다. 그는 '시장의 교황'이라 불릴 만큼 당시 피렌체 상권을 장악했고, 정재계, 사회계, 나아가 문화계를 호령했다. "코시모는 매우 유능한 사람이었기에 그의 지휘 아래 메디치은행은 당시 가장 중요한 금융기관이 되었다. 그의 명성과 영향력은 피렌체에만 머물지 않았다. 교황 피우스 2세에 따르면, '이탈리아의 모든 통치자와 군주들이 그의 조언을 필요로 했다.'고 한다."[67]

교회와의 밀월관계, 코시모의 자산

코시모는 아버지에게서 은행을 물려받은 지 20년이 지난 뒤 메디치은행을 여러 회사가 결합한 홀딩컴퍼니(지주회사)로 키워냈다. "피렌체에서는 13세기 중엽부터 금화 플로린이 주조되었는데, 이는 유럽에서 가장 안정적이면서 가장 널리 유통된 통화였다. 20개 이상의 은행 가문이 활동하고 있는 인구 5만 명의 주도州都 피렌체가 북이탈리아의 경제 중심지이자,

제노바와 베네치아 공화국의 은행 창구였다. 이곳의 귀족과 상인들은 피렌체에서, 정확히 말하면 코시모에게서 빌린 돈으로 세계 무역을 장악했다."[68] 코시모의 성공 비결은 무엇일까? 교황과의 관계, 정재계와의 연줄을 빼놓을 수 없을 것이다. 그의 장부 맨 앞장에는 이런 글귀가 적혀 있었다고 한다. '신과 이윤의 이름으로.'

선대 지오반니 시절부터 교황과 메디치가는 매우 특별한 동맹관계였다. 그럴 수밖에 없는 이유는 교회가 고리대금업을 죄로 규정하고 있었기 때문이다. 교회는 돈이 흐르는 곳에서 공개적으로 이윤을 추구할 수 없었다. 셰익스피어의 『베니스의 상인』에 나오는 샤일록처럼, 돈을 빌려주고 이자를 받아 챙기는 것은 그리스도교 정신을 알지 못하는 유대인들이나 하는 파렴치한 일로 여겨졌다. 당대 문학작품에도 이러한 정서가 그대로 드러난다. 단테의 『신곡』에 등장하는 지옥에는 고리대금업자가 일곱 번째 죄인으로 묘사되어 있고, 보카치오의 『데카메론』은 고리대금업을 대놓고 저주한다. 이자와 돈 놀음에 대한 당시 교회의 이해를 잘 알 수 있는 대목이다.

하지만 이자는 돈이 굴러가게 하는 동력이다. 돈이 오가는 모든 거래에는 이윤이 발생할 수밖에 없다. 따라서 교회는 앞으로는 면죄부를 팔아 공개적으로 이익을 취득했고, 뒤로는 코시모와 같은 은행가들을 끄나풀로 이용해 음성적인 수익을 노렸다. "'돈을 빌려주는 사람은 이자를 받으면 안 된다.'라는 교황청의 독단에서 빠져나갈 수 있는 방책은 외국에 지

고리대금업은 사회적으로 지탄을 받았지만 바로 그런 이유 때문에
막대한 이윤을 챙겨주는 비즈니스였다.
셰익스피어(좌)와 그가 쓴 『베니스의 상인』에 등장하는 고리대금업자 샤일록(우)
(출처: wikipedia.org)

점을 설립하는 것이었다. 채무자는 이자를 외국에서 다른 화폐로 지불하는 어음으로 내면 되었고, 은행은 얼마간의 환차손이 발생할 것을 대비해 고객에게 위험 부담금을 더 얹어 지불했다. 이런 식으로 은행이 이윤을 챙기는데도 교회는 흡족해했다. 교회는 재정 담당과 회계 담당이 필요했고, 1410년부터 메디치가가 그 임무를 맡았다. … 그때부터 메디치가의 기업은 교황청의 공식 은행이 되었다."[69] 바로 이 틈새를 메디치가는 비집고 들어갔다.

이런 기발한 아이디어는 교황이 메디치가를 합법적인 자금 세탁원으로 이용할 수 있게 만들어주었다. 교회는 앞에서 끌고 코시모는 뒤에서 밀었다. 꿩 먹고 알 먹고, 누이 좋고 매부 좋고, 도랑 치고 가재 잡는 윈윈 게임이었다. 이런 짝짜꿍은 코시모가 죽을 때까지 이어졌다. 교회를 등에 업은 코시모는 성직 매매와 각종 청탁을 들어주는 대가로 엄청난 이득을 얻었다. "코시모는 이 명예로운 직함을 금전적 가치가 되는 장점으로 이용했다. 그는 메디치가의 7개 가계에서 가장 믿을 만한 친척들을 신중하게 선발했고, 유럽의 경제 중심지에 지점을 열기 위해 그들에게 초기 자본을 주어 차례대로 내보냈다. 그는 금전의 권력이 교회의 힘을 천천히 밀어내고 있는 세계에서 이 둘을 잘 결합시켰다. 코시모는 메디치라는 이름을 브랜드화하고, 권력자의 개인 은행가로서 입지를 굳혔으며, 자신에게 돈을 맡기는 사람이 그 지역 영주의 궁으로 빠르게 입성할 수 있도록 도움을 주었다."[70]

교회, 코시모의 하마르티아

한 사람에게 강점은 약점이기도 하다. 한 개인이 가진 역량이나 전문지식은 그의 가장 큰 자산인 동시에 그를 옭아매는 한계가 되기도 한다. 한 회사가 미는 주력 사업은 어느 순간 취약 사업으로 돌변할 수 있다. 코시모도 마찬가지였다. 그를 유럽 최고의 부자로 등극시킨 부의 비밀은 도리어 그가 가장 숨기고 싶어 하는 아킬레스건이 되었다. 교황, 교회와의 밀월관계는 코시모의 성장 동력인 동시에 그의 발목을 잡는 하마르티아가 되었다. 코시모는 사업 속성상 교황이 바뀌는 시점에 벌어지는 파워게임에 끊임없이 연루될 수밖에 없었고, 언제나 유력한 편에 붙기 위해 양쪽 눈치를 봐야 했다. 그렇다고 대놓고 어느 한편만 지지할 수도 없는 형편이었다. 그래서 앞에서는 한편을 옹호하면서 뒤에서는 반대편에도 줄을 대곤 했다.

물론 이는 아버지 지오반니의 유훈이기도 했다. "양쪽에서 눈치껏 행동해라." 동서 교회가 분열될 당시 그레고리우스 12세와 요한 23세 사이에서 싸움이 벌어졌을 때도 지오반니는 요한 23세를 지지하며 뒤로 9만 5천 플로린이라는 막대한 자금을 지원했다. 이는 메디치가에게 도박과 같은 투자였다. 하지만 이들의 투자는 실패로 돌아갔다. 메디치가가 음으로 양으로 지원했던 요한 23세는 이단, 성직 매매, 독직, 알렉산드르 5세 독살뿐 아니라 볼로냐의 2백 명 이상의 여인들과 놀아났다는 죄목으로 폐위되고 말았다. 요한 23세의 몰락과 함께 메디치가 역시 피렌체에서 추방되었다. 메디치가는 파도바로 유배를 떠나며 피렌체에서의 모든 은행 업무를 중단했다. 알비치가를 비롯한 정적들은 쾌재를 불렀으나, 교회와 일반 시민들은 매우 안타까워했다. 자금 세탁, 송금, 대출, 알선 등 금전 업무를 담당해줄 공식적인 금융권이 사라지자, 피렌체의 경제는 급속도로 얼어붙었다. "코시모는 이러한 사태가 무엇을 의미하는지 잘 알면서도 신중하게 처신했다. 그는 피렌체에서 알비치가의 인기가 점점 떨어지고 있으며, 베네치아와 로마 모두 메디치가의 복귀를 바란다는 것을 알고 있었다. 또 메디치가가 망명한 이후 그 어떤 은행가도 정부에 콩알만큼의 자금을 제공하지 않았다는 사실로 위안을 삼았다."[71]

1434년 9월 28일, 메디치가는 결국 1년 만에 피렌체로 무혈입성하게 되었다. 코시모와 그의 가족들은 베네치아 병사들의 호위를 받으며 금의환향했다. 그는 지나는 곳곳마다 농부들의 갈채를 받았다. 피렌체로 들어가는 길은 환영 인파로 북적였다. 이는 마치 개선 행렬을 연상시켰다. 하늘 아래 2개의 태양이 빛날 순 없는 법! 피렌체에 돌아온 메디치가는 알비치가를 추방했다. 코시모는 이런 일련의 우여곡절을 겪으며 자신의 하마르티아를 분명하게 깨달았다. '줄을 잘못 서면 골로 간다.' 교회가 영원한 동아줄이 되기 위해서는 지금보다 더 명확한 무언가가 필요했다. 결국 코시모는 불확실한 교황에 줄을 대느니 자신의 가문에서 교황을 배출하기로 결심한다. 비록 코시모 당대는 아니었지만, 결국 메디치가는 2명의 교황, 레오 10세와 클레멘스 7세를 배출하는 데 성공했다. 로렌조의 둘째 아들

메디치가가 배출한 첫 번째 교황 레오 10세(좌)와 두 번째 교황 클레멘스 7세(우)
(출처: wikipedia.org)

지오반니는 1513년부터 1521년까지 레오 10세로 활약했고, 지오반니의 사촌 줄리오는 1523년부터 1534년까지 클레멘스 7세로 교황직을 수행했다. 그로 인해 메디치가는 대놓고 독점적인 권세를 휘두를 수 있었다.

동서교회의 갈등

성상파괴논쟁iconoclasm으로 시작된 교회의 대분열The Great Schism은 오래전부터 그리스도교 교리를 둘러싼 이해와 신앙의 차이에서 비롯되었다. 동로마 황제 레오 3세가 성상파괴를 명하자, 교황 그레고리오 2세는 레오 3세의 성상파괴를 반대했고, 그로 인해 로마 교구와 콘스탄티노플 교구가 갈등을 빚었다. 여기에 삼위일체trinity에 대한 교리적 이해가 갈렸다. 1054년 동방교회의 콘스탄티노플 총대주교와 서방교회의 교황 레오 9세는 서로를 파문했고, 결국 교회가 갈라졌다. 이렇게 갈라진 교회는 이후 정교회와 가톨릭으로 이어졌다. 실제적인 분열은 1204년 서방교회의 4차 십자군의 그리스도교 지역 침략 행위에서 비롯되었다. 이들이 동방교회 지역인 콘스탄티노플 지역을 약탈하고, 동방교회 성직자들과 그리스도교도를 살해하여 서로 견원지간이 되면서 이러한 분열이 더욱 가속화되고 고착되었다.

문화와 예술을 사랑했던 부자

“1450년대에 메디치가의 연매출은 유럽 국가들의 총재산을 능가하기에 이르렀다. 메디치 기업은 이미 오늘날의 제너럴 모터스, 엑슨모빌과 같은 세계적 그룹에 버금가는 차원에 이르렀다.”[72] 메디치은행이 승승장구하면서 코시모의 사회적 역할도 더불어 커졌다. 부자는 사회적 공인으로 감당해야 할 의무와 책임을 갖는다. 코시모는 이 책임을 잊지 않았다. 그는 자신이 돈이 많다고 으스대거나 사람들에게 칭송받기를 원하지 않았다. “코시모가 주변 인문주의자들과 구별되는 점이 있다면, 부친의 권고에 따라 되도록 사람들의 시선에서 멀리 떨어져 있다는 점이었다. 코시모는 언제나 수수한 복장을 했고, 시내 거리를 걸어 다닐 때에도 시종 하나만 대동했다. 늘 노인들에게 길을 양보했으며, 행정장관들에게 극도의 예우를 갖췄다.”[73]

“코시모는 자기 주변의 인문학자들처럼 박식하지는 않았다. 그러나 피렌체인들을 전반적으로 무시하며 그들은 장사꾼에 불과하고 고귀한 일을 할 줄 모르는 미천한 사람들이라고 격하하던 교황 피우스 2세도 코시모가 매우 교양이 풍부한 지식인이며 보통 상인보다는 더 학식이 있다고 인정했다. 그가 어려서부터 수집해온 고전 원고에 대해 그보다 더 폭넓은 지식을 가진 피렌체인은 거의 없었으며, 공중 생활에서 인문주의자의 이상의 중요성에 대해 더 큰 관심을 가진 이도 없었다.”[74] 코시모는 특히 플라톤 철학에 관심이 많았다. 그는 비잔티움의 철학자이자 신학자였던 게미스토스 플레톤의 강의를 듣다가 플라톤 철학에 깊은 감명을 받았다.

CEO가 철학에 빠지면 어떤 일이 벌어질까? 휴렛팩커드의 CEO였던 칼리 피오리나Carly Fiorina는 스탠퍼드대학에서 중세 역사와 철학을 전공한 인문학도였다. 그녀는 "나는 경제학이 아니라 중세 철학에서 비즈니스에 대한 분석력을 키웠고, 중세가 르네상스 시대로 이행한 것에서 디지털 시대의 도래에 대한 영감을 얻었다."고 당당히 밝혔다. 컴퓨터를 만드는 회사의 최고경영자가 공학이 아닌 철학을 공부했다니! 디즈니의 CEO였던 마이클 아이즈너Michael Eisner 역시 대학에서 영문학을 전공한 인문학도였다. 1984년에 최고경영자가 된 아이즈너는 디즈니를 10년 만에 6배 규모의 초일류 회사로 탈바꿈시킨 장본인이다. 페이팔을 창업한 피터 틸Peter Thiel도 스탠퍼드대학에서 철학을 전공했다. 그가 쓴 『제로 투 원』은 많은 이들의

많은 CEO가 철학과 문학을 전공했다.
사람을 이해하고 사업을 진행하는 데 때로는 공학보다 인문학이 더 중요할 수 있다.
왼쪽부터 칼리 피오리나, 마이클 아이즈너, 피터 틸
(출처: wikipedia.org)

필독서가 되었다. 투자의 귀재 조지 소로스George Soros는 『열린사회와 그 적들』로 유명한 철학자 칼 포퍼Karl Popper의 제자였다. 많은 부자들은 눈에 불을 켜고 돈만 많이 버는 것이 아니라 인생의 의미를 찾고 그 안에서 보편적 가치와 진리를 추구하고자 했다.

코시모는 플레톤의 강연에 깊은 감화를 받고 플라톤 철학이 인문과 문예 부흥에 큰 역할을 할 것이라 예측했다. 코시모는 플라톤 아카데미를 창설했다. 관련 학자들을 모았고, 연구에 지원을 아끼지 않았다. 서적과 문서들을 모았고, 도서관을 세웠다. "철학 중에서도 특히 인문주의자의 대영웅이었지만 오랫동안 제자 아리스토텔레스의 그늘에 가려져 있던 플라톤의 철학에 대한 관심이 고조되었다. 코시모는 굉장한 관심을 갖고 플레톤의 강의를 경청하다가 피렌체에 플라톤 연구를 위한 아카데미를 세우고 자신도 이 연구에 더 정진하기로 결심했다. … 몇 년 후 주치의의 아들인 젊은 의학도 마르실리오 피치노를 양자로 삼으면서 이 계획은 되살아났다. 피치노가 플라톤에 열의를 갖고 있다는 것을 안 코시모는 그에게 연구자금을 마련해주었다. 나중에는 몬테베키오라는 별장을 제공해 이 젊은이가 그리스어를 공부하고 플라톤의 글을 라틴어로 번역할 수 있게 배려했다."[75]

코시모는 스스로 철학을 공부했을 뿐만 아니라 인물들을 키우고 후학들을 길러내는 데 상당한 자금을 투자했다. 그가 파견한 대리인들은 유럽 등지를 돌며 고서와 문헌들을 수집했고, 코시모는 피렌체에 방대한 도서관을 세웠다. 한 부자의 결단은 곧바로 르네상스라는 문에 부흥을 불러왔다. "이런 바탕 아래에서 성장한 플라톤 아카데미는 훗날 유럽의 사상 발전에 심오한 영향을 미쳤다. 코시모는 피렌체 공의회 덕분에 플라톤 아카데미를 창설할 야심을 품었을 뿐만 아니라 세계에서 가장 가치 있다고 소문난 자신의 장서에 엄청난 새로운 수집품을 더했다. 과거 수십 년간 코시모의 대리인들은 그의 지시에 따라 유럽과 근동을 헤매고 다니며 기회가 닿을 때마다 희귀본과 귀중본, 원고들을 사 모았다. 특히 그들은 이러한 서책의 값어치에 대해 무지몽매했던 수사들이 모여 있는 독일의 수도원에서 큰 소득을 거두었다. … 연구를 희망하는 지기들에게 공개된 그의 도서관은 그런 종류로는 유럽에서 처음이었는데, 나중에 로마 바티칸 도서관의 모델이 되었다. 이 도서관은 코시모와 그 후계자들에 의해 계속해서 장서 목록이 늘어났다. 나중에는 라틴과 그리스 저자의 1만 권이 넘는 서책과 단테와 페트라르크 시대부터 피렌체의 먼 과거까지를 망라하는 값을 따질 수 없는 수백의 원고들을 소장하게 되었다."[76]

학문뿐만이 아니었다. 그는 건축과 회화, 조각에 이르기까지 다양한 공간예술과 시각예술에도 조예가 깊었다. 부친이 죽은 뒤, 코시모는 메디치가의 돈을 퍼부어 피렌체와 인근 지역에 교회와 수도원을 지었다. 코시모가 4만 듀캇에 이르는 거액을 기부해 세운 산마르코 수도원의 수도원장 안토니오 피에로찌는 1445년에 피렌체의 대주교가 되었고, 1523년에 성인이 되었다. 코시모는 한 친구에게 자신이 건축물에 특히 많은 관심을 쏟았던 이유에 대해 이렇게 말하곤 했다. "난 우리 시의 기질을 잘 알지. 50년이 지나기도 전에 우리는 추방되겠지만 내 건물은 남아 있을 거야."[77] 덕분에 코시모의 숨결이 건물들과 함께 그대로 남아 있는 피렌체는 매년 수백만 명이 넘는 관광객을 끌어모으는 관광지가 되었고, 1982년에 유네스코 세계유산으로 선정되었다. 당시 코시모가 돈을 댔던 우피치 궁전과 바사리 회랑, 베키오 다리 등 르네상스 시대의 건축물이 잘 보존되어 있어 도시 전체가 하나의 거대한 명품관 느낌이 날 정도다. 제2차 세계대전 중 북이탈리아에서 영국군과 싸우던 독일군이 퇴각할 때 모든 다리를 끊으면서도 히틀러가 베키오 다리만은 차마 폭파하지 못했던 일화는 유명하다.

코시모의 이런 유별난 예술 사랑은 그의 손자 로렌조에게까지 이어졌다. 인문주의자들이 일찍이 '위대한il Magnifico 로렌조'라 칭송했던 그는 코시모의 장남 피에로Piero의 첫째 아들이었다. 그도 할아버지를 보고 배운 게 있었는지 은행업보다는 문학과 예술을 후원하는 일에 더 매진했다. "로렌조는 작가와 학자들에게 후원을 아끼지 않았다. 서적과 원고를 계속 수집하여 메디치가의 장서를 확장시켰다. 그는 대리인들에게 쓸 만한 것이 있는지 끊임없이 찾아보라고 지시했다. 지오반니 라스카리스—로렌조의 심부름으로 동방에 두 번이나 파견되어 손실될 위험의 원고를 찾아다녔다—는 두 번째 여행을 마치고 피렌체로 돌아오면서 2백 권이 넘는 그리스 작품을 가져왔는데, 그중 거의 절반은 존재 여부조차 알려지지 않았던 것들이었다."[78]

로렌조가 스무 살의 젊은 나이에 메디치가의 주인으로 올라섰을 때 피렌체는 르네상스의 정점이 되었다. 그는 레오나르도 다빈치와 베로키오, 보티첼리, 필리피노 리피 같은 위대한 화가와 조각가들을 직접 후원하고 뒤를 봐주었다. 특히 미켈란젤로를 끔찍이 아껴 그를 양자로 삼기까지 했다. 덕분에 미켈란젤로는 4년간 메디치 궁에 머무르며 작품에 전념할 수 있었다. 로렌조가 없었다면, 오늘날 우리가 알고 있는 미켈란젤로의 작품들은 형편없이 줄어들었을 것이다.

「인왕제색도」로 유명한 조선 후기의 화가 겸재 정선鄭歚 뒤에는 안동 김씨 일가가 있었다. 비록 그는 성도, 본도 다른 광주 정 씨였지만, 청음 김상헌金尙憲 가문은 당시로써 세계 여행에 버금간다는 금강산 유람에 들어가는 일체의 비용을 지원해 인생 최고의 걸작「금강전도」를 그릴 수 있도록 도움을 주었다. 그들의 묵묵한 후원이 없었다면 오늘날 국보로 여겨지는 조선의 진경산수화는 세상의 빛을 보지 못했을 것이다. 메디치가도 마찬가지였다. 그들은 문화와 예술의 사회적·경제적 가치를 누구보다 잘 알고 있었고, 가문의 자산을 쏟아 이런 가치들을 피렌체에 더욱 아름답고 풍부하게 수놓았다. 그들의 회화에 대한 애정은 특히 베노초 고촐리Benozzo Gozzoli의「동방박사의 행렬」에서 잘 드러난다. 메디치 궁에 벽화로 그려진 이 연작은 3명의 동방박사가 각각 한 명씩 하나의 벽면을 차지하고 있는 구도로 그려졌다. 자세히 보면, 회색 말을 타고 앞서가는 인물이 젊은 로렌조, 그 뒤로 빨간 모자를 쓰고 흰 말을 탄 인물이 로렌조의 아버지 피에로, 그 뒤로 검은 옷을 입고 갈색 말을 탄 인물이 코시모임을 알 수 있다. 그들은 이렇게 그리스도교의 성화를 제작하면서 종종 자신들의 얼굴을

베노초 고촐리의 성화 「동방박사의 행렬」에 메디치가의 인물들이 눈에 띈다.
(출처: travelingintuscany.com)

시그니처로 넣었다.

하지만 로렌조의 인문과 예술에 대한 관심은 지나친 감이 있었다. 그는 예술에 너무 심취한 나머지 자신의 본분을 잊고 메디치가를 재정적으로 위기 상황에 몰아넣었다. "로렌조는 미켈란젤로와 보티첼리를 후원함으로써 예술사에서 가장 위대한 작품이 태어나도록 도와주기는 했지만, 사업가다운 기질은 갖추지 못했다. 코시모의 예측대로 1492년 로렌조가 죽기 전에 코시모의 평생 업적은 산산이 무너졌다."[79] 그럼에도 불구하고 코시모부터 로렌조에 이르기까지 3대에 걸친 문예적 소양과 후원은 메디치가를 다른 여느 부자 가문과 구분시켜주는 중요한 차별성을 낳았다. 그 차별성은 단순히 돈의 액수나 숫자로 판별될 수 없는 무한한 예술성과 문화적 특이성을 창출했다.

피렌체의 국부, 세상을 떠나다

1464년 8월 1일, 코시모는 일흔 다섯의 나이로 세상을 떠났다. 젊어서는 세상을 다 가질 것처럼 아득바득 돈을 벌었지만, 죽음을 눈앞에 두자, 공수래공수거空手來空手去, 그 역시 동전 한 닢 들고 가지 못했다. 죽기 며칠 전 그는 수도원장 앞에서 평소 자신이 알고 저지른 죄, 모르고 저지른 죄를 다 자복하는 고해성사를 했다. 전쟁에서 죽거나 갑자기 사고로 죽는 경우가 아니면 당시 대부분의 사람은 고해성사를 하며 신에게 죄를 탕감받기를 빌었다. 이는 코시모 같은 부자도, 길거리 거지도 매한가지였다. 그의 아들 피에로는 두 손자에게 당시 아버지 코시모가 마지막으로 세상과 작별을 고하는 모습을 이렇게 묘사했다. "미사에서 그분은 건장한 사람처럼 대답하셨지. 신앙을 고백하라고 하자 사도신경을 하나하나 외우고 고해를 반복하고 성찬을 받으셨단다. 그분은 이 모든 것을 온전히 헌신적인 마음으로 하시면서 당신이 잘못을 저지른 사람들에게 용서를 구하셨지."[80]

코시모는 죽음이 임박했다는 사실을 깨닫고 신 앞에 속죄하기를 원했다. 하지만 고리대금업자에게 죄의 사면은 언감생심이었다. 교황은 그가 교회를 짓는 데 엄청난 액수의 돈을 기부해야 고해성사를 받아들일 것이라는 전갈을 보냈다. 그는 죽으면서도 종교의 위력을 실감했다. 살아생전에는 교황과 교회를 등에 업고 유럽에서 통용되는 수상한(?) 돈들을 갈퀴로 싹싹 쓸어 담던 천하의 코시모도 죽음이 눈앞에 이르자 자신의 죄를 빌기 위해 교회 앞에 머리를 조아리고 손바닥을 싹싹 빌며 자비를 구했다. 그는 365일 동안 자신의 영혼을 위해 미사를 드릴 수 있는 돈을 교회에 기탁하고 나서야 마음의 평화를 얻었다.

그의 죽음을 알리는 조종이 피렌체에 울려 퍼졌다. 사람들은 코시모가 남긴 덕을 기려 그를 파테르 파트리아이Pater Patriae, 즉 피렌체의 국부國父라고 불렀다. "한때 키케로에게 부여되었던 이 칭호는 법령에 따라 그의 묘에 새겨졌다. 메디치가 사람들은 세례당의 교황 요한 23세의 묘소 정도 되는 크기의 묘를 만들고 싶어 했으나, 코시모는 어떤 허세나 과시 없이 묻히고 싶다는 유언을 남겼다."[81] 국부가 남긴 재산은 이후에 어떻게 되었을까? 코시모는 자신이 죽고 나면 메디치은행이 파산할 것이라고 예측했다. 그의 예측은 불행하게도 손자인 로렌조에 이르러 현실이 되었다. 로렌조는 비록 미켈란젤로와 보티첼리 같은 르네상스 예술가들을 후원하여 피렌체의 문예 부흥을 이끌었지만, 선대 코시모처럼 철두철미한 사업가는 되지 못했다. 그는 예술가들의 대부로 추앙받았지만 사업적 수완이 부족해 정세 변화에 민감하게 대처하지 못했다. 영원할 것 같던 메디치가의 자산은 오늘날 사료로 전해 내려오는 장부의 기록으로만 존재한다.

코시모 데 메디치의 분석 차트

독창성	★★
진실성	★★★★★
성실성	★★★★★
계획성	★★★★★
개방성	★★★★

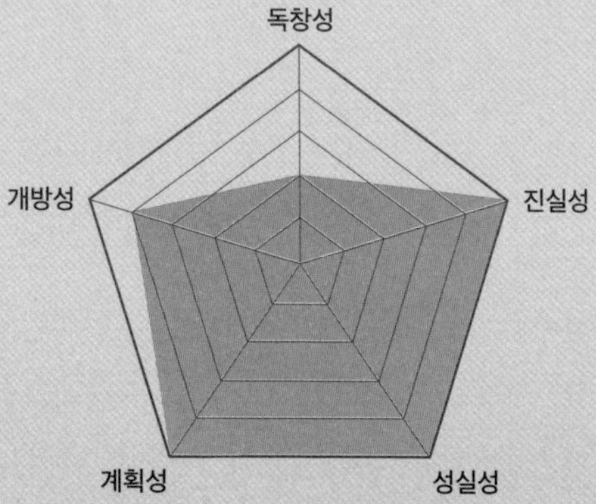

코시모 데 메디치의 연표

- 1389년 지오반니 데 메디치(Giovanni de Medici)와 피카르다(Piccarda) 사이에서 태어남
- 1395년 남동생 로렌조(Lorenzo)가 태어남
- 1397년 지오반니가 메디치은행을 설립함
- 1415년 바르디가의 콘테시나(Contessina de Bardi)와 결혼함
- 1416년 아들 피에로(Piero)가 태어남
- 1420년 메디치은행이 교황의 회계를 맡음
- 1421년 아들 지오반니(Giovanni)가 태어남
- 1429년 아버지 지오반니가 사망하면서 메디치은행의 전권을 물려받음
- 1430년 막달레나(Maddalena)라는 여자 노예와의 사이에서 사생아 카를로(Carlo)가 태어남
- 1433년 알비치가에 의해 피렌체에서 추방당해 파도바로 유배감
- 1434년 피렌체에 복귀하면서 그의 정적들이 추방당함
- 1444년 피렌체에 무료 도서관을 설립함
- 1445년 플라톤 아카데미를 개설함
- 1464년 75세의 나이로 사망함
아들 피에로가 메디치은행을 맡음

본격적으로 제1차 산업혁명과 함께 시작된 근대에는 금융과 제조, 교통 및 유통에 걸쳐 다양한 갑부가 등장했다. 이때 탄생한 부자들은 이전 시대 부자들과는 본질적으로 달랐다. 유럽에 한정되어 있던 시장은 항해술의 발달과 신대륙의 발견으로 전 세계로 확대되었고, 석유와 강철 같은 중공업을 이끌어갈 원료를 생산해내는 부문에서 커다란 경제적 이득이 발생했다. 특히 검은 진주라 불리는 석유는 모든 근대 산업의 젖줄이었다. 땅에서 캐낸 시커먼 석유는 산업의 대동맥을 타고 신대륙 구석구석까지 흘러들어갔다. 인류는 석유를 태워 에너지를 얻었고, 석유에서 추출한 물질로 화학산업을 창출했다. 존 록펠러는 중동 산유국이 없던 시절 미국의 정유업계를 장악한 처음이자 마지막 인물이었다. 비즈니스를 신의 선량한 청지기가 지켜야 할 의무로 여겼던 그는 자신의 독점을 신의 지상명령으로 여겼다.

같은 시기 앤드루 카네기는 미국의 철강산업을 장악했다. 그가 생산한 철강은 빌딩과 건물, 철도와 교량을 짓는 데 사용되면서 미국의 스카이라인을 바꾸어놓았다. 철강의 힘은 단순히 물리적인 환경을 바꾸어놓는 것에 그치지 않고 공간에 대한 인간의 인식을 2차원에서 3차원으로 바꾸어놓았다. 이러한 배경에서 등장한 헨리 포드는 자동차를 대중화하여 교통에 일대 혁신을 가져왔다. 석유산업과 철강산업이 꽃피면서 미 동부 디트로이트를 중심으로 자연스럽게 자동차산업이 일어났으며, 사람들은 교통 인프라를 통해 바삐 움직이고 신속하게 물류를 이동시켰다. 이들은 '날강도 남작'이라는 별명답게 드넓은 미 대륙을 개척하던 시기에 경쟁자를 고사시키고 시장을 독점하는 방식으로 개별 산업들을 장악했다.

PART Ⅲ

철, 석유, 차

Iron, Oil, Car

CHAPTER 7

금융을 거머쥔 부자
마이어 암셸 로스차일드

Mayer Amschel Rothschild

(1744~1812)

"나에게 한 나라의 돈을 찍어내고
관리할 수 있는 권한을 준다면,
누가 그 나라의 법을 작성하든지
아무런 상관이 없다."
—마이어 암셸 로스차일드—

1957년 격동의 시절, 중국 헤이룽장성에서 가난한 집 8남매 중 장녀로 태어난 장인張茵은 길거리 넝마주이에서 재벌로 올라선 입지전적인 인물로 유명하다. 사실 잘 봐주어야 넝마주이였고, 실상은 거지에 가까운 삶을 살았다. 그도 그럴 것이 그녀가 태어나고 10여 년이 지났을 때 중국 본토에서 문화혁명이 일어났다. 마오쩌둥은 낡은 사상과 유교 문화, 그릇된 풍속과 관습을 척결한다는 미명하에 홍위병을 동원해 자신의 입맛에 맞지 않는 사람들을 무차별적으로 죽이고 숙청했다. 이때 그녀의 아버지 역시 반동분자로 몰려 투옥되면서, 그녀는 졸지에 어린 동생들을 보살피는 소녀 가장 역할을 해야 했다. 그러다 그녀는 1980년, 청운의 꿈을 안고 중국 선전에 있던 한 제지회사의 말단 경리로 회사생활을 시작하게 되었다.

당시 선전은 1979년에 경제특구로 지정되어 홍콩에서 많은 물량의 물품이 쏟아져 들어오던 중국의 대표적인 수입 창구였다. 그녀는 선전의 제지회사를 다니며 폐지 수출입에 천문학적인 돈이 흐른다는 사실을 간파했다. 당시만 해도 중국 본토에는 홍콩처럼 질이 뛰어난 종이나 펄프가 없었다. 그녀는 경제적으로 수십 년은 앞선 홍콩에서 발생되는 폐지를 모아 중국으로 수출하면 떼돈을 벌 수 있을 것이라 확신했다. 결국 그녀는 5년 뒤인 스물여덟 살 때 안 먹고 안 입으며 악착같이 모은 3만 위안을 들고 혈혈단신 홍콩으로 건너갔다. 사업 경험과 자본금이 없었던 그녀는 넝마주이로 사업을 시작할 수밖에 없었다. 그러면서 동료 넝마주이들이 주워 온 폐지를 모아 하나둘 중국으로 수출하기 시작했다. 새벽마다 길거리에 나가 폐지와 종이를 열심히 주우며 어느새 그녀는 넝마주이들 사이에서 '큰누님大姐姐'으로 이름을 날리게 되었다.

그녀의 사업 방식은 간단했다. 남들보다 무조건 가격을 후하게 쳐주는 전략이었다. 넝마주이들은 남들보다 10원이라도 더 쳐주는 그녀에게 자신의 폐지를 팔았다. 그녀의 고물상은 금세 이름을 날리게 되었다. 그녀는 여세를 몰아 1990년에 미국으로 진출했다. 당시 미국은 제지 기술로는 홍콩과는 비교도 할 수 없을 만큼 세계 최고였고, 종이 사용량 역시 세계 으뜸이었다. 당시 영어 한 마디 하지 못했던 그녀는 여성의 몸으로 겁도 없이 아메리카 청남America ChungNam이라는 회사를 설립하고, 밴을 타고 미국 전역을 돌며 악착같이 폐지를 모았다.

그녀는 그렇게 10여 년에 걸쳐 미국 전역에 7개의 폐지 수집, 포장, 운송회사를 설립하고 아무도 넘볼 수 없는 폐지 물량을 확보했다. 그리고 이를 토대로 1995년 홍콩 최고의 제지회사인 주룽제지玖龍造紙를 세웠다. 주룽제지는 세계 100대 제지회사 중 31위를 차지했으며, 덕분에 그녀는 중국 여성 부호 1위에 오르는 기염을 토했다. '폐지의 여왕'이라는 별명으로 유명한 그녀는 새벽마다 길거리에서 폐지를 줍는 자신의 모습에 혀를 끌끌 차던 사람들에게 이렇게 말했다고 전해진다. "나는 쓰레기를 줍는 게 아니라 숲을 만들고 있는 겁니다." 남들은 쓰레기를 보았지만, 그녀는 푸른 숲을 보았다는 이야기다.

이번 장에서 소개할 로스차일드가의 대부 마이어 암셸 로스차일드 역시 넝마주이로 인생을 시작했다. 그는 잡동사니를 팔던 고물상에서 유럽 최고의 거부로 화려하게 변신했다. 지금부터 마일드의 이야기로 들어가 보자.

넝마주이가 금융계 거물로 거듭나다

1744년 2월 23일, 유럽 최고의 가문 로스차일드가를 일으킬 인물이 독일 프랑크푸르트 유대인 게토에서 암셸 모제스 로스차일드Amschel Moses Rothschild와 쇤케Schönche 사이에서 태어났다. 아버지는 아들의 이름을 마이어라고 지었다. 마이어의 아버지는 모두가 손가락질을 하던 유대인으로,

길거리 고물상이었다. 오늘날 정부가 마련해준 보호구역에 갇혀 민속춤 공연을 하며 생계를 유지하는 북미 인디언들처럼, 당시 유럽을 떠돌던 유대인들은 게토라는 지역에 모여 살아야 했다. 시내에 볼일을 보러 나가려면 주위 사람들이 피해갈 수 있도록 가슴에 유대인 표식을 달아야 했다. 유대인은 남들이 아무렇지 않게 하는 직종에 진출할 수 없었으며, 비유대인과는 혼인을 할 수 없었다. "게토 내부 풍경도 불쾌했다. 거리는 더러웠다. 상점에서 버려진 헌옷과 물건들이 곳곳에 산더미같이 쌓여 있었다. 거리가 지저분한 이유는 프랑크푸르트 시에서 정한 조례 때문이었다. 시는 유대인의 농업, 수공업 활동을 금지했을 뿐만 아니라 무기, 실크, 채소와 같이 귀한 물건을 사고팔지 못하도록 규제했다. 비유대인들은 마이어가 만나는 소녀들까지 엄격하게 관리했다. 시는 유대인은 5백 세대를 넘을 수 없으며 1년에 12쌍만 결혼할 수 있도록 제한했다."[82]

마이어의 부모는 그러한 게토에서 오랫동안 작은 상점을 운영했다. 상점이라고 해봤자 부자들이 쓰고 버린 골동품이나 길거리에 굴러다니는 잡동사니들을 주워 파는 고물상에 불과했다. 요즘이야 '환경'이니 '재생'이니 온갖 좋은 이름으로 단장하지만, 당시만 해도 번듯한 간판 하나 내걸 수 없는 비천한 직종이었다. 마이어의 부모는 아들이 자신들과는 다른 번듯한 직업을 갖길 원했다. "얘야, 너는 사람들의 존경을 받는 랍비가 되거라." 어린 마이어는 부모의 바람대로 뉘른베르크 근처에 있는 유대인 랍비 학교 예시바에 보내졌다.

마이어는 다른 아이들에 비해 영민하고 눈치가 빨랐다. 마이어는 부모의 기대를 한 몸에 받았다. 아니나 다를까, 그는 학교에서 준수한 성적을 냈다. 랍비가 되는 건 가난한 유대인 소년이 꿈꿀 수 있는, 공동체 내에서 가장 성공한 지위에 오르는 일이었다. 주변 사람들은 머리가 좋은 마이어가 율법학자가 되기를 열망했다. 하지만 마이어는 랍비가 될 수 없었다. 졸지에 부모님이 모두 돌아가시고 말았기 때문이다. 그는 열한 살 때 소년가장이 되어 스스로의 삶을 개척해야 하는 비렁뱅이 길거리 인생으로 내던져졌다. 주룽제지의 장인처럼 말이다. 다행히 친척들이 하노버에 있는 유대인 금융업자 오펜하이머의 도제 자리를 알선해주었다. 여기서 잠깐! 오펜하이머는 요즘 TV 광고에도 나오는 '다이아몬드는 영원히'라는 캐치프레이즈로 유명한 다이아몬드회사 드비어스의 회장에 오른 어니스트 오펜하이머Ernest Oppenheimer의 조상이다. 20세기 초반, 로스차일드 가문이 드비어스가 성장할 수 있도록 막대한 자금을 지원해준 사실을 생각하면, 어린 시절 거둬주고 길러준 데에 대한 기막힌 보은인 셈이다. 역사는 이렇게 돌고 돈다.

사람들은 언제부턴가 마이어를 '로텐 실트'라고 불렀다.* 로텐 실트는 게토에 위치한 아버지 집 앞에 붙어 있던 '붉은색 방패 문양'에서 비롯한 것이다. 우리나라 말로 '붉은 대문 집에 사는 아이'쯤 될 것이다. 당시 유대인들은 자신이 사는 곳을 알리기 위해 간판을 걸었는데, 마이어의 선조

---

* '붉은 방패'를 독일어로는 '로텐 실트(rothen schild)'라고 불렀다.

로스차일드가의 문양.
문양 아래에 화합, 성실, 근면이라는 단어가 적혀 있다.
(출처: wikipedia.org)

들은 유대인 거리의 번화가 끝자락에 위치한 집 앞에 붉은색 방패 문양을 붙였던 모양이다. 문패도, 명패도 없는 초라한 고물상집 문간에 붙어 있던 방패 문양이 훗날 위대한 금융가의 엠블럼으로 변신하게 될 줄은 마이어조차 꿈에도 몰랐을 것이다. 이 방패 문양은 이전에도 없었고, 이후에도 없을 세계 최고의 금융 가문을 모든 상서롭지 못한 기운과 불길한 운명에서 구해줄 안전 장치였다.

1764년 마이어 암셸은 프랑크푸르트로 돌아왔다. 그는 오펜하이머 밑에 도제로 있으면서 배운 상업 지식과 비즈니스 감각을 가지고 사업을 물색했다. 마이어는 아버지의 가업을 이어 고물상을 운영했다. 하지만 마이어는 아버지와 다른 예술적 안목을 가지고 있었다. 아버지가 길거리에 버려진 녹슨 고철이나 수집했다면, 아들은 그 가치를 알아본 다음 당당히 주인에게 고철을 사왔다. 바로 이것이 로스차일드가를 탄생시킨 첫 걸음이었다. "마이어는 유년 시절 랍비로부터 중동과 유럽의 고대사 및 언어들을 배웠다. 그 덕분에 평범한 서민들에게는 잡동사니에 불과한 고화폐를 싸게 구입한 뒤 자신의 지식을 활용해 공을 들여 팸플릿을 직접 만들 수 있었다. … 고금을 관통하는 돈의 역사와 일화를 거침없이 들려주는 마이어의 말재주와 부가가치를 더한 노력은 결국 귀족들의 관심을 끌어냈다."[83]

고물과 골동품의 경계는 종이 한 장 차이라는 말이 있다. 문제는 고물을 값나가는 골동품으로 탈바꿈시킬 수 있는 능력이 전적으로 판매자의 상상력에 달려 있다는 점이다. 마이어는 오래된 주화와 화폐에 관심이 많았다. 그는 중동의 디나 화폐와 독일의 옛날 은화인 탈러를 사들였으며, 러시아와 바이에른에서 건너온 주화를 분석하고 주석을 달며 기록했다.* 게다가 그는 자신이 수집한 동전들을 팸플릿으로 예쁘게 만들어 구매자들이 사고 싶도록 가치를 한껏 높였다. 주룽제지의 장인이 폐지에서 숲을 보았다면, 로스차일드가의 마이어는 동전에서 금을 보았다.

드디어 마이어에게 기회가 찾아왔다. 그보다 한 살 많았던 빌헬름 공이 그의 팸플릿을 보고 싶다고 전갈을 보낸 것이다. "빌헬름 공은 1785년 부친 프리드리히 대왕의 사망으로 빌헬름 9세로 즉위했다. 그는 프랑크푸르

* 독일의 주화 탈러(thaler)에서 훗날 미국의 통화 달러(dollar)가 나왔다.

트를 떠나 카셀에 자리한 빌헬름스회헤 궁전으로 이주했으며, 유럽 최대를 자랑하는 막대한 자산은 더욱 늘어갔다. 이에 따라 마이어는 로스차일드상회가 비약할 수 있는 절호의 기회를 엿보았다."[84] 기회는 스스로 만드는 것이라고 하지 않던가! 그는 그렇고 그런 잔챙이들만 상대하다가 인생을 허비하고 싶지 않았다. 빌헬름 공은 헤센의 영주로 있으면서 당시 유럽의 대단한 갑부였고, 한마디로 프랑크푸르트를 좌지우지하는 실세였다. 마이어는 빌헬름 공이 화폐와 우표 수집에 지대한 관심이 있다는 사실을 알고 주도면밀하게 준비했다. 마이어의 진심에 마음이 움직인 빌헬름 공은 39길더에 희귀한 동전 몇 개를 구입했다. "이는 그다지 많은 액수가 아니었다. 그러나 마이어 암셸은 그 순간, 아무 예감도 없이 그로부터 정확히 50년 후에 로스차일드가의 성공의 열쇠가 될 인맥을 잡은 것이었다."[85] 이 거래는 훗날 로스차일드 가문이 세계적인 금융 재벌로 올라서는 데 절대적인 도약대가 되었다.

마이어가 빌헬름 공과 거래를 텄다는 소식은 빠르게 퍼져 나갔다. 이는 마이어의 비즈니스에 날개를 달아주었다. 급기야 1769년에는 빌헬름 공의 어용상인御用商人으로 임명받기까지 했다. 그를 대리하여 돈을 수금할 정도로 신뢰를 얻게 된 것이다. 마이어는 붉은 방패 위에 자랑스럽게 새 간판을 달았다. 간판에는 빌헬름 공의 집안인 헤센 하나우 가문의 문장과 함께 '빌헬름 전하 궁정 어용상인'이라는 글씨를 적었다. 빌헬름 공의 이름은 브랜드로 작용했다. 요즘으로 말하면 '미국 FDA 인증', 혹은 'HCCP 인증' 마크와 같은 느낌을 주었다. 이제 그는 허접한 3류 고물상이 아니라 귀금속을 다루는 골동품 판매업자, 나아가 어용 금융인으로 거듭났다. 종잣돈이 모이니 사업의 활로가 다양해졌다. "얼마 후 그는 옷감 장사가 큰 이윤을 남긴다는 것을 알게 되었다. 옷감 장사는 산업혁명의 첫 물결을 타고 생겨났다. 영국 중부의 반자동 면방직 공장은 전 유럽에 싸고 품질 좋은 옷감을 제공했고, 마이어 암셸은 옷감 장사를 시작했다."[86]

신분 세탁에 성공하니 여기저기서 혼사도 들어왔다. 어용상인이라는 자리는 명예에 지나지 않았지만, 빌헬름 공과 공개적으로 거래를 하는 판매업자라는 인식은 마이어에게 억만금을 주고도 얻을 수 없는 무형의 비즈니스적 가치를 주었다. 1799년에는 신성로마제국 황제로부터 '황실 어용상인' 지정도 받았다. 국제적으로도 이름이 나기 시작한 것이다. 드디어 그는 평소 눈여겨보던 구틀레 슈나퍼Guttle Schnapper라는 여인과 결혼할 수 있었고, 그녀를 통해 다섯 명의 든든한 아들을 낳으며 로스차일드가를 일으켰다. 마이어 암셸의 위대함은 아들들의 성장에서 나왔다. 그들은 아버

로스차일드가의 다섯 명의 아들과 사업 영역

지의 확실한 상속자들이자 로스차일드 가문의 든든한 버팀목이었다. 이들은 각기 영국 런던, 프랑스 파리, 독일 프랑크푸르트, 오스트리아 빈, 이탈리아 나폴리로 보내졌으며, 그곳에서 국제적인 금융 네트워크의 한 축을 담당했다.

마이어의 하마르티아, 그리고 그의 성공

마이어의 하마르티아는 무엇이었을까? 우선 그의 출신을 꼽을 수 있을 것이다. 아슈케나지(독일계 유대인)였던 마이어는 디아스포라diaspora 이후 반유대주의의 공세를 정면에서 맞은 대표적인 사업가였다. 그뿐 아니라 그의 다섯 아들 모두 유대인의 굴레에서 벗어날 수 없었다. 유대인이라는 사실만으로 모든 것이 제한되고 불가능했으며 아무 이유 없이 불이익을 당했다. 유대인들은 자신의 혈통과 신분을 속일 수 없었다. 밖으로 출입할 때에는 스스로 유대인임을 증명하는 다윗의 별을 가슴팍에 달고 있어야 했다. 이 관습은 1251년 4차 라테란 공회의 때 채택되어 유럽 전역에 퍼진 정책이었다. 유대인들은 이유 없이 불이익을 당했고, 예고 없이 집에서 쫓겨났으며, 자비 없이 살해당했다. 1348년 유럽에 흑사병이 창궐하자 유대인들을 희생양으로 삼아 죽였으며, 1349년 스트라스부르크에서는 안식일에 2백 명의 유대인들을 산 채로 태워 죽였다. 1648년과 1658년, 동유럽에서는 포그롬pogrom이라는 조직적인 박해와 살육으로 7백 개 이상의 유대인 공동체가 궤멸되기도 했다.

디아스포라

유대인들은 이스라엘이 멸망한 뒤 로마제국의 박해를 피해 예루살렘을 떠나 세계 각지에 흩어지게 되었는데, 이런 유대인들을 가리켜 '디아스포라'라고 부른다. 이 말은 유대인들이 세계 도처에 흩어진 물리적인 현상을 가리키는 동시에 이스라엘 땅과 유대인들과의 언약관계를 통해 이해될 수 있는 종말론적인 의미를 함축하고 있다. 디아스포라는 중세를 거치며 격렬한 반셈족주의Anti-Semitism의 희생양이 되었다. 박해를 피해 스페인과 포르투갈 등 이베리아 반도에 거주하던 유대인들을 세파라딤Sepharadim이라 부르고, 폴란드와 독일 등 동부 유럽에 거주하던 유대인들을 아슈케나짐Ashkenazim이라 부른다. 현재 디아스포라 유대인들의 80%가 아슈케나짐이며, 이들 대부분이 1차, 2차 대전을 통해 신대륙으로 이주했다. 디아스포라 경험은 2차 대전을 끝으로 시오니즘Zionism 운동을 낳았고, 대부분의 정통파 유대인은 이스라엘 귀환 운동을 지지하고 이스라엘 건국에 동참했다.

마이어는 태생적 한계를 극복하기 위해 남보다 더 발 빠르게 움직여야 했다. 상황과 정세를 살피고 주위의 눈치를 보며 가장 적절한 시기에 가장 합당한 행동을 해야 했다. 그것은 자신의 목숨을 지키는 일이면서 동시에 가문의 재산을 지키는 일이었다. 마이어는 순간의 잘못된 판단이나 감정적인 대응으로 일을 그르쳤다가는 자신이 일군 모든 부를 일거에 빼앗길 수도 있다고 생각했다. 그는 그리스도교도들과 무뢰한들로부터 수시로 신체적·정신적 협박을 받으면서도 자신이 유대인이라는 사실을 숨기

『베니스의 상인』에 등장하는 삽화로 당시 유대인들의 사회적 이미지를 가늠할 수 있다. 아이들이 유대인 고리대금업자를 따라다니며 놀리고 있다.
(출처: smithsonianmag.com)

거나 그리스도교로 개종하지 않았다. 유럽 각국에 잔존하던 유대인에 대한 차별적 조항들은 오랜 관행처럼 굳어졌고, 이는 마이어의 비즈니스에 고스란히 영향을 미쳤다. 우물에 독을 풀었다며 무차별적으로 우리네 조선인(조센징)들을 죽인 관동대학살과 유사한 일들이 2500년 동안 디아스포라 유대인들에게 비일비재하게 일어났다.

도리어 마이어는 자신이 유대인임을 자랑스럽게 생각했다. 그의 하마르티아는 자신이 신의 백성이며 그와 신성한 언약관계를 맺은 사이임을 상기시켜 주었다. 어쩌면 유대인이라는 하마르티아는 그의 발목을 잡은 게 아니라 그에게 지칠 줄 모르는 비즈니스의 동력으로 작용했을지도 모른다. 유대인이라는 사실을 숨기거나 저버리고 세상에서 성공하는 게 그에게 아무런 의미가 없다는 사실이 점점 명확해졌다. 마이어에게 민족적 뿌리라는 건 일제시대 사할린과 우즈베키스탄으로 이주했던 고려인(카레이스키)들이 잊지 않기 위해 발버둥 쳤던 한민족의 혈통과 비슷한 것이었다. 신념과 확신의 힘으로 마이어는 출신의 한계를 성공의 발판으로 바꾸었다. 이후 마이어의 다섯 아들 역시 이러한 아버지의 뜻을 따라 유대인으로서의 정체성을 고수하려 애썼다. 비록 일부는 세속적 유대인으로 떨어져 나갔으나 자신이 유대인임을 잊지는 않았다. 백여 년 후에 막을 내린 메디치 가문과 달리 로스차일드 가문이 3백여 년이 지난 오늘까지 명문 금융가로 건재할 수 있었던 건 어쩌면 사업을 지탱하는 경제 원리 말고도 유대인으로서 민족성을 잊지 않고 계속 상기할 수 있게 했던 마이어의 이런 신념 때문이 아니었을까.

반유대주의

유대인에 대한 민족적 증오와 혐오를 반유대주의Anti-Judaism, 또는 반셈족주의라 한다. 반유대주의는 단순히 종교적 편견을 넘어 사회적·인종적 관점을 지녀왔다. 유대인에 대한 핍박은 중세 때부터 유럽의 스페인과 포르투갈, 프랑스 등 그리스도교 국가들을 중심으로 끊이지 않았다. 십자군 전쟁 때에는 유대인들을 무슬림과 동급으로 취급하여 집단적으로 죽였고, 스페인은 레콩키스타Reconquista의 결과로 유대인들에게 그리스도교로의 강제 개종 칙령을 내려 영구적으로 추방했다. 당시 그리스도교로 개종한 유대인들을 스페인에서는 '마라노Marrano'라 불렀는데, '돼지'라는 뜻이었다. 이후 유럽에서 돼지는 유대인들을 상징하는 동물로 자리 잡게 되었다. 유대인들은 14세기 중엽부터 16세기까지 대부분의 독일 도시에서 추방당하거나 사회적 제약을 받아야 했다. 근대에 들어 『시온의 장로 의정서』*라는 괴문서가 돌면서 유대인들에 대한 악의적 루머와 편견이 커졌고, 급기야 히틀러에 의해 인종 청소(홀로코스트)라는 비극이 일어나게 되었다.

자신의 사업이 허약한 유대인이라는 토대 위에 세워진 것임을 가장 잘 알았던 마이어는 자신의 운명을 철저하게 신에게 의탁했다. "일가가 승리를 거둔 비결은, 첫째 허리를 숙일 줄 아는 겸손함, 둘째 떨 때조차 요란하지 않은 침착함이라 할 수 있다. 그들의 목표는 높았다. 그러나 지위는 너무 낮았다. 도약을 위한 그들의 첫 발판은 불안정했고, 자원은 빈약했다. 만약 눈치 빠른 경쟁자를 만났다면 한 방에 끝날 수 있을 정도로 밑천이 부족했다."[87] 이를 누구보다 더 잘 알고 있었던 마이어는 자신이 유대인이기 때문에 남을 속이거나 야바위를 부려서는 안 된다는 철칙을 지키려고 노력했다. 이는 순수한 도덕이나 실천적 경영 철학을 넘어 하나의 숭고한 종교적 염원이었다. 그러면서 자신의 뒤를 봐줄 비유대인 커넥션을 만드는 데 상당한 공을 들였다. 그 대표적인 사례가 바로 빌헬름 공과의 유대 관계였다.

---

* 줄여서 『시온 의정서』라 불리는 이 책은 재정적인 재앙이든 전쟁이든 모든 국제적인 문제에 유대인들이 개입·조장하고 있다는 음모론을 담은 위작이다. 1903년, 러시아에서 처음 등장했고, 이후 여러 언어로 번역되면서 반유대주의가 유럽을 휩쓰는 데 일조했다.

마이어의 하마르티아에 얽힌 매우 흥미로운 에피소드가 하나 있다. 마이어는 빌헬름 공이 나폴레옹 보나파르트에 쫓겨 망명을 떠나자, 자신의 재산을 다 빼앗기면서까지 목숨을 걸고 빌헬름 공의 대외 차관 장부를 지켰다. 당시 나폴레옹은 대프랑스 동맹에 가담해 용병 장사를 한 빌헬름 공을 눈엣가시로 여겼다. 나폴레옹의 군대가 자신의 목을 따러 온다는 전갈을 받은 빌헬름 공은 도망을 치는 것 외에는 다른 전략이 없었다. 처음에 그는 덴마크의 영토였던 홀슈타인의 고토로프에 있는 형제의 영지로 달아났다. 나폴레옹의 군대는 빌헬름 공의 저택을 접수했고, 이틀 후 그의 모든 자산을 몰수했다. 동시에 성명서를 붙여 그를 숨겨주거나 그의 재산을 빼돌리려는 자는 바로 군사재판에 회부하겠다고 공식적으로 협박했다.

이후 나폴레옹이 물러나고, 망명을 갔다가 돌아온 빌헬름 공은 자신의 재산이 하나도 남아 있지 않을 것이라고 낙담했다. 그런데 마이어가 자신이 황급히 맡긴 돈을 그대로 건네주는 것이 아닌가! 빌헬름 공은 그의 정직함과 주도면밀함에 감복했다. 마이어는 이중장부를 통해 나폴레옹의 감시와 검열을 피하여 빌헬름 공의 자산을 지킬 수 있었다. 빌헬름 공은 이에 대한 보답으로 그에게 유럽 각국에서 돈을 수금할 수 있는 권리를 넘겨주었다. 빌헬름 공은 마이어에게 이렇게 말했다. "그대의 정직함에 감동한 나는 앞으로 20년 동안 내 자산을 그대에게 맡길 것이다. 이자는 2%를 넘기지 않을 것이다." 마이어는 이를 계기로 가난한 유대인 골동품상에서 왕실 재정 대리인으로 변모했다. 마이어로서는 성공의 발판을 만든 셈이었다.

전설적인 사재기, 로스차일드가를 살리다

다섯 손가락 중에 깨물면 아프지 않은 손가락이 없는 법이다. 마이어의 다섯 아들 역시 다섯 손가락과 같았다. 로스차일드 가문이 본격적으로 유럽의 금융권을 장악해 나가던 시점은 18세기 후반, 그러니까 마이어가 다섯 아들을 유럽 각국으로 파견하면서부터라고 할 수 있다. 마이어는 첫째 아들 암셸을 자신이 사업을 일으킨 독일 프랑크푸르트에 남겨 후계자 수업을 받게 했다. 둘째 잘로몬은 일찌감치 오스트리아 빈으로 파견했다. “마이어는 다섯 아들 중에 잘로몬을 가장 아꼈다. 그는 사환 업무를 훌륭히 소화했는데, 특히 붙임성이 좋았다. 잘로몬은 신성한 오스트리아 귀족을 마치 가족처럼 대하곤 했다. 요컨대, 그는 위대한 외교관이었다.”[88]

마이어에게 아픈 손가락은 셋째 나탄이었다. “처음에 나탄은 아버지에게 많은 걱정을 끼쳤다. 스물세 살이었던 그는 체계적이지도, 정확하지도 못했다. 아버지는 그에게 상품을 선적할 때 좀 더 정확하게 관리하라고 끊임없이 경고했다. 그러나 조직적이지 못한 성격은 오히려 나탄으로 하여금 멀리 내다보고 전략을 세워 세상을 정복해 나가도록 했다.”[89] 아버지가 보기에 나탄은 모든 일을 대충 처리하는 습관이 있었으며, 장부를 쓸 때에도 조급하고 즉흥적이어서 곧잘 실수를 저질렀다. 지금까지 남아 있는 마이어의 서한들을 살펴보면, 특히 나탄을 질책하는 서한을 심심찮게 찾아볼 수 있다. "아들아, 거래처 담당자들이 너에게 불만이 많더구나. 네가 물건들을 발송할 때 무질서하다고 불평한다. 거기서 네가 물건을 몇 상자 보냈다고 하면 여기에 도착할 때 그 숫자가 종종 틀리곤 한다. … 프랑크푸르트에서 지낼 때에도 너의 과소비와 무질서에 대해 지적했었는데 말이다. 나탄, 아버지는 너의 그런 모습이 너무 싫구나."

넷째 카를은 이탈리아 나폴리에서, 막내 제임스는 프랑스 파리에서 나름대로 성과를 냈지만, 셋째 나탄만은 성장이 더뎠다. 나탄이 영국 런던에서 금융업을 시작한 시기는 그의 나이 서른넷이 되었을 때였다. 나비가 고치를 벗고 비상을 준비하고 있었다. "나탄은 차츰 무역의 비중을 줄이고 은행가가 되기로 결심했다. … 사업의 중심지를 런던으로 결정한 그는 1808년에 집을 한 채 사고, 1811년 7월에 자신의 이름을 나탄 마이어 로스차일드로 바꾼 뒤 런던에서 금융업에 종사하겠다고 공표했다. 그리고 실제로 20년 내에 로스차일드가는 나탄의 지휘를 받아 유럽에서 가장 중요한 은행가 가문이 되었다."[90] 비록 출발은 늦었지만, 그의 업적은 여느 형제들을 능가했다. 뒤늦게 발동이 걸린 나탄은 로스차일드가에서 어느 누구도 이룩하지 못한 대박을 터뜨렸다. 그가 로스차일드 가문에 이후 100년은 먹고살 수 있을 자산을 안겨주었다 평가해도 과언이 아니다.

홍미로운 점은 마치 평행이론처럼 아버지 마이어가 성공 가도를 달릴

나탄(좌)에게 일생일대의 기회를 선사한 나폴레옹(우)
(출처: wikipedia.org(좌), google.com(우))

때 겪은 사건을 나탄도 유사하게 경험했다는 사실이다. 앞서 이야기했듯 마이어는 빌헬름 공의 어용상인이 되어 승승장구했다. 나탄 역시 빌헬름 공의 돈을 유용하여 사업의 종잣돈을 마련했다. "나탄은 아버지 암셀 마이어를 궁정 재정 대리인으로 만든 빌헬름 공의 돈을 가지고 자금으로 활용했다. 1806년에 나폴레옹이 빌헬름 공을 추방한 후 빌헬름 공은 전적으로 로스차일드가에 의지했다. 빌헬름 공은 로스차일드가로 하여금 런던에 예치한 자신의 돈을 관리하고 이자를 모아 새로 투자하라고 했다. 나탄은 소위 빌헬름 공의 자금 관리인이 되어 덴마크에서 망명 생활을 하는 그의 돈을 유용했고, 자신의 사업에 과감하게 투자했다."[91] 요즘으로 말하면 재정 유용이자 착복으로 걸릴 수도 있을, 경계가 매우 모호한 투자였다. 예나 지금이나 합법과 불법, 투자와 투기는 종이 한 장 차이이다!

그 당시에는 엘바 섬에 유폐되어 있던 나폴레옹이 탈출에 성공해 프랑스 제국의 황제로 복원한 뒤 영국과 생사를 건 전쟁을 벌이고 있었다. 영국은 오랜 전쟁으로 상당한 국부가 손실되어 나폴레옹에게 패할 경우 전쟁 보상비로 나라 전체가 빚더미에 앉을 위험에 처해 있었다. 1814년 1월 11일, 이런 급박한 상황에서 영국 정부는 런던에서 막 은행을 설립한 나탄에게 전쟁 지원을 요청했다. 전쟁에는 언제나 막대한 재정이 동원된다. 전술에 따른 무기와 함선은 차치하고서라도, 당장 전쟁을 수행하는 군인들이 먹고 마시는 데만도 엄청난 자금이 필요했다.

나탄은 기로에 섰다. 양쪽 교황이 서로의 권위를 주장하며 박 터지게 싸울 때 누구 편을 들어야 하나 고민한 코시모 데 메디치처럼, 나탄 역시 프랑스의 나폴레옹과 영국의 웰링턴을 놓고 어떤 동아줄을 잡아야 할지 판단해야 했다. 그의 결론은 영국이었다. 물론 쉬운 결정은 아니었다. 프랑스 파리에서 동생 제임스가 은행을 운영하고 있었고, 프랑스에 국채며 대출이며 많은 자금이 물려 있는 상태였기 때문이다. 나탄이 공식적으로 영국에 줄을 댄 것은 표면상의 모습이었을 뿐, 실상 따지고 보면 로스차일드가는 전쟁을 벌이고 있는 영국과 프로이센, 프랑스 모두에 뒷돈을 대고 있는 형국이었다. "1814년 5월 중순, 영국 정부는 나탄에게 126만 7천 파운드의 빚이 있다고 말하고 증서를 써 주었다고 한다."[92]

전쟁으로 모든 것이 불확실성 속에 떨어질 때에는 누가 미래를 정확하게 예측하는가로 사업의 승패가 갈린다. 평소 각국에서 벌어지는 다양한 이야기에 안테나를 세우고 꾸준히 전세를 살피는 영민함이 필요하다. 그와 동시에 정보를 뛰어넘는 판단력과 추진력, 한 치 앞도 내다볼 수 없을 때 발휘되는 동물적 본능과 배짱도 성공에 중요하게 작용한다. 나탄은 다른 형제들보다 영민함은 떨어졌을지 모르지만, 패기와 과단성은 그 누구보다 뛰어났다. 전쟁 상황에서 그의 똥배짱은 역사를 만들어냈다. "엘바섬에 유배되었던 나폴레옹이 다시 권좌에 앉자, 나탄은 런던에서 금괴를 사들여 영국 재무성의 친구인 해리스에게 되팔았다. 그리고 형제들에게 살 수 있는 모든 금괴를 사서 자신에게 보내라고 지시했다. 그로 인해 8월 말, 그는 213만 6,916파운드어치의 금괴를 모을 수 있었다. 884개의 상자와 55개의 궤짝을 가득 채울 만한 양이었다. … 1815년, 나탄은 영국 정부를 위해 978만 9,778파운드라는 거액을 비축했다. 이는 도박이었다. 이제 그가 바랄 수 있는 것은 전쟁이 오래 지속되고, 영국 정부가 이 돈을 필요로 하는 것뿐이었다."[93]

하지만 그의 예측은 보기 좋게 빗나갔다. 오래 지속되기를 바랐던 전쟁은 고작 백일천하로 막을 내렸다. 나폴레옹은 워털루 전투에서 돌이킬 수 없는 패배를 맛보며 재기할 수 없을 정도로 몰락했다. 이제 나탄은 비축해 둔 금괴를 누구보다 발 빠르게 처분해야 했다. 그것이 자신과 가문이 살 길이었다. "전쟁은 그렇게 끝났고, 한동안 로스차일드 형제들도 나폴레옹처럼 추락할 것이라고 생각했다. 나탄은 웰링턴의 승전보를 영국에서 가장 먼저 들었다. 유럽 대륙에 있는 로스차일드의 인프라 구조는 이 정도로 체계적이고 조직적이었다. 영국 내각조차 이틀 후인 10월 21일 밤 11시에야 그 소식을 들었다."[94]

나탄은 어떻게 당사국보다 먼저 승전보를 들을 수 있었을까? 이 모든 것은 로스차일드가 유럽 각국에 지부를 가지고 있었기 때문에 가능했다. "준비는 오래전에 시작되었다. 아들들이 프랑크푸르트를 떠나 유럽 전역으로 퍼진 직후부터 그들은 서로 부지런히, 그리고 끊임없이 연락했는데, 상품 정보뿐 아니라 정치, 경제, 사회, 문화 등의 일반 정보를 교환하기 시작하였다. 이 연락망은 사설 정보기관의 형태로 발전하였다."[95] 이 네트워크의 위력은 다른 경쟁자들보다 훨씬 빨리 정보를 습득하고 이에 대처할 수 있는 시간을 확보해주었다. 정보는 자산이다! 나폴레옹이 패배했다. 승전보는 내무성 장관도 전쟁성 장관도 아닌 런던의 금융가 나탄에게 전해졌다.

나탄은 파산 직전에 몰려 도박에 가까운 투자를 감행했다. 그는 영국의 국채에 해당하는 콘솔채를 대량으로 투매했다.* 이 전략은 보통 사람들의 투자 방식과 정반대였다. 영국이 이겼는데 국채를 팔아치운다? "당시 워털루 전투의 결과보다 더 기다리던 뉴스는 없었다. 나폴레옹이 이기면 영국 콘솔채 가격은 떨어질 것이다. 하지만 나폴레옹이 지면 프랑스는 무너지고 콘솔채 가격은 오를 것이다. 유럽의 운명은 30시간 동안 뿌연 대포 연기 속에 가려졌다. 1815년 6월 20일 새벽 폴크스톤 항구에 서 있던 나탄은 나폴레옹이 패했다는 소식을 전하기 위해 런던으로 향했다. 다른 사

---

* 콘솔채: 영국이 18세기 이후 발행한 국채로, 원금 상환 없이 연 3%를 고정적으로 지급한다는 원칙 때문에 콘솔채(consolidate bond)라 불렸다.

증권거래소 건물 기둥에 기대어 콘솔채를 사들이는 나탄(좌)과 이를 묘사한 캐리커처(우)
(출처: google.com)

람이라면 자신의 모든 재산을 콘솔채에 투자했을 것이다. 그러나 나탄은 달랐다. 그는 증권거래소 건물 기둥에 몸을 기댄 채 매매를 지시했다."[96]

나탄의 기이한 행동은 다음 날에도 계속되었다. 그는 자신이 가지고 있던 콘솔채를 모두 처분했다. 이 때문인지 증권거래소에 "영국군이 패했다."라는 소문이 돌기 시작했다. 콘솔채 가격은 폭락했다. 이제 가격이 떨어질 만큼 떨어졌다고 판단한 나탄은 시장에 헐값에 나온 콘솔채를 쓸어 담기 시작했다. "잠시 후 승전 소식이 증권거래소에 날아들었고 콘솔채 가격은 치솟았다. 증권거래소 건물 기둥 옆에 서 있던 한 사람이 단 하루의 거래로 얼마나 많은 하인을 거느리고, 바토와 렘브란트의 그림을 몇 점이나 구입했으며, 그 후손들이 마구간에 얼마나 많은 순혈통의 말들을 기르게 되었는지 추산조차 할 수 없다."[97] 이 일로 나탄은 기사회생했다. "그는 런던의 은행가에서 '금융계의 보나파르트'라는 별명을 얻었다. 그러나 그가 자신만의 워털루를 경험할 뻔했다는 것을 아는 사람은 아무도 없었다."[98]

마이어의 죽음과 로스차일드가의 가풍

1812년 9월 16일은 유대교의 절기인 속죄일(욤 키푸르)이었다. 이날 늙은 마이어는 프랑크푸르트의 자신의 집에서 하루 종일 금식하며 기도했다. 그는 신실한 유대인처럼 자신의 그간 죄를 탕감받기 위해 진력을 다했다. 그런데 탈이 나고 말았다! 다음날 아침, 며칠 전 극심한 통풍 때문에 받았던 수술 부위가 터진 것이다. 죽음을 직감한 그는 유언장을 쓸 힘조차 없어 자신의 유언을 옆에서 받아 적게 했다. 그의 유언은 이후 로스차일드가의 가풍이 되어 200여 년 동안 지속될 것이었다. "나의 딸들과 사위, 그리고 그들의 후손은 어떤 경우에도 로스차일드상회에 참여할 수 없으며 회사의 사업이나 장부, 서류, 재고품을 검사할 권리를 갖지 못한다. 만약 나의 딸들이 나의 유언에 반하여 아들들이 평안하게 사업을 하지 못하도록 방해한다면 절대 용서하지 않을 것이다."[99]

그가 남긴 유지는, 비록 갈등이 없었던 것은 아니지만, 이후 다섯 아들에 의해 지켜졌다. 마치 야곱이 그의 열두 아들을 불러놓고 유언을 남기듯, 마이어 암셸은 숨을 거두기 한 시간 전 장차 가문을 이끌어갈 다섯 아들들을 모두 불러놓고 마지막 당부의 말을 전했다. "무슨 일이 있어도 화목 하려무나. 다투지 말고 욕심 부리지 말고 서로 협력하면 최고의 부자가 될 수 있을 게야." 마지막으로 그는 로스차일드 가문의 명운을 빌며 신의 이름으로 아들들의 머리에 손을 얹고 축복의 기도를 드렸다. 다섯 형제는 종종 의견이 일치하지 않아 다투기도 했지만, 아버지의 유언에 따라 돈독한 형제애를 과시하며 롱런했다. 이름만 대면 누구라도 알 만한 우리나라 재벌 2세들이 경영권을 놓고 법적 소송을 불사하는 모습을 보면 로스차일드가 형제들의 우애가 얼마나 유지하기 어렵고 대단한 것이었는지 깨닫게 된다. 마이어의 유훈은 다음과 같이 정리할 수 있다.

1. 가업의 중요한 위치에 가문 이외의 사람을 끌어들이지 말 것
2. 가문 가운데 가업에 참여할 수 있는 사람은 남자에 한할 것
3. 가문의 재산을 지키기 위해 친척 간의 결혼을 장려할 것
4. 재산 목록을 공개하지 말 것
5. 상속 재산에 대한 공적인 재산 평가를 하지 말 것
6. 가문의 당주는 직계 장손 남자를 우선할 것(단, 과반수 찬성이 있을 경우 예외)

마이어는 왜 아들에게만 부의 존속을 허락했을까? 가장 큰 이유는 가문의 재산이 결혼을 통해 바깥으로 새어나가는 것을 막기 위해서였을 것이다. 마이어는 딸들도 사랑했으나, 그 사랑이 가문을 일으키고 존속시키는 과정을 흐트러뜨릴 정도로 지나치지는 않았던 것 같다. 딸이 로스차일드

가의 재산을 받을 수 있는 유일한 방법은 친족 내에서 남편감을 찾는 것이었다. 유전학이나 우생학에 대한 지식과 정보가 전혀 없었던 이 시기에 족내혼은 로스차일드가에서만 이루어진 관행은 아니었다. 유럽의 많은 왕족과 귀족들은 가문의 계통과 정치적 목적으로 공공연히 족내혼을 행해왔다. 이런 면에서 볼 때, 마이어 역시 자녀들의 결혼과 유산의 분배 문제를 통해 본의 아니게 스스로 왕족 흉내를 냈다고 볼 수 있다.

1812년 9월 19일 오후 8시 15분, 마이어는 아내 구틀레의 팔에 안겨 숨을 거두었다. 유대인의 게토에서 넝마주이로 시작해 유럽 최고의 금융가가 된 부자의 마지막 치고는 매우 소박하고 검소했다. 그는 프랑크푸르트 유대인 박물관이 위치한 유덴가세Judengasse 옆에 있던 유대인 공동묘지에 묻혔다. 그의 무덤은 아직도 남아 있다. 이후 그의 이름을 딴 공원이 지어졌고, 로스차일드가를 기리는 거리Rothschildallee도 조성되었다. 그가 세상을 떠나고 5년 뒤, 오스트리아의 프란시스 1세 황제는 그에게 작위를 내렸다. "그는 구약성서대로 산 이 시대 마지막 가장이었다."[100]

아버지가 죽은 뒤 장남인 암셸이 프랑크푸르트의 은행을 물려받았고, 아버지의 독특한 삶의 방식을 이어나갔다. 그가 추구했던 삶의 방식은 유대인으로서의 낙인을 감추기보다 이를 역이용하여 사업의 동력으로 삼는 것이었다. "그는 성난 반유대주의 폭도들이 자신의 집에 돌을 던지면 묵묵히 돌을 주웠고, 그를 죽이려고 에워싸면 금화를 하나씩 나누어주어 그들을 해산시키곤 했다. 어떤 면에서 암셸은 자신의 나머지 인생을 군중들을 집으로 돌려보내며 보냈다고 할 수 있다. 그는 독일계 유대인들의 최대 후원자이자 보호자였다. 그는 밤마다 유대인 거리를 잠갔던 쇠사슬을 풀었다. 유대인들이 프랑크푸르트의 자유 시민으로서 참정권을 행사할 수 있도록 계속해서 시 당국에 압력을 넣었고, 끝내 성공했다."[101]

로스차일드가의 문양에는 라틴어로 화합을 뜻하는 콘코르디아concordia, 성실을 뜻하는 인테그리타스integritas, 근면을 뜻하는 인두스트리아industria라는 단어가 적혀 있다. "그러나 가장 기분 좋은 문양은 방패의 왼쪽 아래와 오른쪽 위에 있는 문양이다. 각 문양은 로스차일드가의 본질이라 할 수 있는 상징을 완벽하게 담고 있다. 각각 4개가 아닌 5개의 화살을 손에 쥐고 있다."[102] 그 5개의 화살은 마이어가 애지중지했던 다섯 아들을 상징한다. 비록 이탈리아 나폴리의 로스차일드 지부는 이탈리아 통일 이후 쇠락했고, 오스트리아 빈의 로스차일드 역시 나치에 의해 재산을 몰수당하며 몰락했지만, 영국 런던의 로스차일드는 굳건히 명맥을 이어갔고, 가문의 자산은 미국 지부까지 이어졌다. 「포브스」에 따르면, 미국 지부의 재산이 150억 달러에 이를 것으로 추정된다.

	메디치가	로스차일드가	록펠러가
창시자	지오반니 디 비치 데 메디치	마이어 암셸 로스차일드	존 록펠러
계승자	코시모 데 메디치	나탄 마이어 로스차일드	넬슨 록펠러
발상지	이탈리아 피렌체	독일 프랑크푸르트	미국 오하이오
분야	모직, 무역, 금융, 문화	금융, 와인, 기업 합병	석유, 금융, 자선
업적	이탈리아의 패권	영국의 패권	미국의 패권
기업	메디치은행	로스차일드 부자은행	스탠더드 오일
경영	대중적 문화 경영	폐쇄적 가족 경영	대중적 자선 경영
가훈	신중, 침착, 균형	화합, 성실, 근면	검소, 겸손, 신앙

재계 3대 명문 가문 비교 표*

* 산시로의 책 『슈퍼리치 패밀리』 17쪽 도표 일부 참고

마이어 암셀 로스차일드의 분석 차트

항목	평가
독창성	★★★★
진실성	★★★★
성실성	★★★★
계획성	★★★★★
개방성	★★★

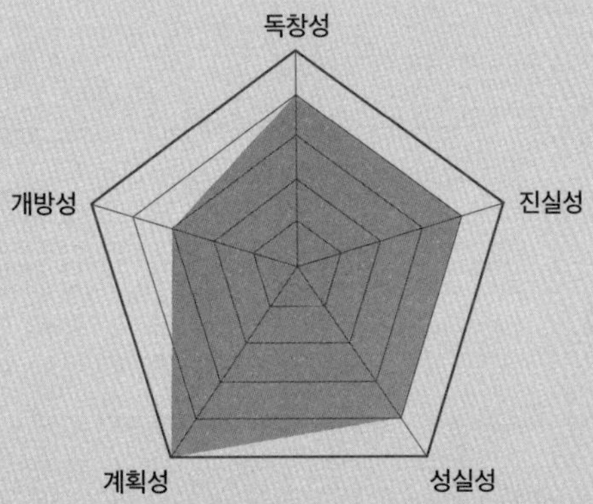

마이어 암셸 로스차일드의 연표

1744년 독일 프랑크푸르트 유대인 게토에서 암셸 모제스 로스차일드(Amschel Moses Rothschild)와 쇤케(Schönche) 사이에서 태어남

1757년 오펜하이머 은행에서 도제 수업을 받음

1769년 빌헬름 공의 어용상인이 됨

1770년 구틀레 슈나퍼(Guttle Schnapper)와 결혼함

1773년 첫째 아들 암셸(Amschel Mayer Rothschild)이 태어남

1774년 둘째 아들 잘로몬(Salomon Mayer Rothschild)이 태어남

1777년 셋째 아들 나탄(Nathan Mayer Rothschild)이 태어남

1788년 넷째 아들 칼만(Kalmann Mayer Rothschild)이 태어남(나중에 이름을 카를로 개명함)

1792년 다섯째 아들 야곱(Jacob Mayer Rothschild)이 태어남(나중에 이름을 제임스로 개명함)

1796년 로스차일드 가족 경영 체제가 시작됨

1812년 68세의 나이로 사망함

1812년 다섯째 아들 제임스가 프랑스 파리에 은행을 설립함

1817년 오스트리아 프란시스 1세 황제가 작위를 하사함

1820년 둘째 아들 잘로몬이 오스트리아 비엔나에 은행을 설립함
넷째 아들 카를이 이탈리아 나폴리에 은행을 설립함

CHAPTER 8

석유 카르텔의 아나콘다
존 록펠러

John D. Rockefeller

(1839~1937)

"나는 내가 노력한 것의 100%를 버느니
차라리 100명이 노력한 것의 1%를 벌겠다."
—존 록펠러—

필자가 좋아하는 20세기 초반 미국 영화들이 있는데, 그중 하나가 조지 스티븐스 감독의 「자이언트」다. 19세기 후반, 석유가 새로운 부의 상징으로 등장하던 시대를 배경으로 한 영화는 텍사스에 방대한 땅을 소유하고 있는 농장주 빅 베네딕트(록 허드슨)의 이야기다. 빅은 청순가련형 현모양처 레슬리(엘리자베스 테일러)를 만나 농장에 보금자리를 마련하고 즐거운 나날을 보낸다. 그때 빅의 목장에서 일꾼으로 있던 제트 링크(제임스 딘)는 주인의 아내를 연모하게 된다. 레슬리는 농장의 삶을 안내하는 제트에게 호의를 베풀며 희망고문을 시전한다. 한편, 우연히 작은 땅을 상속받은 제트는 땅에서 석유가 나오자 순식간에 재벌이 된다. 늘 무시당하는 기분으로 살던 제트는 빅에 대한 복수심을 키우고, 한편으로는 레슬리는 빼앗고 싶은 마음에 괴로워한다.

이번 장에서 소개할 존 록펠러는 영화 속 주인공 제트처럼 '땅의 진주' 석유를 통해 재벌이 되었다. 재벌도 그냥 재벌이 아니라 미국 경제 생산의 2%에 달할 정도였다. 1937년 그가 사망했을 때 그의 재산은 14억 달러에 이르렀다. 밴더빌트, 카네기, 포드 등과 함께 대표적인 날강도 남작robber baron으로 불리던 록펠러는 오늘날 빌 게이츠에 맞먹는 재산을 일군 세기적 억만장자였다. 간혹 말리 왕국의 만사 무사가 록펠러를 넘는 환산 가치 약 4천억 달러의 재산을 가졌다고 추정하지만, 2019년에 다시 계산된 록펠러의 총재산이 약 4천 90억 달러로 밝혀져 록펠러보다는 적은 것으로 밝혀졌다. 프랭클린 루스벨트 대통령 시절, 뉴딜 정책을 시행하면서 연소득 5백만 달러 이상 자에게 소득세로 79%를 과세했는데, 1900년대에 이에 해당되는 사업가는 록펠러, 단 한 명뿐이었다. 석유 하나로 전무후무한 재산을 모은 19세기 최고의 부자 록펠러를 들여다보자.

신앙심 깊은 소년의 출세기

앞서 언급한 마이어 암셀 로스차일드와 록펠러는 여러 면에서 닮은 꼴 부호라 할 수 있다. 로스차일드가를 세운 마이어의 아버지가 고물상이었다면, 세계 최고의 부호라 불리는 록펠러의 아버지는 돌팔이 약장수였다. 두 사람 모두 선대의 후광을 바랄 수 없는 흙수저 집안에서 태어나 지지리도 궁상맞은 소년기를 보내야 했다. 하지만 가난한 아버지를 둔 것이 좋은 점도 있었다. 마이어는 오펜하이머의 가게에서 상술과 경영을 배워 아버지의 고물상을 굴지의 골동품상으로 키웠고, 록펠러는 떠돌이 아버지에게 일찍이 돈에 대한 집착과 재리의 이치를 배웠다. 마이어에게 아버지가 유대인이었던 것이 하마르티아가 되었다면, 록펠러에게는 연중행사를 치르듯 일 년에 고작 한두 차례 집을 찾았던 아버지의 장기간 가출과 부재가 하마르티아가 되었다.

1839년 7월 8일, 미국 뉴욕 주 리치포드Richford(도시 이름조차 예사롭지 않다!)에서 한 창백한 사내아이가 장차 미국 제일의 자본가가 될 운명을 안고 태어났다. 그가 살았던 시기는 미국이 전쟁과 개발로 점철된 격동의 시대였다. 그는 나라가 남과 북으로 갈라져 싸우던 남북전쟁을 지나 20세기 초 경제 공황이 나라를 강타할 때까지 미국 경제의 한 축을 담당했다. 록펠러의 부모는 모든 면에서 상반된 양극단의 유산을 아들에게 물려주었다. 아버지는 아들에게 때에 따라 사기를 치는 한이 있더라도 본전을 넘어 이익을 추구하는 사업적 추진력을 가르친 반면, 어머니는 세속적인 가치를 포기하고 철두철미한 침례교 신앙에 몰두하도록 안내했다. 놀라운 건 이 두 가지 상반된 인생관이 록펠러라는 한 인물 속에 충돌하지 않고 매우 조화롭게 녹아들었다는 사실이다.

록펠러의 아버지 빌(윌리엄 록펠러)은 주체할 수 없는 방랑벽을 타고난 사내로, 가정적인 구석이 1도 없었다. 처자식을 놔둔 채 마차를 타고 전국을 돌아다니며 효능이 입증되지도 않은 온갖 약물을 팔았다. '날이면 날마다 오는 게 아니야.'로 시작하는 그의 통속적인 호객행위는 스스로를 의사로

칭했던 불법적 대담함이 더해지면서 꽤 쏠쏠한 수입을 가져다주었다. 간혹 돈이 되겠다 싶은 물건을 발견하면 보따리장수처럼 여기서 사서는 저기에다 갖다 팔았다. 같은 나라 안에서도 지역과 지역이 오늘날처럼 촘촘한 그물망 같이 연결되어있지 않던 시대에나 통했을 법한 비즈니스였다. 빌은 아들에게 낯선 사람, 심지어는 아버지인 자신마저도 경계하라고 가르쳤다. 하루는 어린 록펠러에게 자신이 받아줄 테니 높은 의자에서 뛰어내리라고 명령했다. 아들은 바로 뛰어내렸지만 아버지가 받아주지 않아 땅바닥에 곤두박질치고 말았다. 그때 빌은 아들에게 다시 한 번 자신의 가르침을 상기시켰다. "기억하렴. 누구도 믿어서는 안 돼. 아빠마저도." 어떻게 보면 조금 음험하고 섬뜩하기까지 한 교훈이었지만, 어린 록펠러는 이런 아버지의 말을 잊지 않았다.

심지어 사람들은 그의 아버지를 '데블 빌devil Bill'이라고 불렀다. 그는 악마적인 성질도 다분히 가지고 있었다. 그도 그럴 것이 그는 자녀를 여섯이나 둔 유부남이었음에도 이 마을, 저 마을을 다니며 버젓이 총각 행세를 했다. 심지어 그가 마흔두 살이었을 때 10대 소녀 앨런을 꼬셔 온타리오주에 살림을 차렸다. 빌을 의사라고 철석같이 믿었던 이 가련한 소녀는 록펠러보다 겨우 네 살 많은 열일곱 살에 불과했다. 두 사람의 관계는 빌이 생을 마감할 때까지 지속되었다. 빌은 그런 생활을 하면서도 일 년에 한두 번 본처를 찾아왔다. 우리의 시각에서는 매우 무책임하고 대책 없는 가장이지만, 아내 엘리자와 아이들은 그가 마치 늘 곁에 있었던 것처럼 아무렇지 않게 대했다. 엘리자가 가진 위대한 신앙의 힘이 아니고서는 도무지 이

아버지의 부재는 록펠러에게 평생 여러 가지 문제를 던져주었다.
존 록펠러(좌)와 그의 아버지 윌리엄 록펠러(우)
(출처: wikipedia.org)

해할 수 없는 부분이다.

어머니 엘리자는 록펠러에게 엄격한 그리스도교 신앙을 전수했다. 아마도 남편에 대한 기대가 처참한 실망으로 뒤바뀐 부분까지 신앙과 사랑으로 승화시켜 장남에게 쏟아부었던 것 같다. 록펠러는 그런 어머니의 헌신과 신앙을 물려받았다. 독일의 사회학자 막스 베버는 『프로테스탄트 윤리와 자본주의 정신』에서 16세기 개신교 신앙이 근대 자본주의를 낳았다고 주장했다. 아마도 이러한 베버의 명제를 가장 정확하게 뒷받침해주는 사례를 록펠러의 삶에서 찾을 수 있을지도 모르겠다. 어린 시절 록펠러는 어머니의 신앙을 내면으로 응축시켰고 훗날 사업으로 승화시켰다. 당시 미국은 뉴욕을 중심으로 2차 대각성운동이 막 일어나고 있을 때였다.

설교자들은 십일조나 주일성수 같은 신앙생활에서부터 직장과 여가 같은 일상의 문제에 이르기까지 철저한 개혁과 경건을 요구했다. 그는 평생 단 한 차례도 교회를 거른 적이 없었고, 주일이면 교회 봉사에 매진하느라 세속적인 일의 의무들은 곧잘 잊어버렸다.

1854년 가을, 록펠러는 하숙집 주인과 함께 다니던 한 침례교회에서 침례를 받고 거듭났다. 자신뿐 아니라 아버지의 그림자까지 장사葬事지낸 날이었다. 이후로 그는 소위 '교회 오빠'가 되었다. 예배당 바닥을 쓸고, 창문을 닦고, 벽에 달린 촛대의 초를 갈고, 구석에 있는 난로에 땔감을 넣으며 교회를 자신의 집처럼 애지중지했다. 주일이면 종탑에 올라 교회의 종을 울렸고, 예배가 끝나고 신도들이 줄지어 나오면 절약하기 위해 촛불을 하나만 남기고 모두 껐다. 2천 달러의 빚 때문에 교회가 경매로 넘어갈 위기에 빠졌을 때 자신의 일처럼 모금을 해 교회를 살리기도 했다. 그는 자신의 성공이 신의 은총에 의한 것이라고 확신했다. 사람들이 부의 비밀을 물을 때마다 그는 망설임 없이 "내가 번 돈은 하나님이 주신 것"이라고 단언했다. 그러면서 대답의 말미에 항상 "자신은 하나님의 재산을 관리하는 청지기에 불과하다."고 덧붙였다. 록펠러는 평생 세계 최고의 거부라고는 믿기지 않을 정도로 수수하고 평범한 옷차림을 하고 다녔다.

록펠러는 대학 진학을 원했으나 그의 아버지 빌은 학교 교육을 신뢰하지 않았다. 합법과 불법의 경계를 넘나드는 사기와 공갈을 일삼으며 위태롭게 살았던 아버지에게 세상은 학교가 가르쳐주는 것보다 훨씬 복잡하고 즉각적이어서 책이 아니라 몸소 부딪히며 하나씩 배워가야 하는 곳으로 여겨졌을 것이다. 대신 빌은 록펠러를 상업학교에 보내 3개월에 40달러 하는 실무 강좌를 듣게 했다. 록펠러는 그곳에서 복식부기와 정서법, 은행업과 환거래, 상법 등과 관련된 핵심 사항들을 배웠다. 그때 배운 간단한 기술들은 평생 록펠러에게 중요한 무형 자산이 되었다. 그는 강좌를 이수한 후 오하이오 주 클리블랜드로 가 구직 활동을 시작했다. 클리블랜드의 찜통더위 속에서 이 회사, 저 회사를 전전하며 일자리를 구하는 말쑥한 차림의 열여섯 살 소년의 모습을 상상해보라.

그러던 중 1855년 9월 26일, 드디어 록펠러에게 기회가 주어졌다. 위탁판매 및 선적을 담당하는 휴잇 앤드 터틀이라는 회사에서 그에게 회계장부 관리 업무를 맡긴 것이다. 수개월간의 노력이 결실을 거둔 순간이었다. 이후 록펠러는 9월 26일을 '취직기념일'로 정하고 자신의 생일보다 더 중요하게 여겼다고 한다. 취직기념일이란 말은 들어본 적이 있는가? 록펠러의 인생관을 살짝 엿볼 수 있는 대목이다. 비록 말단 회계원으로 일을 시작했지만, 직장 생활은 그에게 무한한 즐거움을 주었다. 그에게 사무실은 그의 구원을 담보할 성전聖殿이었고, 회계장부는 그의 성공을 예언해주는 경전經典이었다. 그는 장부에서 춤추는 숫자들에 희열과 보람을 느꼈다. 그에게 장부는 감정의 함정에서 벗어나 이성의 대로大路를 달릴 수 있게 만들어준 성서였다. 록펠러가 회계에 각별한 관심을 쏟고 숫자에 대해 불가사의한 믿음을 드러낸 것도 그리 이상한 일은 아니다.

회계의 역사

인간이 돈을 발명하면서부터 회계accounting의 역사가 시작되었다. 회계란 본래 돈의 출입을 장부에 기입하여 자산을 계산하고 관리하는 작업을 총칭한다. 최초의 회계는 고대 바빌로니아, 이집트, 그리스, 로마에서 시작되었지만, 중세 때 이탈리아 피렌체와 베네치아 같은 상업도시에서 복식부기가 등장하면서 본격적인 회계가 출발했다. 복식부기의 원리는 1494년에 출판된 수학자 루카 바르톨로메오 데 파치올리Luca Bartolomeo de Pacioli의 저서 『산술 기하 비례 및 비율 요론』에서 처음으로 소개되었다. 현대 회계는 산업혁명을 계기로 제품의 정확한 원가 계산이 필요해지면서 사업의 필수 요소로 인식되었고, 산업혁명 이후 등장한 주식회사는 오늘날 회계가 정착하는 데 결정적인 영향을 미쳤다.

록펠러는 사무실에서 일을 시작하면서 10센트짜리 작은 빨간색 공책을 구입해 '장부A'라고 적었다. 금전출납부였다! 그는 부자가 된 이후에도 그 장부를 평생 가보처럼 보관했다고 한다. 장부에 대한 애정, 숫자에 대한 믿음은 그가 장차 세계 최고의 부자로 나아가는 데 중요한 발판이 되었다. 어린 시절 처음 일을 시작했을 때 쓰기 시작한 장부A에서부터 본격적으로 비즈니스를 시작하고 작성한 숱한 장부들에 이르기까지 숫자는 록펠러에게 살아 꿈틀거리는 유기체였다. 수입과 지출을 적어둔 페이지들은 아무렇게나 끼적거린 감정의 낙서가 아니라 한 청년의 비전과 신념이 녹아든 주술과 같았다. 록펠러는 오로지 숫자로 결정하고 숫자에 의해 움직였다.

코시모 데 메디치가 자신의 회계장부를 신의 명령으로 여겼던 것처럼, 록펠러 역시 부기簿記는 난봉꾼이었던 아버지에 대한 반항이었으며, 신성한 대차대조표는 어머니에 대한 오마주였다. 세세한 규율에 엄격했던 록펠러의 기질은 흐트러지기 쉬운 감정을 통제하고자 하는 욕구, 즉 난잡한 아버지와 혼란스러운 유년기에 대한 극도의 반발 심리를 반영한 것이었다.

1857년 1월, 록펠러는 선임이 회사를 그만두자 선임 장부계원으로 승진해 열입곱의 나이에 전직 부사장이 맡았던 업무를 하게 되었다. 1858년에 들어서면서 연봉이 6백 달러로 올랐지만, 록펠러는 자신의 봉급에 불만을 가졌다. 자신이 책임지고 있는 일에 대한 정당한 평가와 합당한 대우를 받고 싶었다. 월급은 사회가 그에게 매긴 몸값이다. 록펠러는 자신의 몸값이 자신이 하고 있는 노동에 비해 턱없이 적다고 느꼈다. 매달 따박따박 주어지는 월급의 노예로 살 작정이었다면 그 정도로 만족할 그였겠지만, 록펠러의 갈증은 그런 류의 것이 아니었다. 그는 자신만의 비즈니스를 하고 싶었고, 이제 그때가 되었다고 느꼈다. "때가 차매."[103] 이제 어린 독수리는 날개를 펼치고 어미의 둥지를 떠날 때가 되었다고 판단했다.

1858년 4월 1일, 록펠러는 회사를 때려치우고 불과 열여덟의 나이에 상업학교 동기 모리스 클라크Maurice B. Clark와 농산물 잡화점을 창업했다. 사명은 두 사람의 이름을 따 클라크 앤드 록펠러Clark & Rockefeller라 지었다. 사업 파트너가 된 클라크와 록펠러는 자연스럽게 업무를 분담했다. 판매와 물류는 클라크가, 재무와 회계는 록펠러가 맡았다. 사람 좋아하고 외향적이었던 클라크가 고객을 맡고, 숫자에 밝았던 록펠러가 부기를 맡은 건 둘에게 지극한 당연한 업무분장이었다. 하지만 얼마 가지 않아 돈을 틀어쥔 록펠러가 동업 관계에 있어 더 큰 권한을 가지고 있다는 사실이 명확해졌다. 비즈니스가 정상궤도에 올라서자 그 권한은 더 막강해졌다. 얼마 안 가서 록펠러는 동업자 클라크를 털어내고 싶었다.

록펠러, 석유의 가치를 깨닫다

당시 미국뿐 아니라 전 세계는 밤이 찾아오면 가정마다 양초를 켜거나 고래 기름鯨油으로 램프에 불을 밝혔다. 토머스 에디슨이 백열전구를 만든 것은 1879년이었고, 전기 인프라가 갖추어진 20세기에 접어들어서야 전등이 상용화되었던 점을 감안하면, 밤에 불을 밝힐 수 있는 방식의 선택지는 매우 제한적이었다. 19세기만 하더라도 포경선이 얼마나 수지맞는 비즈니스였는지 가늠하려면 허먼 멜빌의 소설 『모비딕』을 보면 된다. 하지만 천정부지로 가격이 치솟는 고래 기름은 새로운 광원光源을 찾아야 할 필요성을 동시에 제기했다.

때마침 클리블랜드에서 석유가 터졌다! 땅에서 솟아나는 시커먼 석유는 그 당시만 해도 토양을 망가뜨리는 골치 아픈 물질, 아무짝에도 쓸모없는 기름덩어리에 불과했다. 약국에서 상처를 치료하는 데 바르는 연고나 두통과 치통을 누그러뜨리는 진통제로 팔려나가던 시기였다. 석유가 어디에 어떻게 쓰일 수 있는지, 석유를 어떻게 정제해야 하는지 알지 못했다. 이런 상황에서 미국에서, 그것도 록펠러가 살던 동네 근처인 클리블랜드에서 유전이 발견된 것이다. 게다가 비슷한 시기에 가정용 등유를 정제하는 기술을 터득한 화학자가 동업자인 클라크의 친구 새뮤얼 앤드루스Samuel Andrews였다. 앤드루스는 자신의 기술로 정제소를 차리고 싶은 마음에 클라크의 사무실을 찾았고, 그곳에서 우연히 록펠러를 만났다. 그 자리에서 앤드루스의 시연과 설명을 들은 록펠러는 석유의 미래 가치를 간파했다. 우연도 이런 우연이 있을까? 우연이 계속되면 필연이 되는 법! 행운의 포르투나가 작정하고 록펠러에게 19세기 전 세계의 부를 몰빵할 태세였다.

록펠러의 사업가적인 촉이 발동했다. 그는 석유가 향후 산업용으로 다양하게 쓰일 것이라 판단하고 정제공장을 차리기로 마음먹었다. 정제라는 개념조차 낯설 때였다. 새로운 모험을 하기 위해선 더 많은 자본과 동업자가 필요했다. 록펠러는 클라크와의 농산물 잡화점 사업을 유지하면서 앤드루스와 헨리 플래글러Henry Morrison Flagler를 동업자로 끌어들여 1863년, 클리블랜드에 석유정제소를 세웠다. 석유왕의 소박한 첫걸음이었다. 고작 그의 나이 스물넷이었다. 약관을 갓 넘긴 청년에게 은행은 정유회사 자본의 절반에 해당하는 금액을 선뜻 빌려주었다. 그 즈음 펜실베이니아 주 오일크리크Oil Creek에서 풍부한 유전이 발견되면서 석유로 떼돈을 벌겠다며 사람들이 몰려들었다. 오일크리크, 이름을 보라! 석유(오일)가 강(크리크)처럼 흐른다는 동네다. 초창기 석유산업은 일종의 골드러시와 같

펜실베이니아 주 오일크리크는 오일러시의 신호탄을 쏘아 올렸다.
(출처: wikipedia.org)

왔고, 사람들은 이를 '오일러시'라 불렀다. 록펠러는 시추와 정유, 운송이 원스톱으로 통일되어야 단가를 낮출 수 있고, 이를 통해 경쟁자들을 압도할 수 있을 것이라 판단했다.

오일러시

1859년 미국 펜실베이니아 주 오일크리크에서 에드윈 드레이크Edwin L. Drake가 기계 굴착 방식을 이용해 석유를 채취하는 데 성공하면서 시작되었다. 오일크리크 주변에 있던 타이터스빌Titusville 같은 마을들은 유정과 정유소가 지어지면서 가파르게 발전하게 되었다. 동시에 석유에 대한 동부 도시들의 수요가 늘어남에 따라 석유를 운반하는 철도가 미 전역으로 확장되어 골드러시 때와 마찬가지로 교통망이 발달하는 데 기여했다. 몇 해 뒤, 오하이오 주, 텍사스 주 등지에서 비슷한 유전이 발견되면서 이 지역에 정제소와 정유공장들이 우후죽순 건설되었고,

사람들이 몰리면서 대규모 오일러시가 일어났다. 그러나 19세기 후반, 록펠러에 의해 석유사업이 독점적으로 운영되면서 미국 내 오일러시는 주춤해졌고, 이후 러시아, 중동 등 세계 다른 지역에서도 유전이 발견되면서 미국에서 오일러시는 종적을 감췄다.

록펠러는 발 빠르게 움직였다. 1866년, 그는 동생 윌리엄을 뉴욕에 보내 록펠러상회를 설립하도록 지시했다. 록펠러상회는 석유를 운송하는 데 필요한 제반 은행 업무를 담당하는 회사였다. 윌리엄은 뉴욕에서 J. P. 모건John Pierpont Morgan과 철도왕 코넬리우스 밴더빌트Cornelius Vanderbilt 같은 유력 인사들과 교류하며 인맥을 쌓았고, 형이 채취해서 정제한 석유를 운송해줄 적임자를 찾았다. 이때 록펠러는 클리블랜드와 오일크리크에서 채취한 석유를 어떻게 동부로 옮길 수 있을까 고민하고 있었다. 록펠러의 눈에 들어온 것은 철도였다. 그는 당시 제대로 포장되지 않은 도로로 보아 말이 끄는 마차가 나무로 된 석유통을 나르는 운송수단으로는 적합하지 않다고 판단했다. 운반 도중 부주의로 석유가 새거나 석유통이 깨지는 사고가 잦았고, 마부들은 파업을 하거나 턱없는 운송료를 요구하며 텃세를 부리기 일쑤였다. 무엇보다 수주일 걸리는 운송 기간은 그가 유가를 통제할 수 없게 만드는 결정적 요인이 되었다.

하지만 철도는 마차가 지닌 이런 단점들을 한 번에 해결해줄 수 있었다. 록펠러는 철도를 이용하여 빠르고 안전하게 석유를 운반할 수만 있다면 물류와 가격을 안정적으로 유지할 수 있겠다는 판단을 내렸다. 결국 운송비가 시장 경쟁력을 결정하는 가장 중요한 요소가 된다는 사실을 깨달은 셈이다. 이를 누구보다 잘 알고 있던 록펠러는 비장의 카드를 꺼내 들었다. 운송 물량을 파격적으로 늘려 단가를 과감하게 후려치는 방식이었다. 소위 '규모의 경제'를 실현하고자 했다. 당시 클리블랜드는 화물과 사람이 오가는 교통의 요충지였고, 교통망 확보가 비용을 절감하는 데 중요한 부분임을 노린 것이다. 록펠러는 '제독commodore'이라 불리던 밴더빌트를 그 대상자로 점찍었다.

이는 히스토리 채널에서 방영한 4부작 다큐멘터리 「미국을 일으킨 거인들」*에서 잘 그려졌다. 스물아홉 살의 록펠러가 철도계의 제왕인 일흔네 살의 밴더빌트와 만나는 장면은 보는 이의 심장을 쫄깃하게 만들 만큼 위압적으로 다가온다. 밴더빌트가 능구렁이라면 록펠러는 아나콘다였다! 여기에는 록펠러가 경험한 신비한 신의 섭리도 포함되어 있다. 록펠러는 밴더빌트를 만나러 가기 위해 뉴욕행 기차를 끊었는데, 그날따라 마차가 늦는 바람에 예매한 기차를 타지 못한다. 약속 하나도 허투루 하지 않던 자존심 강한 록펠러는 자책한다. 그러나 그것도 잠시, 그가 놓친 기차가 탈선 사고로 교량에서 떨어졌고, 그로 인해 많은 승객이 죽었다는 소식을 접하게 된다. 신앙심이 투철했던 록펠러는 이를 자신을 향한 신의 계시라고 굳게 믿는다. 이 믿음은 그의 향후 행보에 결정적인 영향을 미쳤다. 록펠러

---

* 독자들이 이 다큐멘터리를 참고한다면, 이 책의 3부 내용들을 보다 잘 이해할 수 있을 것이다.

는 중요한 선택의 기로에 설 때마다 자신의 '빽'인 신을 믿고 과단성 있게 밀어붙였다.

록펠러는 밴더빌트에게 운송비를 반값 이하로 내려주면 터무니없이 많은 물량을 공급하겠다고 으름장을 놓았다. 물론 그가 소유하고 있던 정유소만으로는 턱도 없는 이야기였다. 록펠러는 자신이 열차를 독점한다면 경쟁사들은 석유를 운송하지 못해 결국 헐값에 처분할 것이라 믿었다. 록펠러는 시장에 나오는 이런 석유들을 모아 물량을 확보하기만 하면 되었다. 그의 예상은 적중했다. 록펠러가 석유 운송을 독점해가자 그가 공급하는 석유는 더욱 싸졌고, 경쟁사들은 가격 경쟁에서 버틸 수 없었다. 록펠러의 지갑이 두둑해질수록, 경쟁사들의 재무 구조는 불량해졌다. 이제 록펠러는 이 석유 제국을 독차지하고 싶었다.

1870년 1월 10일, 록펠러는 앤드루스와 플래글러 등 여러 동업자와의 관계를 청산하고 오하이오 주에 스탠더드 오일Standard Oil이라는 합자회사를 세웠다. '스탠더드'라는 사명은 당시 등유의 조야한 품질과 관련이 있었다. 미약한 정제 기술로 시장에 쏟아져 나온 등유 중에는 불순물로 폭발이 일어나는 싸구려 저질 제품이 많았다. 스탠더드는 '우리가 공급하는 등유는 믿을 수 있을 만큼 균일하고 표준적인(스탠더드) 품질을 갖추고 있다.'는 록펠러 특유의 자신감이 담긴 사명이었다. 이후 스탠더드 오일은 꾸준히 몸집을 키워갔다. 록펠러는 현실에 안주하지 않고 벌어들인 자산을 끊임없이 현장에 재투자했다.

욕심, 록펠러의 하마르티아

인간의 욕심은 끝이 없다. 가지면 더 가지고 싶은 게 인간이다. 『도덕경』에 '성인이란 욕심을 갖지 않으려는 욕심만 있으니 얻기 어려운 재물을 귀하게 여기지 않는다聖人欲不欲 不貴難得之貨.'는 말이 있다. 세상에 욕심만큼 수많은 부자들을 넘어뜨린 하마르티아가 또 있을까? 천하의 록펠러도 재물욕이라는 하마르티아를 극복할 수 없었다. 아니, 도리어 욕심의 화신이 되어 철두철미하게 자신의 신앙을 물욕의 근거로 삼았다. 부와 명성은 그가 가진 신앙의 승리였다. 법궤를 매고 전쟁터에 나갔던 고대 이스라엘 백성들처럼, 록펠러는 신의 이름으로 영적 가나안의 경쟁자들을 하나씩 둘씩 참수했다. 거기에 일말 죄책감도 느끼지 않았다. 록펠러가 스탠더드 오일의 사장이었다면, 신은 명예 주주였다. 심지어 그는 스탠더드 오일을 하나님의 방주로, 자신을 모세로 비유하기까지 했다.

욕심은 또 다른 욕심을 낳는다. 1871년 11월, 록펠러는 펜실베이니아 철도회사 사장이자 강철왕 카네기의 사업적 스승이었던 토머스 스코트Thomas A. Scott와 함께 SIC, 즉 남부개발사South Improvement Company라는 범상치 않은 이름의 회사를 출범시켰다. 물론 이 자리에 철도 노선의 40%를 장악하고 있던 밴더빌트도 빠질 수 없었다. SIC는 미국 역사상 19세기에 일어난 최악의 담합이자, 가장 악의적인 카르텔로 꼽힌다. SIC의 목적은 간단했다. 미국 동남부를 관통하는 펜실베이니아 노선, 이리 노선, 뉴욕 중앙 철도 노선 사이에 석유 물량을 고르게 분산시킴으로써 철도 간선과의 요금 전쟁을 종식시키자는 것이었다. '우리끼리 괜히 경쟁할 필요 없다.' 동시에 정제유의 생산을 제한하고 등유의 가격을 통제하려는 것이었다. SIC를 대하는 록펠러의 속셈은 이러했다. '기름은 내가 댈 테니 운반은 당신들이 하슈.' 철도회사들이 경쟁적으로 가격을 내리도록 몰아간 뒤 자신이 그 모든 이익을 독차지하려는 꼼수였다.

이런 음험한 록펠러의 목적은 SIC를 이용하여 그대로 경쟁사를 빨아들이는 정책으로 이어졌다. 스탠더드 오일은 1871년 12월부터 1872년 3월까지 일명 '클리블랜드 대학살The Cleveland Massacre'이라 불린 기업 인수합병 전쟁을 치렀다. 최종적으로 록펠러는 뉴욕에서 15개, 필라델피아에서 12개, 피츠버그에서 22개, 그 밖의 곳에서 27개의 정유회사를 인수했다. 일찍이 록펠러는 자본집약적 석유사업에서 규모의 경제가 핵심이라는 사실을 정확하게 깨달았다. 이를 두고 언론은 록펠러를 무엇이든 삼켜버리는 거대한 아나콘다에 비유했다. "그의 적수들이 그를 가리켜 '젊은 아나콘다'라고 부른 것은 이유가 있었다. 아나콘다는 아마존 지역에서 서식하며 사람들의 숭배를 받던 뱀으로, 거대한 몸집을 이용해 자신의 먹이를 서서히 목졸라 죽이기 때문이다. 록펠러를 표현할 때 이보다 더 잘 들어맞는 표현은 아마 없을 것이다."[104] 멸칭으로 쓰인 아나콘다는 경쟁자들을 하나씩 붙잡고 목숨이 끊어질 때까지 놔주지 않았던 록펠러의 지독한 경영 철학을 단적으로 보여주는 대명사가 되었다.

록펠러는 경쟁 정유회사를 매입한 후 첨단 설비를 갖춘 공장들만 남겨

두고 영세하거나 쓸모없는 공장들은 모두 폐쇄했다. 그 당시 등유 가격이 널뛰기 장세를 보여 유가를 안정화시키기 위해서는 공급량을 제한해야 했기 때문이다. 물론 이런 상황은 21세기 현재까지 이어지고 있다. OPEC는 오로지 산유국들이 원유 생산량을 조절하여 유가를 통제하기 위해 존재한다. 그 당시도 마찬가지였다. 정유회사들은 가격이 내려가면 채굴을 많이 하고, 가격이 올라가면 채굴을 감소시키는 상황을 반복했다. 무분별한 난개발을 막고 시장을 완벽하게 틀어쥐려면 독점밖에 없었다.

클리블랜드 대학살

스탠더드 오일을 세운 존 록펠러는 1871년 12월부터 은행 및 철도회사와 연합해 클리블랜드의 경쟁 정유회사를 상대로 대대적인 적대적 M&A에 들어갔다. 록펠러는 당시 "내게 회사를 팔고 가족의 생계를 지키든가, 나와 경쟁하다 파산해 거지가 되든가 양자택일하라."고 경쟁 정유회사들을 겁박했고, 그 결과 4개월 동안 26곳 가운데 22곳이 스탠더드 오일의 소유가 되거나 파산했다. 언론은 이런 무자비한 협박을 두고 '클리블랜드 대학살'이라 불렀다. 이 사건은 세계 M&A 역사에서 매우 중요한 의미를 갖는데, 이유는 록펠러의 적대적 M&A가 반독점법인 셔먼법 Sherman Act이 발의되도록 사회적 분위기를 만드는 데 결정적인 원인을 제공했기 때문이다.

정유회사와 철도회사 간의 담합은 끝없이 이루어졌다. 한 신문은 괴테

의 『파우스트』를 인용하여 록펠러를 '클리블랜드의 메피스토펠레스'라 불렀다. 물론 록펠러가 섬기는 신은 하나님이었다. 그는 매일 아침 기도를 드린 뒤 '우는 사자와 같이 두루 다니며 삼킬 자를 찾아'[105] 독점을 일삼았다. 그의 사업적 수완은 언제나 남들보다 한 발 앞섰다. 그의 경쟁자, 심지어 그의 동업자도 눈 뜨고 코 베이는 상황에 직면했고, 정신을 차리고 보면 어느새 모든 것이 록펠러의 손아귀로 들어간 뒤였다. 스탠더드 오일사의 석유통에 해골을 그려 넣는 사람들도 있었다. 그러나 록펠러는 눈 하나 깜짝하지 않았다. 정신적 타격이나 신체적 위협을 가하려는 움직임이 있을 때에도 그는 태연자약했다. 무섭지 않느냐는 주변의 우려에 그는 늘 이렇게 말했다고 한다. "비난하고 싶으면 비난하시오. 때리고 싶으면 때리시오. 하지만 내 길만은 막지 마시오."

록펠러는 정유업계를 독점하자, 철도회사에 넘겨주는 몫까지 욕심이 났다. 그 당시는 남북전쟁이 끝나고 8년 만에 이전보다 철도 노선이 두 배 가까이 늘어나면서 철도회사 간 경쟁이 심화되었고, 이는 철도회사에 높은 고정 비용과 막대한 빚을 안겼다. 황금알을 낳던 시장이 어느새 무지막지한 운임 경쟁이 불가피한 레드오션이 되어버렸다. 이제 키는 록펠러가 쥐고 있었다. "이 지나친 가격 경쟁은 석유기업들을 파산으로 치닫게 만들었다. 이는 석유와 관련된 모든 분야를 송두리째 뒤흔들었을 뿐만 아니라, 전적으로 민영기업으로 운영되던 기차에까지 영향력을 미쳤다. 채굴한 원유를 얼마나 저렴하게 마지막 종착역인 정유공장에 공급하느냐와 그곳으로부터 램프용 등유나 연고의 재료로 사용되는 석유가 얼마나 싸

19세기 후반 스탠더드 오일은 문어발식 확장을 거듭한 끝에 미국의 정재계를 장악했다.
(출처: sites.duke.edu)

게 고객에게 공급되느냐는, 철도의 화물 임금과 할인 허가 유무에 달려 있었기 때문이다."[106]

클리블랜드 대학살로 탄력을 받은 록펠러는 생산과 유통을 모두 장악하겠다는 마스터플랜을 실행에 옮겼다. 때마침 서로 앙숙이었던 철도 재벌 밴더빌트와 스코트는 록펠러를 상대로 운송비 담합을 시도했다. 전세가 기울자 어쩔 수 없이 선택한 오월동주였다. 양대 철도회사의 담합은 도리어 록펠러에게 유리한 고지를 내주었다. 노선을 동결하려는 그들의 얄팍한 계획은 록펠러의 야심을 막아내기에는 역부족이었다. 록펠러는 두 가지 전략을 들고 나왔다. 뉴욕 센트럴 철도의 유조 차량을 소유하면서 동시에 송유관을 건설하기 시작했다. 철도를 이용하지 않고 정유사에서 뉴욕까지 파이프라인으로 석유를 보낸다는 발상이었다! 소문은 금세 퍼졌다. 철도회사의 주식은 폭락했고, 결국 스코트는 파산하고 말았다. 이 일로 카네기는 자신의 멘토가 무너지는 것을 보면서 록펠러를 인생 최대의 적으로 정조준했다.

스탠더드 오일은 미국 내에서 2만여 개의 유정과 4천 마일이 넘는 송유관, 5천 대의 유조 운반트럭, 10만 명의 직원을 거느린 대제국으로 성장했다. 하지만 꼬리가 길면 잡히는 법! 록펠러의 하마르티아는 결국 그를 집어삼키고 말았다. 1890년, 미 공화당 상원의원이었던 존 서먼John Sherman이 발의한 반독점법Antitrust Act으로 스탠더드 오일이 정부의 간섭과 견제를 받게 된 것이다. "독점 기업가로 추정되는 록펠러를 타깃으로 하는 이러한 캠페인이 절정에 다다랐을 때 미국 대통령인 시어도어 루스벨트도 개입했다. 이 당시 정치가와 출판업자로 조직된 목적연대가 구성되었는데, 이것은 록펠러의 스탠더드 오일이 지니고 있는 카르텔적인 구조를 완전히 와해시키기 위한 목적을 가지고 있었다."[107]

록펠러는 2선으로 물러나 기부 활동을 벌이며 여론의 추이를 돌리려 했지만 1911년, 스탠더드 오일은 결국 반독점법에 의해 34개의 개별 회사로 쪼개지고 말았다. 각 주의 지사들은 엑손, 모빌, 셰브론 등으로 갈라졌다. 물론 이들은 오늘날까지도 건재한 석유기업들이다. 록펠러의 그림자는 이토록 전 세계 경제 전반에 짙게 드리워져 있다. 록펠러는 오로지 신의 이름으로 석유를 지배하고 세상을 다 가지려 했다. 하지만 자신의 하마르티아 때문에 록펠러의 제국은 결국 34개 조각으로 산산이 찢어졌다.

반독점법

1890년, 미국에서 제정된 연방법에서 반독점법의 중심 법률 중 하나로 꼽힌다. 스탠더드 오일의 적대적 M&A로 촉발된 반독점법은 법의 성립에 주도적 역할을 한 상원의원 존 셔먼의 이름을 따 셔먼법으로도 불린다. 셔먼법 제1조는 '거래를 제한하는 모든 계약, 결합 공모'를 금지하고 있다. 주와 주 사이, 나라와 나라 사이 교역 제한과 독점 체제 형성을 불법화하면서 스탠더드 오일을 해체하는 데 결정적인 역할을 했다. 하지만 독점monopoly 행위에 대한 정의가 애매하였기 때문에 여러 법률적 틈새가 생겨났고, 1914년 클레이튼법Clayton Act이 제정되면서 이를 보완하여 오늘날까지 이르고 있다. 최근에는 반독점법을 위반한 장거리통신회사 AT&T를 해체했고, 빌 게이츠의 마이크로소프트도 OS 윈도우의 독점에 따른 제재를 받았다.

기부, 부의 마침표를 찍다

그의 성공에는 여러 변곡점이 있었다. 첫 번째 변곡점은 내전이었다. 전쟁은 사회적 혼란을 야기하지만, 부자들은 도리어 사회 규범과 질서가 흐트러진 상태를 제일 좋아한다. 전쟁이나 공황, 정권 교체 등으로 사회 구조가 바뀔 때 더 많은 사업 기회가 생기기 때문이다. 구소련이 해체되면서 상상을 초월할 정도로 부자가 된 러시아의 올리가르히Oligarch들이 대표적인 예라 할 수 있다. 록펠러 역시 전쟁이 벌어졌을 때 석유사업에 뛰어들었고, 혼란한 틈에 사회적 기회를 잡았다. 전쟁은 그에게 최고의 기회였다. 사회가 안정을 찾아갈 때쯤에는 이미 그가 비즈니스 기반을 탄탄하게 구축한 뒤였다. 천우신조인 셈이다. 유정이 미국 전역에서 동시 다발로 터진 게 아니라 펜실베이니아 북서부에 제한되어 있었다는 것은 록펠러에게 매우 중요한 의미를 갖는다. 만약 석유가 발견된 지역이 넓게 퍼져 있었다면 아무리 날고 기는 록펠러라 할지라도 석유산업을 그토록 철저하게 독점할 수 없었을 것이다. 어쩌면 그가 믿었던 대로 신의 가호가 있었는지도 모를 일이다.

올리가르히

구소련이 붕괴되고 동구권이 독립하면서 러시아의 경제를 장악한 기득권들을 일컫는 용어로, 과두제oligarchy라는 단어에서 비롯되었다. 대체로 소련 공산당 관료 출신이나 그들의 지원을 받아 거대 재벌로 성장한 사람들을 가리키는 말이다. 소련이 해체되는 과정에서 석유 같은 에너지 자원과 지하자원을 관리하던 국영 기업들이 민영화되면서 이를 싼값에 확보하며 엄청난 경제적 이익을 얻었다. 이후 이들은 정계에도 진출해 유력한 인사들에게 로비와 후원을 하며 자신들의 기득권을 유지했다. 러시아의 현 대통령 블라디미르 푸틴 역시 올리가르히의 전폭적인 지원을 등에 업고 당선되었다. 푸틴은 당선 뒤 올리가르히 세력을 숙청함으로써 경제 정상화와 민심을 동시에 얻었지만, 올리가르히로부터 완전히 벗어나지는 못했다는 비판도 받고 있다. 올리가르히는 러시아만의 문제가 아니며, 구소련 국가였던 우크라이나, 카자흐스탄 등에서도 똑같이 나타났다.

록펠러의 두 번째 변곡점은 놀랍게도 반독점법이었다. 앞서 보았듯 록펠러의 제국은 반독점법으로 갈가리 해체되었다. 이 해체는 록펠러조차 예상하지 못할 만큼 기묘한 페리페테이아를 낳았다. 분리된 스탠더드 오일 계열사들이 주식시장에 상장되자마자 주식 가격이 최소 두 배 이상 뛰어버리는 결과를 낳을 것이다. 사람들은 너나없이 해체 수순을 밟는 스탠더드 오일의 주식을 사들였다. 스탠더드 오일의 전체 지분 중 25%를 소유하고 있던 록펠러는 졸지에 34개 회사의 지분을 골고루 소유하게 되었다. 그 결과 그는 스탠더드 오일이 존속했을 경우보다 더 많은 부를 축적하게 되었다. 록펠러는 자신이 공들여 쌓은 바벨탑을 허물어버린 뒤 진정한 1인자로 우뚝 설 수 있었다. 역설적으로 그의 재산은 자신의 손으로 제국을 해체하면서 비로소 완성된 셈이다.

영국의 철학자 러셀은 록펠러를 두고 '경쟁을 통한 보편적 행복이라는 자유주의자의 꿈을 짓밟았으며 그 꿈을 독점으로 대체해버린 사람'이라고 혹평했다. 대중은 이제 록펠러가 그 많은 돈을 가지고 과연 어떤 삶을 살아갈지 주시했다. 록펠러는 밴더빌트처럼 홍청망청 살지 않았다. 그는 자신도 속해 있던 날강도 남작 무리들의 가증스러운 도덕적 타락을 혐오했다. 록펠러는 사업에 있어서 잔혹할 정도로 치밀했지만, 한편으론 그런 이미지가 자신의 영원한 명성이 되기를 바라지 않았다. "석유업계에서 일하는 사람들이 벌이는 행각들은 록펠러의 눈에는 마치 이교도들이 금송아지를 섬기며 그 주위에서 춤추는 것처럼 보였다. 그러한 석유 우상이 무너지는 것이, 그의 눈에는 하룻밤의 쾌락을 위해 살고 내일이나 미래에 대해서는 아무런 걱정도 하지 않는 노름꾼에게 내리는 신의 진노처럼 보였다."[108] 그는 기로에 섰다. 이렇게 부자로 남을 것인가, 자신의 재산을 사회에 환원할 것인가. 이 시점에 그는 카네기의 『부의 복음』을 읽고 부자로 죽는 것이 얼마나 수치스러운일인지 깨달았다.

록펠러는 기부를 선택했다. 그는 록펠러재단과 일반 교육재단, 록펠러의학연구소, 시카고대학을 설립하고, 평생 5억 3천만 달러를 기부했다. 한화로 6천 3백억 원에 달하는 어마어마한 금액이다. 미국의 경제지 「포춘」에 따르면, 이 돈은 요즘 가치로 무려 1,280억 달러, 한화로 150조 원에 이른다고 한다. 록펠러재단은 지금도 건재함을 자랑하며 크고 작은 자선사업을 벌이고 있다. 대중은 그의 변신에 환호했다. 록펠러의 사회 활동은 누구보다 조직적이고 일관된 방식으로 이루어졌다. "그는 온갖 회의가 밀어닥쳤음에도 침례교도로서 신의 섭리를 굳게 믿었다. 그는 자신의 재산이 증가하는 것을 보며 신의 은총이 내리고 있음을 믿어 의심치 않았던 것이다. 그럼에도 그는 쌓아놓은 재산이 자신의 자만심을 충족시키는 도구로 전락하거나 오로지 이기주의적 목적으로 오용되는 순간 신의 노여움이 그 인간에게 떨어지리라는 것을 분명하게 의식하고 있었다. 그는 엄격한 침례교도였기 때문에 석유를 상품화해서 벌어들인 재산을 일종의 기탁금이나 자신에게 맡겨진 신탁재산 정도로 간주했다. 그래서 자신의 기업과 조합원, 각계각층에서 함께 일하는 직원들, 고객, 심지어 공공복지(세금 납부)도 결코 소홀하게 생각하지 않았다."[109]

록펠러의 세 번째 변곡점은 다름 아닌 헨리 포드였다. 당시 석유는 한정적인 자원으로 인식되었다. 언제고 바닥날 수 있는 유한한 자원이기 때문에 여기에 사업의 모든 방향을 설정하는 건 터무니없이 위험하다는 게 중론이었다. 록펠러 역시 한창 잘나갈 때 이런 생각을 떨쳐낼 수 없었다. "그는 진정한 석유 상황이 어떤지 잘 모르는 두려운 상태에서 자신의 회의를 이렇게 표현했다. '당신은 이미 상당한 재산을 가지고 있습니다. 정말 그렇지요. 지금은 그 재산이 품위 있는 재산인 것처럼 보이지요. 그러나 더 이상 석유가 없다고 생각해보십시오. 석유가 이 세상에서 완전히 사라져버린다면?' 이는 1934년에 출판업자 안톤 치슈카 역시 품었던 생각이며, 심지어 1972년에 로마클럽의 전문가들까지 괴롭히던 상념이었다."[110] 록펠러는 하루아침에 석유가 동이 나고 시추선이 말라붙는 악몽에 시달렸다. 동시에 석유가 아닌 새로운 광원이 발견된다면, 석유의 용도와 수요가 사그라지지 않을까 노심초사했다. 이런 고민은 그가 세상을 떠낸 1937년까지 계속되었다.

하지만 그런 록펠러를, 아니 록펠러의 제국을 살린 일대 사건이 벌어졌다. 집집마다 백열전구가 쓰일 때쯤, 포드가 자동차를 상용화한 것이다! 내연기관의 발명으로 20세기 초반 교통의 대혁명이 일어났다. 마차를 타고 동네 마실이나 다니던 19세기와는 딴판인 세상이 도래했다. 석탄으로 달리던 증기선과 기차는 석유로 달리는 자동차로 대체되었고, 사람들은 너 나 할 것 없이 자동차를 선호하게 되었다. '말이 끌지 않는 마차'로 불리던 자동차는 빠른 속도로 사회 구조를 바꾸어놓았다. 이쯤에서 라이트 형제가 구원투수로 등판한다! 동네에서 자전거를 팔던 라이트 형제가 20세기 초반에 동력 비행기를 발명하고, 제1차 세계대전을 겪으면서 여객기가 등장한 것이다. 이처럼 교통의 수요가 확대되면서 석유의 수요 역시 폭발적으로 증가했다. "무엇보다도 자동차와 선박, 비행기의 엄청난 발전 속도에 직면해 점점 더 많은 양의 휘발유와 디젤, 그리고 등유가 필요하게 되었다. 이에 따라 이 연료들은 지금까지 석유의 주 생산품이었던 등유를 대체하기에 이르렀다."[111] 록펠러는 램프를 밝히는 고래 기름을 대체하고자 시작했던 석유사업으로 전 세계 교통망의 연료를 대는 인물로 거듭났다. 이쯤에서 우리는 고민해볼 필요가 있다. 부자의 행보는 어쩌면 멋진 발명invention에 있지 않고 시대의 초청invitation에 있다는 사실을. 그리고 기억해야 한다. 그중 어떤 초청장은 록펠러의 의도와 상관없이 그의 호주머니 속으로 들어왔다는 사실을.

존 록펠러의 분석 차트

독창성	★★★★
진실성	★★★★★
성실성	★★★★★
계획성	★★★★
개방성	★★★★★

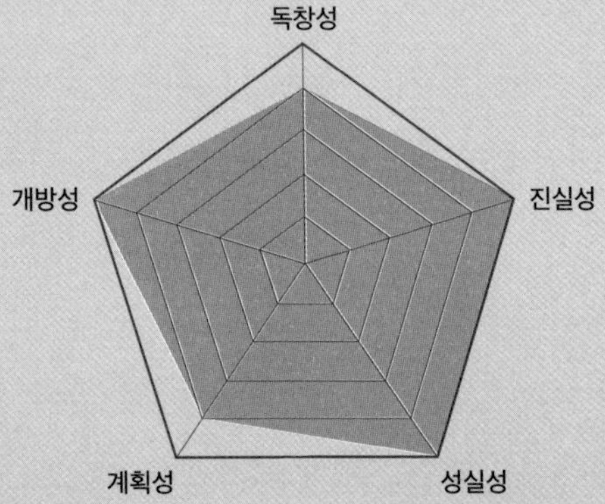

존 록펠러의 연표

1839년 뉴욕 주 리치포드에서 윌리엄 록펠러(William A. Rockefeller)와 엘리자(Eliza) 사이에서 여섯 자녀 중 둘째로 태어남

1855년 무역회사에서 회계 보조로 일함

1859년 모리스 클라크(Maurice B. Clark)와 농산물 잡화점을 창업함

1863년 클리블랜드에서 석유가 발견되면서 석유사업에 뛰어듦

로라 스펠만(Laura C. Spelman)과 결혼함

1865년 클라크의 지분을 사들임

1867년 오하이오 주와 펜실베이니아 주의 정유소를 사들임

1870년 스탠더드 오일을 세움

1871년 3개 주요 철도회사와 남부개발사(SIC)를 출범시킴

클리블랜드의 26개 정유소 중에서 21개를 사들임

1873년 주식시장이 붕괴되어 경제공황이 닥침

피츠버그, 필라델피아, 뉴욕, 펜실베이니아 등의 정유소를 인수함

1879년 스탠더드 오일이 미국 정유소의 95%를 장악함

1888년 미 전역에서 반독점 정서가 팽배해짐

1889년 경쟁자 앤드루 카네기의 『부의 복음』에 깊은 영향을 받음

1890년 반독점법이 통과됨

1891년 시카고대학을 설립함

1896년 모든 경영에서 손을 떼고 은퇴함

1911년 오하이오 대법원이 스탠더드 오일을 해체하고 34개의 개별 회사로 쪼갬

1913년 록펠러재단을 설립함

1937년 플로리다 주 자신의 저택에서 97세의 나이로 사망함

CHAPTER 9

철강업계를 주무른 세기의 철인
앤드루 카네기

Andrew
Carnegie

(1835~1919)

"과분한 재산은 그 소유주가 공동체를 위해
평생 관리해야만 하는 성스러운 신탁信託이다."
—앤드루 카네기—

프랜시스 스코트 피츠제럴드의 소설 『위대한 개츠비』에 첫사랑을 잊지 못해 평생 그녀 곁을 맴돈 순정파 사내가 등장한다. 소설의 무대가 된 1920년대 미국 사회는 앞으로 세상에 다신 없을, '가장 골 때리는 법안' 중 하나였던 금주법이 실시되어 불법 주류의 유통과 밀매가 판을 치는 혼돈의 시기를 관통하고 있었다. 소설은 대공황을 목전에 둔 불안한 사회상을 잘 반영하고 있다. '일편단심 민들레야'를 부르던 소설의 주인공 개츠비는 법의 틈새를 통해 막대한 부를 일군 밀수업자로 등장한다. 개츠비의 목적은 오직 하나, 주변 사람들을 불러 모은 파티에서 자신의 첫사랑을 한 번이라도 더 보는 것이다. 피츠제럴드는 이 시기를 이른바 재즈시대Jazz Age라고 불렀지만, 사실 19세기 중반 전후부터 시작된 도금시대의 마지막 국면에 이르러 있었다. 그리고 1835년, 소설 속 주인공처럼 도금시대를 이끌어갈 한 명의 걸출한 사업가가 탄생했다.

그는 바로 앤드루 카네기였다. 『인간관계론』으로 유명한 데일 카네기Dale Carnegie와 강철왕 앤드루 카네기를 동일 인물로 착각하는 사람이 많다. 필자 역시 오랫동안 '이 카네기가 그 카네기'인 줄 알고 살았다. 무식하면 용감하다고 주변에 그의 책을 권하면서도 '이 카네기가 그 카네기'라고 말했다. 앤드루 카네기의 전기를 읽고 '이 카네기가 그 카네기'가 아니라는 사실을 안 건 한참 뒤였다. 더불어 데일 카네기가 자신의 원래 성이었던 카네기Carnagey의 스펠링을 앤드루 카네기의 성姓으로 바꾸었다는 사실도 알게 되었다. 대체 왜 그랬을까? 강압적인 노사관계와 살인적인 인사 행정으로 한 인간이 평생 먹을 수 있는 욕을 일주일 만에 다 먹어버린 앤드루 카네기는 대중들에게 피도 눈물도 없는 인간으로 비쳐졌다. 그러한 자신의 이미지를 세탁(?)하려 했는지 은퇴 이후 카네기의 행보는 180도 다른 방향으로 나아갔다. 카네기는 사재를 출연하여 재단을 설립하고 자선사업가로서 새로운 인생을 살았다. 데일 카네기는 날강도 남작으로서의 카

『인간관계론』을 쓴 데일 카네기(좌)와 『부의 복음』을 쓴 앤드루 카네기(우)
(출처: google.com)

네기가 아닌 위대한 독지가로서의 카네기에 감명을 받은 것이다. 이처럼 유명한 교육자이자 대중 강연가조차 자발적으로 자신의 성을 갈아치울 정도로 대중의 인기를 얻은 앤드루 카네기는 과연 어떤 인물이었을까?

날강도 남작

19세기 국가 기반을 건설하며 독점과 과점, 온갖 불법적 관행을 통해 기간산업 전반을 지배하여 막대한 재산을 축적한 미국의 사업가들을 경멸적으로 가리키는 용어다. 록펠러를 비롯하여 밴더빌트, 카네기 등 당대 석유, 철도, 철강 등 국가의 인프라를 구축했던 사업가들이 이 부류에 포함된다. 이들의 관행을 보고 당시 경제학자였던 소스타인 베블런Thorstein Bunde Veblen이 『유한계급론』을 쓴 사실은 유명하다. 실제로 남작이라는 작위는 주어지지 않았지만, 이들이 보인 행태는 귀족의 삶과 크게 다르지 않았기 때문에 '도둑놈'이라는 의미의 단어와 함께 이런 명칭이 붙게 되었다. 비록 기원에 대해서 논란이 있으나, 날강도 남작robber baron이라는 용어는 1859년 「뉴욕타임스」가 밴더빌트의 독점식 사업 관행을 지칭하며 처음 사용하기 시작했고, 미국의 비평가 매튜 조셉슨Matthew Josephson이 1934년에 펴낸 『날강도 남작』이라는 책을 통해 대중화되었다고 알려졌다. 이 용어는 오늘날도 다양한 불법 상행위를 통해 신분상승을 노리는 사업가와 은행가를 가리키는 데 여전히 사용되고 있다.

강철 같은 사나이가 태어나다

1835년 11월 25일, 카네기는 스코틀랜드 던펌린Dunfermline에서 가난한 방직공의 아들로 태어났다. 아버지는 그곳에서 방직물을 만들고 취급하는 허드렛일을 했다. "내가 태어났을 때 아버지는 이 도시에서 꽤 실력 있는 직물 장인으로 직물기 4대를 가지고 있었고, 몇 명의 직공을 고용하고 있었다."[112] 어린 카네기는 학교 가는 것을 매우 좋아했다. 동네 우물에서 물을 길어다 놓는 것이 그가 맡은 아침 일과였는데, 우물에 물이 부족할 때에는 물을 채우느라 학교에 지각할 수밖에 없었다. 카네기 집안은 주일마다 장로교에 소속된 교회에 다녔다. 칼뱅주의가 갖는 강압적이고 엄격한 신앙에 넌덜머리가 난 그의 아버지는 장로교회를 그만 나가기로 결심하고는 그날로 바로 교회를 끊어버렸다. 그러나 어린 카네기의 기억으로는 아버지는 어떤 목회자보다 신학에 대해 많은 것을 알고 있었고, 누구보다 신실한 기도의 사람이었다.

카네기의 외삼촌 조지 라우더George Lauder는 스코틀랜드의 정치가로, 어린 카네기에게 깊은 영향을 끼쳤다. 카네기가 열세 살이 되던 해에 아버지가 실직했고, 그해 스코틀랜드에 기근이 들어 가정이 궁핍해졌다. 카네기의 가족은 상황을 타개하기 위해 외삼촌에게 돈을 빌려 1848년 5월 17일 미국으로 이민을 가기로 결정했다. "부모님은 생활고에서 벗어나기 위해 신대륙으로 이주할 것을 결심했다. 부모님의 이민 결심은 오로지 나와 어린 두 동생의 장래를 위한 것이었다."[113] 1세대 아메리칸 드림이었다. 카네기는 당시 『아라비안 나이트』에 흠뻑 빠져 있었다. 그는 미국으로 가는 배 안에서 램프 속의 지니가 나와 그에게 아메리칸 드림을 이루어줄 것처럼 그 책을 읽고 또 읽었다. 자신의 꿈이 단순한 몽상이 아닌 현실에서 그대로 실현될 운명임을 직감했던 것일까?

미국 펜실베이니아 주 피츠버그로 건너온 가족은 새롭고 낯선 환경에서 생존하기 위해 모두 노동에 매달려야 했다. 어머니는 막내아들을 들쳐 업고 신발공장에서 일을 해야 했고, 어린 카네기는 학교를 가는 대신 한 방직공장에서 하루 12시간, 주 6일을 일하며 주당 2달러가 조금 넘는 임금을 벌어야 했다. "나는 이민 초기의 어려웠던 생활을 회상할 때마다 이런 생각을 하곤 한다. 이 나라에서 그렇게까지 높은 긍지를 가지고 살았던 가족은 없을 것이라고. 명예와 독립심과 자존심을 중시하는 것은 우리 가족 모두에게 일관되었다. 저속하고 비열한 것, 속임수, 게으름, 술책을 부리거나 남을 비방하는 것은 우리 가족에게서 절대로 볼 수 없었다. 이와 같은 부모님 슬하에서 자란 우리 형제는 올곧은 사회인이 될 수밖에 없었다."[114] 이후 그는 전신국 전보 배달부로 취업했다. "이렇게 해서 1850년에 나는 본격적으로 인생의 첫걸음을 내딛게 되었다. 일주일에 2달러를 벌기 위해 어두운 지하실에서 증기솥과 씨름하며 석탄재를 새까맣게 뒤집어 쓴 채 아무런 인생의 희망도 없을 것 같던 내게 갑자기 천국의 문이 열린 것이다. 내게 있어 이곳은 정말로 천국과도 같았다. 내 주변에는 신문과 펜, 연필, 그리고 햇빛이 있었다. 짧은 시간이라도 무엇이든 배우지 못할 것이 없으며, 또한 배울 것이 많다는 사실, 그리고 그동안 아무것도 모르고 살았다는 사실을 뼈저리게 통감했다."[115]

그러던 그에게 절호의 기회가 찾아왔다. 펜실베이니아 철도회사를 다니던 토머스 스코트(존 록펠러와 함께 SIC을 만들었던 그 인물이다!)가 카네기에게 일자리를 제안한 것이다. 카네기를 이해하기 위해서는 그의 사업적 스승이자 멘토였던 스코트를 꼭 짚고 넘어가야 한다. "어느 날, 스코트 씨는 내게 펜실베이니아 철도에서 자신의 비서 겸 전신 책임자로 일하지 않겠느냐고 의중을 물어왔다. 전신국의 대우나 업무 내용에 불만이 있었던 것은 아니지만, 전혀 불만이 없다는 것은 거기에서 발전이 멈추어버릴 수도 있다는 것을 의미했다. 생각에 따라서 그것은 나와 같은 청년에게는 매우 무서운 일이었다. 나는 스코트 씨의 제안을 받아들였다."[116] 스코트는 미국 철도의 거물로 거듭난 쟁쟁한 사업가 중 한 명이다. 남북전쟁 때 에이브러햄 링컨 대통령의 차관보를 지내며 철도 건설 임무를 맡았고, 1874년에는 펜실베이니아 철도회사의 네 번째 사장이 되면서 갑부가 되었다. 말년에 그는 오늘날 '유펜Upenn'이라 불리는 펜실베이니아 주립대학에 많은 기부를 하기도 했다. 경영권을 장악하고 기부를 하던 그의 모습에서 카네기는 많은 것을 배웠다. 스코트는 평생에 걸쳐 카네기의 든든한 후원자가 되어주었다.

철도에서 강철의 가치를 찾은 카네기

부자들은 돈 냄새를 맡는 후각이 따로 있나 보다. 카네기가 걸어온 일생의 행보를 살펴보면, 직업을 선택하고 옮기는 것 하나도 허투루 이루어진 게 없다. 펜실베이니아 철도회사는 카네기의 일생을 송두리째 바꾸어 놓았다. 당시 미국은 남북전쟁이 끝나고 서부와 남부로 철도와 도로를 놓는 기간산업에 매진하고 있었다. 동부에 항구를 중심으로 깔려 있던 노선을 서부까지 연결하는 대륙횡단 철도가 바로 이때 생겨났다. 유니온 퍼시픽Union Pacific 철도회사는 서부에서 동부로 철도를 깔았고, 센트럴 퍼시픽Central Pacific 철도회사는 동부에서 서부로 철도를 건설했다. 1869년 5월, 두 노선이 유타 주에서 만나면서 비로소 미국은 동서를 가로지르는 철도를 보유하게 되었다. 당연히 철도회사의 미래는 매우 밝았다. "철도의 장래성에 대한 내 예상은 딱 맞아떨어졌는데, 그것은 예상 이상이라 할 수 있었다. 내가 펜실베이니아 철도회사에 입사하고 6년 뒤에 스코트 씨는 부사장으로 승진하였고, 나는 그의 뒤를 이어 피츠버그 지역의 총책임자가 되었다."[117]

미 대륙횡단 철도

미 대륙횡단 철도는 남북전쟁이 끝나기 직전에 착공하여 6년 만인 1869년에 완공되었다. 공사 기간을 단축시키기 위해 철도는 양방향에서 건설되었는데, 서부에서는 캘리포니아 주 새크라멘토에서 동부를 향해 유니온 퍼시픽 철도회사가,

동부에서는 네브라스카 주 오마하에서 서부를 향해 센트럴 퍼시픽 철도회사가 철도를 깔았다. 철도 건설에는 막대한 노동력이 필요했다. 유니온 퍼시픽 철도회사는 주로 골드러시 때 건너온 중국인 이민자들을 고용했고, 센트럴 퍼시픽 철도회사는 주로 아일랜드 출신 이민자들을 고용했다. 1869년 5월 10일, 양방향에서 출발한 대륙횡단 철도는 유타 주 프로몬터리 서미트Promontory Summit에서 만나면서 완성되었다. 혹독한 추위와 인디언들의 급습을 대처하며 이루어낸 쾌거였다. 완성된 구간에 대해서는 정부 보조금이 주어졌는데, 평탄한 선로는 마일당 1만 6천 달러, 경사진 선로는 마일당 3만 2천 달러, 산맥을 통과하는 선로는 마일당 4만 8천 달러로 책정되었다. 대륙횡단 철도의 완성으로 미국 동부와 서부는 드디어 하나의 경제권으로 묶이게 되었다.

명민했던 카네기는 금세 주변에서 창업의 기회를 찾았다. 그는 철도와 함께 무섭게 서부로 확장해가는 국가의 발전 속도를 체감하며 이동 수단의 발달을 예견했다. 대륙횡단 철도라는 것이 하루 24시간 이내 주파할 수 있는 거리를 넘어서는 교통수단이었기 때문에 수면 및 휴식 공간의 필요성이 끊임없이 대두되었다. 이에 테오도르 우드러프Theodore Tuttle Woodruff라는 발명가가 1856년 침대차sleeping car를 개발해 특허권을 얻었고, 곧 제조회사를 창업했다. 카네기는 철도회사를 다니면서 이 침대차의 가치를 간파했다. 카네기는 얼마 되지 않은 저축액 217달러 50센트를 우드러프의 회사에 투자했다. 이 투자는 대박이 났다! 곧 5천 달러의 배당금을 매년 벌어들일 수 있게 된 것이다. 그는 그 당시의 투자를 두고 이렇게 회상했

다. “현재 내가 소유하고 있는 거대한 자산의 첫 씨앗은 우드러프 침대차 회사에 투자하여 획득한 것이다.”[118] 1874년, 스코트는 펜실베이니아 철도 회사의 사장이 되었고, 카네기는 부사장이 되었다. 현기증이 날 정도로 가파른 승진이었다. 카네기는 서른도 되지 않은 젊은 나이에 상당한 성공을 거머쥐게 되었다.

모든 것이 완벽한 시절이었지만, 카네기에게 고민이 있었다. 잦은 선로 이탈 사고로 회사가 여러 번 고비를 맞았기 때문이다. 선로는 선철銑鐵(무쇠)로 만들어졌는데, 오늘날처럼 발전된 기술이 부족하여 마찰과 고온에 쉽게 손상되었다. 강도가 부족했던 선로는 종종 틀어지고 휘어지며 변형이 생겼고, 철도를 지지해주는 못도 끊어지거나 부러지기 일쑤였다. 특히 당시 철교는 습기에 매우 취약해 붕괴 사고가 자주 발생했고, 그 위를 달리는 기차는 탈선 사고의 위험에 항상 노출되어 있었다. “철도산업이 필요로 하는 금속은 무엇보다 강하고 내구성이 뛰어나 어떠한 기후에도 견딜 수 있어야 했다. 레일을 깔고, 교량을 건설하고, 열차를 구입하려면 어마어마한 비용이 소요되었다. 19세기 후반의 철도산업 규모는 상상을 초월할 정도였다. 제품이 잘못되었을 때 발생하는 손해 역시 상상을 초월할 정도였다. 바꿔 말하면, 철도산업에는 강철이 반드시 필요했다.”[119]

카네기는 철강이 미래의 산업이라고 믿었고, 이를 위해서는 제철소를 건설하고 원자재를 운송하는 회사가 필요하다고 판단했다. 서른 살이 된 카네기는 새로운 도전을 감행하기로 마음먹었다. 물론 자립의 시작에는 멘토의 도움이 절대적이었다. 카네기는 스코트의 상당한 재정 지원을 받아 철강을 생산하는 키스톤 교량회사Keystone Bridge Company를 설립했다. "나는 앞으로 강철 다리의 시대가 오리라는 것을 예견하고 피츠버그에 철교 제작 회사를 설립했다. 내게 배당된 주식의 금액은 250달러였고, 이 돈은 은행에서 빌려 조달할 수 있었다. 이렇게 해서 설립한 키스톤 교량회사는 큰 성공을 거두었다. 오하이오 강의 커다란 철교를 시공했던 것도 이 회사였고, 그 외에도 몇몇 중요한 철교를 꾸준히 가설했다."[120]

키스톤 교량회사는 카네기에게 꾸준한 수익을 벌어다주었다. 또한 훗날 그가 홈스테드 제철소를 세우고 강철왕으로 우뚝 서는 데 중요한 발판이 되어주었다. 키스톤 교량회사가 만들어낸 튼튼한 철교는 전국에 수많은 인명사고를 냈던 목교를 대체해나갔다. 교량의 안전성이 확보되자 철로는 과감하게 강을 건너는 노선으로 설계되었고 탈선 사고가 줄어들자 더 많은 사람들이 철도를 이용하게 되었다. 그럴수록 더 많은 교량이 건설되어야 했기 때문에 카네기에게는 사업의 선순환이 일어났다. 게다가 당시는 남북전쟁을 전후하여 인력과 물자와 함께 포신과 무기를 실어 나르는 사업이 활개를 띠었고, 이런 호재 속에 카네기의 교량회사는 더욱 성장할 수 있는 계기를 마련했다. 사업이 탄력을 받자 카네기 혼자서는 도저히 일을 처리할 수 없었다. 1865년, 그는 유니온 제철소를 설립했고 동생을 부사장으로 앉혔다.

부자는 단순히 돈을 굴리는 사람이 아니다. 한 분야에서 막대한 수익을 내기 위해서는 현 기술적 토대에 대한 철저한 반성과 성찰, 새로운 기술을 찾아나서는 탐구정신과 도전정신이 요구된다. 카네기 역시 강철왕으로 성공할 수 있었던 세 가지 기술적 변곡점이 존재했다. 첫 번째 변곡점은 산화철의 재발견이었다. 카네기가 교량회사를 세우던 시기 이전까지 사람들은 제철소에서 나오는 찌꺼기를 용광로에 넣으면 안 된다고 생각했다. 그런데 사실 그 찌꺼기로 버려지던 물질은 산화철이었다. 카네기는 이 산화철이 강철을 만드는 데 필수적인 재료라는 사실을 깨달았다. 이전까지 질 좋은 원석은 버리고 질 나쁜 원석만 가지고 작업을 해왔기 때문에 용광로가 자주 고장이 났다는 사실을 화학 지식을 통해 알게 된 것이다. 요즘으로 말하면, R&D를 실현한 것이다. 록펠러가 화학자 새뮤얼 앤드루스에게 정제 기술을 배운 것처럼 카네기 역시 독일 출신의 화학자 프리케를 고용해 강철 생산의 단서를 발견할 수 있었다. 카네기는 버리는 산화철을 1톤당 50센트에, 매우 헐값에 사들이기로 했다. "우리가 화학자를 고용해 제품을 생산한 지 몇 년이 지난 뒤에도 다른 제철소의 경영자들은 화학자를 고용할 여유가 없다고 말했다. 그들이 진실이 무엇인지 알았다면 화학자를 고용하지 않으면 손해라고 여겼을 것이다. 되돌아보면 용광로에 처음으로 화학자를 고용한 우리의 공적은 자부해도 좋을 것이라 생각한다. 우리의 경쟁자들이 쓸데없는 낭비라고 말했던 그것을!"[121]

두 번째 변곡점은 베세머 제강법의 발견이었다. 당시 강철은 제조 단가가 너무 비싸 철도회사가 엄두를 낼 수 없었다. 보다 값싼 제조 방식의 발견이 필요했다. 1856년, 영국의 헨리 베세머Henry Bessemer는 선철에서 불순물을 제거하는 방법을 발견하여 이런 시대적 요구를 단번에 해결했다. 베세머 제강법이라 불린 그의 해결책은 철광석과 석회석을 넣은 용광로에 바람을 불어넣어 선철 속에 있는 탄소를 태워 없애는 방식이었다. 이를 실현하기 위해서는 황과 인을 태워버릴 수 있는 코크스가 필요했다. 그런데 코크스가 다량 생산되었던 피츠버그 코넬스빌 광산을 헨리 프리크라는 사업가가 장악하고 있었다. 1881년, 카네기는 그와 동업자가 되기로 결심했다. 튼튼한 교량을 만들기 위해서는 값싼 강철이 필요했고, 강철을 마음대로 뽑아내기 위해서는 석탄과 코크스가 나오는 광산이 절대적으로 필요했다. "나는 베세머 제강법의 발달을 유심히 지켜보았다. 만약 이 방법이 성공한다면 강철이 철의 자리를 차지할 운명이라는 것을 알고 있었기 때문이다. 나는 철의 시대가 끝나고 강철의 시대가 도래할 것임을 확신했다."[122]

베세머 제강법

영국의 발명가 헨리 베세머가 1856년에 특허를 취득한 베세머 제강법은 용광로에 바람을 불어넣어 산화 환원 반응을 일으켜 철에서 불순물을 제거해 강철을 대량생산하는 방법이다. 그 이전에는 선철에서 탄소를 제거하는 실용적인 방법이 없어 늘 불순물이 섞여 들어갔다. 또한 1톤의 철강을 만들기 위해 3톤의 코크스를 투여해야 했기 때문에 노동력과 생산 비용이 많이 들어갔다. 베세머 제강법은 비슷한 품질의 철강을 만드는 데 30분 정도밖에 걸리지 않았고, 코크스도 많이 필요하지 않았다. 생산 비용이 줄어들면서 1톤당 50~60파운드로 팔리던 강철이

1톤당 7파운드의 비용으로 제조될 수 있었다. 판매는 1톤당 40파운드 정도로 시중에 나왔으니 베세머 제강법으로 엄청난 폭리를 취한 셈이다.

세 번째 변곡점은 당대 최고의 산업공학자로 손꼽힌 알렉산더 홀리Alexander Lyman Holley였다. 홀리는 미국 광산기술자협회 회장을 지낼 정도로 광산, 토목, 철강 제조에 대해 창의적인 발명을 해온 기술자였다. 미국에서만 15개의 특허를 보유하고 있었는데, 그중 10개가 베세머 제강법을 개선하기 위한 기술이었다. 그는 뉴욕 트로이, 펜실베이니아 해리스버그, 펜실베이니아 브래독에 베세머 공장을 설계하고 건설했다. 그가 설계한 대표적인 공장이 에드가 톰슨 공장이었는데, 이는 카네기가 소유한 압연 공장이었다. "1868년에서 1872년 무렵에 그는 강철이 문명의 물질적 기반을

카네기는 값싼 강철을 생산할 수 있다면 그 어떤 공학자의 말도 적극 수용했다.
베세머 제강법을 고안한 헨리 베세머(좌)와 에드가 톰슨 공장을 설계한 공학자 알렉산더 홀리(우)
(출처: wikipedia.org)

바꿔놓게 될 거라는 사실을 알게 되었다. 그는 이 물건을 가장 싸고 좋은 품질로 공급할 수만 있다면 세계 최고의 갑부는 물론 가장 위대한 사업가가 될 수 있을 것이라 생각했다. 여기서 강조하고 싶은 것은 카네기가 이 사실을 이해했다는 점이 아니다. 다른 누구보다 빠르고 신속하게 이해했다는 점이다. 그는 이 산업을 지배하기 위해서는 투자가 필수적이라는 사실을 알고 있었다."[123]

카네기의 위대함은 어디에 있었을까? "카네기는 특별히 기술자적인 타입은 아니었다. 그가 스스로에게 말했듯이, '발명가나 화학자, 혹은 연구자나 기술자가 되고 싶은 생각은 해본 적도 없었다.' 하지만 그는 자신이 무엇을 모르는지 알고 있었고, 그랬기 때문에 필요한 것은 사고, 필요한 사람은 고용했다. 그는 화학에 문외한이었을지도 모른다. 하지만 화학자를 고용하는 방법은 알고 있었다."[124] 카네기야말로 메타인지를 잘 활용한 인물이었던 셈이다. '내가 부족한 부분이 무엇인지, 그걸 누가 가지고 있는지.' 이것이 성공으로 가는 과정에서 누구에게나 반드시 요구되는 메타인지다. 카네기는 공학적 머리는 없었을지 모르지만, 자신이 무엇을 원하고 무엇이 부족한지, 그리고 그것을 누가 채워줄 수 있는지는 정확하게 알고 있을 만큼의 메타인지를 갖고 있었다. 이는 부자가 가져야 할 중요한 덕목이다.

카네기의 하마르티아

『신약성서』에 이런 말이 나온다. "오른손이 하는 것을 왼손이 모르게 하라."[125] 남을 구제할 때 주변 사람들이 모르게 하라는 예수의 이 말씀은 정치계나 경제계에서 다른 방식으로 오용되곤 했다. 그 대표적인 인물이 바로 카네기였다. 그는 사업에 반드시 필요한 일, 그러나 자신이 하기에는 불편하고 손가락질을 받을 만한 일은 대리인을 세워 움직였다. 한마디로 총대를 멜 만한 사람을 전면에 내세운 것이다. 그러다 문제가 생기면 자신과 관계없는 일이며, 자신은 전혀 몰랐다고 변명을 늘어놓았다. 그런 변명은 자신이 몸담고 있는 조직의 영달과 사업의 성공을 위한 것이었다는 자기 위안에 불과했다. 그러한 자기 위안에는 노동자의 권익과 인권에 대한 관심은 단 1%도 들어가 있지 않았다. 카네기는 모든 자본가가 그렇듯 비용을 최대한 줄이는 쪽으로 사업을 구상했다. 조금이라도 지출을 막을 수 있는 방법을 발견하게 되면, 그는 당장 그 방법을 실천에 옮겼다. 거기에는 윤리적인 고려나 양심적인 판단이 들어가지 않았다. 당연히 그가 평소 공언했던 것과는 달리 홈스테드 제철소의 노동 조건과 환경은 열악해졌다. 제철소 노동자들은 하루 12시간이라는 살인적인 노동 시간을 채워야 했고, 일요일에도 격주로 나와 일해야 했다. 그러다 보니 산업 재해가 빈번하게 발생할 수밖에 없었다.

카네기는 헨리 프리크Henry Clay Frick를 자신의 오른팔로 삼아 손 안 대고 코 풀기를 일삼았다. 카네기가 처음 프리크를 만났을 때 그는 헨리 프리크

헨리 프리크(좌)와 홈스테드 파업을 묘사한 한 신문의 삽화(우)
(출처: wikipedia.org(좌), fasttrackteaching.com(우))

앤드 컴퍼니H. C. Frick & Company의 사장이었다. 그는 카네기를 비롯해 당시 걸출한 사업가들과 함께 사우스 포크 저수지에 배를 띄워놓고 한량처럼 뱃놀이와 술판을 벌이던 사교클럽의 일원이었다.* 둘은 값싼 철강으로 업계를 장악하겠다는 목표 아래 도원결의를 한 사이가 되었고, 프리크가 자신의 광산에서 나는 석탄과 코크스를 카네기의 철강소에 대면서 더욱 긴밀한 관계를 맺게 되었다. "프리크는 총명하면서도 잔인한 성격의 구식 자본가였다. 하지만 사업 확장 욕심이나 저비용 생산 방식은 카네기와 똑같았다. 그와 카네기는 1881년 후반에 동업자가 되었다. 코크스와 강철 산업에서 소용되는 가장 중요한 비용은 인건비였다. 두 사람 모두 이 비용을 낮춰야 한다는 사실을 잘 알고 있었다. 그리고 그 방법도 알고 있었다."[126]

* 그 클럽을 South Fork Fishing and Hunting Club이라 불렀다.

하지만 둘은 성격상 물과 기름 같은 존재였다. 프리크는 인건비를 줄이는 전략에 있어 매우 단순하게 접근했다. 더 적은 인원에게 보다 싼 임금으로 더 많은 시간 동안 일을 시켜 효율성과 생산성을 높이는 것! 하지만 이런 접근은 대중들, 특히 노동자들의 반발을 불러올 게 뻔했다. 이를 카네기는 잘 알고 있었다. "둘의 차이점은 프리크가 인건비 감축에 대해 철저히 현실적인 사람이었던 데 반해, 카네기는 노동자들에 대해 위선적이었다는 것이다. 위선이란 미덕의 얼굴로 사악함을 가리는 것이다. 프리크는 그럴 필요성을 느끼지 않았지만, 카네기는 그랬다. 이런 미세한 차이로 인해 가장 성공적인 사업 제휴 관계였던 그들도 나중에는 파국을 맞았다."[127]

결국 프리크는 큰 사고를 터트리고 말았다. 1892년, 카네기가 소유하고 있던 홈스테드 제철소의 노동자들은 프리크의 반노조 정책과 잔인한 노동 규정에 반대하고 임금 인상 및 고용 조건 개선을 요구하며 파업에 들어갔다. 노동자들은 공장의 철문을 걸어 잠그고 내부를 요새로 만들어 프리크가 고용한 대체 인력을 막아섰다. 당시 카네기는 모든 업무의 권한을 프리크에게 넘기고 가족들과 자신의 고향인 스코틀랜드를 돌며 휴가를 즐기고 있었다. 당시 프리크와 카네기가 주고받은 서한을 보면, 카네기가 이 파업을 얼마나 안일하게 생각했는지 잘 알 수 있다. 카네기는 프리크에게 이렇게 썼다. "자네가 듬직하게 지켜주고 있어서 걱정이 없다네. 제철소에 이끼가 껴도 좋으니 파업에 동참한 노동자는 단 한 명도 쓰지 말게나." 프리크는 카네기의 말에 힘을 얻어 자신의 입장을 더욱 고수했다. "홈스테드 사건에서 카네기의 행동은 전처럼 방어적이지만은 않았다. 여기서 우리는 노동자의 친구인 선한 카네기와, 그를 강철왕으로 만들어준 저임금 공장의 주인인 위대한 카네기 사이의 정면충돌을 목격할 수 있다."[128]

프리크는 노동자들에게 양보할 마음이 전혀 없었다. 그는 완전 무장한 사설 군대를 공장에 들여보냈다! 1892년 7월 5일 밤 10시 30분, 피츠버그에서 약 8킬로미터 떨어진 오하이오 강 데이비스 섬에 사설 용병 3백여 명이 모였다. 그들에게는 윈체스터 소총이 주어졌다. 그들은 무력으로 노동자들을 진압하려는 목적으로 특수 장비를 갖춘 두 척의 바지선에 올라섰다. 7월 6일 새벽, 용병 부대는 물안개로 자욱한 홈스테드 제철소에 도착했다. 일촉즉발의 상황에 쥐새끼 한 마리 다니지 않는 제철소는 희미한 여명 속에서 싸늘한 침묵만이 감돌고 있었다. 부대가 몰려온다는 소식을 미리 접했던 노동자들은 남북전쟁 때 사용했던 총기와 폭발물을 바리케이드에 설치해 놓고 어느 진영이든 공격을 감행하는 순간 맞대응하기 위해 만반의 준비를 마친 상태였다. 노동자들은 사정권 안에 용병들이 들어서자 눈에 보이는 대로 사격을 가했다. 상대의 화력에 놀란 용병들은 허둥대며 후퇴할 수밖에 없었다. 그렇게 사설 부대가 제철소를 접수하지 못하고 퇴각한 뒤, 크리크는 펜실베이니아 주립군에 도움을 요청했고 공권력은 신속하게 대응하여 노동자들의 항복을 받아냈다. 오랜 싸움으로 노동자들은 이미 지친 상태였다. 9명 사망에 부상자는 70명에 이르렀다. 이렇게 미국 노동운동사에 가장 큰 불행으로 기록된 홈스테드 파업은 막을 내렸다.

홈스테드 파업

1892년 6월, 카네기 철강회사의 잇단 인수합병에 대해 노조가 임금 인상을 요구했지만, 헨리 프리크가 도리어 임금 삭감을 단행하면서 8백여 명의 조합원과 3천여 명의 미숙련공 노동자들이 연대해 일어난 파업이다. 미국의 강철왕 앤드루 카네기가 1872년에 세운 홈스테드 제철소는 4천여 명의 미숙련 노동자를 고용해 하루 12시간 노동과 주당 9달러라는 극악한 노동 조건으로 악명 높았다. 홈스테드 파업은 1874년 12월 펜실베이니아 주 탄광 노동자 파업, 1877년 7월 오하이오 주 마틴스버그 철도 노동자 파업과 사회적 연속성을 갖고 있다. 당시 노조는 3백여 명의 핑커튼 단원들의 공격을 받아 9명이 사망했지만 끝까지 공장을 지켜냈다. 이에 프리크는 공권력 개입을 요청했고, 파업 95일 만인 10월 13일 주립군 병력을 동원해 제철소를 접수했다. 이후 무정부주의자 알렉산더 버크먼Alexander Berkman이 프리크를 찾아가 살해하려 했지만 미수에 그쳤다. 이 사건으로 카네기는 사회적 명성을 잃고, 결국 앞당겨 은퇴를 선언하게 되었다.

홈스테드 사건이 카네기에게 남긴 것은 무엇일까? 그의 자서전을 들여다보자. "그러한 불상사가 일어나고 있을 때 나는 스코틀랜드의 고원을 여행하고 있었기 때문에 이틀이 지나서야 그 사실을 알게 되었다. 내 평생을 통틀어 이전에도, 그리고 이후에도 이렇게 깊은 상처를 남긴 사건은 없었다."[129] 홈스테드 사건은 프리크에 의해 벌어진 사건이었지만, 카네기 역시 도의적인 책임에서 벗어날 수 없었다. 여론은 들끓었다. 대중들의 사랑과 존경을 받아야 할 부자가 노동자들에게 실탄을 쏘도록 지시한 괴물로 돌변한 것이다. 도시에는 카네기와 프리크의 허수아비를 걸어놓고 화형식이 거행되었다. 파업 도중에 목숨을 잃은 노동자들의 이름을 쓴 걸개가 걸렸고, 마을 사람들은 마치 진혼곡을 연주하듯 흔한 노래에 희생당한 노동자들의 이름을 붙여 부르며 천천히 행진했다. 언론은 만평에서 카네기를 돈만 밝히는 탐욕스러운 인물로 묘사했다.

카네기는 두 가지 방법으로 대응했다. 첫 번째는 자신은 직접적인 책임이 없다는 변명이었고, 두 번째는 자선사업가로 변신하겠다는 의지 천명이었다. "1892년 홈스테드 사건이 있은 뒤 내가 피츠버그에 돌아왔을 때, 나는 공장으로 가 파업에 참여하지 않은 오래된 선참 직원들을 만났다. 그들은 내가 미국에 있었다면 그런 사태는 벌어지지 않았을 것이라고 말했다. 나는 회사가 정말로 관대한 조건을 제시했으며, 내가 있었더라도 그 이상을 제시할 수는 없었을 것이라고 말해주었다. 그리고 그들의 무선 전보가 스코틀랜드에 있는 내게 도착했을 때는 이미 주지사가 군대를 현장에 파견해 법적 조치를 취한 뒤라는 사실을 말해주었다. 따라서 문제는 이미 내 손에서 벗어났던 것이다."[130] 첫 번째 대응에 대해 독자들은 하고 싶은 말이 있을 것이다. 그의 변명이 사실인지 아닌지는 여기에서 밝히는 것이 불가능하다. 하지만 두 번째 대응에 대해서는 많은 사람이 입을 굳게 다물게 되지 않을까 싶다.

홈스테드 사건은 카네기가 살아 있는 동안, 아니 그가 죽은 이후에도 그에게 꼬리표처럼 따라다녔다. 이후 카네기가 모든 경영권을 내려놓고 일선에서 물러난 다음 전국에 도서관을 세우는 활동에 매진했을 때 한 공식 석상에서 홈스테드 사건을 두고 이런 말을 남겼다. “저는 처음에 육체노동으로 돈을 벌었던 사람으로서 노동자라는 이름으로 불려도 무방한 사람입니다. 이 도서관은 한 명의 노동자가 다른 노동자들에게 바치는 선물이라고 생각해 주시면 좋겠습니다.” 어떻게 보면, 궤변으로 비춰질 말장난이었으나, 다행인지 불행인지 이후 그의 자선 행위로 홈스테드 사건의 낙인은 점차 퇴색되었다. 그런 점에서 그의 하마르티아는 ‘기부왕’이라는 페리페테이아를 몰고 온 장본인이었던 셈이다.

기부와 자선으로 거듭나다

예로부터 ‘개처럼 벌어 정승처럼 쓴다.’는 말이 있다. 돈을 벌 때에는 먹이를 물어뜯는 개처럼 집착에 가까울 정도로 한두 푼에 집중하지만, 부자가 되고 나서는 후하고 관대한 정승이 되어 사람들에게 베푼다는 의미일 것이다. 만약 이 말이 현실에 적용된다면, 카네기보다 더 적확한 인물을 찾기 힘들 것이다. 그는 부자가 사회에 갖는 의무와 책임을 통감하고 『승리의 민주주의』와 『부의 복음』을 잇달아 저술했다.* 이 책들은 카네기

* 카네기가 쓴 『승리의 민주주의』는 1886년에 출간되어 미국에서 3만 부, 영국에서 4만 부가 팔리는 등 상업적으로도 대성공을 거두었다. 3년 후, 카네기는 『부의 복음』을 출간했다.

가 평소 가지고 있던 부자의 덕목을 잘 기술하고 있다. 그중에서 그의 가장 유명한 명언은 '부자로 죽는 것은 수치스럽고 불명예스러운 일이다.'일 것이다. 그는 통장에 많은 돈을 남기고 죽는 사람처럼 치욕적인 인생은 없다고 생각했다. "부자라 불리는 사람이 자발적으로 자신의 부를 사회를 위해 제공하는 것은 현재 부의 불공평한 분배, 조금이라도 공평한 방향으로 가까워지기 위함이다. 또한 그로 인해 자기의 노력과 재능과는 상관없는 빈부의 격차를 줄이고 조화의 시대를 창출하는 것이 된다."[131] 그가 남긴 부의 복음은 많은 사업가의 귀감이 되었고, 오늘날까지 영향을 미치고 있다.

앞서 록펠러가 『부의 복음』을 읽고 크게 감명을 받았다는 이야기를 했다. 카네기의 기부는 후대뿐 아니라 동시대 경쟁자들에게도 큰 울림을 전달했다. 카네기는 현재 이루어지고 있는 많은 자선이 독지가 자신의 사회적 이익을 위해서 행해질 뿐 사회를 변화시키고 가난을 몰아내며 인류 문명을 발달시키는 데 하등 도움이 되지 않는다고 비판했다. "자선이라 칭하는 대부분의 행위는 그것을 받아들이는 사람의 게으름을 조장하고 술꾼을 만들고 태만을 장려하는 것과 차이가 없다. 이러한 아무 쓸모도 없는 행위에 막대한 돈을 투자한다면 오히려 그 돈을 바다에 던져버리는 것이 사회를 위해 도움이 될 것이다. 오늘날 미국에서 자선사업을 위해 쓰이고 있는 1,000달러 중 990달러는 잘못되어 있다."[132] 그가 경계한 부자론富者論을 요약하면 다음과 같다.

1. 유족에게 유산을 남기는 것
2. 공익 목적으로 유증하는 것
3. 생전에 재산을 처분하는 것

1900년, 카네기는 은퇴를 선언했다. 록펠러나 밴더빌트와 전혀 다른 행보였다. 그는 J. P. 모건에게 철강회사 카네기 스틸을 넘기면서 자신의 재산 대부분을 처분했다. 모건이 카네기의 회사를 인수하면서 건넨 말은 아직도 전설로 회자되고 있다. "축하합니다! 부자가 되셨군요." 카네기는 자본금 1억 3천 5백만 달러로 카네기재단을 설립했다. 그는 생전에 3억 5천만 달러를 기부했고, 친구와 동료들에게는 1천만 달러만 남겼다. 이로써 카네기는 자신이 했던 말을 지켰다. 2년 후 록펠러는 이런 카네기를 모방하여 록펠러재단을 설립했다. 이 전통은 오늘날 빌 게이츠나 마크 저커버그 같은 신흥 갑부들에게까지 이어지고 있다. 특히 그는 도서관을 세우는데 상당한 재산을 쏟았다. 덕분에 미 전역에 3천 여 개가 넘는 카네기 도서관이 세워졌다.

그가 도서관과 교육에 각별한 관심을 가졌던 이유는 어린 시절 그가 도서관에 대해 가졌던 경험과 관계가 있다. 카네기가 어렸을 때, 제임스 앤더슨James Anderson 대령이 퇴역한 후 자신이 소장하고 있던 4백여 권의 책을 매주 토요일마다 일하는 지역 청소년들에게 무료로 빌려주었다. 처음에는 대여 범위를 기술공으로 제한했는데, 전보를 전달하는 단순직인 카네기는 자신이 그 기준에 해당하지 않자 자신과 같은 사각지대에 있는 청소년들도 책을 빌릴 수 있게 해달라고 지역 신문에 기고하기도 했다. "나는 능력이 있고, 그 능력을 키우고자 하는 야심 있는 청소년들을 위해 금전적으로 할 수 있는 최선의 방법은 하나의 공동체에 공공 도서관을 설립하고 그곳을 모든 사람의 것으로 만드는 일이라고 확신했다. 나는 미국 전역에 수많은 도서관을 창설하는 기쁨을 맛볼 수 있었으며, 이것은 내 생각이 틀리지 않았다는 것을 증명해주고 있다고 생각한다. 전국의 각 도서관에서 단 한 명씩의 청소년이라도 내가 앤더슨 대령의 손때 묻은 4백여 권의 책에서 받았던 감명과 은혜를 반만이라도 느낀다면, 내가 해온 일들이 전혀 헛되지 않았다고 생각하게 될 것이다."[133] 사람들은 사재를 털어 전 세계에 셀 수 없이 많은 공공 도서관을 설립한 카네기를 '도서관의 수호신'이라 불렀다.

카네기는 교육기관에도 기부를 아끼지 않았다. 그는 자신의 이름을 딴 대학을 세우고 싶어 하지 않았지만, 사람들은 그가 노동자 계층 자녀들을 위한 직업훈련학교 설립을 위해 기증한 백만 달러를 가지고 피츠버그에 공과대학을 세우면서 그곳에 '카네기'라는 이름을 달았다. 이 대학이 오늘날 공과대학으로 유명한 카네기멜런대학이다. "현재 미국에는 이미 많은 대학이 있기 때문에 앞으로는 부자의 이름을 딴 신흥 대학을 창설할 필요는 없다. 하지만 그렇다고 해서 부자들이 대학 교육에 흥미를 잃어서는 안 된다. 앞으로는 기존 대학을 확장 발전시키는 것이 더욱 바람직하며 대학에 대한 원조는 부를 운영하는 바람직한 방법 중 하나다."[134]

카네기와 록펠러는 여러모로 닮은 구석이 많았다. 카네기의 경영 전략은 록펠러의 그것과 흡사했다. 이른바 매점매석을 이용한 트러스트를 구축해 경쟁자들을 고사시키는 전략이었다. 록펠러는 카네기에게 개인 과외를 받은 것처럼 행동했다. 심지어 말년에 자선을 통해 대중에게 자신의 행동을 반성하는 듯한 행보를 보이며 카네기 코스프레를 했다.

1919년 8월 11일, 카네기는 메사추세스 주 레녹스에서 기관지 폐렴으로 사망했다. 3억 5천만 달러 이상을 기부한 뒤였다. 그가 세상을 떠난 후, 마지막 남은 3천만 달러는 유언에 따라 카네기재단과 자선단체, 연금 수령자들에게 전달되었다. 그는 뉴욕에 있는 슬리피 할로우 묘지에 묻혔다. 그의 마지막은 그가 벌어들인 재산에 비해 매우 소박했다. 그는 적어도 자신의 말을 지키고 죽었다. 그의 위대함은 바로 여기에 있다.

앤드루 카네기의 분석 차트

독창성	★★★★
진실성	★★★
성실성	★★★★★
계획성	★★★★
개방성	★★★

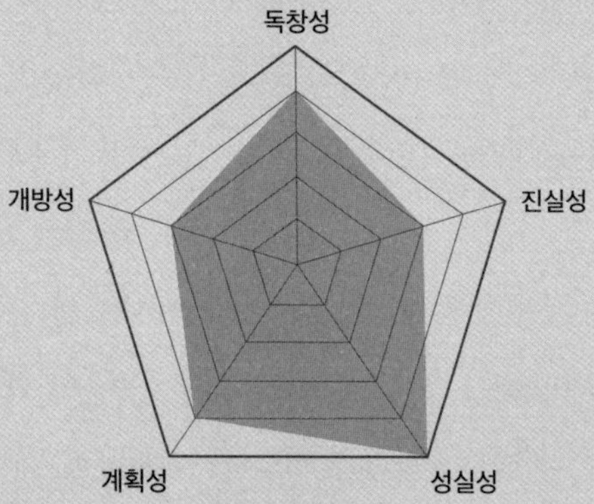

앤드루 카네기의 연표

1835년 스코틀랜드 던펌린에서 윌리엄 카네기(William Carnegie)와 마가렛 모리슨 카네기(Margaret Morrison Carnegie) 사이에서 태어남

1848년 미국 펜실베이니아 주 피츠버그로 이주함

1850년 전신국 배달부로 취직함

1853년 토머스 스코트(Thomas Scott)의 제안으로 펜실베이니아 철도회사에 입사함

1856년 침대차 사업에 투자함

1861년 남북전쟁 당시 북군을 위해 철도와 전신선 복구 임무를 수행함

1863년 키스톤 교량회사를 설립함

1864년 피츠버그 레일 제조회사를 설립함

1865년 펜실베이니아 철도회사에서 퇴사함

1867년 유니온 제철소를 설립함

1872년 홈스테드 제철소를 설립함

1887년 루이스 휫필드(Louise Whitfield)와 결혼함

1889년 『부의 복음』을 저술함

1892년 홈스테드 파업이 벌어짐

1899년 카네기 스틸을 설립함

1901년 J. P. 모건에게 카네기 스틸을 매각함

1902년 카네기협회를 설립함

1905년 카네기교육진흥재단을 설립함

1910년 세계평화를 위한 기금을 조성함

1911년 카네기재단을 설립함

1919년 메사추세츠 주 레녹스에서 84세의 나이로 사망함

CHAPTER 10

지상 유토피아를 꿈꿨던 자동차 왕
헨리 포드

Henry Ford

(1863~1947)

"실업가에게는 하나의 원칙이 있는데,
그것은 가능한 최고의 임금을 주고
가능한 최저의 비용으로
가능한 최고 품질의 제품을 만들어내는 것이다."
—헨리 포드—

1932년에 발표된 올더스 헉슬리의 디스토피아 소설 『멋진 신세계』에는 미국의 유명 억만장자가 탄생한 해인 1863년을 서력의 기원으로 삼은 가상의 세계가 등장한다. 이 세계는 모든 국가가 합쳐진 거대한 세계 정부로, 민족과 지역을 나누는 경계는 모두 해체되었다. 다만 사회 계급은 여전히 존재하는데, 국민들은 알파, 베타, 감마, 델타, 엡실론이라는 5등급으로 구분된다. 섹스는 오락거리의 하나로 전락했으며 모든 인간은 실험실에서 인공수정을 통해 탄생한다. 아이가 세상에 태어나기 전에 지능과 능력에 따라 계급이 결정되고, 태어난 아이의 양육과 교육은 국가가 전적으로 책임진다. 국민들은 자신이 속한 계급에 알맞은 직장을 통해 사회의 톱니바퀴처럼 일사분란하게 살아간다. 영화 「기억 전달자」에 등장하는 세계 역시 헉슬리의 소설을 토대로 구상되었다.

이 세계는 저자의 표현대로 '멋진' 세계일까? 과연 헉슬리는 소설을 통해 무엇을 말하고 싶었던 걸까? 소설 속 신세계는 AD 대신 AF를 쓰는 세계로 그려진다. 억만장자의 탄생일로 출발하는 새로운 세계, 과연 그 세계는 누구를 기점으로 시작된 걸까? 그 억만장자는 바로 헨리 포드다. AF는 '포드 이후After Ford'의 약자다. 소설 속 신세계의 배경은 AF 632년, 그러니까 포드의 탄생일인 1863년으로부터 632년이 지난 서기 2496년의 영국이다. 헉슬리는 포드가 모델T를 생산하면서 혁신을 이룬 조립 라인에 깊은 감명을 받았다. 소설이 그리는 신세계는 하나로 통일된 정부의 통제하에 모든 것이 포드주의의 원칙과 철학에 따라 생산된다. 심지어 인간도 자동차를 조립하듯 컨베이어벨트에 실린 시험관 속에서 제조되어 나온다. 하

헨리 포드 탄생 이전과 이후로 역사를 나눈 소설 『멋진 신세계』(좌)와
이를 오마주한 영화 「기억전달자」(우)
(출처: wikipedia.org(좌), google.com(우))

지만 이런 미래는 장밋빛이 아니다. 온통 흑백 화면으로 전체주의를 연상시키는, 미래의 디스토피아를 묘사한 영화 「기억전달자」는 효율성과 생산성이 극대화된 세계가 인간의 다양성과 존엄성, 나아가 인간의 인간성을 침해할 수 있다는 메시지를 던져주고 있다. 자, 이제 포드의 세계로 들어가보자.

자동차 시대를 연 사나이

1863년 7월 30일, 자동차 하나로 세상을 완전히 바꾸어버릴 운명의 사내아이가 미국 미시간 주 디어본 타운십Dearborn Township의 한 농장에서 태어났다. 아버지 윌리엄 포드William Ford는 영국 서머싯에서 미국으로 넘어온 아일랜드계 이민자 출신이었고, 어머니 메리 포드Mary Ford는 벨기에 이민자 출신이었다. 작은 농장을 소유한 농부였던 아버지는 장남인 포드가 자신의 농장을 이어받기를 바랐다.* 일손이 필요한 농장에서 건장한 남자는 더없이 중요한 자산으로 여겨졌다. 하지만 포드는 아버지의 바람과 달리 무엇이든 뚝딱뚝딱 두들기고 분해하고 맞추는 것을 즐기는 아이였다. "나는 1863년 7월 30일, 미시간 주 디어본의 한 농장에서 태어났다. 어린 시절의 기억을 더듬어보면, 농장 일이 너무나 많았다. 우리 농장에는 허리

---

* 아버지 윌리엄은 미시간 중앙 철도회사에서 목수로 일한 경력이 있다. 포드의 손재주는 아버지의 유전자를 물려받았을 것이다.

가 휠 만큼 많은 일거리가 쌓여 있었다. 그 시절에는 다른 농장들도 마찬가지였다. 나는 아주 어렸을 때부터 일을 조금이라도 능률적으로 할 수 있는 방법이 없을까 궁리하곤 했다. 어머니는 내가 타고난 기계공이었다고 말씀하시지만, 그렇게 궁리를 하다 보니 자연스럽게 기계에 관심을 갖게 되었던 것 같다."[135]

포드는 농장을 가꾸고 가축을 돌보는 일에 흥미를 느끼지 못했다. 그의 머릿속은 톱니바퀴와 기어, 스프링 장치들로 가득했다. "나는 애당초 농장 일에는 흥미가 없었다. 기계와 관련된 일을 하고 싶었다. 아버지는 내가 왜 그토록 기계에 열광하는지 이해하지 못하셨다. 아버지는 내가 농부가 되어야 한다고 생각했지만, 열일곱 살에 학교를 떠나 드라이독 기계 공장 견습생이 되자 별 수 없이 포기하셨다."[136] 아버지의 눈에는 포드가 단순히 손재주 좋은 아들로 비쳐졌을 뿐, 훗날 자동차를 통해 미국의 전무후무한 거부가 될 거라고는 생각하지 못했을 것이다. 사실 그는 자동차를 최초로 발명한 사람은 아니었다. 그렇다고 자동차의 성능을 개선하는 데 필요한 전문 지식을 갖춘 뛰어난 공학자도 아니었다. 그는 단지 자동차의 가치와 자동차가 장차 사회에 몰고 올 파장에 관심이 많은 사업가였다.

포드는 시골의 한 농가에서 농사나 지으며 평생을 보낼 사람이 아니었다.(절대 농업을 무시하는 것이 아니다!) 운명은 조금 지체할 수는 있으나 결국 당사자를 찾아내 그의 삶에 개입한다. "나의 어린 시절 가장 큰 사건은 열두 살 때 읍내에 나갔다가 자동차를 보게 된 것이었다. 디트로이트에서 12킬로미터 정도 떨어진 곳이었다. 두 번째 대사건은 시계를 얻은 것이었는데, 이 일도 같은 해에 일어났다. 나는 지금도 그때 본 자동차를 어제 본 것처럼 생생하게 기억한다. 말이 끌지 않는 차를 생전 처음 본 것이었기 때문이다."[137] 어린 포드는 아버지와 함께 마차를 타고 읍내에 나갔다가 생전 처음 자동차를 보았다. 그는 아버지가 말릴 새도 없이 마차에서 내려 자동차 주인에게 달려가 차에 대해 이것저것 물어보았다. 당시 자동차는 석탄을 위에 싣고 다니면서 보일러에 퍼 넣으며 조금씩 이동시키는 조잡한 수준에 머물러 있었다. 대부분 물건을 끌거나 이동시킬 때 사용했고, 사람을 나르는 용도로는 사용하지 못했다. 하지만 열두 살의 포드는 그 순간 세상이 뒤집어진 경험을 한 것이다. 기계에 대한 집착에 가까운 관심과 공학적 흥미는 장차 그를 발명가의 길에 들어서도록 만들었다.

자동차의 역사

자동차의 역사는 기원전 3500년경 메소포타미아 유적에서 발견된 나무 바퀴에서 출발한다. 인류는 바퀴를 단 원시 수레를 가축이 끌도록 하면서 이동 수단을 고안하기 시작했다. 1765년, 제임스 와트James Watt가 증기기관을 개발하면서 자동차의 원리를 제공했고, 1769년, 프랑스 군인이었던 니콜라스 퀴뇨Nicholas Joseph Cugnot가 증기기관을 이용해 군수용 대포를 끌기 위한 삼륜차를 만들면서 '스스로 움직이는 수레'의 시대를 열었다. 1800년, 영국의 광산 기술자 리처드 트레비딕Richard Trevithick이 제동 장치를 갖춘 최초의 승용차를 만들었고, 1886년, 독일인 카를 벤츠Karl Benz가 세계 최초의 가솔린 내연기관을 만들어 자동차라 부를 만한 탈것을 세상에 선보였다. 1894년, 독일의 공학자 루돌프 디젤Rudolf Diesel이 디젤엔진을 만들었고, 1895년, 프랑스의 미쉐린Michelin 형제가 공기압 타이어를 발명하면서 자동차의 역사는 급격한 변화를 맞이하게 되었다. 1908년, 헨리 포드는 컨베이어벨트로 대표되는 대량생산 방식을 개발해 자동차 상용화를 앞당겼고, 모델T를 생산하면서 근대적 자동차의 탄생을 알렸다.

이 이야기에는 그의 불행했던 가족사도 엮여 있다. 포드가 열세 살 때 어머니가 산후 후유증으로 세상을 떠난 것이다. 평소 어머니를 끔찍이 사랑했던 포드는 큰 충격을 받았다. 그렇게 어머니가 사망하고 4개월 후에 길거리에서 자동차를 본 것이다. 이 두 사건을 별개의 일로 분리할 수도 있을 것이다. 하지만 포드는 계시처럼 두 사건을 하나로 이어 붙였다. "그는 평생 그 장면을 잊지 못했다. 어머니가 죽자마자 새로운 사랑의 대상을 발견했던 것이다. 그리고 그 기계(자동차)는 사람처럼 죽지도, 사랑하는 사람을 저버리지도 않는 것이었다."[138] 그는 이후부터 어디를 가든 기계 부품들을 주머니에 한가득 가지고 다니며 뜯어보기도 하고 다시 조립하기도 했다. 그는 어디에서도 기계공학을 배운 적이 없었다. 손수 해체하고 조립하는 과정에서 그 모든 구조와 작동 방식을 터득했다. 천재는 뭐가 달라도 다른가 보다. "가끔 망가진 시계를 가져다가 조립해보기도 했다. 열세 살 때 처음으로 제대로 된 시계를 조립하는 데 성공했고, 열다섯 살 무렵에는 시계 수리에 관해서라면 못 하는 게 없을 정도가 되었다. 기계를 서툴게 수리해보는 정도만으로도 엄청나게 많은 것을 배울 수 있다. 기계

젊은 시절의 헨리 포드
(출처: mirfaces.com)

가 어떻게 만들어지는지는 책을 통해 배울 수 없다. 진짜 기계공이라면 모든 기계가 어떻게 만들어지는지 웬만큼은 알아야 한다. 기계공에게 기계는 작가의 책과 같다. 기계공은 기계에서 아이디어를 얻는다. 그리고 조금이라도 머리가 있으면 그 아이디어를 응용할 수 있다."[139]

그렇다고 그가 모든 기계에 꽂혔던 건 아니다. 포드는 복잡하고 섬세한 설계로부터 앙증맞은 기계를 만들어내는 일보다 일정한 틀을 가지고 마구 찍어낼 수 있는 기계를 생산하는 일에 본능적으로 관심을 가졌다. 그는 시계와 자동차를 비슷한 시점에 보았지만, 시계보다는 자동차에 더 끌렸다. 운명과도 같은 끌림이었다. "30센트 정도면 쓸 만한 시계를 만들 수 있겠다 싶어 사업을 시작하기로 마음먹었다. 그러나 시계는 필수품이 아니었다. 나는 시계를 살 사람이 그리 많지 않을 것임을 깨닫고 계획을 접었다. 어떻게 그런 결론에 이르렀는지는 말로 설명하기 어렵다. 나는 작업이 어려운 경우라면 몰라도, 평범한 보석 세공이나 시계 제조에는 관심이 없었다. 뭐든 대량으로 만들고 싶었다."[140]

그는 기계가 떠미는 방향대로 나아가고 싶었다. 독수리가 자신의 날개를 펴고 날아오르는 순간이었다. "포드는 1879년에 디트로이트에서 출세의 길을 찾기 위해 집을 떠났다. 이로써 그의 정식 교육도 끝이 났다. 포드가 간신히 글을 깨친 정도였다는 조너선 휴즈의 말은 비약이었다. … 하지만 포드가 '제대로 교육받지 못한' 것은 분명한 사실이었다. 처음으로 시계를 선물 받은 그날 이후 포드는 더 이상 책을 읽을 필요를 느끼지 못했다."[141] 포드는 처음엔 제임스 플라워 앤드 브로스James F. Flower & Bros.에서 일하다가 나중에는 디트로이트 드라이독Detroit Dry Dock Co.에서 일했다. 그는 그곳에서 기계에 대한 기본적인 체계와 실무를 모두 터득했다. 1882년, 그는 고향인 디어본으로 돌아와 농장에서 본격적으로 자동차를 설계하고 제작하는 일을 감행했다. 사실 이때는 거의 실험에 가까운 작업이었다. 그와 동시에 포드는 경영자가 되고 싶은 마음에 디트로이트에 소재한 한 단과대학에서 부기를 배우기도 했다. "어엿한 기계공이 되어 농장 안에 제법 훌륭한 작업실까지 갖추고 나니 증기 자동차나 트랙터를 만드는 일도 그다지 어려운 게 아니었다. 길을 달릴 자동차를 만들 수도 있겠다는 생각이 들었다. 말은 돌봐야 하는 온갖 수고와 사료비를 따져본다면 그만한 값어치를 하지 못한다고 확신했다. 당면 과제는 일반 마차를 움직이거나 쟁기를 끌 수 있을 만큼 가벼운 증기 자동차를 설계하고 제작하는 것이었다."[142]

그의 노력은 결실을 맺었다. "1892년, 드디어 최초의 자동차를 완성했다. 그러나 이듬해 봄이 되어서야 만족할 만한 수준까지 끌어올릴 수 있었다. 최초의 자동차는 겉보기에는 1인승 마차 같았다. 6.35센티미터 구경의 실린더 2개와 15센티미터 스트로크를 뒤차축 위에 나란히 장착했다. 이것은 구입해두었던 증기기관의 배기 파이프를 이용해 만들었다. 이들은 4마력 정도를 냈다."[143] 이후 여러 번의 실험과 개선을 거쳐 1893년 봄에 미약하나마 시내 주행이 가능한 자동차를 완성했다. 증기기관을 이용하지 않고 가솔린 실린더를 이용한 첫 상업적 자동차였다. 포드는 이 실험용 자동차를 1천 6백 킬로미터쯤 몰다가 디트로이트의 한 소비자에게 2백 달러를 받고 넘겼다. 포드가 직접 만든 자동차를 최초로 판매한 것이다. "나는 한 대씩 찔끔찔끔 차를 만들 생각은 추호도 없었다. 언젠가는 본격적인 차량 생산에 들어가는 것이 꿈이었다."[144]

이후 그는 자동차회사를 차리기 위한 자본을 모으기 위해 발명가이자 친구였던 토머스 에디슨이 세운 에디슨 조명회사Edison Illuminating Company(오늘날 GE의 전신)에 입사했다. "에디슨 조명회사는 나에게 회사 전체를 감독하는 직책을 제안했다. 그러나 가스 엔진 제작을 포기하고 업무에만 집중해야 한다는 조건을 달았다. 일자리와 자동차 중에서 양자택일해야 하는 상황에 놓인 것이다. 나는 자동차를 선택했다. 아니, 그보다는 일자리를 포기했다고 하는 편이 맞을 것이다. 그러나 이 선택에 조금의 망설임도 없었다. 내게는 자동차가 반드시 성공하리라는 확신이 있었기 때문이다. 나는 1899년 8월 15일에 직장을 그만두고 자동차사업에 뛰어들었다."[145] 포드의 위대함은 앞뒤를 재지 않는 이러한 결단력에 있을 것이다.

컨베이어벨트, 대량생산의 혁신

포드는 '대량생산'이라는 개념을 만들어낸 사람이다. 포드 이전까지는 대량생산이라는 말에 어울리는 생산 시스템을 고안하고 실제 현장에 활용한 사업가가 없었다. 산업혁명이 일어나기 전까지 모든 생산은 수공업이었다. 이때 만들어진 영단어가 바로 수공업을 뜻하는 '매뉴팩처manufacture'다.* 이 단어가 암시하듯, 과거 물건을 만드는 행위는 모두 사람의 손으로 일정한 노동력을 가해 이루어졌다. 그래서 시중에 유통되는 모든 제품은 세상에 단 하나밖에 없는 것과 다름없었다. 이로 인해 여러 가지 문제가 불거졌다. 무엇보다 제품 가격이 비쌌다. 하나의 제품을 만드는 데 상당한 시간과 노력이 들기 때문에 공급이 시장의 수요를 따라갈 수 없었다. 게다가 한 번 고장 나면 수리도 용이하지 않았다. 가내수공업이 제조업의 중심을 이룰 때에는 범용汎用이라는 개념이 없었다. 모든 제품에 들어가는 부품은 다른 제품과 호환되지 않았고, 그렇기 때문에 요즘처럼 부품을 사다가 고장 난 제품을 DIY로 고칠 수도 없었다. 망가진 제품은 무조건 그 제품을 만든 장인을 통해 고쳐야 했다. 그들이 수리비로 얼마를 부르든 한마디로 엿장수 마음이었다.

---

* '손'을 뜻하는 '마누(manu-)'와 '만들다'는 뜻의 '팩트(fact)'가 합쳐진 단어

그렇게 일정한 제품에 대한 기술을 가진 장인들의 위세와 권한은 막대했다. 장인들은 자신의 기술을 외부에 공개하지 않았고, 유사 동종 계열의 장인들은 이른바 '길드guild'를 조직해 합법적 카르텔을 형성했다. 석공은 석공끼리, 가파치는 가파치끼리 조합을 만들고 가격을 설정해 시장을 주도했다. 중세부터 근대 산업혁명기까지 시장에서 그들의 힘이 얼마나 막강했던지 아직까지도 요즘 유튜브에 떠도는 온갖 음모론에 프리메이슨 같은 길드 조직이 언급되고 있는 실정이다.* 이는 길드 구성원들의 깊은 유대감과 폐쇄적 멤버십이 낳은 웃지 못할 해프닝이다.

그런데 이러한 길드 조직을 완전히 무너뜨린 것이 포드주의Fordism였다. 포드는 특정 장인들에게 자동차 제조 과정의 전부를 맡기지 않고 모든 생산 과정을 잘게 쪼개 분업화를 실현했다. 생산 과정을 컨베이어벨트로 엮고 곳곳에 근로자들을 배치시켜 최종 완제품에 들어가는 부품들을 조립하게 만든 것이다. 이를 위해 부품의 통일과 생산 기술의 표준화가 필요했다. 부품과 설비, 근로자의 동선과 작업에 대한 매뉴얼이 구축되자, 포드의 공장은 생산 과정의 일대 혁명을 가져왔다. 포드는 육가공업에서 컨베이어벨트의 아이디어를 얻었다. 도살한 가축은 천장에 매달린 컨베이어에 의해 각 부위의 발골拔骨을 맡은 작업자에게 전달되었고, 작업자가 작업을 마치면 물 흐르듯 다음 작업자로 이동되었다. 가축이 중앙에 놓여 있

* 프리메이슨(Freemason)은 중세 때 유럽에서 시작된 석공들의 자유 모임으로, 대표적인 길드 조직이었다.

고 작업자가 돌아다니면서 손질하는 게 아니라 반대로 작업자가 자기 자리를 지키면 가축이 이동하면서 작업이 이뤄지는 방식이었다. 중간이 멈춤 없이 일정한 속도로 컨베이어가 이동하면서 각 작업자 간 작업 속도를 표준화할 수 있었다.

포드는 1899년 8월 5일 첫 번째로 설립한 디트로이트 자동차회사Detroit Automobile Company를 대차게 말아먹고 1901년에 자동차 경주대회에 나가 입상하면서 다시금 세간의 이목을 집중시켰다. "10월 5일에 있었던 경주에서 포드와 그의 자동차가 얻은 승리 덕에 투자자들이 그와 그의 자동차에 관심을 보이기 시작했다. 과거 디트로이트 자동차회사에 투자했던 몇몇 사람도 다시 포드 주위로 몰려들었다. 이번에 새로 설립한 회사의 이름은 헨리 포드 회사Henry Ford Company였다. 1901년 11월 30일에 설립한 이 회사에서 포드는 기술관리자로 일하며 1만 달러 상당의 회사 주식을 배당받았다. 하지만 헨리 포드 회사의 영업 실적은 디트로이트 자동차회사보다 나을 게 없었다. 결국 포드는 1902년 3월 10일에 이 회사를 떠났으며, 그와 동시에 회사도 더 이상 그의 이름을 사용하지 않았다."[146] 그는 두 번의 실패에 좌절하지 않고 다시 회사를 세웠다. 그의 회복탄력성은 부자로 나아가는 데 필수적인 덕목이었다. 1903년, 그는 심기일전하여 세 번째 자동차회사 포드자동차Ford Motor Company를 설립했다. 이 회사는 포드가 설립한 마지막 회사였다.

포드주의

1913년, 헨리 포드는 컨베이어벨트로 조립 라인을 구축해 생산의 분업화를 달성했다. 이처럼 포드의 공장에서 이루어진 대량생산 방식과 효율적인 표준을 포드주의라 한다. 포드주의는 하루 8시간 노동제를 정착시키며 절대적 노동 시간은 줄이고 단위 시간당 생산량은 증대시킨 획기적인 생산 방식이었다. 포드가 생산성을 높이는 데 성공하자, 많은 기업이 포드주의를 채택하면서 금세 생산의 표준으로 자리 잡았다. 그러나 포드주의에도 단점이 존재했다. 제한된 시간 내에 일정한 생산량을 확보하기 위해 노동 강도를 강화하다 보니 노동자들의 반발이 심했고, 자동차와 같은 대규모 시장에 표준화된 물건을 생산하는 데에만 적용할 수 있었다. 게다가 기계화된 생산 라인을 설치하는 초기 비용이 많이 들고, 한 번 설치되면 생산 라인의 융통성을 발휘하기 힘들었다. 그로 인해 1970년대에 다품종 소량생산을 지향하는 포스트-포드주의post-Fordism가 등장하기도 했다.

포드는 미국의 서민들을 타깃으로 모델T를 구상했다. 누구나 쉽게 구입할 수 있을 만큼 모델T는 훨씬 저렴해져야 했다. 게다가 주문하고 바로 살 수 있을 만큼 모델T의 생산 속도 역시 훨씬 빨라져야 했다. 그렇게 고안된 장비가 바로 컨베이어벨트였다. 장인이 고정된 차량 주변을 돌며 작업하는 것이 아니라, 차량이 고정된 기능공 앞으로 지나가도록 설계했다. 그 당시에는 매우 획기적인 발상이었다. 그런 작업만 반복해 처리하도록 설계된 장비의 개발로 공정이 단순해졌고, 생산성은 크게 향상되었다. 이

컨베이어벨트는 대량생산을 가능케 한 근대 제조업의 척추이자 포드주의의 핵심이었다.
(출처: google.com)

렇게 향상된 생산성으로 포드는 하루 25대 생산하던 물량을 3년 만에 1백대로 늘릴 수 있었다. 자동차 한 대를 생산하는 데 12시간 이상 걸리던 것도 93분까지 단축했다. 포드가 이룬 혁신을 한 단어로 정의하면 컨베이어벨트의 승리였다. 컨베이어벨트는 대량생산을 가능케 한 근대 제조업의 척추이자 포두주의의 핵심이었다. 이후 컨베이어벨트는 대부분의 제조업 공정의 표준이 되었다.

이제 더 이상 일개 장인이나 특정 길드가 독점하는 생산이 아닌, 모든 근로자가 생산 과정에서 하나의 부품이 되어 조직적으로 움직이게 되었다. 당연히 생산 단가와 효율은 극대화되었고, 기술자와 장인들의 지위는 땅에 떨어졌다. 비유하자면, 과거에는 자장면집 웍을 돌리던 주방장이 최고 실세였다면, 이제는 제면기에서 면을 뽑아 삶고 거기에 완성된 레토르트 파우치를 뜯어 붓기만 하면 되는 공정으로 변모하며 주방장의 권위(!)가 실종된 것이다. 이처럼 포드주의는 과거 여러 명의 길드 장인이 달라붙어 한 달에 자동차 한 대를 만드는 공정에서 수백 명의 단순 근로자가 일관된 작업 과정, 노동 과정에 투입되어 한 달에 자동차 1천 대를 만드는 표준화 방식을 확립했다. 더불어 포드주의는 오늘날 '나인-투-파이브'(우리나라는 '나인-투-식스') 같은 8시간 노동제를 정착시키며 생산과 소비를 함께할 수 있는 '중산층middle class'이라는, 이전 시대에서는 찾아볼 수 없던 새로운 사회 계층을 만들어내기도 했다.*

제한된 노동 시간에 폭발적인 생산성이 확보되면서 노동자들은 저녁을 가족들과 보내게 되었고, 휴일에는 여가를 누렸다. 게다가 모델T로 자동차 시대가 촉발되었다. 귀족들의 장난감으로 치부되었던 자동차를 한 가정에 한 대씩 소유하게 되면서 가까운 교외로 드라이브를 떠나는 여가 생활이 비로소 가능해졌다. 이는 한마디로 거대한 사회적 혁명을 낳았다. 대량생산은 단순히 포드의 고안물에 머물지 않고, 사회 모든 구성 계층의 삶을 180도 바꿔놓았다. 사람들은 열광했다. 포드는 신으로 추앙되었다. 이런 분위기 속에서 소설 『멋진 신세계』가 나왔다.

---

* 1914년, 포드는 노동자의 일급을 5달러로 제시했다. 그로부터 2년 뒤에 조사한 바에 따르면, 포드 종업원들의 주택 가격 총액은 325만 달러에서 2천만 달러로 늘어났고, 평균 예금 액수도 196달러에서 750달러로 늘어났다.

모델T는 자동차 생산 과정뿐 아니라 사회 전체에 커다란 혁명을 몰고 왔다.
(출처: google.com)

한때 포드주의는 산업의 전 영역에서 있을 수 있는 장밋빛 미래상을 제시하는 것처럼 보였다. 하지만 시간이 지나면서 여러 가지 문제점이 튀어나왔다. 지금은 일반화된 컨베이어벨트 조립 라인 체제는 자동차 생산처럼 대규모 시장에 표준화된 물건을 생산하는 산업에만 적용할 수 있었다. 값비싼 기계들의 오와 열을 맞춰 조립 라인을 설치하는 것은 막대한 초기 비용이 들었고, 일단 설치되면 융통성이 없어 모델T 외에는 다른 기종을 만들어낼 수 없었다. 조금이라도 설계를 비틀거나 부품을 추가하려고 하면 조립 라인에 대대적인 변경이 불가피했다. 게다가 모든 제품이 컨베이어벨트 시스템으로 생산될 수 있는 것도 아니었다. 어떤 제품들은 다품종 소량생산을 필요로 했다. 노동자들이 매일 같이 똑같은 작업을 반복하다 보니 시간이 갈수록 생산성이 떨어지는 현상이 나타나기 시작했고, 노동자들의 집중력이 떨어지니 작업 중 사고도 끊이지 않았다.

포드주의의 그림자, 노동 착취

1936년에 개봉된 찰리 채플린의 무성영화 「모던타임스」는 산업혁명 이후 공장 시스템에 매몰된 노동자들의 불행한 삶을 담아냈다. 영화에서 주인공(채플린)은 공장의 컨베이어벨트에서 나사를 조이는 단순 노동자로 등장한다. 그는 벨트 위로 끊임없이 밀려드는 작업량에 압사당하며 정신없이 나사를 조이는 임무를 수행한다. 급기야 주인공은 나사처럼 생긴 물건을 모조리 조여야 한다는 강박장애에 시달리게 된다. 심지어 길을 걷던 여성의 웃옷에 달린 단추를 보고 조여야 한다는 생각에 몽키스패너를 들고 달려든다. 주인공은 감당할 수 없을 만큼 엄청난 작업량에 지치고, 결국 모든 작업이 엉망이 되고 만다. 공장장은 이런 상황을 아랑곳하지 않고 작업자들의 생산성과 효율만 생각해 자동으로 작업자에게 밥을 떠 먹여주는 기계까지 만들 태세다. 주인공은 결국 정신병원에 강제로 보내진다.

영화에서 채플린은 포드주의가 만들어낸 인간성 상실의 이면을 보여주었다. 노동자들은 자신이 생산차를 만든다는 보람을 느끼기보다는 공장 설비의 일부가 되어 톱니바퀴처럼 팽팽 돌아간다는 사실에 모멸감을 느끼기 시작했다. 컨베이어벨트를 타고 쉴 새 없이 밀려드는 작업량은 노동자들에게 신체적, 정신적 부담을 주었다. 그들에게 컨베이어벨트는 피도 눈물도 없이 끊임없이 작업 독촉만을 일삼는 무자비한 공장장과 같았다. 노동자는 컨베이어벨트에 달린 부속품처럼 여겨졌다. 심지어 포드자동차에서 다년간 근무한 노동자들을 중심으로 소위 '포드병Forditis'이라는 신경

쇠약증이 돌았다. 특정 산업의 발달은 이처럼 빛과 그림자를 모두 가지고 있다.

물론 포드 이전에 소위 '스웨트샵sweat shop'에서 아동과 부녀자의 노동력을 착취하던 관행에서는 많은 진전을 이루었지만, 시대가 변하면서 노동자들의 다양한 요구를 따라가지 못했다. 이직률이 가파르게 올라갔고, 노동 분쟁이 빈번하게 발생했다. 쉴 새 없이 돌아가는 컨베이어벨트의 작업 속도는 일당을 보고 들어온 노동자들의 상상을 초월하는 것이었다. 당시 3달러에 불과했던 일당을 5달러로 올리면서 많은 노동자들이 공장으로 밀려 들어왔지만, 하루 이틀 공장에서 일을 하고는 아무 연락 없이 도주하는 이들이 속출했다. 포드의 '일당 5달러' 정책은 한때 노동시장의 선풍적인 인기를 끌었지만, 일의 강도와 수준을 경험한 노동자들은 일에 비해 5달러도 부족하다고 느꼈다. 결국 공장은 이민자들과 미숙련공들로 채워질 수밖에 없었다.

하지만 포드는 이런 비난에 흔들림이 없었다. 게다가 그는 신체적 장애나 인종적 차이를 불문하고 모든 노동자를 동등하게 대하는 정책을 고수했다. 따분하고 지루한 단순 작업이 인간이라면 누구나 쉽게 적응해서 따라할 수 있는 일이라는 그의 주장을 실천에 옮긴 것이다. 포드는 자동차 한 대를 제작할 때 들어가는 공정을 7,882개로 구분하고 이 중 949개의 공정은 힘이 많이 들어가는 일로, 3,338개의 공정은 보통 수준의 일로, 3,595개의 공정은 그리 큰 힘을 쓸 필요가 없는 일로 분류했다. 그리고 분류에 따라 여자나 아이들이 할 수 있는 일, 다리가 하나뿐인 사람이 할 수 있는 일, 팔이 없는 사람이 할 수 있는 일, 시각장애자가 할 수 있는 일 등으로 배분했다. "앞에서 나는 우리 회사에 지원한 사람을 신체적 조건 때문에 떨어뜨리는 일은 절대 없다고 말했다. 이 정책은 1914년 1월 12일, 하루 8시간 노동에 최소한 5달러의 일당을 보장하면서 함께 시행됐다. … 우리는 항상 신체장애자들과 함께 일한다. … 맹인이나 절름발이도 자신에게 할당된 특정 자리에서 정상인과 다를 바 없이 업무를 하고 똑같은 보수를 받을 수 있다. 우리는 절름발이를 더 선호하지는 않는다. 하지만 그들이 동일한 임금을 벌 수 있다는 것을 보여주었다. 절름발이라는 이유로 고용하여 더 낮은 임금을 주고 더 낮은 생산량에 만족하는 것은 우리 회사의 정신과 맞지 않다."[147]

그는 이민자들에 대해서도 관대한 정책을 폈다. 포드자동차를 다니는 이민자들은 작업 교육과 함께 문화 교육을 받을 수 있었다. 그들은 회사에서 설립한 영어 학교를 의무적으로 다녀야 했다. 덕분에 영어를 하지 못하는 노동자가 1914년 35%에서 1917년 12%로 줄어들었다. 그들은 학교에서 미국의 관습과 문화, 근면과 능률 등 이른바 미국의 가치들을 배웠다. 또한 포드는 평소 노조에 대해서도(적어도 겉으로는) 우호적인 입장을 보였다. 그의 정책과 언행이 일치하지 않을 때도 종종 있었지만, 노동 문제와 노조에 대한 그의 견해는 매우 명확한 편이었다. "우리는 노동조합에 아무런 반감이 없다. 그러나 직원이나 직원 조직과 어떠한 타협에도 나서지 않는다. 지불하는 임금은 합리적인 조합이라면 요구할 법한 수준보다 높고, 노동 시간은 언제나 더 짧다. 조합원 자격이 우리 직원들에게 해줄 수 있는 것은 아무것도 없다. … 우리는 조합을 존중한다. 그들의 훌륭한 목표에 대해서는 공감하고 잘못된 목표는 비난한다. 또한 그들 역시 우리를 존중하고 있다고 생각한다."[148]

하지만 포드의 이런 관용적 수사가 노사 문제에 일관되게 적용되었던 건 아니다. 1930년대에 들어서면서 본격적으로 노조가 탄생하고 노사 간 갈등이 격화되자, 포드의 노동자 탄압은 극에 달했다. 법정에서 자신이 시킨 게 아니라며 발뺌했지만, 파업 중인 노동자들을 향해 실탄 사격을 가하기도 했다! 지금의 시각에서 보면 상상할 수 없는 짓이지만, 당시 포드가 노동자들에게 갖고 있던 이중적 태도를 적나라하게 보여주는 대목이다. 존 록펠러, 앤드루 카네기 역시 파업 중인 노동자들을 향해 사격을 가한 전력이 있는 걸 보면, 당시 노동자들의 지위가 사회적으로 얼마나 저열했는지 쉽게 알 수 있다.

나치의 훈장을 가슴에 달고

모든 인간은 양면성을 가지고 있다. 정도의 차이가 있지만, 앞에서 한 일과 뒤에서 한 일이 다른 경우가 태반이다. 그래서 한 부자를 평가할 때 그의 공로와 과실을 균형 있게 바라봐야 한다. 포드 역시 예외가 아니다. 포드의 생산 방식이 경제적으로 중산층을 만들고 20세기 소비 경제를 낳았다는 사실을 들어 포드를 찬양하는 사람들 중에는 그가 반유대주의자였다는 사실을 아는 이가 별로 없는 것 같다. 그는 이유를 알 수 없을 정도로 유대인들을 혐오했다. 당시 유럽에서 떠돌던 『시온의 장로 의정서』라 불리는, 매우 졸렬하고 사악한 대표적 반유대주의 저서를 미국에서 다시 출판하여 대대적으로 뿌리기도 했다. 심지어 1933년, 독일에 제3제국이 들어서자 아돌프 히틀러의 생일 선물로 5만 달러 수표를 보내기도 했다. 포드는 그 공로로 1938년 자신의 생일에 나치로부터 독수리대십자훈장을 받았고, 그는 그 훈장을 매우 영예롭게 여겼다고 한다.

그의 이런 정치적 견해는 여과 없이 사회에 흘러들었다. 1918년, 포드는 자신의 고향 신문인 「디어본 인디펜던트」 신문사를 사들였다. 1년 반 후, 포드는 유대인들의 거대한 음모가 미국을 감염시키고 있다고 주장하는 일련의 기사들을 신문에 내보내기 시작했다. 그 특집 기사는 무려 91회나 연재되었다. 포드는 기사들을 『국제 유대인』이라는 제목의 책으로 묶어 출판한 뒤 미 전역에 깔린 대리점에 50만 부나 뿌렸다. 400페이지에 달하는 이 책은 나비효과처럼 히틀러에게 무한한 영감을 주었다. 훗날 히틀러는 이 책을 자신의 자서전인 『나의 투쟁』에 반유대주의 레퍼런스로 인용하기도 했다. 이렇게 미국의 경제 거물은 손 하나 까딱하지 않고 대서양을 건너 독일의 꼭두각시를 부추겨 유럽에서 6백만 명이라는 무고한 유대인을 청소했다. 한 명의 공인이 가진 그릇된 사고방식이 인류와 사회에 커다란 해악을 끼칠 수 있다는 사실을 단적으로 보여주는 예다. 이건 팩트다![149]

포드는 왜 나치의 훈장을 받았을까?
(출처: www.pbs.org)

「디어본 인디펜던트」는 작은 시골 신문에 지나지 않았지만, 포드의 자동차를 취급하는 대리점마다 깔린 그 황색신문은 여론을 주도하고 대중들을 기만하는 데 막강한 위력을 발휘했다. 포드는 입버릇처럼 자신은 평화를 사랑하는 사람이라고 강조했다. 전쟁에 대해서도 기회가 될 때마다 확고한 반대 입장을 표명했다. 하지만 제1차 세계대전이 터지자, 그는 결국 미국을 위해 자신의 공장에서 자동차 대신 전쟁 무기를 생산했다. 포드는 잠수함과 군함, 소형정 등을 만들어 미 정부에 바치기도 했다. 이런 이중적인 태도는 유대인 문제에 있어 가장 적나라하게 드러났다. "만약 유대인의 생각이 더 우월하고 유대인의 능력이 더 뛰어나다면 이 나라를 그들이 정복하게 하라. 그리고 정복당한 앵글로색슨인의 전통과 원칙들은 쓰레기통에서나 뒹굴게 하라. 그러나 그 전에 우리도 요구할 것이 있다. 그것은 먼저 앵글로색슨적 관념과 유대적 관념이 각자의 민족적 깃발하에서 정정당당하게 맞붙어보게 하자는 것이다. … 그렇게 싸움은 시작되었다. 이 싸움은 이 나라가 앵글로색슨 미국으로 역사를 이어갈지, 아니면 유대인 미국으로 변질될지를 가름할 것이다."[150] 포드는 자신의 책에서 당당하게 주장하고 있다. "이 땅에 사회주의를 들여온 것도, 사회를 물질주의로 타락시킨 것도, 건전한 교회에 고등비평을 소개한 것도 모두 유대인들이다. 유대인들을 죽여야 한다!"

덕분에 그는 전쟁 이후 나치주의자라는 꼬리표를 달고 살아야 했다. 그가 1947년에 생을 마감하면서 그나마 짧게 비난을 받았던 게 다행이라면 다행일 것이다. 그는 제2차 세계대전이 끝나고 2년을 더 살았다. "포드는 1947년 4월 7일 밤 11시 40분에 뇌출혈로 사망했다. 그의 장례식은 3일 뒤에 거행되었는데, 이 날 행사는 국가적 사건이나 다름없었다. 미시간 주의회는 모든 업무를 멈추고 위대한 인물의 죽음에 조의를 표했다. 주지사는 주의회 건물에 조기를 게양하도록 지시했다. 디트로이트에서는 시의회가 애도를 표하는 리본이 달린 거대한 포드의 초상을 시청 건물 전면에 30일 동안 게시할 것을 지시했고, 버스에도 애도의 광고를 부착하도록 지시했다. 또한 포드의 시신이 묘지에 안장되는 동안 디트로이트의 모든 자동차 운전자들은 다 같이 자리에 멈춰 줄 것을 당부했다."[151]

부자들도 인간일 뿐이다. 그들 역시 다면적인 존재다. 한 사람의 말과 행동에서 공功과 과過, 빛과 어두움 모두를 발견하는 건 흔한 일이다. 포드 역시 자신의 하마르티아를 갖고 세상을 거머쥔 인물 중 하나다. 그는 노조를 인정한다고 말했지만, 한동안 악랄하게 노동자들을 탄압했다. 공정한 경쟁과 자유기업 정신을 사랑했지만, 그와 동시에 법을 넘나들며 특허와 독점이라는 갖은 방법으로 시장을 장악하려 했다. 기회가 주어질 때마다 자신은 평화를 사랑한다고 입버릇처럼 말했지만, 뒤에서는 유대인들을 음해하고 황색 유언비어를 실어 나르는 첨병 역할을 했다. 그는 포드주의로 자동차산업을 구축하고 사회 문화의 지형을 새롭게 정립한 공로를 인정받아 마땅하다. 그의 손길에서 중산층이 만들어졌고, 현대적 노사 문화의 틀이 잡혔다. 하지만 그와 동시에 과오 역시 적지 않다. 1919년 3월 5일, 포드는 경쟁사를 내세워 모델T의 경량 버전 자동차를 250~300달러에 팔겠다는 유언비어를 시장에 살포했다. 이에 위기의식을 느낀 주주들은 포드자동차 주식을 투매했고, 그해 7월 포드는 시장에 나온 주식을 대리인을 통해 모두 구매하면서 손 안 대고 코를 푸는 신기神技를 시전했다. 오늘날로 말하면 주가 조작에 해당하는 범죄다. 이로써 1년 전에 사장직을 사임했던 그는 가뿐히 포드자동차의 경영권을 장악했다.

포드는 이러한 인생의 과오들을 참회하고자 했는지, 기부로 인생을 마감한 선배들의 족적을 따르고자 했는지, 1936년에 아들과 함께 포드재단을 설립했다. 처음엔 2만 5천 달러의 기부금으로 시작했지만, 포드가 세상을 떠나기 전에 자신의 주식 90%를 기부하면서 그 당시 규모가 가장 큰 자선단체가 되었다. 재단은 지역에 병원과 박물관을 세우면서 활동을 시작했고, 현재는 115억 7천만 달러의 자산을 갖춰 세계 2위 규모의 자선단체로 남아 있다. 재단은 인재를 육성하기 위한 장학사업과 사회 발전을 위한 사회개발사업에 모범이 될 만한 성과를 내왔다. 이는 포드라는 부자가 자동차 외에 세상에 남긴 또 다른 선물일지도 모른다.

헨리 포드의 분석 차트

독창성	★★★★★
진실성	★★★
성실성	★★★★
계획성	★★★★★
개방성	★★★★

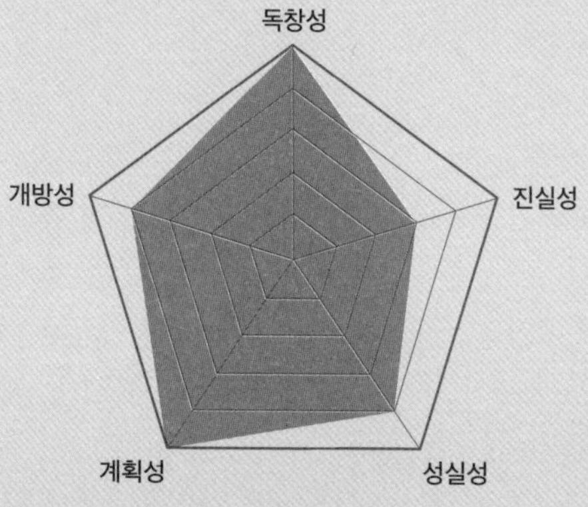

헨리 포드의 연표

1863년 미시간 주 디어본 타운십에서 윌리엄 포드(William Ford)와 메리 포드(Mary Ford) 사이에서 태어남

1879년 디트로이트 기계 공장에 취업함

1888년 클라라 브라이언트(Clara Bryant)와 결혼함

1896년 자동차 쾨드리사이클(Quadricycle)을 완성함

1899년 디트로이트 자동차회사를 설립함

1901년 자동차 경주대회에 자신이 만든 자동차를 출전시켜 우승함
헨리 포드 회사를 설립함

1903년 포드자동차를 설립함

1903~1908년 모델T를 출시하기에 앞서 모델A, 모델B, 모델AC, 모델C, 모델F, 모델K, 모델N, 모델R, 모델S를 차례로 선보임

1908년 모델T를 출시함

1913년 세계 최초로 하이랜드 파크 공장에 조립 라인을 도입함

1914년 최초로 하루 8시간 노동에 5달러 임금제를 도입함

1918년 포드자동차 사장직을 사임함
아들 에드셀 포드(Edsel Ford)가 그 자리를 대신함

1920년 「디어본 인디펜던트」에 '국제 유대인'이라는 제목의 기사를 연재하기 시작함

1929년 주식시장이 붕괴되면서 대공황이 닥침

1929~1932년 절반에 이르는 노동자들을 정리 해고함

1936년 포드재단을 설립함

1941년 5만 명의 노동자 파업에 직장 폐쇄를 선언하며 노조에 맞섬

1943년 아들 에드셀이 49세의 나이로 사망함
공석이 된 포드자동차에 사장으로 재취임함

1945년 여행 중 뇌졸중으로 쓰러짐

1947년 83세의 나이로 사망함

현대시대에 들어서며 돈의 흐름은 네트워크와 유통으로 흘러갔다. 1989년, 팀 버너스 리Timothy John Berners Lee가 월드와이드웹을 개발하여 세계를 하나의 거대한 망(네트워크)으로 연결한 이래, 제품은 소유에서 공유로, 물질은 아톰atom에서 비트bit로 점차 바뀌어갔다. 잡화점이나 소매점에서 물건을 구매하던 소비는 네트워크로 묶인 일정한 구성원들의 대여와 공유로 변모했다. 제레미 리프킨Jeremy Rifkin은 소비자들이 네트워크로 묶이면서 21세기 시장이 기본적인 원자재 공급을 위한 최소한의 비용을 제외한 사실상 아무런 비용도 들이지 않고 제품을 유통시킬 수 있게 되는 한계비용제로사회Zero Marginal Cost Society로 진화할 것이라고 내다보았다.

현대시대 부자는 '누가 얼마나 많은 부를 축적했는가'보다 '누가 얼마나 많은 네트워크를 구축했는가'라는 기준으로 평가되고 있다. 제3차 산업혁명을 통해 컴퓨터와 인터넷, 디지털기기가 접목되면서 정보의 흐름조차 마우스mouth에서 마우스mouse로 움직였다. 과거 입에서 입으로 전달되던 정보의 이동이 정보 독점의 한계를 드러냈다면, 오늘날 모든 정보는 온라인 세상에 기록되어 네트워크 내에서 누구나 자유롭게 검색하여 열람할 수 있는 정보의 민주화를 이룩했다. 윈도우의 혁명을 일으킨 빌 게이츠부터 컴퓨터를 모든 사람의 손에 쥐어준 스티브 잡스, 많은 사람을 SNS로 묶은 마크 저커버그, 이를 통해 전 세계 상품을 자유로이 사고팔 수 있는 플랫폼을 만든 제프 베조스에 이르기까지 현대의 억만장자들은 컴퓨터와 인터넷을 기반으로 탄생했다. 이들의 성장은 워런 버핏 같은 거물급 투자자를 잉태하는 새로운 자궁이 되어주었다.

PART Ⅳ

망, 정보, 유통

Network, Information, Distribution

CHAPTER 11

컴퓨터 혁명의 첨병
빌 게이츠

Bill Gates

(1955~)

"삶은 공평하지 않다. 익숙해져라."

—빌 게이츠—

"도스DOS는 죽었다."

사실 도스를 죽인 사람은 이 사망선고를 내린 당사자, 바로 MS-DOS를 만든 장본인 빌 게이츠였다. 자신이 만든 운영체제의 등에 비수를 꽂은 인물. 비수 정도가 아니었다. 아예 폭파시켰다! 그는 자신이 이룩한 왕국을 스스로 허물고 그 위에 새로운 성역을 쌓아 올리는 데 주저함이 없었다. 그는 조지프 슘페터Joseph Schumpeter가 말한 창조적 파괴, 기술의 혁신을 통해 새로운 패러다임을 구축하기 위해서는 무엇보다 낡은 패러다임을 부수는 해체와 파괴의 작업이 선행되어야 한다는 사실을 잘 알고 있었기 때문이다. 과거의 영광에 연연하면 한 발자국도 나아갈 수 없는 법이다. 새 술은 새 부대에 담아야 한다!

게이츠가 도스를 죽인 뒤 만든 새로운 패러다임은 우리 모두가 알고 있는 윈도우Windows였다. 하나씩 타자로 쳐 명령어를 일일이 입력해야 했던 도스에 비하면 커서를 움직여 마우스로 아이콘을 한 번 클릭하면 모든 게 끝나는 윈도우는 가히 혁명과 같았다. 윈도우는 전 세계 모든 PC에 깔리며 유저들이 새로운 시대로 진입하도록 돕는 '창문' 역할을 했다. 사람들은 자신도 모르게 그 창문을 통해 새로운 환경에 들어섰고, 1990년대 인터넷의 도입과 함께 지구 반대편의 사람들과 소통하는 새로운 인간관계를 만들 수 있었다. 덕분에 게이츠는 1987년 이후 지금까지 「포브스」 선정 세계 최고 부호 명단에 꾸준히 이름을 올리고 있다. 1995년부터 2017년 사이 4년을 제외하고 세계 최고 부호라는 타이틀을 보유했다. 이후 이 왕위를 아마존 제국의 수장 제프 베조스에게 넘겨주었지만, 2020년 8월 기준, 그가 보유한 순자산은 1,137억 달러로 추정된다. 진정 우리 시대 최고의 거부로 손색이 없다.

컴퓨터광의 탄생

얼마 전에 넷플릭스에서 방영한 「인사이드 빌 게이츠」 3부작 다큐멘터리를 보았다. 게이츠의 어린 시절, 학창 시절, 하버드대학을 중퇴하고 마이크로소프트를 창업하는 과정, 직원이었던 멀린다와의 결혼에 골인하는 과정, 이후 제3세계 가난과 기아, 질병을 퇴치하기 위해 사회활동가로 변신한 모습까지 한 명의 부자가 제대로 방향을 잡으면 세상을 위해 얼마나 위대한 일을 해나갈 수 있는지를 여실히 보여주었다. 독자들에게 강력하게 추천한다. 이 책을 잠시 덮어두고서라도 그의 다큐멘터리를 꼭 한 번 신청하기 바란다. 사실 이 글은 그의 다큐멘터리를 보고 꼬박 이틀 동안 서재에 틀어박혀 썼다.

1955년 10월 28일, 게이츠는 워싱턴 주 시애틀에서 변호사로 활동하던 아버지 윌리엄 H. 게이츠 시니어William Henry Gates Sr.와 비영리단체 유나이티드 웨이United Way of America의 이사직을 맡고 있던 어머니 메리Mary 사이에서 태어났다. 위로는 한 살 많은 누나가 있었고, 아래로는 아홉 살이나 어린 여동생이 있었다. 신기한 건 그의 할아버지도 게이츠, 아버지도 게이츠였다. 어릴 때 가족들은 '게이츠 3세'였던 그를 '트레이Trey'라고 불렀는데, 트레이는 카드 게임에서 3점을 의미했다. 아들이 스무 살의 나이에 마이크로소프트를 창업해 윈도우라는 '창문'으로 떼돈을 벌어들일 것을 미리 내다보았는지 아버지는 '문'이라는 뜻을 가진 자신의 이름 게이츠를 아들에게 물려주었다.

게이츠의 가정은 여유롭고 풍족한 미국 중산층을 대표할 만한 집이었다. "게이츠의 아버지는 시애틀의 유명한 법률 회사를 공동 경영하고 있었고, 한때 교직에 몸담았던 그의 어머니는 시애틀의 사교계에서 독보적일 만큼 활발히 활동하며 폭넓은 인간관계를 맺고 있었다."[152] 게이츠는 어려서부터 두각을 나타냈다. 그의 가족은 동네 회중교회를 다녔는데, 남들은 한 번 소리 내 읽는 것도 힘들어하는 성경 구절을 단 한 번 읽고는 막힘없이 술술 암송했다고 한다. "해마다 터너 목사는 세례 학습에 참여하

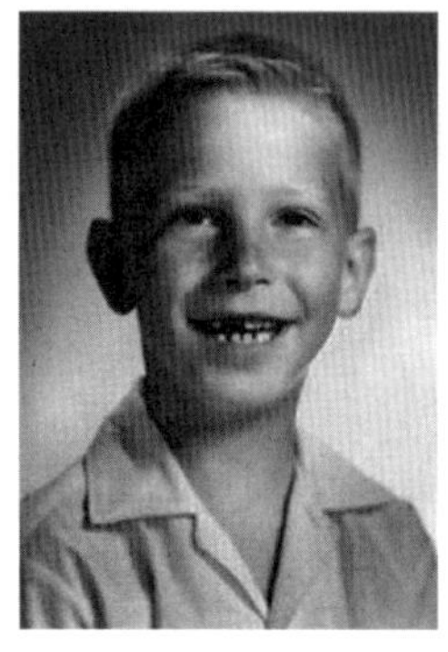

어린 시절의 빌 게이츠
(출처: google.com)

는 사람들에게 산상수훈을 모두 외는 사람이 있으면, 시애틀의 고급 레스토랑에서 저녁을 사주겠다고 약속했다. 그러자 31명 정도가 마태복음 5장과 6장, 그리고 7장을 더듬거리며 간신히 암송했다. 하지만 게이츠는 가족들과 해변으로 여행을 가는 자동차 안에서 성경책을 한 번 읽고는 조금의 막힘도 없이 산상수훈을 술술 암송해냈다. 터너 목사는 기절할 듯이 놀랐다."[153] 공교롭게도 그가 암기한 성경 구절은 팔복이 포함된 부분이었다. "의에 주리고 목마른 자는 복이 있나니 그들이 배부를 것임이요."[154]

그가 외운 굶주림은 스티브 잡스가 스탠퍼드대학 졸업 연설에서 외친 굶주림Stay hungry과 닮은 구석이 있어 보인다. 하지만 게이츠에게서는 잡스에게 풍기는, 반항적이고 겁 없는 일탈을 꿈꾸는 해적의 이미지를 찾아볼 수 없다. 불안한 청소년기를 보낸 잡스와 달리, 게이츠는 매우 안정적인 가정에서 곱게 자랐기 때문이다. 물론 그 역시 질풍노도의 시기를 보냈지만, 잡스처럼 마리화나나 LSD 같은 마약에 손을 대진 않았으니 어머니에게 대들고 멋대로 굴었던 10대의 반항은 애교로 봐줄 수 있는 수준이었다. 어린 시절 게이츠와 어머니 사이에 유명한 일화가 있다. 하루는 식사 시간이 되어 어머니는 주방에서 어린 게이츠를 불렀다. 지하실에 처박혀 무언가에 골몰하던 게이츠는 그런 어머니의 콜을 들을 리 없었다. “너 대체 여기서 뭐하니? 엄마가 부르는데 왜 대답이 없어?” 게이츠는 퉁명스럽게 답했다. “생각하고 있어요. 생각, 엄마는 생각해본 적 없어요?” 아들이 단순히 ‘중 2병’이 아니라고 판단한 게이츠의 부모는 그를 정신과에 데리고 갔다. 물론 정신과에서도 별다른 뾰족한 수를 내지 못했다.

그는 분명 타고난 천재였다. 수학경시대회에서 1등을 놓치지 않았고, 서재에 꽂혀 있던 백과사전을 처음부터 끝까지 읽기로 마음먹은 적도 있었다. 물론 P 항목까지 읽고 위인전을 읽는 것으로 방향을 선회했지만. 그가 열두 살쯤 되었을 때, 어머니는 유별나게 책을 좋아하는 아들을 사립학교에 보내기로 결심했다. 이는 두 가지 점에서 탁월한 결정이었다. 첫 번째 이유는 게이츠가 레이크사이드 스쿨에 입학하고 그곳에서 처음으로 컴퓨터 단말기를 보게 되었기 때문이다. “그는 중학교 1학년 때인 1967년에 컴퓨터에 손을 대기 시작했는데, 지인들은 게이츠가 컴퓨터를 다루다 고장이 나면 해결이 될 때까지 아주 끈질기게 달라붙었다고 그 시절의 게이츠를 묘사했다.”[155] 게이츠는 학교 지하 동아리실에서 컴퓨터를 보고는 자신의 인생행로를 정해버렸다. ‘바로 너다!’ 평소 몰두할 무언가가 필요했던 게이츠에게 더 없이 먹음직스런 먹잇감이었다. 그는 정신없이 컴퓨터에 빠져들었다. 얼마 안 가서 그는 레이크사이드 학교에서 선생님과 아이들을 통틀어 컴퓨터에 대해 가장 많이 아는 사람이 되었다.

아들을 사립학교에 보내기로 한 어머니의 결정이 탁월했던 또 하나의 이유는 그곳에서 평생의 사업 파트너인 폴 앨런Paul Allen을 만났기 때문이다. 두 사람은 레이크사이드 스쿨 컴퓨터 동아리에서 만났다. 앨런은 게이츠보다 두 살 많은 형이었지만, 컴퓨터를 좋아한다는 점에서 둘은 죽이 잘 맞았다. 게이츠와 앨런은 컴퓨터를 마음껏 쓰고 싶은 마음에 겁 없이 CCC라는 회사를 찾아가 "귀사의 소프트웨어에서 버그를 찾아주겠다."는 제안을 하기도 했다.* "그곳에서 그들은 프로그램의 오류를 검색해주는 대가로 디지털 이큅먼트사의 최첨단 컴퓨터를 자유롭게 사용할 권리를 얻었다. 저녁 6시가 되면, C-큐브드 직원들이 모두 떠난 사무실에 3명의 고등학생이 들이닥쳤다. 앨런은 이렇게 회상했다. '우리는 보통 사무실에서 밤을 꼬박 지새웠습니다. 그저 소프트웨어를 연구하는 일이 너무나 좋았기 때문이죠. 정말 즐거운 시간이었습니다.'"[156]

훌륭한 영웅 뒤에는 언제나 그를 돕는 조력자가 있다. 앨런은 오늘날 게이츠라는 인물이 탄생하는 데 결정적인 역할을 했다. 둘은 성인이 된 후에도 늘 붙어 다녔다. 주변에서 둘이 사귀냐는 질문을 할 정도였다. 게이츠와 앨런의 관계는 여러모로 잡스와 워즈니악의 관계와 비슷하다. 둘의

* CCC: Computer Center Corporation이라는 지역 회사로 종종 'C-큐브드'로 불렸다.

우정은 마이크로소프트를 창업하는 순간까지 이어졌고, 최고의 기업으로 우뚝 설 때에도 둘은 맞잡은 손을 놓지 않았다. 하지만 시간이 지난 뒤 회사의 지분을 놓고 갈등이 깊어지면서 영원할 것 같던 둘의 우정은 반목과 미움으로 얼룩졌다.

마이크로소프트를 창업하던 시절의
게이츠(좌)와 앨런(우)
(출처: seattletimes.com)

마이크로소프트를 창업하다

게이츠의 아버지는 아들이 자신의 뒤를 이어 변호사가 되기를 바랐다. 탐구력과 집중력이 남달랐던 아들을 어엿한 법조인으로 만들 꿈에 부풀었던 부모는 게이츠가 최고의 대학에서 최고의 교육을 받도록 안내했다. "빌 게이츠는 프린스턴과 예일, 그리고 하버드에서 국립 장학생으로 입학 허가를 받았다. 게이츠는 하버드를 선택해 1973년 가을에 입학했다. 여러 가지 면에서 게이츠는 전형적이고 평범한 신입생이었지만, 새로운 도전과 보다 치열한 경쟁에 보조를 맞추지 못하고 방황했다. 그는 수업을 빼먹고 하루 종일 컴퓨터 실험실에 앉아 자신의 프로젝트를 연구했다. … 하버드에 들어와서조차 게이츠는 과거에 하던 대로 자신이 좋아하는 과목에서만 좋은 성적을 받고 관심이 없는 과목은 아예 무시해버렸다."[157]

게이츠는 잡스와 달리 농땡이를 부리지 않고 성실하게 대학을 다니긴 했지만, 가슴을 뛰게 하는 일생일대의 일을 찾지 못했다. 모든 게 시시하고 싱겁게 느껴졌다. 그런 그에게 유일한 위안거리는 대학에서 스티브 발머Steve Ballmer라는 친구를 만난 것이었다. 발머는 샌님(?) 게이츠에게는 없었던 저돌적인 추진력과 문제(특히 인간관계)의 본질을 꿰뚫어보는 통찰력을 가지고 있었다. 나중에 언급하겠지만, 발머는 마이크로소프트가 여러 소송으로 어려움을 겪을 때 회사의 수장이 되어 비즈니스 방향을 조율한 탁월한 사업가로 활약했다. "발머의 날카로운 성격은 게이츠에게 강한 인상을 남겼으며, 발머와 같은 똑똑한 친구들을 많이 만나면서 게이츠는 대학생활에 재미를 느꼈다."[158]

그러던 어느 날, 게이츠의 가슴이 마구 뛸 만한 일이 생겼다. 1975년, 앨런은 하버드 교정을 지나다 가판대에서 MITS의 알테어 8080 컴퓨터 사진이 대문짝만하게 실린 잡지를 보게 되었다. "앨런은 그 잡지를 구입해 쏜살같이 게이츠에게 달려갔다. 그리고 이 작고 단순한 기계를 위해 컴퓨터 언어를 개발해야만 한다고 게이츠를 설득했다."[159] "우리를 빼고 이런 일이 일어나고 있어." 앨런은 게이츠에게 잡지에 실린 기사를 읽어주었다. "우리도 시작해볼까?" 그날 바로 둘은 의기투합하여 코딩 작업에 들어갔다. 대부분의 사람이 대수롭지 않게 지나쳐버릴 일상의 해프닝이 천재에게는 예사롭게 보이지 않았던 것이다. 시대를 통찰하는 안목을 가진 친구를 곁에 둔 것은 게이츠가 가진 행운, 무엇과도 바꿀 수 없는 인복人福이 아닐 수 없다.

돈은 꿈을 따라온다. 게이츠와 앨런은 돈이 아닌 꿈을 좇았다. 둘은 MITS와 접촉해 알테어 컴퓨터에서 구동할 수 있는 프로그램을 만들겠다고 약속했다. 누군가에게는 무모한 짓으로 보일 수도 있는 선언이었지만, 여러 프로그램을 만들어 본 경험이 있던 두 사람의 머릿속에는 이미 기본 프로그램의 얼개가 착착 조립되고 있었다. "그들은 모험을 했다. 지금까지 하드웨어가 없는 소프트웨어 산업은 존재하지 않았다. 그 당시 컴퓨터 업계 사람들은 하드웨어에만 초점을 맞추었다. 소프트웨어는 꼭 필요한 구성 요소이지만 하드웨어보다는 덜 중요했다. 그러나 게이츠와 앨런은 소프트웨어가 미래에 매우 중요한 위치를 차지하게 될 것을 예감했고, 게이츠는 소프트웨어의 미래를 '광적인 꿈'이라고 불렀다."[160] 이렇게 두 청년의 무모한 도전은 마이크로소프트 베이직을 탄생시켰다.

"그와 앨런은 1975년 2월과 3월을 게이츠의 조그마한 하버드 기숙사 방에서 MITS를 위한 프로그래밍 언어를 작성하며 보냈다. 이 기간 동안 게이츠는 작업을 하다 책상이나 바닥에서 잠에 곯아떨어지기 일쑤였다. 그는 밤과 낮을 식별할 수 없었다. 이따금은 아무것도 먹지 않고 그 누구와의 대면 없이 혼자서 하루를 보냈다. 5주가 정신없이 지나갔다. 드디어 두 사람은 알테어용 베이직을 개발했다. 이 베이직은 그 후 6년 동안 그 분야의 산업 표준이 되었다."[161] 게이츠와 앨런은 MITS에 베이직 프로그램을 팔아 3천 달러와 함께 로열티를 지급받았다. 둘은 여세를 몰아 아예 MITS 본사가 있던 뉴멕시코 주 앨버커키로 날아가 프로그램을 업그레이드하기로 결정했다. 얼마 지나지 않아 앨런은 능력을 인정받아 MITS의 직원으로 채용되었다. 둘은 기로에 섰다. 학업이냐, 사업이냐를 결정해야 할 때가 온 것이다.

마이크로소프트 베이직

1975년, 빌 게이츠와 폴 앨런이 마이크로소프트를 창업하면서 처음으로 내놓은 PC 프로그램 소프트웨어로, MITS의 알테어 8080 컴퓨터에 사용할 수 있도록 맞춤형으로 제작되었다. 본래 베이직은 '초보자용 다목적 기호 명령 코드Beginner's All-purpose Symbolic Instruction Code'라는 뜻의 컴퓨터 언어로, 1963년 다트머스대학의 존 케메니John Kemeny와 토머스 커츠Thomas Kurtz가 개발했다. 베이직은 초기 PC를 사용하는 유저들이 간편하게 프로그램을 만들 수 있도록 지원한 유용한 언어 체계였으며, 게이츠와 앨런 역시 프로그래밍 시 베이직을 애용했다. 초기 PC의 경우 베이직을 기본적으로 탑재하고 있었기 때문에, 마이크로소프트가 MS-DOS를 개발할 때에도 당연히 베이직을 활용했다.

이 상황은 우리에게 묘한 데자뷰를 일으킨다. 대학을 때려치우는 게 통과 의례처럼 여겨진다. 게이츠뿐 아니라 애플을 창업한 잡스도 그랬고, 페이스북을 만든 마크 저커버그도 그랬다. 어디 그뿐인가? 트위터를 개발한 에반 윌리엄스Evan Clark Williams도, 오라클을 창업한 래리 앨리슨Lawrence Joseph Ellison도, 우버를 만든 트래비스 캘러닉Travis Cordell Kalanick도 모두 중도에 대학을 그만두었다. 이쯤 되면 세계적인 플랫폼을 만들려면 다니던 대

판단이 섰다면 다니던 대학쯤은 던져버릴 결단력이 있어야 한다.
왼쪽부터 에반 윌리엄스, 래리 엘리슨, 트래비스 캘러닉
(출처: wikipedia.org)

학을 한 번쯤 중퇴해야 하는 것 아닌가 하는 의구심도 든다. 여기서 우리는 부자의 덕목 중 결단력을 발견할 수 있다. 대학이 무슨 죄가 있겠는가? 학생의 본분을 잊을 정도로 자신이 추구하는 목표에 집중하고, 판단이 섰다면 뒤도 돌아보지 않는 결단이 필요하다는 의미다.

위대한 사업에는 위대한 결단이 필요하다. 시애틀로 돌아온 게이츠는 가족들을 모아놓고 대학을 중퇴하겠다고 선언했다. 그의 아버지는 당시를 이렇게 회상했다. "트레이(빌 게이츠)는 대학을 졸업한 뒤면 그 천금 같은 기회가 사라지고 없을 거라며 하버드를 중퇴하겠다고 했다. 물론 그때 아내와 나는 아들의 결정에 크게 실망했다. 그러나 트레이는 '나중에' 반드시 복학해 졸업장을 받겠다고 약속해주었다. 그런데 그 '나중에'는 그로부터 32년이 지난 뒤에야 찾아왔다. 2007년 6월 7일, 하버드대학에서 트레이에게 명예 법학박사 학위를 수여한 것이다. 나는 아들 내외와 함께 캠브리지

로 날아가 트레이가 학위를 받고 하버드대학 졸업식에서 축사를 하는 모습을 지켜보았다."[162] 당시 게이츠는 사업이 풀리지 않으면 학교로 돌아갈 예정이었으나 마이크로소프트가 성공한 나머지 복학생이 되지 못했다.

게이츠와 앨런은 레이크사이드 스쿨 컴퓨터 동아리에서 함께했던 옛 친구들을 모아 회사를 꾸렸다. 이들에게는 이름이 필요했다. "게이츠와 앨런은 자신들이 세울 회사 이름을 여러모로 궁리했다. 그들이 떠올린 이름으로는 아웃코퍼레이티드, 언리미티드 등이 있었다. 하지만 '마이크로-소프트'라는 이름은 단연 최선의 선택처럼 보였다. 뉴멕시코에 자리를 잡은 게이츠와 앨런은 레이크사이드 스쿨 컴퓨터 동아리에서 함께 프로그래밍을 했던 옛 친구들과 마이크로-소프트를 세웠다. 그리고 회사를 시애틀로 옮길 무렵 '-'가 빠지면서 회사 이름이 마이크로소프트가 되었다."[163] '작다'는 뜻의 '마이크로'는 의도적으로 회사의 규모를 낮춰 부르려는 겸손의 발로가 아니었다. 그들이 생각해낸 사명社名은 '정밀함'을 갖춘 마이크로프로세서와 소프트웨어의 합성어였다.

오늘날 미국의 저력은 학생이 상아탑에 갇혀 배우는 자로 머물지 않고 이렇게 산업의 중심으로 바로 진입하여 사업가로 마음껏 활동할 수 있다는 자유에 있다. 우리나라 대학들처럼 억지로 산학 협력을 부르짖지 않아도 미국에는 자연스럽게 자신이 배운 이론을 현장에 적용해볼 수 있는 기회가 널려 있다. 여기에는 역사적으로 '자수성가'를 한 롤모델이 풍부하다는 점과 자유 기업가를 으뜸으로 여기는 사회적 인식도 한몫하고 있다. 지금 이 시간에도 미국에서는 수많은 괴짜가 창발적인 아이디어를 실험하고 있을 것이다. "앨런, 게이츠, 그리고 다시 모인 왕년의 컴퓨터 동아리 친구들은 관습 따위에 얽매이지 않고 자유롭게 지내며 일했다. 처음에 그들은 먼지투성이인 텀블위드 모텔에서 생활했다. 나중에는 아파트 한 채를 빌려 공동생활을 함으로써 먹고 자는 데 드는 비용을 줄였다. 그들은 대부분의 시간을 프로그램을 짜고 피자를 먹고 영화를 보기 위해 뛰쳐나가거나 한밤중에 게이츠의 포르쉐를 타고 사막을 빠른 속도로 횡단하면서 보냈다."[164]

"회사 창립 후 5년이 되던 해에 게이츠는 누구도 부정할 수 없는 소프트웨어 혁명의 리더가 되었다. 이제 소프트웨어는 가치 있는 하드웨어가 어떤 것인지를 결정하게 되었다. … 전 세계에 있는 10대의 컴퓨터 중 9대가 마이크로소프트의 소프트웨어를 사용했다. 회사의 시장가치는 70억 달러를 상회했다. 회사 지분의 30%를 가진 게이츠는 20억 달러 이상의 부를 축적했다."[165] 이후 게이츠의 행보는 우리 모두가 아는 바와 같다. 1986년 3월 13일, 마이크로소프트는 창업한 지 12년 만에 기업공개IPO를 통해 나스닥에 상장됐다. 첫날 마이크로소프트는 1주당 25달러 75센트에 거래되었다. 시가총액은 7억 8천만 달러였다. 당시 게이츠는 회사 지분의 45%를 보유하고 있었으니, 대략 3억 5천만 달러, 우리나라 돈으로 4천억 원이 훌쩍 넘는 돈을 하루아침에 거머쥐게 되었다. 이후 마이크로소프트는 비약적인 발전을 거듭했고, 고작 서른한 살에 불과했던 게이츠는 갑부의 반열에 올라섰다.

너무 잘나간 것이 하마르티아로

하지만 게이츠의 앞날은 그리 밝지 않았다. 마이크로소프트의 앞길에 줄소송이 기다리고 있었기 때문이다. 1990년 6월, 미국 연방무역위원회FTC는 마이크로소프트가 윈도우를 PC의 운영체제로 판매하는 데 독점적 지위를 이용했다며 본격적인 조사에 착수했다. 이후 1994년, 연방독점금지국Antitrust Division은 마이크로소프트가 윈도우3.1의 라이선스와 관련해 PC의 운영체제 소프트웨어 시장에서 독점력을 행사하여 반독점법을 위반했다고 연방법원에 기소했다. 존 록펠러의 스탠더드 오일을 박살낸 반독점법의 시퍼런 칼날이 게이츠의 목덜미를 겨누고 있었다. 게이츠는 일단 한 발 물러섰다. "마이크로소프트는 경쟁을 방해하며 운영체제 시장에서 우월한 지위를 사용하는 것을 금지하는 동의 명령에 서명했다. 그러나 마이크로소프트의 경쟁 업체들은 여전히 이 소프트웨어의 거인이 소비자들에게 자사의 소프트웨어를 사용하도록 강요함으로써 독점적 지위를 성취하고 남용했다고 주장하며 게이츠의 서명에 만족하지 않았다."[166]

소송은 계속 이어졌다. 1998년, 마이크로소프트는 윈도우98을 구매하는 소비자들에게 PC에서 마이크로소프트의 여타 제품을 활성화시켜 이들을 채택하게 함으로써 윈도우 운영체제에 대한 독점적 지위를 남용했으며, 이 지위를 유지하기 위해 비경쟁적·독점적 관행을 일삼고, 나아가 인터넷 브라우저인 익스플로러에까지 이를 확대하려 했다는 혐의로 재차 고발당했다. "연방정부가 이 소프트웨어 거인에 대한 소송 사건에서 공식적으로 승소하지는 않았지만 연일 계속되는 법적 공격으로 마이크로소프트는 패자가 된 것이나 다름없었다. 결국 회사는 충격에 휩싸였고, 사원들의 사기는 땅에 떨어졌으며, 소송에 관여했던 사람들은 심각한 좌절감을 맛보게 되었다. 또한 회사의 기능이 정상적으로 돌아갈 수 있느냐 하는 것도 큰 문제점으로 남아 있었다. 게이츠 입장에서 재판은 큰 충격이었다. 언론이 매일 주요 기사로 마이크로소프트를 매도하고 있기 때문만은 아니었다. 그는 마이크로소프트를 고소한 정부에 슬픔과 굴욕감을 느꼈다."[167]

1999년 11월, 우여곡절 끝에 마이크로소프트는 독점 혐의를 인정했고, 이듬해 4월, 스탠더드 오일처럼 마이크로소프트에게도 회사 분할 판결이 내려졌다. 회사를 통째로 빼앗기게 생긴 게이츠는 물러서지 않고 연방법원에 항소를 제기했다. 하늘은 스스로 돕는 자를 돕는다고 했던가! 이때 마이크로소프트에게 구원투수가 등장했다. 2001년 1월, 새로운 대통령이 당선된 것이다. 공화당의 조지 부시George W. Bush가 민주당의 앨 고어Al Gore 후보를 누르고 미국의 41대 대통령이 되었다. "민주당의 대선 후보인 앨 고어가 대통령에 당선되었다면 새로운 민주당 행정부는 이 사건의 일부라도 재심하라는 법무부의 주장을 당연하게 받아들였을 것이다. 그러나 부시는 마이크로소프트에 대해 어떠한 부정적 견해도 없으며, 독점금지법 소송 사건을 지속할 아무런 의사가 없다는 것을 분명히 했다. 오히려 그는 마이크로소프트 소송 사건이 중단되기를 원했다."[168] 회사 분할 판결이 난 지 1년이 지난 2001년 6월, 연방항소법원은 1심에서 내려진 회사 분할 판결을 뒤집었다. 지옥에서 천당으로 가는 막차를 가까스로 잡아 탄 게이츠

빌 게이츠는 반독점법으로 일생일대의 위기를 맞는다.
(출처: businessinsider.com)

는 한숨 돌리게 되었다. 1심을 책임진 '대쪽 판사' 토머스 잭슨은 언론을 통해 강하게 반발했지만 별 다른 도리가 없었다.

게다가 같은 해 9월에 발생한 9·11 테러의 여파로 민심이 흉흉하고 경제 사정마저 좋지 않았다. 재판을 질질 끌어서 미국 경제에 좋을 게 없었다. 결국 2001년 11월, 미국 법무부는 마이크로소프트와 합의안을 작성했다. 수년을 끌어왔던 소송이 이렇게 흐지부지(?) 끝나고 말았다. 합의안은 노골적으로 마이크로소프트의 손을 들어주는 방식이었다. 마이크로소프트는 이미 시장에서 독점적 지위를 가지고 있었기 때문에 합의안을 준수하겠다는 약간의 제스처만 취하면 게이츠 입장에서는 별 다른 손해가 없었다. "재판이 끝난 후 전보다는 잠잠해졌지만 마이크로소프트는 거래 관행을 바꾸는 것에 관해서는 계속 냉소적인 입장을 보였다. 그들은 재판이 마이크로소프트를 뉘우치게 만들 것이라고 믿지 않았다. … 그러나 회사

내에서 새로운 길을 가야 한다는 강한 주장들이 고개를 들기 시작했다. 마이크로소프트가 실질적으로 혁신의 길로 나아갈 것인가 하는 것은 순전히 게이츠와 발머에게 달려 있었다. 이를 시발점으로 2000년대 초, 그들 스스로 새로운 관계를 정립하기 시작했다."[169]

반독점법의 대척점에 있던 것은 지적재산권이었다. 20세기 대부분의 거부는 시장을 선점하고 강력한 무기를 하나씩 가지고 있었다. 그중 가장 두드러진 현상이 바로 지적재산권이었다. 신자유주의 경제에서 지적재산권의 위력은 더욱 막강해졌다. 하지만 게이츠는 일련의 소송을 통해 기업가로서 자신의 지위와 사회적 책임, 나아가 시장에서 독점적 지위를 가진 선택적 소수가 짊어져야 할 의무에 대해 진지하게 고민해볼 수 있는 기회를 얻게 되었다. 언론은 그의 일거수일투족을 그다음 날 신문지상에 상세히 기술했고, 사회는 자칫 개인적 이윤 추구로 비쳐질 수 있는 그의 사업 활동에 사회적인 의미를 부여하려 했다. 게이츠는 자신의 의도와 상관없이 자신의 사업 활동이 한 나라, 아니 전 세계 비즈니스의 근간을 뒤흔들 정도로 지대한 영향력을 가지고 있다는 사실을 어렴풋하게 깨닫기 시작했다. 이제는 자기 자신과 가족만 잘 먹고 잘 사는 것이 아니라 사업을 통해 얻은 이익이 사회에 환원되고, 이를 통해 조금이라도 삶의 표준이 높아지며 사회 문제들이 개선되는 방향으로 움직여야 했다. 이는 막대한 재산을 일군 대다수의 거부가 느끼는 책임의식이다.

세상을 바꾸는 기부, 게이츠의 페리페테이아

게이츠는 성공의 핵심에 습관처럼 파트너를 둔다. 그는 기회가 있을 때마다 공개적으로 오랜 친구이자 동료였던 앨런과 발머의 존재가 자신에게 큰 힘이 되었다고 말한다. 그중에서 그가 선택한 가장 훌륭한 파트너는 단연코 그의 아내 멀린다Melinda일 것이다. 멀린다는 듀크대학에서 학사로 컴퓨터공학을, 석사로 경영학을 전공한 재원이었다. 그녀는 1987년, 졸업을 하는 동시에 당시 신생 회사에 불과했던 마이크로소프트에 입사했다. 사내에서 유일하게 MBA를 취득한 여직원이었던 멀린다는 회사에 없어서는 안 될 중요한 직원으로 인정받았다. 게이츠와 멀린다는 한 모임에서 같은 테이블에 합석하면서 서로에게 호감을 느꼈고, 급기야 입사 2년 만에 사내 연애를 시작하게 되었다. 둘은 사장과 직원이라는 형식적이고 업무적인 관계에서 아슬아슬하게 밀당을 하다 서로의 공통점을 발견하고 급격히 가까워졌다. 게이츠가 그녀에게 게임을 하나 소개했는데, 그녀가 그 게임을 깨자 화면에 '나와 결혼해주오'라는 문구가 나왔다고 한다. 멀린다는 게이츠의 프러포즈를 받아들였고, 1994년, 둘은 하와이에서 결혼식을 올렸다.

텍사스 주 댈러스의 중산층 동네에서 자란 멀린다는 엄격한 가톨릭 교육을 받아서인지 첫째 아이를 임신하자 곧바로 회사를 그만두었다. 평소 일 욕심이 많았던 아내가 단칼에 퇴사 결정을 내리자 게이츠는 깜짝 놀랐다고 한다. 이후 그녀의 관심은 점차 비즈니스에서 사회 활동으로 옮겨가기 시작했다. 처음에는 가사 노동의 성비 불균형, 여성의 사회 진출, 남녀 평등, 육아 등의 문제에서 시작했으나, 점차 제3세계의 기아와 질병, 경제적 착취, 환경 문제로 관심 범위가 넓어졌다. 급기야 멀린다는 마이크로소프트가 소송에 휘말리며 남편이 연방독점금지국과 진흙탕 싸움을 벌이는 모습을 보고 그를 설득해 2000년에 사재를 출연하여 자선단체인 빌앤드멀린다재단Bill & Melinda Foundation을 설립했다. 현재 재단은 개발도상국에서 빈곤을 줄이고 건강을 증진시키기 위한 프로젝트를 후원하고 있으며, 백신 개발 및 피임약 보급, 가족계획 문제 등 빈곤국 여성들을 위한 캠페인을 벌이고 있다.

게이츠는 자신이 기부와 사회 운동에 투신하게 된 계기가 아내에게 있었다고 말한다. "저에게 사회적 의무를 일깨워준 사람은 아내 멀린다였습니다." 그간 줄소송으로 정신적 피로가 누적된 것인지, 사회사업에 대한 관심이 커진 것인지 게이츠는 재단을 설립한 이후 점차 시간의 무게 추를 비즈니스에서 사회 활동으로 옮겼다. 그러다 2008년, 그는 공식적으로 경영 일선에서 물러서는 은퇴를 단행했다. 일주일에 한 번 마이크로소프트의 이사회 의장 역할만 맡고, 나머지 정력은 아내 멀린다와 함께 재단 일에 쏟겠다고 발표한 것이다. 창업 이후 줄곧 맡아왔던 마이크로소프트의 CEO 자리는 오랜 친구이자 동료인 발머에게 넘겨준 상태였다. 이로써 그는 그간 이루었던 눈부신 업적과 해명과 소송으로 얼룩진 과오, 대중의 찬사와 치기 어린 질투를 모두 뒤로 한 채 IT업계의 왕좌에서 내려왔다. 그의 마지막 기조연설 중 시트콤을 패러디한 영상에 조지 클루니, 스티븐 스필

아내 멀린다를 바라보는 게이츠
(출처: abcnews.go.com)

버그 같은 인사들이 등장했지만, 왕의 퇴임은 의외로 조용하고 쓸쓸했다. 그리고 2020년 3월, 게이츠는 그마저 갖고 있던 이사직과 투자회사의 직책까지 모두 내려놓으며 완전한 은퇴의 길로 들어섰다.

어느 날 게이츠는 「뉴욕타임스」 기자였던 니콜라스 크리스토프Nicholas D. Kristof가 쓴 '제3세계에 물은 여전히 치명적인 음료'라는 기사를 보게 되었다. 인도를 비롯한 제3세계의 수질 문제를 끈질기게 추적하여 고발한 기사는 게이츠를 경악시켰다. 너무 당연한 것조차 갖추어지지 않은 곳이 세계 반대편에 존재하고 있다는 사실은 이전까지 개발도상국에 컴퓨터를 지원하고 디지털 인프라를 구축하는 고상한(?) 사회 활동을 벌여왔던 게이츠의 가치관을 뒤흔들었다. 미국과 같은 선진국에서 사용하는 수세식 화장실은 배설물을 하수로 보내기 위해 대량의 물을 낭비하는데, 이는 관개시설을 가지고 있지 못한 가난한 나라, 근본적으로 물이 부족한 나라에는 적합하지 않았다. 낭비되는 물은 줄이면서 배설물이 퇴비가 되어 에너지로 재활용될 수 있는 영구기관과 같은 화장실이 필요했다. 게이츠는 아주 간단한 조립과 설치로 지속 가능한 생태 화장실을 만들어 저개발국가에 지원하기로 결심했다. 게이츠는 화장실 경연대회를 열었고, 그곳에서 입상한 설계도면을 가지고 직접 화장실을 제작하여 보급했다.

빌앤드멀린다재단은 에이즈와 같은 불치병을 퇴치하고 코로나 바이러스 백신을 개발하는 등 다양한 영역에서 다각도의 사업을 진행하고 있다. 이러한 구호 노력에 힘입어 게이츠와 멀린다는 「타임」지가 선정한 '2005년 올해의 인물'에 이름을 올리기도 했다. 또한 멀린다는 2006년 「월스트리트저널」이 선정한 '세계를 움직인 재계 여성' 1위에 이름을 올렸다. 2010년, 게이츠 부부는 오랜 친분을 갖고 있는 '오마하의 현인' 워런 버핏과 기빙플레지The Giving Pledge를 설립했다. 기빙플레지는 부자들에게 재산의 절반을 기부하도록 권고하는 기부 문화 운동단체다. 이 단체에는 게이츠 부부와 버핏 말고도 테슬라의 최고경영자 일론 머스크, 페이스북의 창업자 저커버그 부부, 아마존의 창업자 베조스의 전 부인 맥킨지 터틀 등이 동참하고 있다. 비록 기부 서약이 법률적인 구속력은 없지만, 도덕적 헌신과 자발적 기부를 통해 사회 인식을 개선하고 일반인들의 동참을 끌어내고 있다.

물론 아무런 비판이 없는 건 아니다. 「가디언」지는 기부와 자선에 앞장서는 게이츠 부부에게 일침을 놓았다. "만약 부자들이 더 나은 세상을 만들려는 진심이 있다면, 다른 약속을 하면 된다. 제때 제대로 세금을 내고,

직원들에게 월급과 연금을 더 많이 주고, 고용 안정을 보장하고, 근로 환경을 개선해주면 된다." 당장 눈앞의 불합리를 개선하지 않고 지구 반대편의 문제를 붙들고 있다는 비판이다. 하지만 게이츠는 단순히 돈만 뿌리고 사업의 결과에는 무지한 여느 부자들과 달리 아무리 바쁘더라도 시간을 내 직접 제3세계를 돌며 사업 과정을 일일이 챙긴다. 진정성이 느껴지는 대목이다.

2020년 초부터 전 세계로 퍼진 코로나 바이러스 때문에 최근 게이츠는 때 아닌 음모론에 휘말렸다. 그가 2010년 TED에서 한 강연이 문제였다. 여기서 게이츠는 개발도상국의 인구 문제를 해결할 수 있는 차원에서 백신 프로젝트를 언급했는데, 개도국의 미약한 백신 접종을 늘려 유아사망률을 낮추면 장기적으로 출산율도 낮아질 거라는 의견이었다. 당시는 아무런 관심도 받지 못한 그의 강연은 2020년 빌앤드멀린다재단이 코로나 백신을 개발하고 지원하는 데 노력을 경주하겠다는 보도 자료를 내자 호사가들의 입방아에 다시 오르내리기 시작했다. 음모론의 핵심은 빌 게이츠가 코로나 백신을 빙자하여 칩이나 추적 장치를 전 세계 사람들에게 이식하려고 한다는 것이다. 이러한 터무니없는 세간의 루머에 게이츠는 '말도 안 되는 소리'라며 일축했지만, 딥스테이트deep state를 믿는 확증편향에 빠진 사람들은 미 공화당 극우지지자와 백인 우월주의자, 큐어넌QAnon, 미 보수 개신교인, 트럼프 지지자들과 한데 뭉쳐 이런 음모론을 끝없이 확대 재생산하고 있다. 부자의 일거수일투족에 지나친 관심을 쏟는 대중들의 스토리텔링 놀이 문화가 갖는 어두운 단면이 아닐까 싶다.

게이츠는 요즘에도 분기마다 책을 챙겨 워싱턴 주 후드 운하 근처에 있는 작은 오두막으로 일주일 동안 휴가를 떠난다. 그리고 그곳에서 책을 읽으며 생각을 정리한다. '생각 주간Think Weeks'이라 불리는 이 스케줄은 그가 마이크로소프트를 창업하고 시작한 이래 지금까지 꾸준히 지키고 있는 루틴이다. 그는 매해 생각 주간에 적어도 50여 권의 책을 읽는다고 한다. 리더reader는 리더leader다. 책에서 미래의 방향을 찾는 부자, 그야말로 21세기가 바라는 진정한 부자의 모습이 아닐까?

빌 게이츠의 분석 차트

항목	평가
독창성	★★★★
진실성	★★★★
성실성	★★★★★
계획성	★★★★
개방성	★★★★★

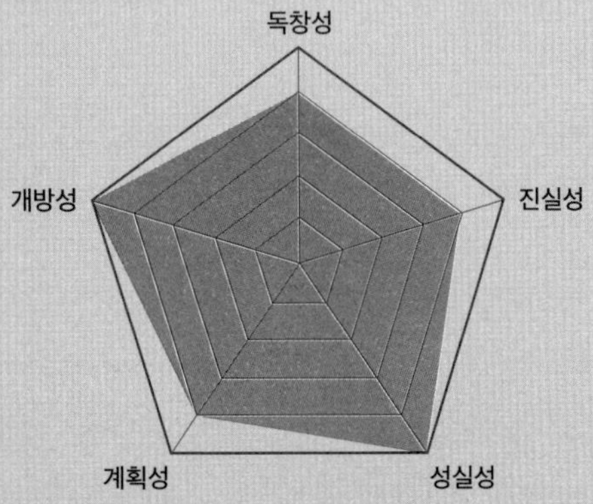

빌 게이츠의 연표

1955년 워싱턴 주 시애틀에서 윌리엄 H. 게이츠 시니어(William Henry Gates Sr.)와 메리(Mary) 사이에서 태어남

1967년 레이크사이드 스쿨에 입학하여 폴 앨런(Paul Allen)을 만남

1973년 하버드대학에 입학하여 스티브 발머(Steve Ballmer)를 만남

1974년 하버드대학을 중퇴함

1975년 폴 앨런과 함께 베이직을 개발함
뉴멕시코 주 앨버커키에서 마이크로소프트를 창업함

1979년 마이크로소프트의 본사를 시애틀로 옮김

1981년 IBM PC에 마이크로소프트의 MS-DOS를 도입함

1983년 PC 입력 도구인 마우스를 발표함
MS-워드1.0을 출시함

1986년 주식공개로 폴 앨런과 함께 백만장자가 됨

1988년 폴 앨런이 마이크로소프트를 떠남

1990년 마이크로소프트 윈도우3.0을 출시함

1992년 GUI를 놓고 애플과의 법정 싸움에서 이김

1994년 멀린다(Melinda)와 결혼함

1995년 윈도우95를 출시함

1998년 윈도우98을 출시함
미 법무부가 마이크로소프트의 반독점 관행에 소송을 제기함

1999년 『@생각의 속도』를 출판함

2000년 빌앤드멀린다재단을 설립함
윈도우2000을 출시함
스티브 발머가 마이크로소프트의 CEO에 오름

2001년 윈도우XP를 출시함

2007년 윈도우비스타를 출시함

2008년 마이크로소프트를 떠나며 은퇴함
하버드대학에서 명예학위를 받음

2010년 아내 멀린다, 워런 버핏과 함께 기빙플레지를 설립함

CHAPTER 12

가치 투자의 귀재
워런 버핏

Warren Buffett

(1930~)

"10년 동안 보유할 주식이 아니라면,
단 10분도 보유하지 말라."
—워런 버핏—

명장 마틴 스콜세지의 영화「더 울프 오브 월스트리트」는 1990년대 월스트리트에서 대규모 주식 사기를 일으킨 실존 인물 조던 벨포트(디카프리오)를 주인공으로 등장시킨다. 뉴욕에 상경해 월스트리트의 주식중개회사 직원으로 들어간 풋내기 벨포트는 자동차 정비소를 임대해 시골 친구들을 불러 모아 유령회사를 차린다. 그리고 빽도, 배경도 없는 친구들에게 주식 파는 방법을 가르친다. 그의 전략은 사기와 주가 조작이었다. 신기하게도 모든 것이 그가 원하는 대로 흘러갔다. 그는 호화로운 스포츠카를 몰고 마약과 섹스 파티를 즐기며 돈이 가져다주는 신분 상승의 심볼들을 여과 없이 자랑하고 다닌다. 하지만 꼬리가 길면 잡히는 법! FBI 수사관 패트릭 던햄(카일 챈들러)이 자신의 뒷조사를 하고 있다는 사실을 안 벨포트는 그간 챙긴 돈을 숨기기 위해 스위스 은행에 계좌를 트지만, 결국 범죄 행각이 들통 나 모든 돈을 빼앗기고 감옥에 갇히고 만다. 네바다 교도소에서 36개월을 복역한 벨포트는 출소 후 세일즈 교육자로 제2의 인생을 산다.

이 영화를 본 사람들은 '그래! 주식 투자는 위험해.'라고 생각했을 것이다. 우리나라 사람들은 대부분 주식 투자를 부정적으로 생각한다. '주식 투자를 하면 패가망신한다.'는 말이 공공연한 사실처럼 떠돌아다닌다. 멀리 갈 것도 없다. 얼마 전 '강남 주식 부자'로 이름난 A씨가 주가 조작 혐의로 법정 구속된 사건이 있었다. 하루가 멀다 하고 언론에 오르내리는 주식 투자 사기와 사모펀드에 대한 이야기는 일반 대중들에게 '주식은 망하는 지름길'이라는 인식을 심어주기에 부족함이 없다.

그러나 반대편에 벨포트와 전혀 다른 인물이 서 있다. 투자와 투기를 넘나들던 주식시장의 야바위꾼 벨포트와 달리, 가치 투자의 원칙을 가지고 평생 주식을 사고판 오마하의 현인 워런 버핏이 그 주인공이다. "10년 동안 보유할 주식이 아니라면, 단 10분도 보유하지 말라." 그의 투자 철학을 잘 보여주는 명언이다. 버핏은 가치 투자의 창시자인 스승 벤저민 그레이엄Benjamin Graham의 투자 이론과 필립 피셔Philip Fisher의 투자론을 접목시키고 발전시켜 실제 투자에서 큰 수익을 거둔 억만장자다. 쌀 때 샀다가 비쌀 때 파는 전략, 수익성 높은 기업의 주식이 저가일 때 매입해 오를 때까지 장기간 보유하는 전략, 버핏은 이 전략을 고수하며 연평균 25%가 넘는 투자 수익률을 올렸다. 이제 투자의 정석, 버핏의 이야기를 들여다보자.

코카콜라를 좋아했던 아이, 투자계의 거물이 되다

버핏은 1930년 8월 30일, 네브라스카 주 오마하에서 4선 하원의원을 지낸 아버지 하워드 버핏Howard Buffett과 지역신문 기자로 활동했던 어머니 레일라Leila 사이에서 장남으로 태어났다. 사람들은 버핏을 '오마하의 현인'이라고 부르는데, 이는 그가 오마하에서 태어났고 아직도 그곳에서 살고 있기 때문이다. 그가 설립한 투자회사 버크셔 해서웨이Berkshire Hathaway 본사는 그가 태어난 곳에서 불과 몇 블록 떨어져 있지 않다. 버핏은 입버릇처럼 미국 경제 대공황 때문에 자신이 태어날 수 있었다고 말하곤 했다. 그건 다름 아닌 경제 대공황으로 부친이 실직해 집에서 백수 생활을 했고, 그로 인해 아내와 보낸 시간이 많았기 때문이라는 논리였다. 미국식 조크에 해당하는 이야기니 독자들은 너무 진지하게 받아들이지 말자!

그 역시 빌 게이츠처럼 남다른 유년기를 보냈다. 거짓말을 조금 보태 버핏은 말을 하기 시작하면서부터 어린아이 치고는 과도할 정도로 돈에 집중력을 보였다. 버핏은 어렸을 때부터 환전기 장난감을 허리에 차고 다니며 돈을 받고 거슬러주는 놀이를 즐겼다. 보통 칼이나 총을 들고 전쟁놀이를 하며 뛰어 노는 또래 남자아이들과는 사뭇 달랐다. 버핏은 초등학교를 다닐 때 「마구간 소년의 선택」이라는 경마 정보지를 프린트해 한 부당 25센트에 팔았다. 상상이 가는가? 어린 나이에도 경마가 돈이 된다는 걸 알았나 보다. 또한 그는 코카콜라 한 팩을 25센트에 구입해 이웃에게 병당 5센트씩 받고 팔기 시작했다. 이것이 그의 첫 번째 사업이었다. 필자의 어린 시절을 떠올려보면 돈을 모으기는커녕 온갖 유치찬란한 장난을 일삼으며 동네를 헤집고 다녔는데… 어쨌든 운명이란 게 있긴 한가 보다. 코카콜라는 훗날 버핏에게 막대한 수익을 올려준 효자 종목이 되었으니 말이다.

부자가 될 사람은 뭔가 달라도 다르다. 어린 버핏은 아라비아 숫자에 엄청난 관심을 보였다. 숫자는 그에게 주술과 같았다. 도로 표지판이나 가게 간판, 자동차 번호판에 적힌 의미 없이 나열된 숫자에 괜히 끌렸다. 하다못해 철 지난 잡지 표지에 있는 정기구독 전화번호도 줄줄 암기하고 다닐 정도였다. 숫자는 이상한 마력을 가지고 있다. 중학교 때부터 수포자로 살았던 필자도 숫자에는 끌렸다. 그래서인지 지금 이렇게 투자회사를 운영하고 있으니 참 신기하다. 버핏은 중학교에 다니면서 신문 배달을 시작했다. 그는 열네 살 때 신문 배달로 벌어들인 1천 달러의 수입에 대해 세금을 내기 시작했다. 어머니는 그런 아들을 이렇게 회상했다. "돈을 모으는 일을 좋아했죠. 아무리 적은 돈이라도 자신의 책상 서랍 안에 차곡차곡 모아두었습니다."

필자는 『워런 버핏과의 점심 식사』라는 책을 참 감명 깊게 읽었다. 버핏과의 점심 식사를 통해 자신의 문제를 해결하고 일취월장 성장하는 회사를 세운 가이 스파이어Guy Spier라는 사업가가 썼다. 그는 지금도 매년 버핏과 뉴욕의 허름한 스테이크 하우스에서 점심을 한 끼 하기 위해 수십억 원의 돈을 자선단체에 기부한다. 이 책을 보면 한 가지 눈에 띄는 게 있다.

그레이엄이 쓴 『증권분석』은 버핏의 투자 전략의 기초가 되었다.
(출처: wikipedia.org[좌], amazon.com[우])

바로 버핏이 필독서로 선정한 책들이다. 버핏은 독서의 중요성을 누구보다 강조하는 투자자다. 그도 그럴 것이 그는 어려서 책으로 주식 투자를 터득한 보기 드문 수재다. 그는 여덟 살 때부터 아버지의 서가에 꽂혀 있던 주식시장과 관련된 책을 읽기 시작했다. 그러나 결정적인 책은 따로 있었다. 버핏은 주식 중개인이었던 아버지의 사무실에 놀러가는 걸 좋아했는데, 거기서 다름 아닌 그레이엄의 『증권분석』을 만나게 되었다. 그 책은 버핏에게 아버지와 같은 투자자의 길을 갈 수 있도록 이끌어준 운명의 책이었다. 버핏은 자서전에서 "그 책을 읽는데 빛을 보는 것 같았다."고 회상할 정도였다. 나중에 다시 언급하겠지만, 그레이엄은 훗날 버핏에게 없어선 안 될 중요한 스승이 되었다.

버핏은 1945년 2월, 열네 살의 나이에 중학교를 졸업하고, 1947년 6월, 열여섯 살의 나이에 윌슨 고등학교를 졸업했다. 2년 6개월 만에 고등학교 과정을 모두 마친 셈이다. 그는 학교 친구와 함께 25달러짜리 중고 핀볼 게임기사업을 벌였다. 그들의 전략은 업소 주인이 자신들의 핀볼 게임기를 설치하고 싶어 안달이 나도록 만드는 것이었다. 자신들이 연소해서 업소 사장들이 업신여길까봐 사업을 상의할 때는 언제나 "저희는 심부름만 하는 거예요. 가격에 대해선 윌슨 사장님과 상의해 보겠습니다."고 둘러댔다. 물론 '윌슨 사장님'은 존재하지 않았다. 그렇게 능청스런 수완을 발휘하여 둘은 얼마 안 가 일곱 대의 게임기를 깔고 임대업으로 규칙적인 수익을 거두게 되었다. 당시 버핏은 주식시장에 관한 한 거의 전문가의 경지에 이르러 있었다. 대부분의 종잣돈은 신문 배달을 통해 벌어들였다. 대학 등록금을 부모님이 해결해주시면서 대학에 진학할 때쯤 버핏의 자산은 더 불어나 있었다.

버핏은 1947년부터 1949년까지 2년 동안 펜실베이니아대학에서 수학과 통계학을 전공한 뒤 3학년 때 네브래스카대학으로 편입했다. 1년 만에 열네 과목을 수강한 후, 1950년 열아홉 살의 나이로 네브래스카대학을 졸업한 버핏은 하버드 경영대학원에서 학업을 이어가고 싶었다. 그의 하버드 지원은 다분히 욕심을 드러낸 결정이었다. 하지만 하버드는 버핏을 거부했다. 대학원은 그가 너무 어렸기 때문이라고 이유를 밝혔지만, 버핏의 상심은 컸다. 세상 최고의 수재들만 모인다는 하버드에 자신이 진학할 수 없다는 사실을 깨닫고 그는 이때 처음으로 자신의 능력에 의문부호를 붙였다고 한다. 훗날 버핏이 세계 최고의 투자자로 성장할 운명을 가지고 있다는 사실을 알았더라도 하버드는 동일한 결정을 내릴 수 있었을까? 동문이 기부하는 엄청난 액수의 대학 후원금이나 장학금이 들어올 수도 있었을 텐데, 모르긴 몰라도 지금 하버드 경영대학원은 당시 결정을 땅을 치며 후회하고 있을지 모르겠다. 어쨌든 실망감에 빠졌던 버핏은 금세 툭툭 털고 일어났다.

버핏에게 처음 닥친 시련이었다. 대학 입시에서 낙방한 뒤 좌절해 목숨을 끊는 사람도 종종 있다. 하지만 시련을 견디고 재기에 성공한 욥처럼 회복탄력성은 부자들이 공통적으로 갖고 있는 자질 중 하나다. 전화위복이라고, 하버드에서 퇴짜를 맞은 일은 버핏에게 뜻하지 않게 좋은 결과를 가져다주었다. 그는 하버드 대신 컬럼비아를 선택했다. 공교롭게 컬럼비아대학 경영대학원에는 그가 평생의 스승으로 꼽았던 그레이엄이 교수로 있었다. 버핏은 1951년 학업을 마칠 때까지 그레이엄 밑에서 실전 투자의 기본 원칙들을 착실히 배웠다. 평생의 은사이자 『증권분석』과 『현명한 투

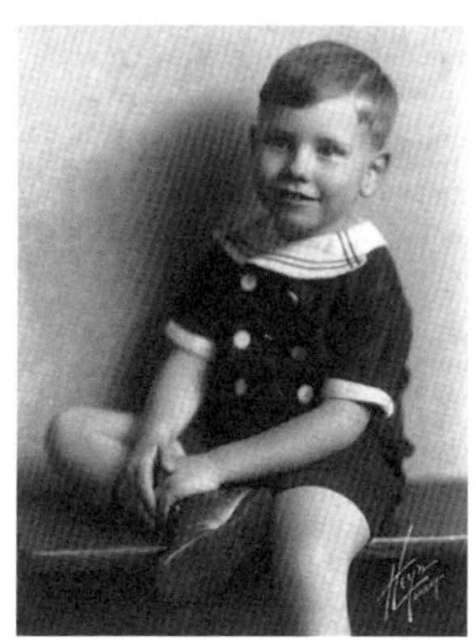

버핏의 어린 시절 사진(좌)과 고등학교 졸업 사진(우)

(출처: yourwikis.com[좌], masslib.net[우])

자자』를 저술한 그레이엄을 만난 것은 그가 주식투자자로 성공하는 데 필수적인 디딤돌이 되었다.

그레이엄은 능력 있고 합리적인 투자자란 순수 운영 자본의 3분의 2보다 낮은 가격에 거래될 때에만 그 주식을 사야 한다고 생각했다. 쉽게 말해, 저평가되어 있는 주식을 발굴하여 적정한 가치에 오를 때까지 그 주식을 보유하는 것이 소위 안전마진Margin of Safety을 담보한 정상적인 투자라는 것이다.* 그 이상일 때는 회사 브랜드나 가치와 무관한 외부적·정서적 요인들로 과도한 베팅이 들어간 위험한 투자가 되고 만다. 한 회사가 지니는 비즈니스의 실제 가치가 주식시장에서 팔리는 주식의 액면가보다 훨씬 높아야만 안전한 투자가 될 수 있다. 공격적인 투자자에게는 조금 답답하게 들릴 수도 있는 원칙이지만, 버핏은 그레이엄의 투자 원칙이야말로 가격과 가치에 대한 안전마진을 확보할 수 있는 방법이라고 확신했다.

버핏은 스무 살 때 컬럼비아대학 석사학위를 받고 고향으로 돌아왔다. 그는 오마하를 너무 좋아하는 사람이다! 그는 1951년부터 1954년까지 아버지의 주식중개회사인 버핏-포크 앤드 컴퍼니Buffett-Falk & Company에서 증권 세일즈맨으로 일하고, 1954년부터 1956년까지는 그레이엄-뉴먼 앤드

---

* 정의에 의한 가격과 평가된 가치 사이의 차이가 바로 안전마진이다. 안전마진은 계산상의 착오, 또는 평균 이하의 수익에 따른 충격을 흡수하는 데 사용된다.

컴퍼니Graham-Newman & Company에서 증권 분석가로 일하며 대학에서 배운 이론을 실전에서 확인하는 시간을 가졌다. 그는 틈틈이 금융 서적과 신문들을 탐독했고, 누군가의 판단과 관점을 통해 가공되지 않은 데이터와 통계들을 살폈다. 주식중개인들이 이러쿵저러쿵 예상하고 평가하는 보고서는 철저히 무시했다.

버핏은 당시 실전 투자를 하면서 값싼 주식은 다 그만한 이유가 있다는 사실을 깨달았다. 그래서 무조건 싼 주식이 저평가된 주식이라고 말할 수 없다는 사실을 인정하게 되었다. 그는 저렴한 주식만을 골라 매수했다가 조금 오르면 팔아버리는 단타 매매 방식을 '피우다 만 담배꽁초 투자법'이라 불렀다. 꽁초는 아무리 길어도 꽁초일 뿐이다. 꽁초에서 장기적인 수익을 기대할 수는 없다. 엄밀히 말해, 버핏의 트레이드마크와 같은 장기적인 가치 투자 개념이 확고하게 정립된 시점이 바로 이때였다. 버핏은 스물다섯 살 때 고향인 오마하로 돌아왔고, 그곳에서 정착하기로 마음먹었다. 월스트리트에서 1천 8백 킬로미터나 떨어진 중서부의 한 자그마한 도시에서 여생을 보내기로 마음먹은 것은 누가 보더라도 잘나가는 주식중개인의 모습과는 거리가 있었다. 하지만 자신이 태어난 고향으로 회귀하는 연어 떼처럼, 그는 정서적으로 자신에게 가장 편안함을 주는 오마하에서 자신만의 투자 제국을 건설하기로 결심했다.

가치 투자

기업의 가치에 믿음을 둔 주식 투자 전략을 말한다. '가치 투자의 창시자'라 불리는 벤저민 그레이엄은 한 회사의 가치는 벌어들이는 돈과 회사가 가진 순자산 가치에 따른다고 보았다. 그레이엄은 가치 투자에 있어서 가장 중요한 요소로 안전마진을 꼽았는데, 이는 회사의 주가와 실제 기업의 가치 사이의 괴리율을 뜻한다. 그 괴리율이 크면 클수록 안전마진이 커지고, 안전마진이 클수록 투자자들에게 좋은 투자 기회가 된다는 것이다. 그레이엄 이전에 주식 투자는 그저 하루하루 변동하는 시세에 따라 사고파는 투기에 가까웠다. 그레이엄 이후에는 주식으로 회사 지분의 일부를 사서 회사를 소유한다는 마인드로 투자하는 사람이 많아졌고, 단기 투자에서 장기 투자로 트렌드가 바뀌었다. 이후 워런 버핏이 그레이엄의 투자 개념을 이어받아 주식 투자에서 세계적인 성공을 거두면서 가치 투자는 중요한 투자 방식으로 인정받게 되었다.

버핏의 성공 신화

버핏은 가정적인 성격의 사업가였다. 1952년 4월 19일, 버핏은 한 장로교회에서 같은 고향 출신인 수전 톰슨Susan Thompson과 결혼식을 올렸다. 그녀는 오마하대학 심리학 교수였던 윌리엄 톰슨의 딸로, 노스웨스턴대학에 재학 중일 때 버핏 여동생의 기숙사 룸메이트였다. 여동생이 두 사람을 연결해준 것이다. 게이츠의 아내 멀린다도 그렇지만, 수전 역시 버핏에게 중대한 영향을 미쳤다. 그녀는 훗날 시민권, 낙태권, 산아제한 등의 권리를 위해 사회 활동을 벌인 미국의 여성 운동가로 유명세를 떨쳤고, 2004년 사망할 당시 버크셔 해서웨이 주식을 2.2%나 소유하고 있던 백만장자였다. 이렇게 보면, 미국의 억만장자들은 아내 복도 있는 것 같다. 물론 뒤이어 다룰 스티브 잡스와 제프 베조스는 예외지만 말이다.

1958년, 버핏 부부는 3만 1천 5백 달러를 주고 오마하에 저택을 구입했다. 버핏은 아직도 그 집에서 살고 있다. 버핏 부부는 3명의 자녀를 두었다. 부부는 서로를 지지하고 후원하는 동지였고, 평생의 벗이었다. 하지만 성장한 자녀들이 모두 둥지를 떠나고, 25주년 결혼기념일이 되었을 때 두 사람은 '졸혼'을 결정했다. 각자의 삶을 위해 떨어져 살기로 합의한 것이다. 본래 음악에 재능이 있었던 수전은 블루스와 재즈 뮤지션이 되고 싶어 했다. 작곡가 겸 음악가인 닐 세다카Neil Sedaka의 격려로 늦은 나이에 가수 활동을 시작하게 된 그녀는 1987년 버핏을 떠나 샌프란시스코로 이사했고, 금문교가 보이는 브로드웨이의 큰 콘도에서 여생을 보냈다. 거기서 수전은 죽을 때까지 머물렀다. 그렇다고 둘이 앙숙으로 지냈다는 건 아니다. 수전과 버핏은 입버릇처럼 물리적인 거리는 비록 떨어져 있었지만 정신적인 거리는 매우 가까이 있다고 말해왔다.

두 사람 중 누군가가 부정을 저지르거나 남을 속인 일이 있었던 것도 아니었기에 대중들은 버핏 부부의 별거 소식을 듣고 적잖이 놀랐다. 게다가

버핏과 그의 두 번째 부인 멩크스
(출처: moneyinc.com)

이듬해 수전이 남편 버핏에게 자신의 친구 애스트리드 멩크스Astrid Menks를 여자친구로 소개하고, 버핏의 뒷바라지를 위해 오마하 집에서 함께 거주하도록 조언했다는 뉴스를 듣고 사람들은 경악했다.* 「창세기」에서 사라가 자신의 단산斷産을 자책하며 남편 아브라함에게 자신의 몸종 하갈을 준 것과 비교하면 두 여성 모두에게 실례가 될까? 호사가들의 지나친 입방아일 것이다. 어쨌든 한국인이 이해하기 힘든 참 기묘한 방식의 사랑이었다! 버핏과 멩크스는 이후 수십 년을 동거했고, 2004년 수전이 구강암으로 사망하고 2년이 지난 뒤에야 비로소 결혼식을 올려 공식적인 부부가 되었다. 2006년, 버핏이 76세, 멩크스가 60세가 되던 해였다.

버핏은 사무실을 따로 두지 않고 자신의 집에서 본격적으로(?) 투자조

* 멩크스는 라트비아 이민자 출신으로 오마하의 한 칵테일바에서 웨이트리스로 일했고, 수전은 그곳에서 노래를 부르던 가수였다. 그런 인연으로 둘은 친구가 되었다.

합을 시작했다. 버핏이 살던 오마하의 자택 2층 베란다가 딸린 서재가 첫 투자회사 사무실이었다. 장차 오마하의 현인으로 불리게 될 한 사내는 그렇게 소박한 시작으로 전문 투자자로서 자신의 첫 발을 뗀 셈이다. 사업을 한다고 하면 벌써 도심지에 사무실부터 얻는 우리의 모습과는 많이 다르다. 처음 그에게 투자를 한 건 가족과 친구들뿐이었다. 투자금은 조합을 통해 조달했고, 수익은 투자금의 규모에 따라 배분되었다. 1956년, 스물다섯의 버핏은 가족 네 명과 친구 세 명의 투자금을 모아 자신의 조합을 구성했다. 이름도 경력도 없는 한 청년에게 선뜻 돈을 건넬 수 있는 사람은 가족과 친구 외엔 없었다. 첫 조합원 모임은 오마하 시내의 한 클럽에서 열렸고, 동네의 한 가게에서 산 49센트짜리 장부와 타자기 한 대가 조합의 유일한 물품이었다. 세계 최고의 투자회사 버크셔 해서웨이의 첫걸음은 이렇게 소박하고 미약했다.

버핏의 사업은 빠르게 성장했다. 버핏의 투자는 매년 평균 25% 이상의 수익을 냈다. 그의 투자 원칙은 일반 투자회사와는 달리 가족 경영과 맞먹는 것이었다. 버핏은 투자조합을 설립하면서 투자자들에게 늘 이렇게 말했다. “저는 마치 제 돈인 것처럼 여러분들의 투자금을 운용할 겁니다. 이익은 물론이거니와 손실의 책임도 함께 나누어지겠습니다. 투자금을 운용하는 방법은 외부에 공개하지 않겠습니다.” 그는 지금까지 이 약속을 지키고 있다. 투자자들은 이러한 버핏에게 무한한 신뢰를 보냈다.

다우존스지수

다우존스공업평균지수DJIA의 줄임말로, 금융 관련 자료와 사업 정보를 제공하는 주요 출판사인 다우 존스사Dow Jones & Company가 매일 발표하고 있는 뉴욕 주식시장의 평균 주가를 말한다. 오늘날 다우존스지수는 미국의 증권거래소에 상장된 코카콜라, IBM, MS 등 30개의 우량기업 주식 종목들로 구성되어 있다. 보통 뉴욕 증시의 3대 주가 지수로 다우존스지수, 나스닥지수, S&P500지수를 꼽는데, 이 중에서 다우존슨지수가 가장 대표적인 지수로 평가받고 있다. 나스닥지수NASDAQ는 벤처기업이나 중소기업들의 주식을 장외에서 거래하는 나스닥시장의 종합 주가 지수다. 우리나라에는 이와 비슷한 개념의 코스닥지수KOSDAQ가 있다. S&P500지수는 국제 신용평가기관인 스탠더드 앤드 푸어스사S&P가 작성하는 주가 지수다.

그는 무엇보다 남다른 수익률로 투자자들을 안심시켰다. 버핏이 운용한 투자금의 수익률은 다우존스지수 평균보다 낮은 적이 없었다. 1957년부터 1962년까지 다우존스지수가 평균 8.3% 성장하는 동안, 버핏의 투자조합은 매년 25%씩 성장했다. 그의 성공은 투자조합의 성장을 뜻했다. 돈이 되는데 투자를 마다할 사람은 없다. 자신의 돈을 다른 데 넣어두는 것보다 버핏의 투자 수익률이 훨씬 높다는 걸 알게 된 투자자들은 투자금을 증액하기 시작했다. 주변에 소문이 나면서 다른 투자자들도 합류하게 되었다. 1961년에는 버핏이 따로 운영하던 10개의 투자조합을 한데 묶어 버

핏파트너십으로 통합하기에 이르렀다. 조합이 커지면서 더 이상 업무를 집에서 볼 수 없는 수준이 되었다. 이듬 해, 버핏은 집에서 조합사무실을 빼서는 시내 건물로 이주했다. 직원도 그때 처음 뽑으면서 투자회사의 면모를 조금씩 갖추기 시작했다.

1962년, 이전까지 풍차 제조업체와 무연탄 제조업체의 주식을 사들이던 버핏은 직물회사의 주식을 사들이기 시작했다. 바로 버크셔 해서웨이였다! 본래 버크셔 해서웨이는 밴더빌트와 헨리 포드 같은 날강도 남작이 활동하던 시기에 뉴잉글랜드에서 꽃피운 면직물회사로 출발했다. 버핏이 버크셔 해서웨이에 투자하기로 결심한 것은 섬유와 직물산업의 안정성을 높이 샀기 때문이다. 하지만 버크셔 해서웨이에 대한 투자는 예상과 달리 실패로 돌아갔다. 버핏도 쿨하게 자신의 실패를 인정했다. “버크셔 해서웨이를 인수한 건 제 일생을 통틀어 단일 사례로는 최악의 실수였습니다.”[170] 투자의 귀재도 실패에서 면제된 적이 없었다. 버핏 역시 숱한 실수와 실패를 거듭했다. 이후로도 그는 자잘한 성공과 실패를 겪으면서 천천히 성장해 나갔다. 그런 점에서 그의 투자 이력은 등락을 오가지만 장기적으로는 우상향인 주식 차트를 닮았다.

출구 전략이 필요했다. 1967년, 버핏은 소형 보험회사 두 곳을 매입하며 버크셔 해서웨이를 투자지주회사로 탈바꿈시켰다. 이후 투자 수익이 섬유 영업에서 벌어들이는 수익을 능가하자, 1985년에는 섬유사업 부문을 완전히 정리하고 아예 투자회사로 전업했다. 그 결과 오늘날 버크셔 해서웨이는 전 세계 보험회사 중에서 주주자본을 가장 많이 소유한 투자회사가 되었다. 이 행진은 9·11 테러 때에도 꺾이지 않았다. 한 조사에 따르면, 버크셔 해서웨이는 미국에서 자금을 담당하고 있는 관리자들 사이에서 가장 존경하는 회사로 꼽히기도 했다. 실패를 성공으로 바꾸는 전화위복의 센스, 이는 부자들에게서 늘 발견되는 덕목이다. 오늘날 버크셔 해서웨이는 미국의 자금 관리자들에게 가장 존경받는 회사로 꼽히고 있으며, 매년 발표되는 「버크셔 연차 보고서」는 투자계의 바이블로 자주 인용되거나 널리 회람되고 있다. 2005년 기준으로 버핏은 버크셔 해서웨이의 주식을 38% 소유하고 있으며, 오랜 친구이자 동업자인 찰리 멍거Charlie Munger가 부회장으로 있다.

'즐거운 비관론자'로 불리는 멍거는 투자업계에서 버핏만큼이나 유명하다. 그는 네브라스카 주 오마하에서 태어나 어릴 적부터 자신보다 여섯 살 어린 버핏과 죽마고우로 지냈다. 멍거가 태어난 곳은 버핏이 살던 집에서 불과 90미터 떨어진 곳이었다. 멍거는 10대 때 버핏의 할아버지가 소유한 식료품 가게에서 아르바이트를 할 정도로 그의 가족들과도 유대가 깊었다. 수학적 재능이 뛰어났던 그는 미시건대학에서 수학을 전공했고, 이후 하버드대학 로스쿨에 입학하여 훌륭한 성적으로 졸업했다. 법무법인에서 일을 하던 도중 버핏의 제안으로 버크셔 해서웨이 부회장에 오른 멍거는 당시 헐값의 주식만 찾아다니던 버핏에게 수익 전망이 좋은 회사라면 적정한 가격이 형성된 이후에도 투자에 진입할 수 있다는 조언을 했다. 그러한 조언 덕분인지 버핏은 한참을 망설이던 코카콜라 주식을 매입했다.

버핏(좌)과 그의 비즈니스 멘토 멍거(우)
(출처: economictimes.com)

버핏은 1976년에 버크셔 해서웨이에 정식으로 합류한 멍거를 깍듯하게 대우했다. 버핏은 버크셔 해서웨이 주총에서 언제나 마이크를 멍거에게 먼저 넘기고 발언권을 준다고 한다. 버핏이 그의 판단력을 얼마나 신뢰하는지 알 수 있는 대목이다. 『논어』에 이런 말이 있다. "남이 나를 알아주지 않음을 근심하지 말고, 내가 남을 알아보지 못함을 근심하라不患人之不己知 患不知人也." 위대한 인물은 남이 알아줄 때 탄생하지 않는다. 도리어 위대한 인물을 알아볼 때 위대한 인물이 탄생한다. 적토마는 홀로 존재하지 않는다. 그를 알아볼 수 있는 마부가 있기 때문에 적토마도 존재할 수 있다. 적토마를 알아보는 안목이 있는 자가 중원을 지배하는 법! 구순이 넘은 버핏이 지금까지 정력적으로 현장에서 활약할 수 있는 이유 중 하나는 '위대한 2인자' 멍거가 뒤에서 받치고 있기 때문일지도 모른다.

버핏을 부자로 이끈 투자 전략

일반적으로 한 사람의 부자가 자산을 구축하는 데 무수히 많은 요인이 작용할 것이다. 그 요인들에는 사고방식이나 철학 같은 부자의 편에서 찾을 수 있는 내적 요인도 있을 것이고, 그와 상관없는 경제 동향이나 정치적·경제적 사건 같은 외적 요인도 있을 것이다. 물론 내적 요인과 외적 요인은 늘 상호 유기적으로 연결되어 있다. 그래서 어느 부분까지를 내적 요인으로 봐야 할지 무 자르듯 명쾌하게 구분할 수 없는 경우가 많다. 이는 지금까지 살펴본 대부분의 억만장자에게서 공통적으로 나타나는 현상이다.

물론 버핏도 예외가 아니다. 굴곡진 인생 역경을 거친 다른 부자들처럼 파란만장한 인생을 살아온 건 아니지만, 그 역시 9·11 테러와 유가 폭등, 서브프라임모기지 사태subprime mortgage crisis, 최근 코로나-19 사태 등으로 외적 위기를 겪어왔기 때문에 자신의 투자 원칙을 고수하는 데 적잖은 용기가 필요했다. 버크셔 해서웨이는 2001년까지 주주의 자산에 한 번도 손실을 입히지 않았지만, 9·11 테러가 낳은 사회적 비용으로 주요 사업 분야였던 보험업에 큰 손실을 입었다. 서브프라임모기지 사태 때에는 하루만에 10억 2천만 달러의 손실을 입기도 했다. 게다가 얼마 전에는 미 전역을 초토화시킨 코로나-19 사태로 인해 2020년 1분기에만 497억 달러의 순손실을 기록했다. 우리나라 돈으로 환산하면 60조 5,843억 원에 달하는 그야말로 어마어마한 손실이다.

하지만 위기는 기회이기도 하다. 남들이 위기 상황에서 움츠러들 때 버핏은 공격적인 투자를 멈추지 않았다. 아무도 예측할 수 없었던 테러로 모든 투자자가 멘붕에 빠졌을 때, 그는 한 방송국과의 인터뷰에서 과감한 투자 계획을 밝혔다. "저는 제가 보유한 주식을 단 한 주도 매도하지 않을 겁니다. 그럼에도 주가가 곤두박질친다면 도리어 매수에 나설 겁니다." 주식 부호로서 주가 하락을 온몸으로 막아보겠다는 의도가 읽힌다. 미국에서 주식을 가장 많이 보유하고 있는 자신부터 팔지 않고 더 구입할 테니 투자자들은 걱정하지 말고 투자에 임하라는 대중을 향한 암묵적인 메시지였다. 그럼에도 불구하고 나흘 동안 폐장되었다가 재개된 뉴욕 증시에서는 패닉에 가까운 투매가 이어졌다. 다우존스지수는 일주일 동안 14%나 폭락했고, 이후 60일 동안 아찔한 하락세가 계속되었다.

서브프라임모기지 사태

2008년 미국에서 시작한 서브프라임모기지 사태는 신용등급이 낮은 개인에게 주택담보대출을 남발한 미국의 대부업체들이 도미노처럼 무너지면서 일어난 국제 금융시장의 경제 위기를 지칭한다. 이 사태는 2000년대 초반 IT 버블의 붕괴와 9·11 테러, 이라크 전쟁 등으로 미국 경제가 경색되자 정부가 경기 부양책으로 초 저금리 정책을 폈던 게 악화되면서 일어났다. 2004년부터 미국 부동산 버블이 꺼지면서 주택담보대출인 서브프라임모기지의 대출 금리가 주택 가격을 뛰어넘자 저소득층은 원금과 이자를 갚을 수 없게 되면서 집에서 쫓겨나는 사태가 일어났다. 결국 순차적으로 6백만 명의 시민이 파산하자, 대출한 돈을 회수할 수 없게 된 은행권과 리먼 브라더스Lehman Brothers 같은 금융회사들은 파산에 몰렸다. 이 사태는 미국발 세계 금융위기로 번졌고, 이후 세계적인 경기 침체를 불러왔다.

많은 사람이 버핏의 가장 큰 투자 실수로 보험회사 제너럴 리General Re 인수를 꼽는다. 1998년, 버핏은 220억 달러라는 엄청난 금액을 들여 회사를 사들였다. 버핏은 보험금을 지급하기 전까지 부동자금이 차곡차곡 쌓이기 때문에 평소 보험회사에 투자하는 것을 좋아했다. 하지만 그의 투자는 얼마 안 가 커다란 악재로 돌아왔다. 2001년 9월 11일, 뉴욕 세계무역센터에서 테러가 발생한 것이다. 그 누구도 예상하지 못한 일이었다. "그는 주주들에게 9·11 테러 발생으로 제너럴 리의 보험 인수 기준이 심각한 결함을 드러냈다고 밝혔다. 그는 9·11 테러로 인한 보험금 청구와 관련하여 버크셔 해서웨이의 분기별 추정 부채가 230억 달러에 달한다고 보고했다. 이 중 제너럴 리가 보상해야 할 금액은 170억 달러에 달했다. 버핏은 잘못을 인정하고 모든 비난을 감수하면서 보험회사 경영에서 지키는 자신의 황금률이 제너럴 리에서 산산조각 났다고 설명했다. 그는 피를 흘리고 있었다."[171] 평상시 보험은 훌륭한 수입원이다. 문제는 위기 상황이 벌어졌을 때다. 부동자금이라고 여겼던 자산은 눈덩이 같은 빚으로 되돌아왔다. 9·11 테러로 인한 제너럴 리의 추정 손실액이 19억 달러에 달한 것으로 나타나면서 버핏은 투자자들에게 머리를 숙일 수밖에 없었다.

하지만 시간이 지나면서 9·11 테러의 악재는 놀랍게도 버핏에게 더 큰 이익을 주는 호재임이 판명되었다. 그는 돈을 잃고 사회적 평판을 얻었다. 대중 사이에서 버핏이 투자한 보험회사는 결코 망하지 않는다는 무형의 인정 자산이 생겨난 것이다. 사람들은 트라우마에 가까운 사회적 재앙을 겪은 후 화재보험의 필요성을 절감했고, 앞다퉈 버크셔 해서웨이로 몰려들었다. 버핏은 9·11 테러 이후 그 어느 때보다 많은 투자자를 모을 수 있었다. "재해보험시장의 생산력이 부족할 때 버크셔 해서웨이는 사막의 오아시스 역할을 한다. 보험회사들은 계속해서 위험을 분산시켜야 하기 때문에 과거보다 더욱 많이 버핏에게 몰려온다. 한때는 샘이 넘쳐흘렀지만 이제는 말라버렸다. 그리고 인간은 경쟁을 통해 힘겹게 얻은 물건을 보다 귀중하게 여기는 편이지만, 풍족하게 사용하던 물건이 갑자기 고갈되면 더욱 애타게 찾는 습성도 가지고 있다. 보험금 청구가 늘어나 이런 감정이 절박해질수록 재보험 가입 의사는 훨씬 강해진다. 따라서 9·11 테러의 여파로 재해보험시장의 보험료는 35%에서 50%까지 올라갔다."[172]

버핏에게 위기는 새로운 투자 틈새를 찾을 수 있는 기회를 주었다. 이는 록펠러, 카네기, 게이츠도 마찬가지였다. 세상이 존경하는 위대한 억만장자는 위기를 겪지 않은 사람이 아니라 그 위기를 전화위복의 계기로 삼는 사람이다. 욥은 원인을 알 수 없는 연속적인 재앙으로 쫄딱 망하고 아내와 친구들마저 등을 돌린 시점에서 바닥을 치고 그 힘으로 독수리처럼 다시 위로 솟구쳤다. 무릎을 꿇은 건 위로 튀어 오르는 추진력을 얻기 위함이다! 뒤에서 다루겠지만, 애플에서 쫓겨난 뒤 돌고 돌아 다시 애플로 돌아온 스티브 잡스도 위기와 실패에서 새로운 사업의 동력을 얻었다. 버핏도 그러했다. "당신은 훌륭한 투자자의 성공으로부터 배우는 것만큼 그들의 실수나 실패로부터도 배울 수 있다는 것을 알아야 한다. 또한 위대한 투자자들도 실수를 한다는 것을 앎으로써 자신의 투자 실적에 대해 더 합리적인 기대를 할 수 있게 된다. 반복하자면, 잘못된 투자라도 오랜 시일이 지난 후 그 투자가 성공이 될지 실패가 될지 현재로서는 알 수 없다는 것이다."[173]

기부는 부자의 책무

언제부턴가 버핏은 언론에 꾸준히 자신의 이름을 올리고 있다. 보통은 추문, 비리 등 부정한 일로 뉴스 메인을 장식하기 마련인데, 버핏은 좀 괴상(?)하기까지 한 주제로 대중들의 관심을 끌고 있다. 바로 노블레스 오블리주에 대한 버핏의 확고한 신념 때문이다. 그중 하나가 2011년, 버핏이 공화당 하원의원에게 보낸 공개 질의서에서 자신이 내는 소득세가 터무니없이 낮다며 불만을 토로한 일이다. 그는 "나는 작년에 총 6,286만 달러(약 730억 원)를 벌었는데, 올해 세금은 고작 692만 달러(약 80억 원)에 불과했다. 내 직원들은 소득 대비 30%의 세금을 냈는데, 부자인 나는 17.4%의 세금을 냈다."고 한 것이다. 자신이 한 해 동안 벌어들인 수익을 밝힌 것도 모자라 "나 같은 부자들이 나라를 위해 세금을 더 내야 한다."며 자진 납세의 의사를 내보였다.[174]

보통 사업가들은 세금이 너무 많이 나왔다고 불평하기 일쑤인데, 버핏은 도리어 자신의 세금이 너무 적게 나왔다고 의견을 피력한 것이다. 그의 발언은 소위 '버핏세' 논란을 일으키며 미국에서 뜨거운 이슈로 떠올랐다. 이 이슈는 여전히 현재진행형이다. 그는 한술 더 떠서 부유층의 증여세도 지금보다 많이 높아야 한다고 주장하고 있다. "세계에서 가장 위대한 자본가인 버핏이 세금 정책과 관련하여 급진주의자 입장에 서 있는 것이 조금 뜻밖의 일이라고 생각할 것이다. 버핏은 소득과 부 모두에 더 높은 세율이 적용되기를 원한다. 그는 기업에게는 더 높은 영업소득세율을, 개인에게는 더 높은 누진소득세율을 적용해야 한다고 주장한다."[175] 어떻게 이런 일이 가능할까?

노블레스 오블리주

프랑스어로 '귀족의 의무'라는 뜻으로, 부와 권력, 명성을 가진 고위층 인사에게 요구되는 높은 수준의 도덕적 의무를 뜻한다. 이 개념은 프랑스의 작가 겸 정치가인 피에르 가스통Pierre Marc Gaston de Lévis이 1808년 『격률과 교훈』이라는 책에서 처음 언급한 것으로 알려져 있다. 사회 상층부까지 올라간 이들은 사회가 그들을 받쳐주었기 때문에 필요한 인프라를 활용할 수 있었음을 인정하고 사회에 대한 일정한 책임을 져야 한다는 인식이 깔려 있는 개념이다. 미국의 경우, 많은 고위층 인사들이 기부를 통해 이러한 의무를 실천하는데, 일부에서는 이것조차 또 하나의 투자이자 사업 확장의 수단이라고 비판하기도 한다. 그동안 조세 포탈이나 상속세, 증여세 등을 회피하는 합법적인 수단으로 기부가 활용된 경우가 많았기 때문이다.

2018년만 봐도 미국인이 한 해 동안 기부한 금액은 약 4,277억 달러로, 우리나라의 한 해 예산을 훌쩍 뛰어넘는다. 인구와 경제 규모의 차이를 감안한다 해도, 매년 엄청난 금액의 기부가 이루어지고 있다는 사실을 인정할 수밖에 없다. 여기에는 미국의 기묘한 조세법이 자리하고 있다. 미국의 경우, 기부 금액을 소득에서 공제해주기 때문에 합법적으로 세금을 털어내는 방식으로 기부가 활용될 수 있다. 실제 버핏이 기부를 하는 대표적인 재단들은 자신, 혹은 자신의 자녀들과 깊은 연관이 있다. 빌앤드멀린다재단은 버핏이 공동 위탁자로 있고, 수전톰슨재단의 실질 운영도 전 아내가 사망했기 때문에 버핏이 하고 있는 것으로 볼 수 있다. 그 밖에 셔우드재단Sherwood Foundation, 하워드버핏재단Howard G. Buffet Foundation, 노보재단Novo Foundation은 모두 버핏의 자녀들이 세운 자선단체다. 증여세나 양도세를 면피했다는 의혹을 피할 수 없는 부분이다.

한편에서는 그의 기부를 두고 여전히 이견을 표한다. "버핏을 포함하여 대부분의 거부는 상속·증여세를 찬성한다. 하지만 그들은 사망하기 전에 재산을 기부함으로써 세금을 회피할 수 있는 법의 허점을 이용한다. 이러한 모순을 어떻게 설명할 수 있을까? 아마도 대답은 죄의식과 이타주의 사이 어디엔가 놓여 있을 것이다. 그들은 돈이 많은 것에 대해 죄의식을 느낀다. 하지만 정부가 돈을 지혜롭게 사용할 것이라고는 믿지 않는다. 죄의식을 느끼는 자들은 정부든 그들이 원하는 다른 조직이든 그들의 돈을 자유롭게 기부할 수 있다. 하지만 그들은 다른 사람들에게 그와 같은 것을 강요할 수는 없을 것이다."[176]

서로를 멘토로 여기며 함께 기부 활동과 자선 활동을 하고 있는 게이츠(좌)와 버핏(우)
(출처: google.com)

하지만 버핏의 파격적인 기부가 이미 하나의 사회 현상으로 정착했다는 사실은 부인하기 힘들다. 2011년, 미국의 대통령이었던 버락 오바마는 버핏에게 자유메달을 수여하며 그의 공로를 치하했다. '버핏은 세계 최대 부자일 뿐만 아니라 세계에서 가장 존경받는 사람'이라는 것이 그가 수여자 명단에 이름을 올린 이유다. 소감을 묻는 기자에게 그는 의미심장한 말을 남겼다. "난 그냥 운이 좋은 사람이었습니다." 그의 진심이 무엇인지는 모르겠지만, 어쩌면 그의 이 말만큼은 사실일 것이다. 시대의 흐름을 운이라고 말한다면 그만큼 시대와 함께 성장한 부자도 역사상 드물기 때문이다.

워런 버핏의 분석 차트

독창성	★★★
진실성	★★★★
성실성	★★★★★
계획성	★★★
개방성	★★★

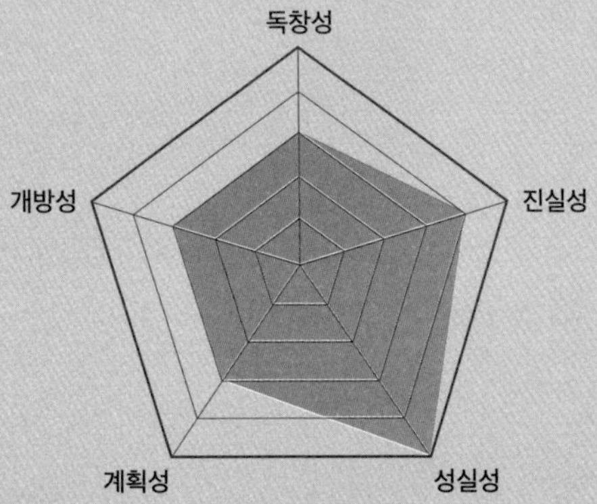

워런 버핏의 연표

1930년	네브라스카 주 오마하에서 하워드 버핏(Howard Buffett)과 레일라(Leila) 사이에서 태어남
1936년	코카콜라 한 팩을 25센트에 구입해 병당 5센트에 팔며 사업을 시작함
1941년	석유회사 주식 6주를 사들임(첫 번째 주식 투자)
1945년	신문 배달로 175달러를 벌어 동네 농장 40에이커를 사들임
1947년	친구와 핀볼게임기사업을 시작함
1949~1951년	9천 8백 달러를 저축함 컬럼비아대학에 입학해 벤저민 그레이엄(Benjamin Graham)의 수업을 들음
1952년	수전 톰슨(Susan Thompson)과 결혼함
1956년	버핏어소시에이츠를 창립함 가족과 지인으로부터 투자금을 받아 본격적으로 투자를 시작함
1959년	찰리 멍거(Charile Munger)를 만나 절친이 됨
1961년	버핏파트너십으로 사명을 바꿈
1962년	버크셔 해서웨이를 인수함
1970년	버핏파트너십을 해체하고 버크셔 해서웨이를 통해 사업을 진행함
1976년	찰리 멍거가 버크셔 해서웨이의 부회장에 오름
1985년	버크셔 해서웨이의 모직사업을 폐쇄함
1988년	코카콜라 주식을 사들임
1991년	운명의 동지 빌 게이츠를 만남
1998년	보험회사 제너럴 리 주식을 사들임
2000년	다우존스 지수가 280% 성장할 때, 버크셔 해서웨이는 1,580% 성장을 기록함
2001년	9·11 테러로 인한 제너럴 리의 추정 손실액이 19억 달러에 달함
2004년	아내 수전이 사망함
2006년	빌앤드멀린다재단에 전 재산 기부를 약속함 애스트리드 멩크스(Astrid Menks)와 재혼함 1주에 10만 달러가 되면서 버크셔 해서웨이의 회사 가치가 1,626억 달러가 됨
2011년	백악관에서 오바마 대통령으로부터 자유메달을 수여받음
2017년	1주에 30만 달러가 되면서 버크셔 해서웨이의 회사 가치가 4,894억 달러가 됨

CHAPTER 13

스마트기기의 구루
스티브 잡스

Steve Jobs

(1955~2011)

"계속 배고프고, 아둔하게 남아 있어라."
—스티브 잡스—

'앱등이apple fanboy'라는 말이 있다. 애플을 맹종하며 타사 제품들을 무분별하게 디스하는 이들을 일컫는 말이다. 웃긴 건 이들도 스스로를 앱등이라고 부른다는 점이다. 벗어나고 싶어도 벗어나지 못하는 애플만의 치명적인 매력이 있기 때문일까? 심지어 소위 '애플교'를 믿는 이들도 등장했다. BBC 다큐멘터리 「슈퍼 브랜드의 비밀」을 보면, 애플이 자사 브랜드의 종교적 측면을 얼마나 부각시키는지를 잘 알 수 있다.* 전 세계에 흩어져 있는 애플스토어에는 마치 교회처럼 엄격하고 단순한 바닥재나 돌이 깔려 있으며, 개별적인 제단처럼 세워진 주상柱床 위에 자사 제품들을 올려놓았다. 그들에게 스티브 잡스는 하나님

* 애플교도의 뇌 활동이 일반 종교 신자의 그것과 비슷하다는 결과를 보여주었다. 앱등이에게 애플 제품을 보여주고 자기공명영상을 이용해 뇌 속의 반응을 살펴보니 흔히 종교심을 보여주는 뇌의 특정 부위가 활성화되는 것이 확인되었다.

이며 아이패드는 경전이다. '날아다니는 스파게티 괴물교FSM'와 함께 오늘날 가장 웃긴 종교가 아닐까 싶다.

오늘날은 4개의 플랫폼이 세계를 지배하는 가파GAFA 왕국의 시대라 불린다. 가파 왕국은 어떻게 시작된 것일까? 독일의 철학자 카를 야스퍼스가 기원전 800년부터 기원후 200년까지를 위대한 종교와 철학 문명이 탄생한 시점으로 보고 '축의 시대Achsenzeit'라 명명한 것처럼, 1976년부터 2004년까지 30여 년은 세계 IT업계의 지각변동을 일으킬 중요 플랫폼들이 집중적으로 탄생한 시기다. 1976년, 가장 먼저 축의 시대의 문을 연 것은 애플컴퓨터를 창업한 잡스와 스티브 워즈니악이었다. 잡스의 미학과 워즈니악의 공학이 만나 이루어진 애플컴퓨터는 당시 기계적 개념의 투박한 컴퓨터를 모두가 갖고 싶어 하는 전자제품으로 바꾸어놓았다. 이후 잡스는 손 안의 컴퓨터인 아이폰과 아이패드를 잇달아 출시하며 모바일 기기를 선보였다. 잡스가 아이폰을 출시하기 12년 전인 1995년, 제프 베조스는 잘 다니던 회사를 때려치우고 지인들에게 빌린 200만 달러의 창업자금으로 시애틀에서 아마존을 창업했다. 오늘날 아마존은 '만물상The Everything Store'이라는 이름에 걸맞게 책뿐 아니라 영화, 음반, 게임 같은 콘텐츠를 위시한 다양한 생필품과 식료품에 홈서비스까지 판매하는 전 세계 최고, 최대의 온라인 쇼핑몰로 거듭났다.

베조스가 아마존을 창업하고 3년이 지난 후, 잡스가 아이맥을 출시한 바로 그해, 스탠퍼드대학원을 다니던 동년배 세르게이 브린과 래리 페이

세기말 '축의 시대'에 탄생한 가파 왕국은 현대인들의 일상을 완전히 바꾸어놓았다.
(출처: besuccess.com)

지가 구글을 창업했다. 학교 수업을 위해 아카이브를 뒤지다 뒤죽박죽 엉망인 데이터 안에서 필요한 정보를 정확히 찾아내는 스마트한 검색엔진의 필요성을 느낀 것이다. 그리고 그로부터 6년이 지난 2004년, 하버드대학을 다니던 약관의 대학생 마크 저커버그는 친구들과 '장난삼아' 페이스북을 만들었다. 저커버그가 사람과 사람 사이를 연결하고 소통시킨 네트워크는 세상을 바꾸어놓고 있다. 이렇게 4명의 혁신가에 의해 오늘날 무소불휘의 위력을 떨치고 있는 '가파 왕국'이 탄생했다.

IT산업을 선도하는 기업인 구글과 애플, 페이스북, 아마존의 첫 글자를 딴 가파 왕국은 5년에서 10년의 시차를 두고 각기 엑손과 셸 같은 전통적인 석유 거물들, 디즈니와 AT&T, 21세기폭스 같은 거대 미디어회사들을 대체해버렸다. 가히 '신新축의 시대'라 할 만하다. 21세기를 살아가는 현대인들은 이들 플랫폼이 조성한 디지털 세계를 떠나서는 단 하루도 살 수 없는 지경에 이르렀다. 가파 왕국은 경제와 문화, 라이프스타일을 지배하고 있다. 그래서 혹자는 이들을 '21세기 날강도 남작'이라고 부른다. 겉으로는 화려한 사회 활동이나 자선사업을 벌이지만, 실상은 과거 존 록펠러나 앤드루 카네기보다 더 탐욕스럽고 속물스러운 사업가라는 비판도 받고 있다. 끝도 없는 이익지상주의에 내몰려 한솥밥 먹는 직원들에게 비인간적인 대우를 일삼고 값싼 하청과 노동력 착취를 비용 절감과 혁신이라 포장하는 노동계의 폭군이라는 꼬리표도 따라붙는다.

미혼모가 버린 아이, 컴퓨터 세상을 열다

1955년 2월 24일, 미국 캘리포니아 주 샌프란시스코에서 훗날 전 세계 디지털 지형을 완전히 바꾸어놓을 히어로가 태어났다. 그의 탄생은 말구유에서 태어난 예수처럼 비천하기 이를 데 없었다. 하지만 그의 마지막은 IT업계의 밤하늘을 어지러이 수놓은 별빛 사이로 붙박여 있는 북극성처럼 영롱하게 빛났다. 그 주인공은 바로 애플의 수장 잡스다. 잡스는 압둘파타 잔달리Abdulfattah Jandali와 조앤 시블Joanne Schieble 사이에서 태어났다. 생물학적 친부인 잔달리는 위스콘신대학에서 박사 과정을 이수하던 레바논 출신의 미국 유학생이었고, 친모 역시 같은 대학을 다니던 대학원생이었다. 스물두 살 동갑내기였던 둘은 조교와 학생으로 만나 곧 금단의 사랑에 빠졌다. 요즘으로 치면 캠퍼스 커플이었던 셈이다.

둘의 사랑은 주변의 반대에 부딪혔다. 잔달리의 국적과 종교가 걸림돌이 되었다. 게다가 잔달리는 정치적 성향 때문에 모국에서 구금된 전력도 있었다. 시블의 부모는 딸에게 무슬림과 결혼하는 순간 호적에서 파내겠다고 으름장을 놓았다. 그런데 자식 이기는 부모 없다고 했던가. 반대가 격렬할수록 둘의 사랑은 더욱 뜨겁게 불타올랐다. 1954년 여름, 둘은 야반도주하듯 잔달리의 가족이 있는 시리아로 날아가 두 달간 붙어 지냈다. 그러나 뜨거운 사랑은 새로운 생명의 잉태로 급격히 식었다. 시블이 임신한 것이다. 미국인과 아랍인 사이의 비현실적인 사랑은 뜻밖에 작은 생명이 둘에게 찾아오자 너무나 현실적으로 돌변했다. 정신이 퍼뜩 들었는지 잔달리는 시블을 떠나버렸다. 시블은 남편 없이 미혼모로 살아갈 자신이 없었다. 그렇다고 가톨릭 신앙 때문에 낙태를 할 수도 없는 처지였다.

아이를 낳은 시블은 입양에 두 가지 조건을 내걸었다. 양부모가 대졸자여야 하고, 자신의 아들에게 반드시 대학 교육을 시켜야 한다는 것이었다. 어쩔 수 없이 헤어지지만, 아이에 대한 무한한 애정을 느낄 수 있는 대목이다. 하지만 대졸자 양부모를 찾는 일은 쉽지 않았다. 며칠 안 되어 시블은 자신의 아이가 고등학교도 제대로 나오지 않은 부부에게 입양될 처지에 놓였다는 사실을 알고 떼를 쓰며 버텼다. "우리 아이의 미래를 위해서 입양을 반대합니다." 신생아를 맡고 있던 미혼모 센터 입장으로는 하루라도 빨리 입양 가족을 찾는 일이 급선무였기 때문에 시블이 내걸었던 대졸자 조건은 종종 뒤로 밀리기 일쑤였다. 양부모가 지금부터 학자금을 꼬박꼬박 부어서 아이를 반드시 대학에 보내겠노라는 서약서를 쓰고 나서야 시블은 마지못해 입양 동의서에 사인을 했다. 결국 태어난 지 얼마 되지 않은 핏덩이 같은 아이는 폴 잡스Paul Jobs와 클라라 잡스Clara Jobs에게 입양되었다. 아이의 성이 잔달리에서 잡스로 바뀐 극적인 순간이었다.

"양부모는 둘 다 대학에 다닌 적이 없었지만, 생모에게 아이를 대학에 보내겠다고 약속했다. 이는 중하위 계층 가구로서는 의미심장한 맹세였으며, 외아들이 필요로 하는 것이면 무엇이든 제공하는 양상의 시작을 알렸다. 그들은 양아들이 특별하다는 사실을 감지했다. 부분적으로 잡스가 엄청 똑똑하다는 점이 명확하게 드러났기 때문이었다. 잡스는 초중등 시절 6학년을 건너뛰었다. 당시 선생님들은 2개 학년을 월반하게 하는 것을 고려하기까지 했다."[177] 잡스는 지위가 불안정한 이민자와 나이 어린 미혼모 사이에서 태어난 입양아라는 핸디캡을 가지고 있었지만, 남들보다 월

아버지 폴 잡스와 2세 전후의 스티브 잡스

(출처: allaboutstevejobs.com)

등한 두뇌로 주위를 놀라게 했다. 가정에서는 행동 하나하나가 예사롭지 않았으며, 학교에서는 과목마다 우수한 성적을 거두었다. 특히 수학과 과학에서 뛰어난 모습을 보였다. 하지만 뿌리에 대한 채워지지 않는 결핍의 정서는 원죄처럼 평생 그를 졸졸 따라다녔다.

그렇다고 양부모를 무시하거나 존경하지 않았던 것도 아니었다. 그보다 그의 무의식에 내재된 친부모에 대한 갈망에 더 가까웠다. 출생 직후 더 없이 사랑을 받아야 했던 자신이 친부모에게 버려졌다는 사실을 무의식은 평생 그를 지배하는 커다란 트라우마로 수용했던 것이다. 동료들은 그가 무엇을 만들든 완전히 통제하려는 강박적인 태도가 그의 출생과 관련 있다고 입을 모았다. 실제로 잡스는 병적으로 주변을 조종하고 싶어 했고, 자기가 개발하는 제품들을 자기 정체성의 확장으로 간주했다. 그런 그의 태도는 대학 때부터 고스란히 드러났다. 잡스는 오리건 주 포틀랜드에 소재한 리드대학에 입학했다. 반드시 아이를 대학에 보내겠다고 서약했던 양부모는 대학 등록금을 마련하기 위해 오랫동안 적금을 부었다. 하지만 그런 부모의 노력도 모르고 잡스는 금세 대학 생활에 흥미를 잃었고, 부모에게 알리지도 않고 한 학기 만에 자퇴해버렸다.

그렇다고 대학을 아예 떠난 것은 아니었다. 그는 대학 주변을 어슬렁거리며 관심이 있는 과목을 청강했다. 그때 잡스는 1960년대 중후반에 미국을 휩쓸었던 히피 문화에 빠져 있었다. 그는 프랜시스 무어 라페의 『작은 지구를 위한 식습관』이라는 책을 읽고 채식을 실천하기로 마음먹었고, 명상을 통해 영적 존재와 하나가 될 수 있다고 믿었다. 젊은 시절, 그가 채택한 채식주의는 췌장암으로 세상을 뜰 때까지 일관되게 고수했던 삶의 철학이 되었다. 마음과 몸의 정화 의식을 치르듯 야채나 과일만 먹으며 그는 극단적인 절제를 실천했다. 때로 그는 모든 고기를 끊고 당근이나 사과만 먹으며 몇 주를 버티기도 했다. 그는 전분이 없는 채소와 과일만 먹으면 몸에 해로운 점액이 형성되는 것을 막을 수 있다고 믿으며 밥, 빵, 곡물 같은 탄수화물까지 끊기에 이르렀다. 그러면서 자신은 순수한 음식을 먹기 때문에 목욕을 하지 않아도 된다는 기괴한 믿음을 가졌다. 그 덕분에 그의 몸에서는 늘 불쾌한 체취가 풍겼다.

잡스는 선불교와 힌두교의 요가 전통에 흥미를 느꼈다. 불가해한 공안公案과 자연주의 같은 철학에 매료된 그는 색다른 동양적 사유와 실천에 빠져들었다. 심지어 그는 삶의 답을 찾고자 인도 여행을 감행했다. 7개월 동안 이어진 그 여행은 수도자의 삶을 방불케 할 정도로 극빈과 절제의 연속이었다. "잡스는 인도에서, 어린 시절 물려받은 것보다 넓은 시야를 찾고자 하는 많은 젊은이가 그렇듯 초점을 잃은 채 이리저리 분리된 시간을 보냈다. 그는 이질에 걸리기도 했고, 1천만 명에 달하는 순례자가 참가하는 종교 축제에 가기도 했으며, 무명으로 만든 길고 헐거운 예복을 입고 낯선 음식을 먹으며 신비로운 구루가 거행하는 삭발식을 받기도 했다."[178]

인도에서 돌아온 뒤 잡스는 선불교에 빠졌다. 선불교는 해답을 구했던 그에게 마음의 평안을 주었다. "그의 관심은 금욕적인 힌두교도에게 허용되는 것보다 더 많은 세상 참여를 허락하는 불교로 옮겨갔다. 덕분에 그는 개인적 깨우침에 대한 탐구심과 세상을 바꾸는 제품을 제공하는 회사를 창출하려는 야망을 적절히 조합할 수 있었다. … 또 수년에 걸쳐 오토가와 고분 치노라는 이름의 불승을 일주일에 한 차례씩 사무실에 초빙해 자신의 영적 감각과 사업 목표를 어떻게 균형 맞추는 게 좋을지 조언을 구하곤 했다. 잡스의 생애 후반부에 그를 익히 알았던 누구도 그를 '독실한' 불교도로 칭하진 않았지만, 종교적 규율이 그의 삶에 미묘하고도 심오한 방식으로 영향을 미친 것은 분명한 사실이다."[179]

곰곰이 생각해보자. 잡스는 왜 대학을 떠나지 않았을까? 그는 대학university이라는 공간에서 우주universe를 꿈꾸었던 것이 아닐까? 구도의 삶과 배움의 자세는 여러 모로 닮은 구석이 있다. 잡스는 친구의 기숙사를 전전하며 정신 수양이라는 이름으로 마리화나와 마약, LSD를 즐겼고, 청강생 신분으로 이런저런 수업을 들었다. 노숙자처럼 하릴없이 슬리퍼를 찍찍 끌며 캠퍼스를 돌아다니던 잡스는 흥미로운 수업을 발견했다. 바로 서체를 배우는 캘리그래피 수업이었다. 좀 뜬금없다. 하지만 애플의 역사를 찬찬히 더듬어가다 보면, 캘리그래피 수업이 그에게 불가피하고 불가항력적인 변곡점이었다는 사실을 깨닫게 된다.

잡스는 이렇게 회상했다. "캘리그래피 수업에서 글자들을 조합하는 방법, 활자 사이의 공간을 할애하는 방법 등을 배웠어요. 세리프체와 산세리프체를 그때 배웠습니다. 나는 폰트 사이에 멋진 공간에 금세 매료되었지요. 캘리그래피 수업은 뭐라고 형언할 수 없는 매력을 나에게 선사했어요." 캘리그래피 수업은 해프닝으로 끝나지 않았다. 서체와 글자의 공간을 배열하는 방법은 잡스를 보다 심오한 예술의 세계로 이끌었다. 잡스는 보통 엔지니어들이 갖지 못했던 그러한 심미안이 맥을 개발하는 데 고스란히 활용되었다고 고백했다. "만약 그때 캘리그래피 수업을 듣지 못했다면 내가 만든 맥이 이렇게 다양하고 아름다운 폰트를 갖지 못했을 겁니다. 맥이 보유한 서체가 기존 둔탁한 활자와 비교했을 때 가히 혁명적일 수 있었던 이유는 다 내가 대학에서 서체를 배웠기 때문입니다."

스티브와 스티브의 만남

고등학교에 다니던 잡스는 우연찮게 익스플로러스 클럽Explorer's Club이라는 긱geek 동아리에 합류하게 되었다. "익스플로러스 클럽은 팰로앨토 소재 HP 캠퍼스에서 정기적으로 만나 전자공학 프로젝트를 수행하고 HP 엔지니어들에게 교육을 받는 15명의 청소년으로 구성된 일종의 스터디그룹이었다. 잡스는 그때 컴퓨터라는 것을 처음 접했다."[180] 1969년 어느 날, 잡스는 한 친구로부터 워즈니악을 소개받았다.* 천재는 천재를 알아본다고 하던가? 스티브가 또 다른 스티브를 만난 순간이었다. "워즈니악은 의

---

* 훗날 워즈니악은 캘리포니아공과대학에 진학했으며, 졸업 후 록히드사에 입사해 미사일 유도 시스템을 고안하는 작업을 맡기도 했다.

심할 여지없는 공학 기술의 천재였다. 그리고 잡스는 곧 드러나는 바와 같이 천재의 위대한 조력자였다. … 머리는 좋으나 세상 물정을 모르고 수줍음이 많았던 워즈니악은 잡스보다 다섯 살이 많았지만, 적극성은 잡스보다 훨씬 떨어졌다. 반면 그는 학교 안에서든 밖에서든 잡스보다 훨씬 더 깊이 전자공학에 몰두했으며, 이미 10대 초반에 초보적인 계산기를 창출하기도 했고, 트랜지스터와 저항기, 다이오드 등을 만들기도 했다."[181]

워즈니악은 잡스를 처음 보았을 때를 이렇게 회상했다. "우리는 처음부터 서로에게 끌렸어요. 나는 잡스의 독창적인 사고에 매료되었습니다. 만나기만 하면 함께 이야기를 나누느라 한두 시간은 훌쩍 지나갔죠. 우린 서로 공통점이 많았습니다." 물론 잡스 역시 처음부터 워즈니악이 좋았다. 둘은 서로 비슷하면서도 물과 기름처럼 너무도 달랐다. 그 다름은 서로 충

워즈니악(좌)과 잡스(우)의 만남은 애플 역사에 거대한 이정표가 되었다.
(출처: google.com)

돌하고 부딪혀 스파크를 내는 게 아닌 서로의 부족을 채워주는 상보적 관계로 발전했다. 워즈니악은 내성적이었지만 컴퓨터 실력만큼은 최고였다. 잡스는 외향적이어서 워즈니악의 천재적 발상을 더욱 돋보이게 표현할 수 있었다. 이렇게 잡스는 멘토로서 워즈니악을 얻으며 영웅으로서의 면모를 갖추게 되었다. 이제 세상 끝으로의 긴 모험이 그들을 기다리고 있었다.

1975년, HP 사내 게시판에 붙은 한 광고에 이런 초청의 글이 적혀 있었다. "당신만의 컴퓨터를 만들고 싶나요? 혹은 단말기나 텔레비전, 타자기를? 그렇다면 당신과 똑같은 관심사를 가진 이들을 만나보는 게 어때요?" 이는 홈브루 컴퓨터 클럽Homebrew Computer Club이 발행한 찌라시였다. 1975년 3월 5일 멘로파크의 한 차고에서 열린 홈브루 컴퓨터 클럽 모임은 잡스와 워즈니악이 본격적으로 PC에 대한 관심을 갖게 한 중요한 사건이었다.* 워즈니악이 먼저 이 클럽에 참석했고, 이후 잡스도 동참했다. 클럽에 참석한 워즈니악은 당시를 이렇게 회상했다. "누가 가르쳐준 것처럼 PC에 대한 전체 구도가 딱 잡혔어요. 그날 밤 뭐에 홀린 듯 나는 바로 설계에 들어갔죠."

천재는 천재였나 보다. 워즈니악은 수개월간의 작업 끝에 조악하지만

* 홈브루 컴퓨터 클럽은 1975년 3월부터 1977년까지 운영된, 실리콘밸리에 있는 초기 컴퓨터 취미 생활자들의 소규모 모임이다.

작동 가능한 컴퓨터를 뚝딱 만들어냈다. 1975년 6월 29일 일요일, PC 역사에 한 획이 그어지는 결정적 순간이 두 스티브에게 이르렀다. 워즈니악은 이렇게 말했다. "키보드를 이것저것 눌러보니 신기하게 화면에 글자들이 떴습니다. 내가 누른 키들이 바로 단말기에 뜨는 걸 보는 건 정말 짜릿한 경험이었습니다."

"해군이 되느니 차라리 해적이 돼라!" 잡스의 인생 모토와 같은 말이다. 당시 정형화된 성인의 길을 거부하고 집시나 히피처럼 살았던 잡스는 사업을 벌이는 데 있어서도 여러모로 삐딱한 시선을 드러냈다. 그는 필요하다면 훔쳐서라도 더 완성된 기계를 만들어야 한다고 생각했다. 워즈니악이 훗날 애플I으로 명명될 컴퓨터를 처음으로 만들었을 때에도 그랬고, 매킨토시에 그래픽 사용자 인터페이스GUI라는 체계를 도입할 때에도 그랬다. 1979년 12월, 잡스는 복사기 제조업체 제록스Xerox의 팰로앨토 연구소PARC를 방문했다가 마우스로 화면의 커서를 움직이는 GUI를 처음 접하게 되었다. 순간 잡스는 예언자처럼 앞으로 PC는 모두 GUI를 기반으로 작동할 것이라고 확신했다. 팰로앨토 연구소에서 돌아온 잡스는 자신이 눈으로 봤던 것을 떠올리며 자체적인 GUI를 개발해냈다.

GUI

그래픽 사용자 인터페이스Graphic User Interface의 준말인 GUI는 컴퓨터와 사용자가 상호작용하게 하는 사용자 기기를 통칭한다. 보통 사용자가 키보드로 명령어를 입력해 작업을 진행하는 것과 달리, 마우스를 통해 직관적으로 화면의 아이콘을 클릭해 프로그램을 가동시키는 체계를 지칭한다. GUI는 사용자가 눈으로 화면의 아이콘을 직접 보고 조작하기 때문에 프로그램의 기동과 종료, 조작 등을 위한 기본적인 명령어를 알고 있을 필요가 없다. 빌 게이츠가 "도스는 죽었다."라고 외치며 GUI 기반의 윈도우즈를 내놓은 것 역시 이러한 장점을 잘 알고 있었기 때문이다. 최초의 GUI는 제록스의 팰로앨토 연구소에서 개발한 알토Alto컴퓨터였고, 애플의 매킨토시는 GUI를 PC에 제대로 정착시킨 첫 번째 컴퓨터로 꼽힌다. 오늘날 윈도우즈 같은 OS는 물론이고 온갖 게임이나 유틸리티 등에서도 이용되고 있기 때문에 GUI가 없는 컴퓨터 프로그램은 이제 상상할 수조차 없게 되었다.

이후 컴퓨터의 역사는 우리가 알고 있는 대로다. 필자 역시 GUI를 구현한 PC를 두들기며 이 책을 쓰고 있다. 잡스는 더 완성도 높은 제품을 만들 수 있다면 남의 아이디어를 훔쳐서라도 그렇게 해야 한다고 믿은 해적이었다. 하지만 남이 자신의 아이디어를 훔치는 데에는 발끈하는 이중성을 보였다. 잡스는 마이크로소프트의 윈도우가 자신들의 GUI를 도용했다고 느꼈으며, 1988년 빌 게이츠가 윈도우2.0을 출시하자 곧바로 소송을 제기했다. 이후 잡스는 기회가 있을 때마다 게이츠를 "남의 아이디어나 베끼는 인간"이라며 평가절하했다. 혹자는 내로남불 오진다고 말할 수 있겠지만, 그는 진정한 해적이란 남의 것은 빼앗되 자신의 것은 빼앗기지 않는 능력을 보여야 한다고 믿었던 것 같다.

여하튼 워즈니악이 만든 첫 번째 컴퓨터 회로 기판은 홈브루 컴퓨터 클럽에서 얻은 기계 도면을 창조적으로(?) 응용해 탄생한 결과물이었다. 그래서 워즈니악은 이를 팔 생각이 없었다. 하지만 잡스의 생각은 달랐다. 비록 아이디어를 훔쳤지만, 얼마든지 돈을 받고 팔아도 된다고 생각했다. 이는 훗날 픽사에서도 발현된 잡스만의 독특한 성향이었다. 잡스는 대략 1천 달러를 들여 워즈니악의 컴퓨터 회로 기판을 50개 만들었다. 두 스티브의 협업은 기가 막힌 조합과 조화를 이뤘다. 잡스가 찍새였다면, 워즈니악은 딱새였다. 애플I은 이렇게 탄생했다.

창조의 동굴이 된 차고

제품을 팔려면 회사가 있어야 했다. 두 스티브는 회사 이름을 짓기로 했다. 거창하고 멋진 이름보다는 쉽고 친근한 이름이 필요했다. 여러 날 고심하던 잡스는 '애플'을 떠올렸다. 그 당시 그는 과일만 먹는 식단을 지키고 있었다. 특히 사과는 만유인력의 법칙을 발견한 뉴턴을 대번 떠올리게 했다. 재미있으면서도 생기가 느껴졌다. 그 어떤 위협적인 느낌은 없었다. 거리의 부랑아처럼 얄궂은 해적을 꿈꾸었던 잡스에게는 어울리지 않는 순수한 이름이었다. 게다가 당시 잡스는 비디오게임회사 아타리Atari에 다니고 있었는데, '애플'이란 이름이 전화번호부에서 '아타리'보다 먼저 나온다는 이점도 고려되었다.

1976년 4월 1일, 잡스와 워즈니악은 공동으로 사업 계약서를 작성했다. 회사도 세웠고, 이제 그들에게는 사옥이 필요했다. 그들은 잡스의 양아버지 집에 딸려 있던 차고를 활용하기로 했다. 당시 잡스의 양아버지는 중고차를 수리하는 부업을 그만둔 상태였기 때문에 그들은 상대적으로 수월하게 컴퓨터 기판을 만들 수 있었다. 잡스와 워즈니악은 홈브루 컴퓨터 클럽에 자신들이 만든 시제품을 들고 갔다. 시제품을 본 사람들의 반응을 살피며 완제품의 합리적인 가격을 결정할 참이었다. 그중 한 사람이 완제품을 대당 500달러에 50대를 사겠다고 나섰다. 애플의 첫 정식 거래였다. 하루아침에 잡스의 집은 컴퓨터 생산 공장으로 돌변했다. 기한을 맞추려면 시간이 촉박했다. 잡스는 일손을 빌릴 수 있는 사람이면 누구에게나 도움을 요청했다. 워즈니악은 물론이고 친구, 친구의 여자친구, 심지어 잡스의 임신한 여동생까지 투입되었다. 그들은 자신들이 무슨 일을 하는지도 정확히 모르고 애플I 50대를 만드는 작업에 동원된 셈이다. 이렇게 애플I과 애플II는 세상의 빛을 보게 되었다.

애플II

1976년 반제품의 형태로 출시된 애플I의 후속작으로 애플컴퓨터가 내놓은 최초의 일체형 PC로 꼽힌다. 1980년대 중반 매킨토시 시리즈가 애플의 주력 컴퓨터로 자리 잡을 때까지 스테디셀러로 대중들의 사랑을 받았다. 컴퓨터가 일반 가전제품처럼 보여야 한다는 스티브 잡스의 신념 때문에 애플II는 처음부터 키보드와 메인보드, 전원 장치가 하나로 합쳐진 일체형으로 제작되었다. 또한 내부에 8개의 확장 슬롯이 있어 다양한 주변 장치를 연결해 사용할 수 있었다. 심지어 초기 모델은 저장 장치도 슬롯에 연결해서 써야 했다. CPU로는 MOS 테크놀로지 6502를 썼으며, ROM의 부트 로더에 기본적으로 애플 베이직 인터프리터가 내장되어 있어 OS 없이도 바로 베이직 프로그램을 할 수 있었다. 잡스는 애플II를 만들면서 시끄러운 냉각팬이 필요 없는 전원 공급 장치를 원했기 때문에 발열 문제가 끊임없이 대두되기도 했다. 이후 애플II의 단점들을 수정해 다양한 모델을 잇달아 선보였지만, 오리지널 애플II와 애플II+가 보여준 상업적 성공을 뛰어넘지는 못했다.

차고는 위대한 발명과 거대한 창조를 낳는 자궁과 같다. 오늘날 IT의 제국 실리콘밸리를 접수한 불세출의 영웅들은 대부분 차고에서 자신들의 재능과 상상력을 조합하는 일생일대의 실험을 수행했다. 잡스 역시 차고를 워즈니악의 회로 기판을 만드는 작업장이자 회사의 미래를 구상하는 사무실로 활용했다. 비록 여러 결함을 안고 있었지만 애플I과 애플II는 대박을 터트렸다. 그 후 1977년 1월 3일, 차고에서 시작된 애플컴퓨터 주식회사가 공식 출범했다. 당시만 하더라도 이 새로운 회사의 탄생을 아는 사람은 거의 없었다. 그리고 3개월 뒤, 1,295달러의 가격표를 달고 출시된 애플II는 날개 돋친 듯 팔려 나갔다. 애플II는 향후 16년간 다양한 모델을 출시하며 600만 대 가까이 판매되었고, 이 부문에서 전설적인 기록으로 남았다. 무엇보다도 이 컴퓨터가 향후 PC업계를 낳은 초석이 되었다는 사실은 아무리 강조해도 지나치지 않다.

독선과 무책임, 잡스의 하마르티아

모든 영웅에게 운명적인 하마르티아가 있듯 잡스 역시 극복할 수 없는 하마르티아를 가지고 있었다. 그것은 바로 그의 남다른 출생이 빚은 독선적이고 무책임한 행동이었다. 이 부분은 둘로 나누어서 볼 필요가 있다. 제일 먼저 그가 보인 무책임함이다. 잡스는 고등학교 친구이자 동거녀였던 크리스앤 브레넌Chrisann Brennan이 임신했다는 소식을 듣고 그녀를 헌신짝처럼 버렸다. 잡스는 브레넌과 잠자리를 한 것은 인정했지만, 자신이 아이의 친부라는 사실은 의심스러워했다. 아니, 대놓고 부인했다! 마치 음주단속에 걸린 운전자가 "술은 마셨지만, 음주운전은 하지 않았다."고 잡아떼는 것과 같았다.

사랑할 때는 세상 모든 것을 가져다줄 것처럼 하더니 여자친구가 임신하자 180도 돌변한 잡스를 우리는 어떻게 봐야 할까? 그저 무책임한 찌질한 남자로 봐야 할까, 가정이라는 속박을 혐오하는 비혼주의자로 봐야 할까? 오늘날 신과 동급으로 추앙받는 위대한 IT 거인이 보여준 매우 거북하고 흉물스런 오점이다. 재미있는 점은 잡스의 생물학적 친부와 친모가 그를 가졌을 때가 스물세 살이었는데, 잡스와 브레넌 역시 스물세 살에 같은 일을 경험했다는 사실이다. 평행이론일까? 모르겠다. 부인할 수 없는 한 가지 분명한 사실은 결정적인 순간 여자친구에게서 달아나버린 잡스의 그런 행동이 바로 잡스 자신의 태생적 하마르티아에서 비롯했다는 점이다.

브레넌은 잡스의 무책임하고 비열한 행동을 보면서도 낙태하지 않고 딸을 낳았다. 그리고 딸의 이름을 리사Lisa로 지었다.* 딸이 만 1세가 되어서야 잡스는 어쩔 수 없이 DNA 검사를 받는 데 동의했다. 그 결과, 잡스가 친부일 가능성이 94.41%로 나왔다. 캘리포니아 법원은 검사 결과를 토대로 딸에게 매달 양육비로 385달러를 지급하고 친부임을 인정하는 서류에 서명할 것을 명령했다. 하지만 두 모녀에 대한 잡스의 차가운 태도는 이후에도 바뀌지 않았다. 브레넌은 비정한 남편을 둔 벌로 정부에서 나오는 보조금으로 근근이 연명했다고 한다. 세월이 한참 흐른 뒤, 중년의 잡스는 한 인터뷰에서 그때의 행동을 후회하는 듯한 발언을 남겼다. 잡스가 세상을 떠나고 7년 뒤인 2018년, 잡스의 딸 리사는 아버지와 관련된 이야기를 자신의 책 『조무래기』에서 언급하며 "이중적인 아버지를 이제는 용서했다."고 밝혔다.

잡스의 두 번째 하마르티아는 인간관계와 관련이 있다. 그는 사람을 대하는 데 있어 매우 표변하는 태도를 지녔다. 잡스 가까이에서 일한 직원들은 하루에도 수십 번씩 부침을 거듭하는 그의 정서를 이해하느라 곤욕을 치러야 했다. 잡스는 조울증 환자처럼 한 가지 사안에 대해서도 아침에는 좋아했다가 오후가 되면 온갖 트집을 잡아 맹렬히 비판했다. 또한 자신이

---

* 리사는 애플II의 후속 모델인 매킨토시의 원래 이름이기도 했다. 실제로 딸 리사가 "저의 이름을 붙였나요?"라고 묻자, 잡스는 고개를 저으며 "미안하지만 아니다."라고 답했다고 한다. 그러나 잡스의 절친이었던 음악밴드 U2의 리더 보노가 리사와 똑같은 질문을 했을 때에는 "그렇다."고 답한 것으로 전해진다.

생각해낸 아이디어에 자화자찬을 늘어놓는가 하면, 스스로의 화에 북받쳐 동료들 앞에서 어린아이처럼 울음을 터트리기도 했다. 물론 그의 이런 불안정한 면모는 첫 번째 하마르티아와 뗄 수 없는 유기적 관계를 갖고 있었다.

그는 세상 사람들을 둘로 분류했다. 깨우친 사람, 혹은 멍청한 놈! 중간은 없었다. 이러한 그의 극단적 인간관계는 불필요한 적을 무수히 만들어냈다. 그는 인정사정없이 직원들을 몰아붙였으며, 자신의 마음에 들지 않으면 두 번이고 세 번이고 똑같은 일을 반복하게 했다. 심지어 인격모독적인 언사도 서슴지 않았다. 그가 사람들과 맺는 독특한 인간관계 방식은 대부분의 동료에게 불가해한 걸림돌이었다. 1983년, 펩시의 CEO 존 스컬리John Sculley를 애플의 전문경영인으로 영입하면서 이러한 걸림돌은 사내 직원과 임원 사이의 커다란 장벽으로 작용했다. 스컬리의 경영 능력을 믿은 잡스는 바짓가랑이를 붙잡고 늘어지다시피 그에게 매달렸다. 마음을 정하지 못하고 미적거리던 스컬리에게 던진 잡스의 말은 아직도 업계에서 전설처럼 회자되고 있다. "설탕물이나 팔면서 남은 인생을 보내고 싶습니까? 아니면 세상을 바꿀 기회를 붙잡고 싶습니까?" 그러나 그렇게 어렵게 영입한 스컬리는 잡스의 하마르티아에 치명적인 일격을 가했다.

회사를 맡아달라고 애걸복걸 매달릴 때는 언제고 잡스는 금세 스컬리의 경영 능력에 의문부호를 붙이기 시작했다. 음료업계에 있다가 애플에 와 IT에 관한 지식이 전무했던 '컴알못' 스컬리는 잡스가 벌이던 프로젝트의 성격을 제대로 파악하기에도 벅찼다. 여기에는 금방 싫증을 느끼는 잡스의 성격도 한몫했다. 스컬리는 이런저런 이유로 애플이 표방하는 고유한 사내 문화에 젖어들 여유도, 능력도 없었다. 급기야 인내심의 한계를 느낀 잡스는 애플의 중역들과 작당해 스컬리를 몰아내려는 무모한 시도를 감행했다. 하지만 스컬리는 이를 조기에 감지했고, 오히려 선수를 쳐 잡스를 자리에서 찍어내는 데 성공했다. 결국 스컬리와의 논쟁은 잡스를 구렁텅이로 몰아넣었고, 파워게임에서 밀린 잡스는 자신이 뽑은 임원에게 목이 잘려나가는 황당한 패배를 맛봐야 했다. 스컬리는 자신을 뽑은 수장을 이사회의 만장일치로 잘랐다. 굴러온 돌이 박힌 돌을 빼낸 것이다. 잡스의 독재는 그렇게 허망하게 막을 내렸다.

잡스의 페리페테이아, 픽사의 반전

애플에서 쫓겨난 잡스는 패배를 시인하고 스컬리의 처분을 기다리는 처지에 놓였다. 잡스는 치욕과 모멸감에 허우적거렸다. 승승장구하던 잡스의 행보에 제동이 걸리자 사람들은 평소 자존심이 강했던 그가 현실을 극복하고 재기하는 게 힘들 것이라 예상했다. 하지만 그는 이렇게 끝날 영웅이 아니었다. 그는 애플을 나와 새로운 회사를 차리기로 마음먹었다.

1985년, 잡스는 그간 애플이 보여준 참신한 미래를 이어갈 차세대 컴퓨터를 선도한다는 야심찬 목표로 가지고 넥스트NeXT를 창업했다. 하지만 그의 도전은 무모했다. 시장은 잡스의 기대처럼 움직여주지 않았다. 1989년 넥스트 컴퓨터가 시중에 정식 판매되기 시작했다. 야심찬 잡스는 애플에서 쫓겨나며 받은 돈을 탈탈 털어 한 달에 1만 대 이상을 생산할 수 있는 거대한 공장을 세웠다. 그러나 예상은 보기 좋게 빗나갔다. 대중들이 자신이 만든 컴퓨터에 열광할 거라는 기대는 금세 망상에 가까운 커다란 착각이었음이 드러났다. 공장은 멈췄고 회사는 매달 적자가 눈덩이처럼 불어났다. 그는 이렇게 재기에 실패하는 듯했다.

하지만 잡스에게 새로운 기회가 찾아왔다. 컴퓨터 그래픽을 만드는 자그마한 회사가 매물로 나온 것이다. 「스타워즈」로 평생 먹고살 돈을 벌어들인 SF의 거장 조지 루카스는 2개의 회사를 가지고 있었는데, 하나는 실사 촬영을 한 필름을 디지털화해 컴퓨터 특수 효과를 입히는 회사였고, 다른 하나는 컴퓨터 그래픽을 이용해 단편 애니메이션을 제작하는 회사였다. 당시 루카스는 전 부인과 이혼 소송에 휘말린 상태였고, 급히 돈이 필요해 회사를 매각하려고 나섰다. 1986년 1월, 잡스는 1천 달러를 투자하여 회사의 70%를 소유하는 방식으로 루카스필름을 인수했다. 이렇게 21세기 장편 애니메이션 역사를 바꾸어놓을 픽사Pixar가 탄생했다. 이 모든 게 잡스의 하마르티아가 가져온 예상 밖의 나비효과였고, 극적인 페리페테이아였다.

본래 잡스는 애니메이션에 관심이 없었다. 하마르티아가 그를 이끈 것이다. 잡스는 픽사를 컴퓨터 하드웨어 회사로 성장시키려 했다. 미래에는 누구나 컴퓨터에서 3D 그래픽을 사용하게 될 것이라고 예상했기 때문이다. 하지만 잡스조차 상상하지 못했던 인생의 기회가 숨어 있었다. 존 래스터John Lasseter를 운명처럼 만난 것이다. 래스터는 디즈니에서 일하다 픽사로 전직한 상태였다. 둘은 만나자마자 서로를 알아보았다. 래스터는 이렇게 말했다. "사내에서 미술가는 저밖에 없었죠. 애초에 디자인 감각이 있었던 잡스와 자연스레 유대감이 생겼습니다."

그들은 1988년 「틴토이」라는 5분짜리 단편 애니메이션을 제작하고 그해 아카데미에서 최우수 단편 애니메이션상을 수상하자 용기를 얻어 본격적으로 장편 애니메이션 작업에 들어갔다. 하지만 엄청난 제작비를 감당할 수 없었다. 잡스는 이미 픽사에 5천만 달러를 투자한 상태였고, 야심차게 시작한 넥스트는 계속 적자를 내고 있었다. 픽사는 언제 장편 영화를 출시할 수 있을지 미지수였고, 넥스트 생산 공장 대부분은 가동을 멈춘 상태였다. 둘 다 밑 빠진 독에 물 붓기와 같았다. 이러지도 저러지도 못하는 막다른 골목에 내몰리면서 잡스는 결단해야 했다. 잡스는 결국 자존심을 굽히고 디즈니와 공동 제작하는 것으로 방향을 선회하여 1995년에 세기의 명작 「토이스토리」를 내놓았다.

그렇게 탄생한 「토이스토리」는 초대박을 쳤다. 그 누구도 예상하지 못한 결과였다. 심지어 잡스조차 매스컴에서 본전만 건지면 행운이라고 밝힌 바 있었다. 개봉 첫 주에만 미국에서 3천만 달러의 수익을 거뒀다. 이후 여세를 몰아 전 세계에서 3억 6천 2백만 달러의 수입을 거두어 그해 가장 성공한 영화가 되었다. 「토이스토리」는 대중들을 빨아들이는 묘한 흡인력이 있었고, 1999년에는 속편이, 2010년에는 「토이스토리」 3탄이, 2019년에는 4탄이 연달아 개봉될 정도로 세기적 히트를 쳤다. 픽사는 「토이스토리」의 성공에 힘입어 기업공개를 단행했고, 그 덕분에 잡스는 애플에 이어 두 번째로 돈방석에 앉게 되었다. 낭떠러지 끝까지 내몰렸던 잡스에게 「토이스토리」 애니메이션처럼 동화와 같은 일이 벌어진 것이다.

이러한 대반전은 잡스가 단독으로 몰고 온 게 아니었다. 그가 픽사에서 래스터를 만나지 못했다면 「토이스토리」는 이 세상에 나오지 못했을 것이고, 제아무리 잡스라 하더라도 픽사를 정상의 자리에 올려놓지 못했을 것이다. 「토이스토리」는 콘텐츠가 담고 있는 줄거리로 보나, 제작 과정으로 보나, 하마르티아를 극복해가는 잡스의 성장기와 겹친다고 해도 과언이 아니다. 이런 사례는 한 번으로 그치지 않았다. 잡스는 픽사에서 래스터

잡스의 성공을 말할 때 빼놓을 수 없는 존 래스터(좌)와 조너선 아이브(우)
(출처: wikipedia.org)

를 만났듯 애플에 복귀한 뒤 조너선 아이브Jonathan Paul Ive라는 영국의 천재적인 제품 디자이너를 만나 아이팟과 아이폰, 아이패드 등을 잇달아 성공시킬 수 있었다.

애플에서 쫓겨날 때만 해도 이런 인생 역전이 그를 기다리고 있을 거라고 누가 상상했겠는가? 결국 잡스는 자신이 틀리지 않았음을 보여주며 스스로의 힘으로 당당히 애플에 복귀했다. 세상에 이보다 더 짜릿한 금의환향이 어디 있겠는가? 하지만 이보다 더 커다란 반전이 그를 기다리고 있었다. 이 반전은 누구도 예상하지 못한 한 편의 드라마였다. 그가 애플에 복귀한 뒤 아이브와 함께 출시한 아이맥은 속이 훤히 들여다보이는 외관으로 대중들에게 신선한 충격을 주었다. 과감한 누드 스타일에 빨강, 주황, 보라 등 총천연색을 입혀 점잖고 무거운 PC의 기존 이미지를 과감하게 탈피한 것이다. 반투명 케이스로 비치는 깔끔한 회로 기판은 소비자들의 마음을 단번에 사로잡았다. 예쁘고 앙증맞은 아이맥에 어울리는 가구와 액세서리가 덩달아 판매될 정도였다. 1998년 시판된 아이맥은 1,299달러라는 합리적인 가격 때문인지 연말까지 80만 대가 팔리며 애플이 내놓은 컴퓨터 중에서 가장 가파른 판매율을 기록한 PC가 되었다.

스마트기기로 세상을 평정하다

잡스는 멈추지 않았다. CD 시장을 놓친 애플은 MP3 시장을 선점하기로 다짐했다. 필자는 'MP3' 하면 우리나라 회사인 아이리버가 가장 먼저 떠오른다. 사실 MP3는 우리나라에서 먼저 개발한 원천 기술이기 때문에 이 부분은 매우 뼈아픈 대목이 아닐 수 없다. 우리는 여기서 '중요한 건 첫 번째가 가진 신선함이 아니라 두 번째가 가진 원숙함이다.'라는 교훈을 얻을 수 있다. 잡스는 피카소의 명언을 좋아했다고 한다. "훌륭한 예술가는 모방을 하고 위대한 예술가는 훔친다." 해적을 꿈꾸었던 괴짜 CEO다운 발상의 전환이다. 창조할 수 없다면 훔쳐라. 그러나 훔치려면 제대로 훔쳐라! 2001년 10월 23일, 잡스는 신제품 발표회에서 아이팟을 처음 공개했다. 우리가 다 알고 있는 것처럼, 아이팟은 음악과 기술의 경계, 아니 예술가와 대중, 연주자와 청중의 간극을 줄였다. 잡스의 호언대로 대중은 이제 자신이 좋아하는 노래들을 자기 마음대로 편집해서 기기 안에 넣어 가지고 다닐 수 있게 되었다.

잡스는 아이팟이 구동될 수 있도록 콘텐츠를 제공하는 데에도 심혈을 기울였다. 음악은 애플이 제공하는 아이튠즈 스토어에서만 다운받을 수 있게 했고, 앨범 전체가 아니라 한 곡씩 구매할 수 있도록 했다. 이는 신의 한 수였다. 현재 상식으로 굳어진 다운로드 정책이 잡스의 머릿속에서 나온 것임을 알고 있는가? 그는 미국 상위 5위권 내 음반사들과 접촉해 음원을 제공해달라고 설득했다. 이러한 도전은 이후 아이폰과 아이패드를 잇달아 출시할 때에도 계속해서 이어졌다. 전인미답의 개척지를 홀로 뚜벅뚜벅 걸어 들어간 잡스는 길을 찾는 사람pathfinder이 아니라 길을 만드는 사람trailblazer이었던 것이다.

2010년, 무대에서 아이폰4를 소개하는 잡스.
그가 신제품 발표회 때마다 입은 검은색 터틀넥과 청바지는 애플의 상징이 되었다.
(출처: wikipedia.org)

지금은 잡스의 트레이드마크 내지 시그니처가 된 신제품 발표회는 기획, 설계, 제작, 유통에 이르기까지 원스톱으로 연결시킨 제품 개발의 최종 단계에 해당한다. 잡스는 다른 사람이라면 사소하게 여길 부분들까지 철저하게 리허설하고 꼼꼼하게 준비했다. 일상적인 청바지와 검은색 터틀넥을 입고 무대 위를 천천히 돌아다니는 잡스는 대중들이 발표회장에서 신제품을 감상하는 것 외에 고대하던 또 다른 볼거리였다. 아무 것도 쓰지 않은 대머리에 투병 생활로 수척해진 얼굴, 심지어 면도하지 않은 그의 덥수룩한 모습까지 젊은 시절 그토록 염원했던 도道를 찾기 위해 치열하게 명상하는 선승을 연상시켰다. 이 모든 이미지는 잡스가 주도면밀하게 일일이 기획한 것이었다. 잡스는 리허설을 반복하며 절제된 제품 프레

젠테이션을 완성하는 데 많은 시간과 공을 들였다. 그는 사색에 빠진 철학자처럼 천천히 무대를 거닐며 모든 사람이 이해할 수 있을 만큼 짧고 단순한 언어로 설명을 이어갔다. 그의 모습은 수면을 우아하게 가르며 정중동의 미학을 발휘하는 백조를 떠올리게 했다.

잡스의 결론, 그리고 죽음

애플은 스타트업을 준비 중인 모든 청년에게 선망의 대상이다. 하지만 잡스를 바라보는 노동계의 평가는 크게 엇갈린다. 전에 없던 새로운 일자리를 창출한 개척자로 추앙하는 이들이 있는가 하면, 제3세계 노동자들의 인권을 착취하고 불평등한 계약 관행을 굳힌 제국주의자로 비판하는 이들도 있다. 모든 성공에는 빛과 그림자가 동시에 드리워져 있다. 공功만 보면 그 뒤에 숨겨진 과過를 놓칠 수 있다. 애플은 아이폰을 개발하면서 기기 생산을 대만의 폭스콘이라는 회사에 하청을 준다. 아이폰의 폭발적인 성장과 인기에 힘입어 폭스콘의 매출 역시 10년 새 6배 이상 뛰었고, 6만 명이었던 직원도 130만 명으로 늘었다.

문제는 현지의 생산 환경이었다. 제한된 공간에서 제한된 인원을 돌리다 보니 12시간 맞교대로 생산 공정을 운영했고, 생산량을 채우지 못하거나 실수를 한 직원은 인민재판을 하듯 공개적으로 수치를 주었다. 이러한 노사 문화는 결국 사달을 냈다. 2010년 18명의 폭스콘 직원이 잇달아 자살을 시도하고 이중 14명이 사망하면서 폭스콘은 '자살 공장'이라는 수치스러운 별명을 얻게 되었다. 잡스와 직접적인 관련은 없는 사건이지만, 2018년에는 중국의 아이폰과 애플워치 생산 공장에서 미성년자를 강제로 동원해 노동력을 착취했다는 고발도 이어졌다. 결국 「뉴욕타임스」의 보도로 애플 제품에 대한 불매운동이 일어나기까지 했다.

잡스의 마지막은 갑작스럽게 다가왔다. 2003년 10월, 잡스는 췌장암 진단을 받았다. 그의 주치의가 평소대로 신장 상태를 체크하기 위해 CT 촬영을 하다가 종양을 발견한 것이다. 그가 걸린 췌장암은 일반적인 형태보다 수술하기 수월한 케이스였고, 암 진단 후 바로 수술을 했으면 90% 이상 완치가 가능한 수준이었다. 하지만 잡스는 췌장암 진단을 받은 순간부터 일체의 수술 치료를 거부했다. 자신의 몸에 칼을 대는 것에 극도의 거부감을 느꼈던 것이다. 아마도 그는 현대 의학이 아닌 채식이나 천연 치료로 자신의 상태가 완쾌되기를 바랐는지도 모른다. 잡스는 주치의보다 일본 선승을 더 자주 만났으며, 우리가 이해하기 힘든 대체 의학과 초월 명상에 집착했다.

하지만 잡스의 가족과 친구들은 그런 그를 가만히 놔두지 않았다. 특히 그의 아내는 집요하게 그를 설득하고 다그쳐 결국 1년 만에 수술대에 눕히는 데 성공했다. 하지만 첫 발견 당시 췌장의 5% 정도만 차지하고 있던 종양은 잡스가 시간을 질질 끄는 동안 췌장 전체로 퍼졌고, 간 조직에까지 전이된 상태였다. 췌장을 잘라내는 것에 그치지 않고 간까지 이식해야 하는 지경이 된 것이다. 2009년 3월 21일, 교통사고로 사망한 20대 중반 남성의 간이 공수되었고, 잡스를 실은 전용기는 간이식 수술 준비를 마친 병원을 향해 날았다. 잡스는 간이식 수술을 받기 전에 산소호흡기의 디자인이 마음에 들지 않는다며 어린아이처럼 착용을 거부했다. 기능만 따지고 디자인은 주변적인 것이라고 여긴 의료기기에 대한 일종의 항의 차원이었다. 끝까지 잡스다운 자존심을 보인 셈이다.

수술은 성공적으로 끝났다. 이후 잡스는 다시 검은색 터틀넥을 입고 신제품 발표회 무대에 올라가기도 했다. 하지만 병은 정신력으로 이길 수 있는 게 아니었다. 암은 다시 재발했고, 2011년이 되면서 그의 병세는 걷잡을 수 없을 정도로 악화되었다. 암세포는 이미 뼈까지 전이된 상태여서 수술이 불가능했다. 8월 24일, 결국 그는 애플의 수장 자리에서 물러났고, 그로부터 한 달 반이 지난 10월 5일, 56세의 나이로 세상과 이별했다. "때로 나는 죽음이 온-오프 스위치 같다고 생각합니다. 끄면 끝인 거죠. 그래서 내가 애플 기기에 온-오프 스위치를 넣는 게 내키지 않았나 봐요."

정말 그는 스위치가 '딸깍' 하고 꺼지듯 세상을 떠났다. 많은 사람들이 그를 디지털기기의 반신demi-god이라고 여겼지만, 전지전능한 신도 죽음의 운명 앞에서 허망하게 고꾸라지고 말았다. 애플의 수장은 그렇게 레테의 강을 건너갔다. 대중들은 잡스가 없는 팀 쿡Tim Cook 체제에 여러 가지 불안 요소들이 내재해 있다고 여겼다. 하지만 애플은 큰 흔들림 없이 지금도 순항 중이다. 2020년 중반, 애플은 시가총액 2조 달러를 돌파했고 현재 시총 1위 기업이다. 어쩌면 스티브 잡스의 진정한 위대함은 비록 그의 부재 상태에서도 그가 남긴 애플의 제품과 애플의 철학, 애플의 문화가 붕괴되지 않았다는 데에 있는지도 모른다. 왜냐하면 그 어떤 전능한 신도 영원히 이 땅에 머물 수는 없기 때문이다.

스티브 잡스의 분석 차트

독창성	★★★★★
진실성	★★
성실성	★★
계획성	★★★
개방성	★★★★

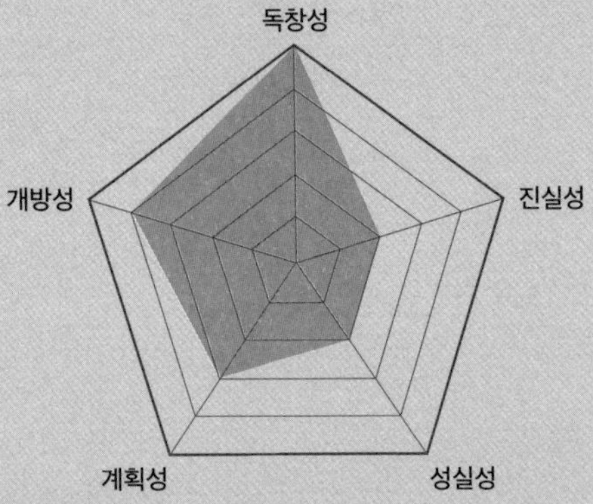

스티브 잡스의 연표

- 1955년 — 압둘파타 잔달리(Abdulfattah Jandali)와 조앤 시블(Joanne Schieble) 사이에서 태어나 이후 폴 잡스(Paul Jobs)와 클라라 잡스(Clara Jobs)에게 입양됨
- 1960년 — 캘리포니아 주 산타클라라 카운티로 이사함
- 1969년 — 영원한 동지 스티브 워즈니악(Steve Wozniak)을 만남
- 1973년 — 리드대학에 입학했지만 한 학기 만에 자퇴함
- 1975년 — 홈브루 컴퓨터 클럽에 들어감
- 1976년 — 비디오게임회사 아타리에 다니며 애플I을 완성함
워즈니악과 함께 애플컴퓨터를 창업함
- 1977년 — 애플II를 출시함
- 1978년 — 여자친구 크리스앤 브레넌(Chris Ann Brennan)이 딸 리사(Lisa)를 출산함
- 1980년 — 애플컴퓨터가 상장되면서 거부가 됨
- 1983년 — 펩시의 CEO 존 스컬리(John Sculley)를 애플의 CEO로 영입함
- 1984년 — 매킨토시를 출시함
- 1985년 — 애플에서 직위를 잃고 넥스트를 창업함
- 1986년 — 애니메이션회사 픽사에 투자하면서 대표가 됨
- 1991년 — 디즈니와 공동으로 장편 애니메이션을 제작함
로렌 포웰(Laurene Powell)과 결혼함
- 1995년 — 「토이스토리」를 개봉함
- 1997년 — 애플 CEO로 복귀함
- 1998년 — 아이맥을 출시함
- 2001년 — 아이팟을 출시함
- 2003년 — 췌장암 진단을 받음
- 2004년 — 췌장암 수술을 받음
- 2007년 — 아이폰을 출시함
- 2009년 — 간이식 수술을 받음
- 2010년 — 아이패드와 아이폰4를 출시함
- 2011년 — 건강 악화로 애플의 대표직을 사임하고 팀 쿡(Tim Cook)이 그 자리를 대신함
10월 5일, 56세의 나이로 사망함

CHAPTER 14

10억 명의 세계인을 연결시킨 사나이 마크 저커버그

Mark Zuckerberg

(1984~)

"세상 모든 사람들을 연결시키고
미래를 위해 사회를 변화시키도록 돕는
커다란 필요와 커다란 기회가 있다."
—마크 저커버그—

신체 중에서 가장 중요한 부분은 바로 얼굴이다. 얼굴이 첫인상의 대부분을 차지한다 해도 과언이 아니다. 우리는 창피할 때 흔히 "쪽 팔린다."라고 말한다. 나쁜 짓을 하다 걸렸을 때도 얼굴부터 가린다. 얼굴을 가리면 무의식적으로 자신의 정체성과 존재 자체를 가릴 수 있다고 생각하기 때문이다. 얼굴은 사람의 성격과 감정뿐 아니라 대인관계에서 체면과 예의범절을 대표한다. 영어에서 '체면을 구긴다.'는 말을 '얼굴을 잃는다lose face.'로 표현하고, '체면을 세운다.'는 말을 '얼굴을 구한다save face.'로 표현하는 것은 바로 그 때문이다.

2004년에 출범한 페이스북은 이름처럼 IT업계의 얼굴마담 격이다. 페이스북은 개인과 개인을 연결하는 단계에서 벗어나 기업과 물류, 광고와 기획이 연결되기 시작하면서 모든 회사가 반드시 공략해야 하는 중요한 마케팅 플랫폼이 되었다. 필자 역시 2010년에 페이스북에 가입했고, 지금도 활발하게 사용하고 있다. 필자의 페이스북에는 대학 시절 사진뿐 아니라 회사를 창업할 당시 느꼈던 소회와 감정이 고스란히 남아 있다. 페이스북을 통해 새로운 사업 기회를 만들 수 있었고, 페이스북으로 연결된 지인들도 생겼다. 페이스북은 개인의 성격과 사회적 이미지를 드러내는 매우 직설적인 광고판과 같다. 오늘날 페이스북을 사용하는 유저가 10억 명이 넘는다. 페이스북은 어떻게 전 세계 사람들이 자발적으로 자신의 얼굴을 드러내도록 만들었을까?

세상을 연결하려 했던 유대인 괴짜 소년

마크 저커버그는 1984년 5월 14일, 뉴욕의 부유한 유대인 가정에서 태어났다. 그의 아버지 에드워드 저커버그Edward Zuckerberg는 치과의사였고, 어머니 카렌Karen Zuckerberg은 심리학자였다. "저크는 치과의사인 아버지와 심리학자인 어머니 사이에서 4남매 중 둘째로 태어난 외동아들이다. 그의 가족이 살던 집은 동네에서 제일 크긴 했지만 상당히 검소했다. 아버지의 병원은 그의 집 지하에 있었다."[182] 남들이 부러워하는 가정에서 태어난 저커버그는 어려서부터 컴퓨터에 남다른 관심과 재능을 보였다. 아버지는 그런 아들에게 컴퓨터 개인 과외를 붙여주었다. 부모 입장에서 아들의 재능을 잘 꿰뚫어본 것이다. 그 덕분에 저커버그는 중학교 때부터 간단한 소프트웨어와 프로그램을 만들기 시작했다.

저커버그는 별 어려움 없이 명문 사립고등학교 필립스 엑시터 아카데미에 진학했다. 그가 고등학교 때 펜싱선수였다는 사실을 모르는 사람이 많다. 네트워커가 펜싱 선수였다니! "고교 시절 팀의 주장을 맡을 정도로 뛰어난 펜싱선수였던 저크는 가끔 세상을 펜싱 경기로 여겼다."[183] 그렇다고 해서 그가 운동만 잘하는 학생이었던 것은 아니다. 그는 공부에서도 또래보다 두각을 나타냈다. 특히 수학과 천문학, 물리학에서 독보적으로 뛰어났고, 언어에도 고전어와 현대어를 가리지 않고 일가견이 있었다. "그의 대학 입학 원서를 보면 프랑스어와 히브리어, 라틴어, 고대 그리스어까지 쓰고 읽을 수 있다고 기록되어 있다. 대학에서 친구들과 이야기를 나눌 때 일리아드와 같은 서사시의 구절을 적재적소에 인용하는 것으로 유명했다."[184] 한마디로 그는 '엄친아'였다.

컴퓨터로 사람들을 연결하는 그의 기발함과 독창성은 어릴 때부터 남달랐던 것 같다. 어느 날 아버지가 운영하던 병원에서 접수 직원이 환자를 일일이 호명하며 진료실로 들여보내는 모습을 본 저커버그는 '저렇게 매번 이름을 부르는 게 힘들지 않을까?'라고 생각했다고 한다. 그는 데스크에서 환자를 접수하자마자 진료실 모니터에 이름이 뜨는 시스템을 떠올렸다. "아버지의 불편함을 예사롭게 보아 넘기지 않았던 저크는 일명 '저크넷Zucknet'이라는 메신저 시스템을 만들었다. 그가 개발한 메신저는 아버지의 병원뿐 아니라 누이들에게도 대단한 인기를 얻었다."[185] 자신의 이름을 딴 저크넷은 훗날 페이스북을 만들어 세상을 하나의 네트워크로 연결하게 되는 미래를 반영하고 있었다. 이처럼 저커버그는 컴퓨터 프로그램

하버드대학 재학 시절의 저커버그
(출처: businessinsider.com)

을 짜는 데 대단한 흥미를 느꼈는데, 그중에서도 사람들이 서로 의사소통을 할 수 있도록 지원해주는 프로그램에 관심이 많았다.

흥미로운 사실은 저커버그는 사람과 사람을 연결하고 싶어 했지만 정작 자신은 대인관계에서 서툰 면이 있었다는 것이다. 여느 이공계 괴짜들처럼 남들의 이목이나 감정 따위는 아랑곳하지 않았고, 자신이 관심을 갖고 있는 일에만 몰두했다. 공감 능력이 부족해 여자친구들에게 빈번히 차였고, 대화를 트고 지냈던 친구들은 대부분 그와 비슷한 괴짜들, 덕후들이었다. 하지만 그는 그러한 자신을 크게 개의치 않았다. 하버드대학에 입학한 저커버그는 심리학과 컴퓨터공학을 전공했다. 어머니의 영향을 받은 심리학 전공은 그가 인간의 심리를 탐색하도록 도왔고, 컴퓨터공학 전공은 인간의 내면을 넘어 그가 사회 속에서 인간 네트워크를 짤 수 있도록 도와주었다. 그는 세계 최고의 대학이라 불리는 하버드대학에서 얌전히 수업만 듣는 공부벌레와는 거리가 멀었다. 그는 캠퍼스 내에서 공통된 관심사를 가진 사람들이 누구인지, 그들과 어떻게 교류할 수 있는지 관심을 가졌다. 그렇게 해서 탄생한 것이 바로 코스매치coursematch였다. 코스매치는 대학 내에서 누가 어느 과목을 수강하는지 파악하고 같은 수업을 듣는 학생들이 스터디 그룹을 짜는 데에 편의를 제공하도록 설계되었다. 학생들은 저커버그 덕분에 코스매치 안에서 손쉽게 과목의 정보와 인원을 알 수 있게 되었다.

코스매치가 성공을 거두자 자신감이 생긴 저커버그는 곧바로 다음 작품에 돌입했다. 이번 작품은 전작과 달리 사뭇 도발적이었다. 아니, 엄밀히 말해 합법과 불법의 경계를 넘나드는 것이었다. 바로 페이스매시facemash라는 프로그램을 내놓은 것이다. 학생들에게 도움이 되는 정보를 직접 제공해주던 코스매치와 달리, 페이스매시는 대학을 다니고 있는 학생들의 사진을 띄워놓고 자동으로 일대일 매치업을 벌여 외모 우승자를 가려내는, 어떻게 보면 조금 짓궂은 사이트였다. 한마디로 캠퍼스 내 킹카와 퀸카를 가려내는 얼굴 품평 사이트였다. 지금의 관점에서 보면 페미니스트들이 들고일어날 문제였지만, 그 당시에는 한 컴퓨터 덕후의 장난으로 여기는 분위기였다. 그런데 문제는 저커버그가 페이스매시를 만들기 위해 벌인 불법적인 과정에 있었다. 그는 이름, 사진 등의 개인정보를 수집하기 위해 대학 행정 부서의 시스템을 해킹했다. 이는 명백한 범죄였으며, 한 대학생의 단순한 장난으로 치부될 사안이 아니었다.

빡빡한 학사 일정 속에서 무언가 재미있는 화제를 원한 일부 남학생들은 열광했지만, 하버드대학은 즉시 저커버그의 장난에 철퇴를 가했다. 그의 인터넷 접속을 전면 차단하면서 그를 학생회에 회부한 것이다 이 사실이 학내 신문인「하버드 크림슨」에 부정적인 기사로 실리면서 저커버그의 평판은 하루아침에 땅바닥으로 떨어졌다. 그러나 동시에 그에게 좋든 나쁘든 유명세를 던져주기도 했다. 여기서 우리가 주목해야 할 사실은 그가 개발한 소프트웨어들이 단계적 발달 과정에 있다는 점이다. 코스매치가 관심사가 같은 학생들을 엮어주는 것에 집중한 소프트웨어였다면, 페이스매시는 네트워크에 속한 이들의 얼굴에 집중한 소프트웨어였다. 여기서 개인정보가 붙어 있는 얼굴은 저커버그에게 각 사람의 정체성, 즉 성격과 관심을 보여주는 아이덴티티를 상징하는 것이었다. 그리고 이 얼굴은 페이스북을 만드는 데 귀중한 모티프를 제공해주기도 했다.

사실 소셜 네트워킹이라는 개념은 저커버그가 필립스 엑시터 아카데미에 다니던 시절에 고안된 것이다. 아무나 다닐 수 없었던 그 상류층 학교는 매년 학생들에게 사진 주소록을 한 권씩 배포했다. 학교는 나중에 성공한 동문을 관리하기 위해, 그래서 학교의 명예도 높이고 그들에게 장학금을 받아내기 위해 네트워크의 필요성을 어렴풋하게 느꼈던 것 같다. 그런데 학생들 사이에서 그 주소록은 다름 아닌 '페이스북'으로 불렸다고 한다. "학생들의 거주지와 전화번호가 해마다 변경됐기 때문에 매년 한 차례 발간되는 일명 페이스북은 친구들과의 연락이 끊어지지 않도록 이어주는 유일한 연결고리였다."[186] 우리나라에서 학교가 졸업생들을 위해 졸업앨범을 발간하는 것과 같은 맥락이라고 보면 될 것이다. 졸업 후 졸업앨범 주소록에 적힌 전화번호로 짝사랑하던 이성에게 '잘 지내?'라고 문자메시지를 보내본 사람이 꽤 많을 것이다. 저커버그 역시 페이스북의 기억을 놓치지 않았다.

네트워크의 승리, 페이스북의 탄생

사실 저커버그가 페이스북을 개발하기 전에 이미 소셜 네트워크 서비스를 제공하는 선두주자들이 있었다. 마이스페이스MySpace와 프렌스터Friendster 같은 사이트는 수만 명의 회원을 확보하기도 했다. 해 아래 새것이 없다고, 페이스북은 새로운 개념을 창출한 플랫폼은 아니었다. 이런 사례는 디지털 세계, 소위 닷컴 회사들 사이에서 얼마든지 찾을 수 있다. 1996년, 야후가 검색엔진시장에서 맹위를 떨치고 있을 때 구글은 후발주자로 시장에 뛰어들었다. 2006년, 페이스북이 SNS 시장을 평정하고 있을 때 트위터 역시 후발주자로 기존 플랫폼들의 틈새를 비집고 들어갔다. 이것이 어떻게 가능할까? 후발주자라고 해서 마냥 불리한 것만은 아니다. 마케팅 전문가들은 후발주자는 시간을 두고 앞선 경쟁사들의 단점이나 한계를 파악할 수 있고, 검증 단계를 거치는 과정을 관찰할 수 있기 때문에 도리어 유리하다고 입을 모아 말한다.

소셜 네트워크 서비스

SNS는 소셜 네트워크 서비스Social Network Service라는 명칭이 말해주듯, 웹상에서 사용자들이 새롭게 폭넓은 인간관계를 형성할 수 있도록 하는 서비스로, 오늘날 각광받는 '1인 커뮤니티 미디어'로 떠오르고 있다. 인터넷상 사람과 사람을 연결하는 전자 네트워크의 일종으로 초기에는 주로 친목 도모나 오락 등의 용도로 활용되었으나, 최근에는 비즈니스와 각종 정보 공유 등 생산적 용도와 마케팅 툴로 활용되고 있다. 과거에는 네트워크가 혈연과 지연, 학연 등의 인맥을 통해 형성되었다면, 최근에는 같은 취미나 전문 분야, 관심사 등을 공유하고 나누는 장으로 활용되고 있다. 스마트폰 같은 모바일기기가 급속도로 확산되면서 SNS의 인기는 더욱 뚜렷해졌다. 개인의 개성을 표현하고 다양한 계층 사람들과 정보를 교환할 수 있다는 장점이 있는 반면, 정보가 불특정 다수에게 다차원으로 전달되는 형태이기 때문에 프라이버시나 개인정보 보안과 같은 문제점들이 끊임없이 제기되고 있다. 대표적인 소셜 네트워크 서비스 플랫폼으로는 페이스북, 트위터, 인스타그램, 카카오톡 등이 있다.

페이스북의 전략도 이와 같았다. 저커버그는 가명으로 계정을 등록할 수 있도록 허용한 정책이 기존 소셜 네트워크 사이트들의 가장 큰 단점이라고 판단했다. 그는 아무리 많은 사람이 네트워크 속에 들어 있다 하더라도 그들 대부분이 거짓말 위에 서 있는 가상의 존재라면, 그러한 네트워크는 단순한 오락이나 유흥거리에 불과하다고 생각했다. 일부 사이트는 좋

게 말해 연인이나 소울메이트, 나쁘게 말해 섹스파트너를 구하는 용도로 사용되고 있었다. 저커버그는 가면을 쓰거나 분장을 한 채 가면무도회를 즐기는 허깨비들의 파티가 아니라 민낯의 사람들이 만나 교류하는 '진짜 소통'을 원했다.

이런 맥락에서 저커버그가 페이스북을 만들며 제일 먼저 정한 원칙은 무조건 실명으로 가입해야 한다는 것이었다. '틈새를 공략하라.' 후발주자의 당연한 생존 전략이다. 다만 어떤 정보를 공유할지, 얼마나 많은 정보를 오픈할지는 스스로 정하도록 만들었다. "다른 소셜 네트워크와 달리 저크는 허위 프로필을 짜내기 위한 가짜 툴을 만드는 데 관심이 없었다. 오히려 그는 소셜 그래프가 투명성과 진정성을 갖도록 하는 데 혼신을 다해 몰입했다. 진실성은 저크에게 전부였다."[187]

페이스매시 사건으로 간신히 정학을 면한 저커버그는 오기가 생겼다. 아마 그보다 훨씬 오래전부터였을 테지만, 그는 평소 마음에 담아두고 있던 페이스북의 첫 모델을 구상하기 시작했다. 2004년 1월 11일, 드디어 저커버그는 페이스북의 역사적인 첫발을 떼었다. 레지스터닷컴에서 1년 약정으로 35달러에 더페이스북Thefacebook.com이라는 도메인을 사 등록을 마치고 본격적인 서비스에 들어간 것이다. "사실 저크는 페이스매시를 다룬 「하버드 크림슨」의 여러 기사에서 더페이스북 구상에 대한 아이디어를 얻었다고 했다. 당시 「하버드 크림슨」에 '페이스매시에서 야기된 많은 문제점은 학생들 간에만 공개되고 자발적으로 사진을 올리게 한다면 해결될 수 있을 것이다.'라는 기사가 실린 적이 있었다."[188] 기사를 본 저커버그는 '바로 이거다!'라고 외치며 무릎을 탁 쳤을 것이다.

더페이스북을 론칭한 저커버그는 온라인에서 사람들을 이어주는 모든 수단과 네트워크가 무료로 제공되어야 한다고 주장했다. '온라인에서 얻을 수 있는 것은 모두 무료여야 한다.' 이것이 그의 지론이다. "그 역시 페이스북을 만들 때 MySQL 데이터베이스나 Apache 웹서버 툴과 같이 무료로 사용할 수 있는 오픈소스 소프트웨어를 사용했다. 이런 무료 소프트웨어의 힘을 빌려 저크는 큰 자본 없이도 페이스북을 성공 가도에 올려놓을 수 있었다. 저크가 초기에 비용을 지불한 것은 호스팅 서비스와 서버가 전부였다."[189] 그래서 초기에 그는 페이스북에 광고를 붙이는 것도 극혐했다. 운영자금 때문에 어쩔 수 없이 최소한의 광고를 달아야 했을 때에도 광고 화면 위에 '우리도 이런 광고가 싫지만 소중한 운영료를 내주는 이들입니다.'라는 문구를 띄웠다. 말장난 같지만 수익 모델이 무엇이냐는 질문에 저커버그는 늘 이렇게 대답했다. "간단히 말해, 우리는 돈을 벌기 위해 서비스를 구축하는 것이 아닙니다. 더 나은 서비스를 구축하기 위해 돈을 버는 것입니다."[190]

하지만 일정한 수익 모델 없이 회사를 운영하는 것이 불가능하다는 사실을 저커버그도 모르지 않았다. 그는 페이스북을 이끌어가기 위해 재정과 경영 쪽에 도움을 받아야 한다는 사실을 깨달았다. 바로 그때 구원투수로 등장한 사람이 에두아르도 세브린Eduardo Saverin이었다. 세브린은 브라질 태생의 유대인으로 저커버그보다 두 살 많은 절친이었다. 세브린 역시 재벌 아버지를 둔 금수저였다. 저커버그는 당시 하버드대학에서 경영학을 전공하던 세브린에게 펀드를 유치하는 업무를 부탁하며 그 대가로 페이스북의 지분 중 3분의 1을 주겠다고 제안했다. 세브린은 흔쾌히 동의했다. '친구와는 절대 동업하지 말라.'는 말도 있지만, 두 사람은 둘도 없는 유대인 친구에서 사업 파트너로 거듭났다. "학교 투자 클럽의 임원이던 세브린은 브라질 재벌가의 아들답게 체스를 잘 두는 수학 천재로 통했다. 두 학생은 각자 1천 달러씩 투자하기로 합의했다."[191]

더페이스북은 론칭과 함께 순항했다. "일주일 후 하버드대학 학부생 반 이상이 더페이스북에 가입했다. 2월 말에는 4분의 3을 넘어섰다. 오픈 3주 후 더페이스북의 가입자 수는 6천 명을 돌파했다. 며칠 후 저크는 사이트를 운영하고 관리할 사람이 더 필요하다는 사실을 깨달았다. 가장 가까이에 있던 룸메이트들이 타깃이 되었고, 더스틴 모스코비츠Dustin Moskovitz가 합류했다. … 이제 저크는 65%, 세브린은 30%의 지분을 보유했다."[192] 여기서 첫 번째 사업의 분수령이 새겨졌다. 하버드대학을 접수하자 '그다음은?'이라는 질문이 제기되었다. 저커버그는 원래 더페이스북으로 사업을 하려는 생각이 없었다. 당연히 더페이스북의 네트워크를 하버드대학 외부로 펼치겠다는 포부도 없었다. "더페이스북을 이용하기 위해서는 커다란 제약 사항이 있었는데, 하버드대학의 이메일 주소 @harvard.edu 계정이 있어야만 가입이 가능하며 실명을 써야만 했다. 그 규칙이 더페이스북을 매우 배타적인 서비스로 만들었지만, 동시에 회원들은 개인정보 보

모스코비츠(좌)와 저커버그(우)
(출처: gettyimages.com)

호에 안심할 수 있었다."[193]

동업자들끼리(사실 학교 친구들) 기숙사에 모여 진지한 토론을 벌였다. 예상치 못하게 네트워크가 빠르게 성장하자 더페이스북의 규정에 일정한 변화가 필요함을 감지한 그들은 하버드대학에 국한된 서비스를 풀고 네트워크가 성장하는 자율성에 맡기기로 결정했다. 2월 25일에는 이웃 대학인 컬럼비아대학이, 26일에는 스탠퍼드대학이, 29일에는 예일대학이 추가되었다. 이후 다트머스대학, 코넬대학, MIT, 보스턴대학 등에서도 서비스를 시작할 수 있었다. 사업 규모가 늘어나면서 새로운 인력이 요구되었다. "얼마 지나지 않아 저크는 룸메이트 크리스 휴즈Chris Hughes를 더페이스북의 공식 대변인으로 합류시켰다. 이로써 이 회사의 초기 창립 4인방이 완성됐다. 더페이스북 오픈 한 달째, 활동 가입자 수가 1만 명에 달했다."[194] 대학 친구들끼리 장난처럼 시작한 사업은 뜻밖에 순항을 거듭했다.

이제 더페이스북은 하버드대학의 전유물이 아닌, 미국 동부 대학에 재학 중인 학생이라면 누구나 가입할 수 있는 SNS 플랫폼으로 변모했다. 그런데 여기에는 오늘날 대부분의 페이스북 가입자가 눈치채지 못하는, 사업 뒤에 숨겨진 굳건한 기반이 존재한다. 더페이스북은 미국 동부 아이비리그라는 선택된 이들의 '선택된' 네트워크로 출발했다. 선택되었다는 건 특권을 얻었다는 것이고, 특권은 이미 여러 기득권을 가졌다는 것을 의미한다. 아이비리그를 거쳐 간 대부분의 학생은 훗날 사회의 다양한 분야에서 그 기득권을 활용해 지위와 명예를 이어갔다. 그리고 그들은 페이스북처럼 가시적인 네트워크와는 별도의 비가시적인 네트워크를 통해 그 지위를 더욱 공고히 했다. 페이스북이 다른 SNS와 달리 빠르게 성장했던 이유 중 하나로 필자는 바로 이 점을 꼽고 싶다. "물론 가장 신성한 학문의 전당에서 시작됐다는 특별한 매력이 작용하기도 했다. 하버드란 이름은 어떤 분야에서든 매우 특별한 혜택을 부여하고, 곧 상품에 대한 어느 정도의 신뢰를 낳는다. 하버드대학에서 시작된 소셜 네트워크에 가입한다는 것 자체가 상류층이라는 자부심을 가진 이들에겐 당연하게 여겨졌다. 이런 인식이 더페이스북의 초기 성공에 큰 영향을 미쳤다."[195] 사람들은 아이비리그에 다니는 부잣집 도련님이나 공주들과 '알고 지내는 사이'로 머물길 원했다. 부티 나는 네트워크 페이스북은 그렇게 탄생했다.

저커버그의 하마르티아

페이스북이 안정적인 궤도에 진입하자, 여러 기업이 한 괴짜 대학생이 만든 플랫폼에 눈독을 들이기 시작했다. 당시에는 대학생들이 만든 기발한 스타트업의 성장 가능성을 보고 가치가 오르기 전에 싼값에 인수하려는 투자 업체가 적지 않았다. 2006년, 세계적인 미디어 기업 바이어컴Viacom과 포털사이트 야후도 인수전에 뛰어들었다. 많은 창업자가 경험 부족과 경영 능력의 한계 때문에 대기업에 자신의 아이디어를 헐값에 넘기곤 했다. 하지만 저커버그는 달랐다. 야후의 10억 달러라는 어마어마한 액수도 거절했다. 그는 이렇게 말했다. "페이스북은 본래 회사를 창업하려는 목적으로 만든 것이 아닙니다. 좀 더 열린 사회, 좀 더 연결된 세상을 만들려는 사회적 사명을 실현하기 위해 만든 것입니다."[196] 조금 뜬구름 잡는 이야기 같기도 하다. 솔직히 적당한 타이밍을 놓쳐 결국 자멸의 길로 들어선 유니콘 회사가 얼마나 많은가? 하지만 저커버그는 서두르지 않았다. 그는 소셜 네트워크의 위력을 알고 있었고, 사람들이 무엇에 열광하는지 경험을 통해 정확히 이해했다.

하지만 사업자금은 늘 이들의 생존에 위협을 던지는 첫 번째 요소였다. 이즈음 저커버그는 냅스터Napster를 창업한 숀 파커Sean Parker를 알게 되었다. 냅스터는 1999년 파커와 숀 패닝Shawn Fanning이 만든 음원 공유 플랫폼으로, 사실상 세계 최초의 P2P 공유 서비스를 제공했다. 파커는 하버드의 일개 대학생이 만든 더페이스북이 실리콘밸리의 큰 사업체가 될 잠재력을 가지고 있다고 판단했고, 자신이 사업 펀드를 끌어다 줄 수 있는 유일한 사람임을 저커버그에게 어필했다. "더페이스북이 스탠퍼드대학에 서비스를 시작한 지 얼마 되지 않은 3월 말, 파커는 생면부지였던 저크에게 무작정 이메일을 보냈다. 그는 자신이 냅스터의 창업자이며 소셜 네트워크에 이해도가 높은 샌프란시스코의 투자자들에게 저크를 소개해주고 싶다고 전했다."[197] 저커버그는 '위대한' 파커가 자신이 만든 네트워크에 관심을 갖고 있다는 사실에 흥분을 감추지 못했다. 세브린과 저커버그는 2004년 4월 초, 뉴욕의 한 식당에서 파커를 만났다. 그날 저커버그의 비전을 들은 파커는 동물적으로 돈 냄새를 맡았다. "파커는 제도권 교육을 제대로 받지 않았고 통상적인 비즈니스 관례를 따르지 않았지만, 사업적으로 굉장히 명석했다."[198] 그는 엄청난 비전이 있는 사업에 합류하기로 결심했다.

P2P 공유 서비스

P2P는 피어-투-피어Peer-To-Peer의 줄임말로, 1999년 당시 대학생이었던 숀 패닝과 숀 파커가 만든 음악 공유 플랫폼 냅스터가 출현하면서 탄생했다. 우리말로 '동등계층간통신망'이라 불리는 P2P 공유 서비스는 인터넷으로 동료들끼리 자유롭게 음악을 주고받을 수 있게 만든 온라인 공유의 장이다. 2001년, 서비스가 절정에 달하면서 150만 명이 동시에 냅스터를 이용해 파일을 공유했고, 이후 무수한 유사 사이트가 등장했다. 이로 인해 콘텐츠 제작업체들이 매출에 타격을 입었고, 냅스터는 법원의 권고 명령으로 2001년에 폐쇄되었다. 그러나 네트워

크 컴퓨터를 통해 다양한 콘텐츠를 다운로드하고 저장 및 공유할 수 있다는 아이디어는 확실히 자리 잡게 되었다. 이후 새로운 P2P 공유 서비스는 공유 파일 종류의 범위를 확대했고, 네트워크를 분산시키고 탈중앙화시켰다. 최근 '○○파일'이나 '파일○○' 등의 이름을 가진 사이트들은 대부분 P2P 공유 서비스를 제공한다.

하지만 저커버그는 파커가 자신에게 하마르티아로 작용할 것이라는 사실을 깨닫지 못했다. 그는 단순히 파커의 화려한 이력에 눈이 멀었을 수도 있고, 당시 자신이 가진 사업의 밑그림에 촘촘한 계획을 세우지 못했을 수도 있다. 물론 "파커는 회사를 만들어 나가는 데 전문성이 있고 세상 경험이 많은 사람이었다. 그는 꽤 실용적인 네트워크를 보유하고 있었다. 실리콘밸리 사람을 많이 알았고, 어떻게 하면 그들의 귀를 솔깃하게 만들 수 있는지 알았다."[199] 어쨌든 저커버그는 파커에게 여러 투자회사로부터 펀드를 물어오는 임무를 맡겼다. 하지만 세브린은 달랐다. 그는 파커가 장기적으로 비즈니스에 커다란 걸림돌이 될 것 같은 예감에 사로잡혔다. 물론 그렇게 생각한 데에는 여러 가지 근거가 있었다. 궁극적으로 재정을 담당하고 있던 자신의 역할과 파커의 역할이 겹친다는 위기감도 있었고, 파커에 대한 세간의 나쁜 평판도 들었을 것이다. 사실 파커는 개발에 대해서는 문외한이었다. 냅스터 역시 친구가 만든 것이며 파커는 자금만 끌어왔을 뿐이다. 세브린은 그렇게 돈을 물고 들어오는 듣보잡 사기꾼에게 자신의 사업 지분을 나눠주고 싶지 않았다. 저커버그와 세브린

어제의 동지가 오늘의 적이 되어버린 세브린(좌)과 파커(우).
두 사람은 한때 헬퍼였으나 저커버그에게는 훗날 하마르티아로 작용했다.
(출처: wikipedia.org)

사이에서 파커에 대한 평가가 극단적으로 갈리자, 둘은 다투는 일이 잦아졌다. 이는 곧 사업에서 첫 번째 위기로 표면화되었다.

파커는 더페이스북 팀에게 하버드대학 기숙사를 벗어나 사업다운 사업을 시작하라고 조언했고, 그와 동시에 사명社名인 더페이스북에서 정관사 'the'를 빼고 심플하게 가자고 제안했다. 사업 경험이 전무했던 저커버그는 파커의 말에 팔랑귀를 가동했다. 더페이스북 팀은 곧바로 학교에 휴학계를 내고 팰로앨토에 집을 얻었다. 하지만 세브린은 이런 움직임이 마음에 들지 않았다. 무엇보다 학교를 휴학한다는 것이 내키지 않았다. 그에게는 하버드대학 졸업장이 필요했다. 세브린은 더페이스북이 여러 비즈니스 활동 가운데 하나에 불과하다고 공격적으로 말했다. 그는 졸업 후 비즈니스 스쿨에 입학할 계획이었기 때문에 더페이스북에서 자신을 필요로 하는 부분이 있더라도, 좋은 성적을 유지하는 게 중요했다. 이 모든 상황은 이후 소송으로 이어졌다. 저커버그는 세브린이 자신의 책임을 등한시한다고 주장했고, 2005년 10월 세브린이 체결한 주식 매수 계약은 무효라며 소송을 제기했다. 이에 세브린은 저커버그가 자신의 돈을 개인적으로 유용했고, 이후 자신의 지분이 쪼그라든 것은 저커버그가 파커의 농간에 넘어갔기 때문이라며 맞소송을 했다.

이 소송에는 보다 앞선 이야기가 존재한다. 더페이스북이 세상에 나오기 전 하버드대학에 재학 중인 선배였던 디브야 나렌드라Divya Narendra와 윙클보스Winklevoss 형제는 저커버그가 자신들의 아이디어를 훔쳤다고 주장했다.* 이들은 저커버그를 만나기 전부터 하버드커넥션HarvardConnection이라는 소셜 네트워크 서비스를 만들고 있었는데, 엔지니어가 자신들의 골치를 썩여 대체자를 물색 중이었다.** 그때 페이스매시로 대학을 시끄럽게 만든 저커버그의 이야기를 교내 신문에서 보게 되었고, 그가 자신들에게 필요한 사람이라고 생각했다. 이들은 곧바로 저커버그에게 일정한 보수를 주고 사이트 프로그래밍을 맡겼다. 하지한 그 후 저커버그는 한 통의 이메일을 보낸 뒤 이들과의 관계를 끊어버렸다. "윙클보스 형제와 나렌드라는 저크가 아이디어를 도용했다고 비난했다. 하지만 저크는 두

---

* 나렌드라는 응용수학을 전공한 인도계 미국인 학생이었고, 윙클보스 형제는 경영학을 전공한 쌍둥이로 올림픽에도 출전할 만큼 뛰어난 하버드대학 조정 선수들이었다.

** 하버드커넥션은 이름이 갖는 제한적 느낌 때문이었는지 훗날 명칭을 '커넥트유(ConnectU)'로 변경했다.

달 정도 하버드커넥션 일을 하면서 그 프로젝트가 성공할 것 같지 않다고 생각했고, 곧바로 더페이스북의 개발에 착수했다며 그들의 주장을 묵살했다. 결국 이 논쟁은 격화되어 이후 페이스북에 큰돈이 걸린 분쟁으로 이어졌다."[200]

"저커버그는 하버드커넥션 일을 하는 동시에 자신의 프로젝트를 진행하는 것이 꺼림칙했을 수도 있다. 그는 윙클보스 형제와 나렌드라에게 자신의 상황을 더 자세히 설명했어야 했다. 저커버그는 무례했고 비협조적이었다. 하지만 그가 윙클보스 형제와 나렌드라를 만나기 훨씬 이전부터 인터넷에서 어떤 소셜 네트워크가 가능한지에 대해 깊이 생각하고 있었던 것은 분명하다. 사실 그런 고민이 저커버그가 하버드커넥션에 관심을 가지게 된 계기였다."[201] 이 부분은 2010년에 개봉된 영화「소셜 네트워크」에서 확인할 수 있다. 영화는 의외로 저커버그의 찌질함과 우유부단함, 나아가 속물근성을 여지없이 보여준다. 필자는 '소셜 네트워크 같은 창조적인 작업에서 아이디어의 씨앗을 어디에서 확보했는가'라는 근본적인 질문에는 관심이 없다.* 저커버그가 윙클보스 형제에게서 SNS의 개념을 얻었다고 해서 페이스북과 하버드커넥션이 같다고 생각하지 않는다. 필자는 영화를 통해 기업을 성장시키는 추진력과 투자 기회를 엿보는 통찰력은 우리가 흔히 성공의 단추라 부르는 근면 성실이나 정직성과는 전혀 다르다는 사실을 깨달았다. 혹 관심 있는 독자라면 시청해보기 바란다. 성

---

* 사실 이 질문은 저커버그가 소송을 당한 가장 원초적인 문제를 잉태하고 있다.

영화 「소셜 네트워크」는 저커버그가 소송에 임하는 과정을 통해
기업의 CEO로 성장하는 모습을 보여준다.
(출처: vulture.com)

공에는 어느 정도 행운이 따라줘야 하고, 어느 상황에서는 그 행운이 굉장히 중요하다는 사실을 배울 수 있을 것이다. 동시에 친구의 중요성, 우정과 배신, 성공과 좌절 등을 덤으로 느낄 수 있다. 다만, 저커버그의 페이스북 개발기를 모른 채 시청하면 영화가 재미없게 느껴질 수도 있음을 말해두고 싶다.

지루하게 진행되던 소송은 저커버그가 하버드커넥션 팀과 세브린에게 보상금을 지불하는 선에서 마무리되었다. 소송이 조정으로 마무리되었지만 마음의 상처를 입은 저커버그와 세브린은 과거의 관계로 돌아갈 수 없다는 사실을 잘 알고 있었다. 이후 둘은 각자의 길을 갔다. 세브린은 싱가포르로 국적을 바꾸고 동아시아와 인도에 있는 신생 스타트업을 후원하는 투자회사를 운영하고 있다. 둘의 관계는 스티브 잡스와 스티브 워즈니악과는 사뭇 다르다. 잡스와 워즈니악도 다투고 갈라섰지만, 둘은 잡스가 죽을 때까지 나름의 우정을 이어갔다. 하지만 한때 막역한 친구 사이였던 저커버그와 세브린은 철천지원수가 되었다.

저커버그가 셰릴을 만났을 때

소송은 저커버그에게 큰 상처를 남겼다. 오랜 친구를 잃었으며, 페이스북의 사회적 이미지에도 타격을 입혔다. 하지만 얻은 것도 있었다. 저커버그는 페이스북 사업에 보다 전문적인 운영이 필요하다는 사실을 진지하게 인정해야 했다. 페이스북은 더 이상 갓 20세를 넘긴 치기어린 대학생이 조몰락거릴 수 있는 장난감이 아니었다. 그는 법적 공방을 벌이면서 한 기업의 대표가 된다는 것이 무엇을 의미하는지 절감했다. 게다가 2007년에 도입한 비콘Beacon이라는 광고 시스템이 실패로 돌아가면서 개발자인 자신보다 능숙하게 경영을 할 수 있는 전문 경영인이 필요하다는 사실을 깨달았다.* "비콘 사태가 발생했을 때 페이스북의 이사 짐 브레이어Jim Breyer는 저커버그에게 '제가 생각하기에는 이번 사태가 왜 우리에게 유능한 COO가 필요한지 보여주는 것 같아요.'라고 말했으며, 저커버그는 그의

---

* 비콘은 회원들의 쇼핑 성향이 동의 없이 친구들에게 자동으로 보내지는 서비스였다. 거칠게 말해, 자신이 어제 산 물품 내역이 네트워크를 타고 돌아다니도록 만든 것이다. 2008년, 19명의 피해자가 페이스북에 집단소송을 제기했고, 2012년, 연방법원은 페이스북에 950만 달러의 합의금을 확정했다.

말에 동의했다."[202]

여러 명의 후보군이 물망에 올랐다. 저커버그는 뜻밖에 셰릴 샌드버그 Sheryl Sandberg를 선택했다. 사람들은 샌드버그의 영입 소식에 깜짝 놀랐다. 샌드버그는 저커버그보다 열다섯 살이나 많았고, 여성이었다. 한마디로 파격적인 인사를 단행한 셈이었다. 하지만 그녀는 2008년까지 고질적인 적자에 시달리던 페이스북에 적임자였다. 유대인 가정에서 태어난 그녀는 1991년에 하버드대학 경영학과를 수석으로 졸업하고 구글 글로벌 부문에서 부사장 자리에 앉아 회사를 안정적으로 운영한 경력을 가지고 있었다. 저커버그는 샌드버그를 영입한 뒤 한 달 동안 휴가를 내고 배낭여행을 떠났다. 페이스북의 구성원들에게 자신이 샌드버그를 얼마나 신뢰하는지 보여주기 위함이었다. 그녀는 이러한 신뢰를 등에 업고 페이스북의 인사 구조를 과감하게 개혁하고 적자 상태였던 회사를 1년 반 만에 흑

페이스북 기업공개 행사에서 나란히 선 샌드버그(좌)와 저커버그(우)

(출처: gettyimages.com)

자로 돌려놓았다. 저커버그와 성향이나 경험이 정반대였던 샌드버그는 그의 멘토 역할을 훌륭하게 수행했다. "저크와 샌드버그를 뛰어난 팀으로 엮어주는 것은 바로 이런 차이점이다. 이들은 서로의 부족한 부분을 완벽에 가깝게 채워준다. 저크에게 부족한 경험을 샌드버그가 넘치도록 공급한다. 저크가 대중 앞에 서고 싶지 않다고 하면 샌드버그가 훌륭하게 대역을 해낸다. 성별과 연령의 차이 역시 다각도에서 서로의 관점과 역량을 채워준다. 샌드버그가 곁을 지키고 있기 때문에 저크는 자신이 사랑하는 일인 상품 개발과 회사의 비전을 실현하는 데 전적으로 집중할 수 있다."[203]

저커버그는 샌드버그를 만나 비상의 날개를 달았다. 대학 기숙사에서 만난 친구와 동료들을 사업 파트너로 삼았던 스물셋의 휴학생 이미지를 벗어던지고 세계적인 기업의 오너로서 본격적인 첫발을 떼게 된 것이다. "일반적으로 샌드버그를 '저크의 가장 가치 있는 친구', '조력자'로 보지만, 일각에서는 그런 수준을 뛰어넘어 '페이스북의 성인 감독관', '저크의 큰누나'로 보기도 한다. 이런 시각은 구글의 회장으로 활동하고 있는 에릭 슈미트Eric Emerson Schmidt의 역할에 빗댄 것이다. 슈미트가 버르장머리 없는 악동과도 같았던 젊은 창업주 래리 페이지와 세르게이 브린을 보좌, 혹은 감독하며 구글을 일군 것처럼, 샌드버그 역시 아이디어와 패기는 넘쳤지만 사업 경험이 전무했던 저크를 컨트롤하며 페이스북의 성공을 이끌었다는 것이다."[204] 이런 점에서 샌드버그의 페이스북 합류는 매우 이상적이고 성공적인 영입이었다고 평가할 수 있다. 물론 최근에 샌드버그와 저커버그의 불화설이 불거지긴 했지만, 여전히 페이스북 운영과 관련해서는 남다른 케미를 보여주고 있다.

저커버그가 빠졌던 함정과 페리페테이아

물론 페이스북이 언제나 옳은 선택만 한 것은 아니다. 특히 개인정보와 보안에 관해서는 끊임없이 위험에 노출되어 있었다. 앞서 언급한 비콘 사례뿐 아니라 비근한 예로 2018년 초, 영국 케임브리지대학의 한 교수가 페이스북을 통해 8천 7백만 명의 정치 성향을 수집해 이를 데이터회사에 팔아넘기는 초유의 사건이 발생했다. 이에 미국 연방거래위원회는 투표를 시행해 3대 2의 결과로 개인정보를 유지 및 관리해야 할 책임을 방기한 페이스북에 50억 달러, 우리나라 돈으로 5조 9천억 원에 달하는 천문학적인 벌금을 부과했다. 이로 인해 페이스북의 주가는 폭락했고, 이용자들의 대규모 탈출 러시가 시작되었다. 하지만 이것이 끝이 아니었다. 2019년 후반 페이스북 이용자 2억 6천 7백만 명의 아이디와 이름, 전화번호를 비롯한 여러 개인정보가 또다시 노출되는 대형 사고가 터졌다. 이 사건은 현재 조사가 진행 중이다.

또한 페이스북은 정치 성향 때문에 끊임없이 구설수에 올랐다. 저커버그는 페이스북 알고리즘을 통해 보수 성향의 기사들을 차단해왔다는 논란에 휘말렸다. 논란이 점점 눈덩이처럼 커지자, 나중에는 이를 해명하기 위해 보수 인사들과 만나 페이스북이 특정 정치 성향을 가지고 있지 않다는 사실을 밝혀야 했다. 하지만 과거에도 샌드버그는 미국 대선에서 힐러리 클린턴을 지지한다고 공개적으로 밝혀 논란의 중심에 서기도 했다. 가장 큰 논란은 백인 경찰관의 강압적 진압으로 한 흑인 남성이 사망하면서 불거졌다. 2020년 6월 이 사건이 일어난 직후, 도널드 트럼프 미국 대통령은 페이스북에 미국에서 일어난 인종 차별 반대 시위를 조롱하는 게시물을 올렸고, 저커버그는 표현의 자유를 이유로 이를 방관했다. 이에 비난 여론이 들끓었고, 결국 페이스북은 하루 만에 시가총액 560억 달러, 우리나라 돈으로 67조 2천억 원에 이르는 돈을 날려야 했다. 주식이 빠지면서 저커버그가 보유한 재산도 졸지에 72억 달러나 감소했다. 스타벅스, 코카콜라, 유니레버, 리바이스 등 160여 개의 글로벌 기업이 페이스북 유로 광고 보이콧 운동에 적극 동참하기도 했다. 일반 이용자들도 대규모 이탈 조짐을 보였는데, 초기엔 페이스북만 보이콧했으나 시간이 지나면서 다른 SNS에도 불똥이 튀어 인스타그램과 트위터도 광고 중단 행렬이 이어졌다.

그럼에도 불구하고 많은 사람이 페이스북의 창립자 저커버그를 21세기 현재형 부자로 꼽는 데 주저하지 않는다. 2020년 여름, 그가 보유한 재산은 1천억 달러, 우리나라 돈으로 약 118조 7,400억 원을 넘어섰다. 이 세상에 그보다 더 많은 재산을 가진 부자는 제프 베조스와 빌 게이츠밖에 없다. 나이로 보자면, 명실상부 세상에서 가장 젊은 조만장자인 셈이다. 이런 그를 두고 이러저러한 비판의 목소리도 나오고 있다. 그가 이전 IT업계

선배들처럼 독과점의 길을 걷고 있다는 것이다. 최근 미국 법무부 및 연방거래위원회는 페이스북이 SNS 시장을 장악하기 위해 인스타그램을 인수한 과정을 들여다보고 있는 것으로 알려졌다. 물론 한편에서는 저커버그의 나이를 들며 그의 진면목을 평가하는 것은 시기상조라고 주장하고 있다. 그간 그가 빠진 여러 함정이 있었지만, 그 역시 페리페테이아의 반전을 꾀하며 비즈니스가 아닌 다른 영역에서 출구를 찾았다. 부자가 짊어져야 할 책임을 방기하지 않고 게이츠와 워런 버핏처럼 기부 행렬에 동참한 것이다.

2012년, 저커버그는 학창 시절부터 9년간 연애한 중국계 미국인 프리실라 챈Priscilla Chan과 결혼에 골인했다. 그리고 2015년, 딸 맥시마를 낳았다. 저커버그는 한 집의 가장이자 자녀의 부모로서 생각이 많아졌는지, 아니면 서른 살을 넘기며 좀 어른스러워졌는지 자신이 그간 이룬 성공과 업적을 사회에 환원하고 싶다는 의사를 밝혔다. “제가 가진 페이스북 지분의 99%를 사회에 내놓겠습니다.” 당시 그가 보유한 주식은 시가로 450억 달러, 우리나라 돈으로 52조 원에 달했다. 그리고 그는 자선단체를 설립해 더 나은 공동체를 만들어가는 데 재산을 쓰겠다는 구상도 내놓았다. “내 딸아이가 살아가는 세상은 지금보다 더 나은 곳이 되어야 합니다.” 저커버그는 더 나은 세상을 만들어가는 사업의 일환으로 2100년까지 모든 질병을 치료, 예방, 관리하는 것을 목표로 향후 10년에 걸쳐 30억 달러를 사용하겠다고 포부를 밝혔다. 그러기 위해서는 지속 가능한 자본이 필요했다. 그래서 그는 단순한 자선재단이 아닌 투자를 받고 이윤을 추구할 수 있는 유한책임회사LLC 형식의 챈저커버그이니셔티브Chan Zuckerberg Initiative를 만들었다. 명칭이 남다르다. 빌앤드멀린다처럼 본인을 내세운 게 아니라 아내를 내세웠다. 그가 가진 페리페테이아의 단면을 보여주는 좋은 사례다.

마크 저커버그의 분석 차트

독창성	★★★★★
진실성	★★★
성실성	★★★★
계획성	★★★★★
개방성	★★★

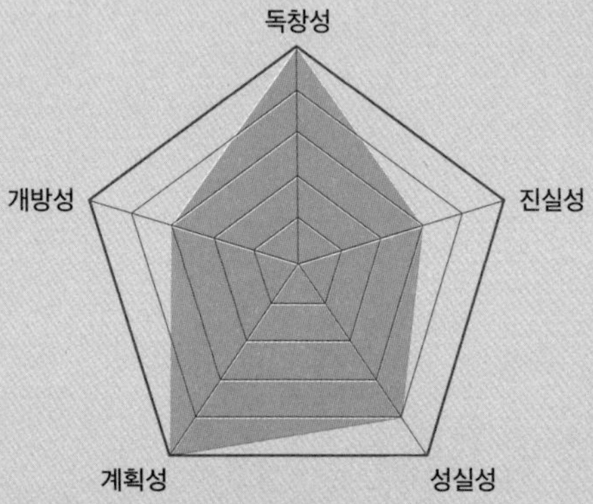

마크 저커버그의 연표

- 1984년 — 뉴욕에서 에드워드 저커버그(Edward Zuckerberg)와 카렌(Karen) 사이에서 태어남
- 2000년 — 명문 사립고등학교 필립스 엑시터 아카데미에 입학함
- 2002년 — 하버드대학에 입학함
- 2003년 — 페이스매시를 만듦
- 2004년 — 몇몇 친구와 더페이스북을 만듦
  대학을 휴학하고 캘리포니아 주 팰로앨토로 이주함
  하버드커넥션 공동 제작자인 윙클보스(Winklevoss) 형제에게 소송을 당함
- 2005년 — 페이스북 이용자 수 5백만 명을 달성함
- 2006년 — 야후의 페이스북 인수 제안을 거절함
- 2007년 — 마이크로소프트의 페이스북 인수 제안을 거절함
  친구의 쇼핑 성향을 알려주는 비콘 기능 도입으로 사생활 침해라는 곤욕을 치름
- 2008년 — 윙클보스 형제와의 소송이 종결됨
- 2009년 — 중국이 자국 내 페이스북 사용을 금지함
- 2010년 — 「타임」지에 올해의 인물로 선정됨
  페이스북 초창기 역사를 다룬 다큐멘터리 영화 「소셜 네트워크」가 개봉됨
- 2011년 — 단 하루 만에 사용자 수 5억 명을 달성함
- 2012년 — 페이스북 기업공개 다음 날 중국계 여자친구 프리실라 챈(Priscilla Chan)과 결혼함
  인스타그램을 인수함
- 2017년 — 하버드대학에서 명예학위를 받음

CHAPTER 15

세상 모든 것을 파는 부자
제프 베조스

Jeff Bezos

(1964~)

"별로 줄 게 많지 않은 사람과 어울려 놀기에
인생은 너무 짧다."
—제프 베조스—

우리에게 드라마 「상도」로 유명한 거상巨商 임상옥은 뇌물 공여를 통한 국경 간 밀무역을 중개하던 노비였지만, 훗날 '이문보다 사람을 남긴다.'는 원칙으로 청나라와의 국제무역에서 만상을 최종 승자의 반열에 올려놓았다. 그는 당시 인삼 가격을 상습적으로 후려치던 청나라 상인들을 대상으로 자신이 가지고 있던 인삼 물량을 죄다 불태우는 초강수를 두면서까지 본인이 원하는 시장가격을 고수하는 뚝심을 보였다. "조선의 혼이 담긴 인삼을 헐값에 넘기느니 차라리 죄다 없애버리겠다."며 상단이 준비한 인삼 5천 근을 눈 하나 깜짝하지 않고 불구덩이에 내던진 배짱이 통했는지 청나라 상인들은 임상옥이 제안하는 가격을 받아들였다. 결국 임상옥은 만상의 대방에까지 올라 전국으로 상권을 확장하며 조선 후기 최고의 거부로 거듭났다.

21세기 경쟁자들을 고사시키고 시장을 장악하고 있는 장사꾼이 있다. 미국의 사업가 제프 베조스가 그 주인공이다. 그는 아마존닷컴을 설립해 인터넷 유통의 혁명을 몰고 온 기린아로, 명실상부한 이 시대 최고의 부자이자 조만장자로 꼽힌다. 그가 만든 아마존 플랫폼에서는 지금도 지상에서 찾을 수 있는 거의 모든 상품이 거래되고 있다. 2000년에는 민간 우주탐사기업 블루 오리진Blue Origin을 설립하고, 우주여행 프로젝트까지 진행하겠다고 나섰다. "대부분 잘 아는 것처럼 아마존닷컴의 역사는 인터넷 시대를 상징하는 전설이 되었다. 아마존은 소규모 온라인 서점으로 시작해 1990년대 후반에 닷컴의 물결을 타고 음반, 영화, 전자제품, 장난감 판매 쪽으로 영역을 넓혔다. … 그 후 아마존은 복잡한 자체 유통망의 물리학을 완전히 익히고, 소프트웨어, 보석류, 의류, 운동용품, 자동차 부품 등 생각할 수 있는 모든 품목으로 영업을 확장했다."[205] 지금부터 세계 모든 것을 파는 가게를 세운 '괴짜'(어쩌면 '괴물'일지도) 조만장자를 만나보자.

너무도 평범했던 어린 시절

1964년 1월 12일, 세계 유통 지형을 바꾸어놓을 운명의 사내아이가 미국 뉴멕시코 주 앨버커키에서 태어났다. 태어날 때 그의 이름은 베조스가 아닌 요르겐센이었다. 아버지가 덴마크계 미국인인 테드 요르겐센Ted Jorgensen이었기 때문이다. 베조스의 친부 요르겐센은 고등학교를 갓 졸업한 열여덟 살 청소년이었고, 친모 재클린 자이스Jacklyn Gise 역시 열일곱 살에 불과했다. 갑자기 아이가 생긴 10대 부부의 삶은 만만치 않았다. 모르긴 몰라도 젊다 못해 어린 부부는 육아에 앞서 생존부터 고민해야 했을 것이다. 그래서였는지 요르겐센은 베조스가 태어난 지 18개월쯤 되었을 때 아내와 아이를 버리고 떠나버렸다. 이후 요르겐센은 베조스에게 철저하게 잊혀졌다. 베조스는 이렇게 말하곤 했다. "나는 친아버지가 어떤 사람인지 궁금한 적이 없다. 친아버지를 상기하는 것은 병원에서 가족 병력에 관해 질문을 받을 때뿐이다. 그럴 때면 그냥 모른다고 써넣는다. 내게 진짜 아버지는 나를 길러주신 아버지다."[206]

어머니는 얼마 지나지 않아 쿠바 출신 남성 미구엘 베조스Miguel Bezos를 만나 재혼을 했다. 어머니는 아들에게 요르겐센이 아닌 베조스라는 성을 붙여 주었다. 1959년, 쿠바에 카스트로 정권에 들어서자 정세에 불안감을 느낀 쿠바인들이 자녀들을 미국으로 보내는 탈출 러시가 이어졌는데, 어린 나이의 미구엘 역시 그때 미국으로 넘어왔다. 그는 악착같이 공부해 앨버커키대학에서 공학을 전공했고, 이후 베조스가 네 살이었을 때 재클린을 만나 결혼했다. 1969년에 베조스의 여동생 크리스티나가 태어났고, 1년 뒤에 남동생 마이크가 태어났다. 베조스는 열 살이 될 때까지 미구엘이 자신의 친부가 아니라는 사실을 몰랐다고 한다. 미구엘은 석유기업 엑슨에 입사해 훗날 경영진에 오르는 등 베조스의 롤모델이 되었다. 그는 베조스가 아마존을 설립할 때 첫 투자자가 되어주기도 했다. 그래서인지 베조스는 각종 인터뷰에서 자신을 키워준 새아버지에 대한 무한한 애정과 존경을 드러냈다.

어린 베조스를 사랑스러운 눈길로 바라보는 할아버지 프레스톤 자이스
(출처: unbelievable-facts.com)

베조스에게 영향을 미친 또 다른 이는 외할아버지 프레스톤 자이스 Preston Gise였다. 그는 미국 국방부의 연구기관인 국방고등연구원DARPA에서 미사일 방어 시스템 분야의 전문가로 일했으며, 원자력위원회AEC에서 공학자로 활동하기도 했다. DARPA는 오늘날 보편화된 인터넷의 기초가 되는 컴퓨터 네트워크 아파넷ARPAnet을 개발한 곳이기도 하다. 그는 은퇴 후 텍사스 주 코툴라에 정착하면서 목장주가 되었다. 베조스는 열여섯 살이 될 때까지 매년 여름 방학을 외할아버지 농장에서 보냈는데, 이때의 경험들이 그가 아마존닷컴을 세우는 데 좋은 밑거름이 되었다. "베조스는 세월이 지나 크게 성공한 기업가가 된 이후, 어린 시절 목장에서의 경험이 기업가의 꿈을 키우는 데 중요한 자양분이 되었다고 밝혔다."[207]

베조스가 유치원에 들어갈 무렵, 그의 가족은 텍사스 주 휴스턴으로 이사했고, 그의 부모는 그를 집에서 30킬로미터나 떨어져 있는 리버 오크스 초등학교에 입학시켰다. 그렇게 멀리 통학시켰던 이유는 일종의 영재 교육 프로그램인 뱅가드 프로그램에 아들을 등록시키기 위해서였다. 사실 베조스는 빌 게이츠나 마크 저커버그처럼 어려서부터 남달리 명민하고 똑똑한 아이는 아니었다. 아마도 교육열에 불타오른 부모의 선택이었을 것이다. 베조스는 PC가 존재하지도 않던 시절에 학교에서 처음으로 컴퓨터를 보았다. 학교에서 처음 컴퓨터를 접한 것은 빌 게이츠나 스티브 잡스와 똑같았다. 그는 컴퓨터 괴짜들이 그렇듯 공상과학소설을 읽거나 혼자 몽상에 빠지는 시간이 많았다. 특히 「스타트랙」을 유독 좋아했는데, 우주를 탐험하는 공상이 훗날 그로 하여금 우주개발사업에 뛰어들게 만들었는지도 모른다. "베조스가 열세 살 때 가족들은 플로리다 주 펜서콜라로 이사했고, 1년 반 후에는 마이애미로 이사했다. 그는 플로리다의 최우수 학교 가운데 하나이며 마이애미 교외 지역인 파인크레스트에 있는 마이애미 팔메토 고등학교에 입학하자마자, 자신이 나중에 수석 졸업생이 되어 졸업생 대표 연설을 할 것이라고 친구들에게 말했다."[208]

베조스 역시 자신의 출생과 관련한 하마르티아를 갖고 있다. 앞서 보았던 잡스의 사례보다는 덜 하지만, 남다른 출생, 미혼모 어머니, 불안정한 가정, 잦은 이사 등이 그의 성격 형성에 적지 않은 영향을 미쳤을 게 분명하다. 이런 하마르티아는 이후 그의 이혼과 관련하여 가정사에 끊임없는 진앙지가 되었고, 비즈니스와 노사관계, 언론에 노출된 부적절한 언행의 지속적인 원인이 되었다. 하마르티아를 긍정의 페리페테이아로 바꿀 수 있는 자만이 모두가 부러워하는 부자의 위치에 오를 수 있다. 그는 인생에서 이 하마르티아를 어떻게 극복했을까?

도약, 일과 사랑

고등학교를 수석으로 졸업한 베조스는 물리학을 전공하기 위해 프린스턴대학에 입학했다. 베조스는 그곳에서 자신이 그렇게 똑똑하지 않다는 사실을 깨달았다. "프린스턴에서 배운 중요한 교훈 하나는 내가 물리학자가 될 수 있을 만큼 똑똑하지 않다는 사실이다."[209] 사실 부자들에게 IQ는 매우 제한적인 수준에서 도움이 될 뿐이다. 지능이 높으면 좋겠지만, IQ보다 더 중요한 것은 EQ다. 감성적 이해와 이성적 분석이 만났을 때, 비로소 남들이 가지 않는 창조적인 비즈니스의 길을 걷게 되는 것이다. 베조스는 인터뷰에서 자신은 머리가 좋지 않은 학생이었다고 여러 차례 고백했다.

졸업 후 베조스는 인텔이나 AT&T 같은 대기업을 마다하고 벤처기업인 피텔Fitel에 입사했다. 자신의 능력을 과대평가하지 않으려는 마음이었을까? 하지만 그곳에서 그는 통신 프로토콜을 만드는 작업을 하며 능력을 발휘했다. "입사하고 1년도 채 지나지 않아 베조스는 관리자급 직위(행정 및 개발 담당)에서 부책임자급 직위(기술 및 사업 개발 담당)로 승진했다. 이로써 사실상 회사의 2인자가 되었다. 불과 스물셋의 나이에 피텔의 여러 사무실에서 근무하는 10여 명의 프로그래머를 관리하는 위치에 오른 것이다."[210] 하지만 그는 1988년 4월, 회사를 돌연 퇴사했다. 피텔에서 자신의 이상과 역할 사이에서 갈등을 느꼈던 그는 컴퓨터와 금융의 교차점에 있는 회사를 찾다 뱅커스 트러스트Bankers Trust에 컴퓨터 관리자로 입사했다. 이런 그의 행보는 훗날 아마존닷컴을 창업할 때 매우 요긴한 파이낸스 지식을 그에게 선사했다. "그는 입사 10개월 후 스물여섯에 뱅커스 트러스트의 최연소 부사장이 되어 BT월드라는 통신 네트워크를 구축하는 엔지니어링 부서를 이끌었다."[211]

베조스는 더 자신을 밀어붙였다. 그는 전 세계 주식 시세의 차액을 추적하는 소프트웨어를 개발하던 금융사 D. E. 쇼D. E. Shaw & Co.로 직장을 옮겼다. 입사 후 그는 최연소 부사장, 수석 부사장이 되며 승승장구했다. "베조스는 비범한 스타일의 중역이었다. 기술에 대한 박식함과 비즈니스에 대한 체계적 접근법을 겸비한 베조스는 그를 고용했던 사람들에게 약간 특이한 인물이라는 인상을 심어주었다. 그를 앞서 나가게 한 요인은 큰 그림을 볼 줄 아는 동시에 까다로운 세부 사항들을 챙길 줄 아는 능력이었다."[212] 1993년, 베조스는 직장 동료 맥킨지 터틀MacKenzie Tuttle과 백년가약을 맺었다. 그녀 역시 프린스턴대학을 졸업한 재원으로, 본래 작가의 꿈을 가진 여성이었다. 금융사에서 베조스는 일과 사랑 모두를 얻은 것이다.

베조스는 결혼과 동시에 온라인 서점을 창업하기로 결심했다. 제멋대로 튀어오르는 럭비공처럼 매우 뜬금없는 전직이었다. 왜 하필 온라인 서점이었을까? 지금이야 온라인 서점이 대세이지만, 1993년만 하더라도 온라인에서 책을 판다는 발상은 공상에 가까운 아이디어였다. 혹자는 책을 좋아하는 베조스의 취미와 작가가 꿈이었던 아내의 비전이 결혼과 함께 하나로 합쳐져 비즈니스의 커다란 동력이 되지 않았을까 주장하기도 한

베조스와 그의 아내 맥킨지
(출처: businessinsider.com)

다. 다른 이는 책 주문의 편리성, 창고 및 유통 비용의 절감, 오프라인 서점과의 규모의 경제에서의 우위성 때문에 베조스가 온라인 서점을 선택했을 것이라고 주장한다. 이유야 어찌되었든 분명한 점은 베조스가 아마존닷컴을 창업했을 때 오로지 책만 유통시키겠다는 계획을 가진 건 아니었다는 사실이다. 베조스는 처음부터 250만 종에 이르는 서적을 모조리 데이터베이스화해 싼값에 고객들을 유치하고, 그렇게 모은 고객에게 책이 아닌 다른 제품들을 하나씩 하나씩 붙여가며 시장을 넓혀가려는 마스터플랜을 갖고 있었다.

아마존 창업, 승부수를 던지다

하마르티아는 영웅을 가만히 놔두지 않는다. 그것이 모험이든 비행이든 결국 안전지대에서 그를 꺼내 새로운 도전을 하게 만든다. 이카로스는 미궁에 갇혀 여생을 보내기보다 죽더라도 탈출을 감행한다. 흩어진 새의 깃털을 모아 밀랍으로 날개를 붙이고 힘차게 날아오른다. 하지만 그의 모험심과 호기심은 자만심으로 바뀌고, 태양에 가장 가까이 도달한 존재가 되기를 원한다. 결국 그는 뜨거운 태양에 밀랍이 녹으면서 추락해 바다에 빠져 죽고 만다. 베조스 역시 현실에 만족하며 살 범인凡人이 아니었다. 물론 그의 날개는 아직 건재하지만 말이다.

1993년, 베조스는 인터넷에 관해 조사하면서 흥미로운 사실을 발견했다. 인터넷 사용량이 매년 2,300% 이상 증가하고 있다는 통계를 본 그는 즉시 세균 배양 접시를 떠올렸다. 그는 이러한 증가세라면 머지않아 모든 가정에 PC가 놓이고 인터넷으로 전 세계가 연결될 것이라 확신했다. 연 증가율이 2,300% 이상이라는 것은 인터넷 사용 인구가 해마다 두 배씩 증가한다는 의미였다. 이 사실을 안 베조스는 가만히 있을 수 없었다. 그해 7월, 그는 과감히 회사를 때려치우고 회사 동료였던 니콜라스 하나우어Nicholas J. Hanauer가 사는 시애틀로 무작정 차를 몰았다. "베조스는 아버지에게 물려받은 1988년형 쉐보레 블레이저에 아내와 함께 올라탄 뒤 서쪽으로 달렸다. 출발한 다음 날 베조스는 하나우어에게 전화를 걸어 지금 시애틀로 가는 중이니 자기들보다 먼저 도착할 이삿짐을 그의 집에 잠시 맡아

달라고 부탁했다. … 베조스 부부는 이삿짐보다 일주일쯤 늦게 시애틀에 도착했다."[213]

영웅의 주변에는 늘 멘토와 조력자가 있는 법이다. 베조스에게는 무모한 도전을 함께할 동지들이 있었다. 캘리포니아대학을 나온 쉘 카판Shel Kaphan과 스탠퍼드대학을 나온 허브Herb는 친구 사이였다. 베조스가 엄청나게 성장 중인 인터넷 파급 속도를 체감하고 웹 기반의 비즈니스를 구상하고 있을 때, 그의 학창시절 친구였던 피터 라벤톨Peter Laventhol은 "멋진 친구들이 있으니 한 번 만나보라."며 카판과 허브를 소개해주었다. 셋은 자석에 이끌리듯 캘리포니아 주 산타크루즈에서 첫 만남을 가졌다. (어딘지 모르게 비슷하지 않은가? 마크 저커버그가 숀 파커를 만났던 사건을 기억하라!) 셋은 만나자마자 의기투합했다. 미래 전자상거래 지형을 완전히 바꾸어놓을 세기의 도원결의였다!

이렇게 1994년 7월, 아마존이 출범했다. 본래 이름은 아마존이 아니라 '카다브라'였다. 우리는 여성 그룹 브아걸 때문에 '아브라카다브라'가 마법사가 주문을 욀 때 하는 '수리수리마수리'라는 걸 잘 알고 있다. 베조스는 이 아브라카다브라에서 카다브라를 찾아낸 것이다. 하지만 곧 자신이 큰 실수를 했다는 사실을 깨달았다. 카다브라는 영어에서 시체나 송장을 의미하는 '커대버cadaver'와 발음이 유사했던 것이다. 괜히 소비자에게 부정적인 이미지를 줄 필요가 없었다. 게다가 알파벳순으로도 A와 B 다음인 C로 시작하는 카다브라는 여러모로 불리했다. (잡스가 자사 이름을 '애플'로 지은 것을 떠올려보라!) 곧바로 그는 A로 시작하는 아마존으로 명칭을 바꾸었다. "사람들이 잘 인식하지 못하지만 대단히 중요한 점 하나는, 온라인에서는 쉬운 이름을 가진 업체여야만 사람들이 많이 찾아온다는 사실입니다."[214]

베조스는 시애틀에서 월세가 890달러인 방 3개짜리 집을 구했고, 집에 딸린 널찍한 차고를 사무실로 활용했다. 이로써 베조스 역시 스타트업이 갖는 소위 '차고 창업'의 전통을 계승했다고 볼 수 있다. 미국인들에게 차고는 단지 자동차만 보관하는 곳이 아니다. 무언가 뚝딱뚝딱 만들 수 있는 공구 상자와 재료가 산더미처럼 쌓여 있는 공간이다. 간단한 가구 제작, 고장 난 자동차 및 가전제품 수리, 기타 창조적인 발명품 제작에 이르기까지 차고에서 참 많은 일들이 이루어진다. 차고는 주변에 거치적거리는 게 없기 때문에 작업에 용이하다. 스타트업들이 차고를 선호하는 것은 이런 이유 때문이다.

차고 창업

젊은 대학생이나 벤처 기업가가 미국의 전형적인 중산층 주택 한편에 딸려 있는 차고를 사무실이나 연구실 삼아 창업하는 방식을 흔히 '차고 벤처garage venture', '차고 비즈니스garage business'라고 부른다. 차고 창업은 현재 미국의 실리콘밸리를 탄생시킨 심장이며 전 세계 다양한 스타트업들의 전범으로 여겨진다. 휴렛팩커드HP는 차고 창업의 맏형 격이다. 1937년 스탠퍼드대학 출신 빌 휴렛과 데이비드 팩커드는 고작 538달러의 자본금을 들고 대학 주변 한 주택 차고에서 비즈니스를 시작했다. 애플의 스티브 잡스도, 구글의 래리 페이지와 세르게이 브린도 주택 차고에서 비즈니스를 시작했다. 아마존의 제프 베조스 역시 이들처럼 시애틀의 한 차고에서 유통 공룡을 꿈꿨다. 빌 게이츠는 한 언론과의 인터뷰에서 "현재 마이크로소프트의 가장 두려운 경쟁 상대는 지금도 어딘가 차고에서 세상을 바꾸기 위해 밤을 지새우고 있을 스타트업 청년들이다."라고 말한 적이 있다.

문제는 자금이었다. 하지만 베조스는 은행에 다닌 경험이 있어 재정과 금융에 대한 지식이 해박했다. "베조스는 자신이 가진 자본금을 이용했다. 월스트리트에서 잘나가는 비즈니스맨이었던 그는 처음 몇 달간 회사에 투자할 충분한 자금을 갖고 있었다. 베조스는 1994년에 아마존닷컴의 주식 1천 20만 주를 1만 달러에 샀다. 1주당 0.1센트 꼴이었다. 3년 후 아마존닷컴이 1주당 18달러로 기업공개를 단행했을 때 베조스가 보유한 주식은 약 1억 8천 4백만 달러 가치가 되었다."[215] 하지만 사업을 장기적으로 안정적인 궤도에 올려놓기 위해서는 더 많은 여유자금이 필요했다. 그는 친척과 주변 친구들, 지인들에게 자금을 박박 긁어모았다. 그는 이것으로도 부족해 아버지에게 주식 58만 2천여 주를 팔아 10만 달러를 더 마련했다. 이제 총알은 준비되었다!

규모의 경제, 베조스의 안목

스타트업은 사업계획서를 바탕으로 투자자를 모아 창업하는 경우가 대부분이다. 벤처캐피탈에 '내가 이러이러한 아이디어가 있으니 투자하세요.'라고 접근하는 방식이다. 투자자는 청년들의 신박한 아이디어를 보고 사업적 잠재성에 자금을 댄다. 스타트업은 그들의 자본 규모에 따라 지분을 나눠주는 방식으로 주식을 발행한다. 사업에 어느 정도 탄력이 붙으면, 기업공개를 통해 회사가 정식으로 상장되고 주식을 가진 투자자는 시세차익으로 큰 이득을 본다. 게이츠 역시 철저하게 이러한 방식을 따랐다. 자신의 아이디어를 비즈니스 궤도에 올려놓기 위해 열심히 투자자를 모았고, 창업 초기부터 즉각적으로 이윤을 내면서 회사는 탄탄대로를 달렸다.

하지만 베조스는 그와 정반대의 방법을 선택했다. 물론 그 역시 초기에 일정한 자본이 들어가야 했지만, 그는 자신의 사업이 처음부터 이윤을 낼 거라고 예상하지 않았다. 어떤 면에서 베조스는 수년간 이윤 창출 없이 회사를 운영했고, 사실 이윤을 내려고 애쓰지도 않았다. 그는 사업 초기에 한 매체와의 인터뷰에서 이렇게 말했다. "우리는 현재 수익을 올리지 않는 기업입니다. 마음만 먹으면 이윤을 낼 수 있다는 이야기입니다. 이윤을 내는 것은 세상에서 가장 쉬운 일입니다. 하지만 지금으로선 가장 어리석은 일이기도 합니다. 우리는 현재 이윤으로 남길 수 있는 부분을 회사의 미래에 재투자하고 있습니다."[216] 아마존닷컴의 전략은 한마디로 규모의 경제economy of scale였다. 그렇다면 규모의 경제란 무엇일까?

1994년, 아마존닷컴이 온라인 서점으로 첫발을 내디뎠을 때, 베조스가 가장 염두에 두었던 것은 가격 경쟁력이었다. 그는 이미 오프라인 서점이 서적 유통을 지배하고 있는 상황에서 후발주자인 자신에게 대규모 할인 행사만큼 중요한 무기는 없다고 생각했다. 조금 시간이 걸리겠지만, 무조건 싸게 팔고 무료로 배송을 해주면 결국 소비자들이 온라인 서점으로 넘어올 것이라 확신했다. 그는 이런 확신을 실행에 옮겼다. 베스트셀러나 신간을 정가의 40%까지 싸게 팔았고, 한 권만 사도 주소지로 따박따박 배송해주었다. 그러면서 그는 앞으로 어마어마하게 커질 온라인 시장의 잠재성을 내다보고 하루에 100만 권의 서적을 배송할 수 있는 대규모 물류 시스템을 만드는 데 집중했다. 당연히 밑지고 파는 장사였다. 곳간에는 남는 게 하나도 없는데 주야장천 거대한 인프라를 구축하는 데에만 투자하고 있었으니 말이다.

당연히 팔면 팔수록 손해가 났고, 아마존닷컴은 금세 적자에 허덕였다. 이는 수치로 나타났다. 2000년에 들어서며 아마존닷컴은 28억 달러라는 어마어마한 매출을 달성했지만, 순손실도 14억 달러를 기록했다. 쉽게 말해, 매출의 절반이 손실로 돌아온 셈이다. 리먼 브라더스는 '아마존닷컴은 1년 안에 파산할 것'이라는 내용의 보고서를 내놓았고, 그 여파로 아마존닷컴의 주식은 일주일 만에 19%나 빠지기도 했다. "1999년 12월 중순부터 2000년 말 사이 아마존닷컴의 주식 가치는 90%나 떨어졌고, 바닥을 쳤을 때는 주당 약 15달러까지 내려갔다."[217] 투자자들은 당장 경영권에 개입하려는 움직임을 보였다. 총체적 난국이었다. 하지만 베조스는 느긋했다.

아마존닷컴이 시장을 잠식하면서 경쟁업체들이 하나둘 무너져가는 것을 인지했기 때문이다. 그의 예상대로 가격 경쟁을 견디지 못한 오프라인 서점들은 도미노처럼 파산을 거듭했다. 점차 사람들은 아마존닷컴에서 책을 구매하는 것을 당연하게 생각했다. 그럼에도 베조스는 아직 회사의 매출이 임계점에 도달하지 않았다고 판단했다.

베조스가 생각한 규모의 경제는 소위 '플라이휠 전략Fly Wheel Strategy'으로 요약할 수 있다. 플라이휠은 동력 없이 일정한 관성만으로 회전 운동을 계속하는 자동차 부품을 말하는데, 이는 처음 차를 굴리는 데에는 많은 에너지가 들어가지만 일단 가속도가 붙으면 더 이상 에너지를 투입하지 않아도 알아서 돌아가게 만든다. 속도가 붙은 플라이휠은 아무런 연료를 투입하지 않아도 자체 관성에 의해 앞으로 미끄러지듯 차체를 실어 나른다.

플라이휠 전략

스탠퍼드대학 경영학 교수인 짐 콜린스Jim Collins가 자신의 저서 『좋은 기업을 넘어 위대한 기업으로』에서 소개한 개념이다. 그는 '좋은 기업good company' 1,435개를 분석한 뒤 그중 11개 기업만이 '위대한 기업great company'으로 살아남았다고 주장했다. 그는 위대한 기업이 되기 위한 조건의 하나로 플라이휠 전략을 활용하라고 조언했는데, 규율이 있는 사람이 규율이 있는 사고와 규율이 있는 행동을 할 때 회사의 효율성에 점점 가속도가 붙게 되고 자원이 선순환하면서 어느 순간 놀라운 성과를 내게 된다는 것이다. 상품을 싸게 팔면 고객이 늘어나고, 고객 방문이 많아지면 자연히 입점업체가 많아진다. 입점업체가 많아지면 시장 유통 규모가 커지면서 고정 비용이 줄어들고 매출은 늘어난다. 그러면 자연히 더 많은 제품을 더 싸게 팔 수 있게 되고, 고객이 더 늘어나는 과정이 반복된다.

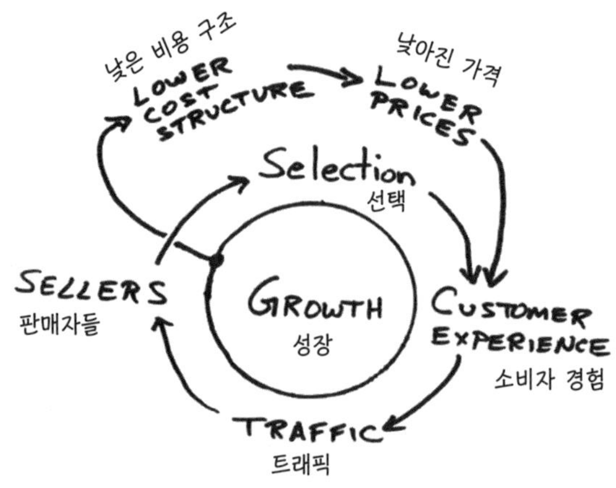

베조스가 냅킨에 그린 아마존닷컴의 플라이휠 개념도
(출처: google.com)

이륙하는 비행기를 떠올려보자. 활주로에 선 비행기는 처음부터 시속 300킬로미터로 가속하며 엄청난 연료를 낭비한다. 그렇게 미끄러지듯 수백 미터를 달려가다가 가속도가 붙으면 기체機體는 순간 운동의 모멘텀momentum을 살려 이륙하게 된다. 일단 정해진 상공에 비행기가 도달하면 최소한의 연료로도 손쉽게 날아갈 수 있게 된다. 비행기가 추가적인 연료 소모 없이 비행할 수 있는 그 궤도에 오를 때까지는 상당한 연료를 쏟아부어야 한다. 베조스가 생각한 비즈니스도 이와 같았다. 그는 무조건 가격을 최대한 낮춰 고객을 박박 긁어모으고, 그렇게 해서 고객이 늘면 규모가 커지면서 고정 비용이 낮아지고 효율성은 높아질 수 있다고 보았다. 일단 효율성이 만들어지면, 그때부터 일정한 관성과 탄력을 받아 자연스럽게 수익을 창출할 수 있다는 것이다. 이를 부족하지만 필자가 이해한 방식으로 거칠게 정리하면 다음과 같다.

1. 상품을 최저가에 팔면서 최대한 많은 고객을 확보한다.
2. 가격 경쟁에서 밀린 경쟁자들이 떨어져 나가며 시장을 장악한다.
3. 고정 비용은 줄면서 효율성은 올라가 회사는 이익을 거두게 된다.
4. 새로운 영역에 이익을 재투자하여 아마존의 생태계 안으로 끌어들인다.
5. 시장이 늘면서 고객이 늘어나면 가격을 더욱 낮출 수 있게 된다.
6. 더 낮아진 가격으로 더 많은 고객을 아마존 안으로 끌어들일 수 있게 된다.

그 어디에도 이윤이나 마진을 보겠다는 구상이 들어 있지 않다. 베조스가 아마존닷컴의 인프라를 깔면서 역점을 두었던 건 단기 마진이 아니라 매출을 통해 일어난 현금 흐름이 어떻게 고정 비용을 낮추고 비즈니스의 효율을 높이느냐였다. 그러기 위해서 그는 어느 정도 수준으로 올라올 때까지 적자를 보더라도 무조건 고객을 유입시킬 수 있는 비즈니스 정책을 표방해야 했다. 입이 떡 벌어질 정도로 소비자 가격을 낮췄고, 무료배송 및 100% 소비자 만족 보증 같은 친소비자 프로그램을 출범시켜 고객들을 플랫폼에 오래 남아 있는 충성스런 소비자로 만들었다. 충성도 높은 고객들이 모인 네트워크는 확장성이 크기 때문에 마케팅 부담 없이도 새로운 상품군을 끊임없이 추가할 수 있다. 그렇게 하기 위해 회사는 무엇을 하면 될까? 간단하다. 일단 파이가 충분히 커질 때까지 시쳇말로 '존버' 해야 한다.

2007년, 어느 정도 시장을 장악했다고 판단한 베조스는 승부수를 걸었다. 바로 아마존 프라임Amazon Prime 서비스를 시작한 것이다. 이는 79달러의 연회비를 내고 서비스에 가입한 모든 고객에게 킨들Kindle을 무료로 제공하고 주문 후 이틀 내에 도착하는 특급 배송을 1년 동안 무료로 이용할 수 있는 유료 전환 서비스였다. 한마디로 아마존이라는 놀이동산이 제공하는 정액 시즌권이었다. 아마존 프라임 서비스에 가입한 소비자에게는 영화, 드라마, 음악, 트위치 등 다양한 콘텐츠 스트리밍이 무료로 제공된다. 현재 아마존 프라임 회원은 미국 내에서만 4천 9백만 명이 넘으며, 전 세계에서는 무려 1억 명에 달한다. 베조스는 상대적으로 아마존 프라임 서비스에 미온적인 50대 이상의 고객들을 노리고 2017년 유기농 전문 식품 체인인 홀푸드를 160억 달러에 인수하며 오프라인 유통에도 뛰어들었다. 프라임 나우를 이용하면 식품이나 생필품 등을 2시간 이내에 받아볼 수 있다. 이 모든 서비스가 플라이휠 전략으로 얻어진 결과다.

이혼으로 얼룩진 베조스의 하마르티아

21세기 최고의 부호로 꼽히지만, 베조스처럼 극단적인 평가를 받는 부자도 드물다. 베조스는 2013년 영국 BBC가 선정한 '올해 최고의 CEO'에 이름을 올렸다. 그러나 2014년에는 국제노총ITUC이 선정한 '최악의 CEO'에 이름을 올렸다. 한쪽에서는 잡스 이후 최고 경영 혁신가로 평가받고 있지만, 다른 한쪽에서는 노동계를 시원하게 말아먹은 폭군으로 비난받고 있다. 그 이유는 무엇일까? 아마존이 학대에 가까운 노동 환경을 나 몰라라 한다는 비판은 사실 어제오늘의 일이 아니다. 특히 물류센터의 경우, 업무 스트레스와 빡빡한 통제, 비인간적인 작업 환경 때문에 사건 사고가 끊이지 않았다.

2015년부터 2017년까지 3년간 영국에 산재한 14개 아마존 물류센터로 응급차가 출동한 건수가 600건이나 된다는 통계가 있다. 2019년에는 미국의 한 아마존 창고에서 제품 스캔 및 재고 정리 업무를 하던 남성 직원이 심장마비로 쓰러져 사망하는 사건이 발생했다. 아마존은 그가 바닥에 쓰러졌음에도 아무런 응급조치를 취하지 않고 20여 분 방치했다는 비난을 받았다. 그 덕분에 아마존은 2019년 미국 산업안전건강위원회가 꼽은 '올해 가장 일하기 위험한 사업장' 12곳 중 하나로 꼽히기도 했다. 애플에 이어 사상 두 번째로 시가총액 1조 달러가 넘는 세계적인 대기업이 노동시장에 드리운 음울한 그림자가 아닐 수 없다. 상황이 개선될 기미가 보이지 않자 버니 샌더스 민주당 상원의원은 노동 착취를 일삼는 기업들에게 제제를 가하는 소위 '반-아마존법'을 발의하겠다고 으름장을 놓았다. 5백 명 이상을 고용한 회사를 대상으로 하는 이 법안은 시간당 15달러 미만을 받는 근로자들이 정부로부터 받는 푸드 스탬프, 주택 바우처, 학교 점심, 의료 지원 등의 혜택에 대해 100% 악덕 고용주에게 세금을 환수하겠다는 것이 골자다.

코로나-19 사태가 악화되던 2020년 3월, 미국 아마존 물류창고 직원들에게 장갑, 마스크, 손세정제 등 개인 방역 물품을 하나도 지급하지 않았다는 의혹이 제기된 가운데, 물류창고에서 근무하던 한 직원이 코로나-19에 감염되자 창고 폐쇄를 우려한 경영진이 이를 덮으려 했다는 사실이 밝혀지기도 했다. 아마존은 나머지 직원들에게 상황을 정확하게 고지하지 않았고, 결국 노조는 파업을 결의했다. 문제는 아마존이 파업을 불법으로 규정하고 해고와 같은 초강수를 두었다는 점이다. 이에 아마존 계열사의 한 간부가 "공포 분위기를 조성하기 위해 문제점에 항의하는 직원들을 해고하는 이런 쓰레기 같은 직장에서 더 이상 일할 수 없다."며 스스로 회사를 사직하는 일이 벌어졌다.[218] 심지어는 2020년 7월, 워싱턴에 있는 베조스의 저택 앞에 프랑스혁명 때 시민들이 내걸었던 단두대를 설치하고 부당한 해고에 항의하는 시위대도 등장했다.

이쯤에서 우리는 잡스와 베조스를 같은 선상에 놓고 둘의 공통점을 비교하지 않을 수 없다. 둘 다 한때 최고 부호 자리를 놓고 다투던 CEO였고, 자신의 분야에서 최고의 혁신을 이룩했다. 그러면서 동시에 직원들과의 관계, 특히 현장의 의사소통에 있어 일정한 문제점을 노출했다. 초창기 아마존닷컴 멤버 중 한 명이었던 카판은 베조스를 이렇게 평가했다. "그는 미래에 대한 강력한 비전을 가진 영리한 사업가이면서도, 많은 것을 요구하고 세세한 부분까지 관리하려 드는 리더입니다. 상사로 모시려면 스트레스를 많이 받을 수밖에 없어요. 초창기 멤버 가운데 지금까지 남아 있는 사람이 거의 없는데, 그런 그의 스타일도 한몫했지요. 그는 굉장히 변덕스럽고, 사람들이 모두 있는 자리에서 부하 직원을 가혹하게 야단치며 몰아붙이는 나쁜 습관을 가졌습니다."[219] 「뉴욕타임스」는 아마존닷컴 전현직 임직원 100여 명을 인터뷰한 뒤 회사의 뒤틀린 기업 문화를 집중 보도하기도 했다. 기사에 따르면, 아마존닷컴은 회의에서 직원들이 모욕을 느낄 때까지 서로 논쟁하고 비판하도록 유도했다. 근무 태도가 좋지 않거나 일을 제대로 하지 못하는 동료 직원을 상사에게 바로 알릴 수 있는 전용 전화기를 설치했고, 쌍둥이를 출산한 다음 날에 출장을 보내기도 했다.[220]

언제부턴가 베조스는 언론에서 최저 기본 소득을 말하기 시작했다. 베조스는 과연 친노동 정책을 펴는 최고경영자일까? 언뜻 보면 그는 노동자의 편에 서서 물류의 혁신을 부르짖는 투사 같다. 하지만 자세히 들여다보면, 물류의 자동화를 통해 엄청난 인력 감축과 그에 따른 인건비 지출을 줄여나가는 쪽으로 회사를 경영하고 있다. 2012년 아마존은 모바일 로봇 전문업체 키바 시스템즈Kiva Systems를 7억 7천 5백만 달러에 인수했다. 이후 베조스는 자사 물류와 유통 현장에서 빠르게 인력을 지워가고 있다. 현재 아마존은 자사의 물류창고를 1천여 대의 아마존 로봇으로 관리하고 있다. 아마존 로봇은 아마존이 취급하고 있는 2천만 종 이상의 제품을 실시간 주문에 맞춰 정확하게 찾아내 배송 작업을 진행한다. 소비자가 아마존 전자상거래 쇼핑몰에서 제품을 고르고 결제하면 아마존 로봇이 주문서에 따라 물류창고에서 제품을 찾아내 배송 트럭에 싣기까지 평균 10분이 채

걸리지 않는다고 한다.

앞으로 아마존을 비롯한 전자상거래 플랫폼은 거대한 열기구형 공중 물류창고를 하늘에 띄워놓고 인공지능이 탑재된 수만 대의 드론이 일사분란하게 제품을 고객의 집까지 배송하는 시대를 맞이할 것이다. 한 기관의 추정에 따르면, 아마존은 이렇게 2017년 한 해에만 소매유통업 분야의 일자리 7만 6천 개를 없앴다고 한다. 이 정도라면 아마존 물류창고에서 21세기판 '러다이트 운동Luddite Movement'이 일어나지 않는 게 도리어 이상하다. 이뿐만이 아니다. 2018년, 아마존은 직원과 현금 결제 없이 소비자가 별도의 애플리케이션을 다운받아 이용할 수 있는 무인 상점 아마존-고Amazon-Go를 론칭했다. 오프라인 잡화점에서 직원조차 없애버린 것이다. 딥러닝 알고리즘과 센서를 통해 고객이 선반에서 물건을 꺼내면 고객의 아마존 가상 카트에 자동으로 추가되고, 고객이 물건을 다시 선반에 올려놓으면 그 물건은 자동으로 가상 카트에서 제거된다. 이로 인해 미국 내 매장 계산원 340만 명이 일자리를 위협받게 되었다. 이 인원은 미국 내 노동 인구 2.6%에 해당하며, 초중고 교사를 모두 합한 어마어마한 수치다.

러다이트 운동

1811년에 영국에서 일어난 대규모 기계 파괴 운동이다. 18세기 영국에서 일어난 산업혁명의 여파로 기계화된 방직기가 출현했다. 이에 생존에 위협을 느낀 숙련

공들이 밤이 되면 몰래 망치를 들고 침입해 기계를 고장 내거나 아예 공장을 불태웠다. 네드 러드Ned Ludd라는 인물이 이 운동을 주도했다고 하여 러다이트 운동이라 불리지만, 그가 실존 인물인지는 알려지지 않았다. 러다이트 운동이 실패로 끝나자 노동자들은 보통 선거를 요구하는 차티스트 운동Chartist Movement을 전개하기 시작했다. 19세기 말 차티스트 운동으로 결집한 노동자들이 마르크스주의와 맞물려 정치 세력이 되어 오늘날 영국 노동당이 출현하게 되었다. 시간이 지나면서 이 용어는 일반적으로 산업화, 자동화, 컴퓨터화, 신기술을 반대하는 사람을 의미하게 되었다. 오늘날에도 컴퓨터 자동화와 기술의 발전, 인공지능AI과 사물인터넷IoT의 보급으로 노동력의 수요가 줄어들고 일자리를 위협받게 되면서 일부 노조를 중심으로 네오-러다이트 운동Neo-Luddite Movement이 일어나고 있다.

하지만 베조스의 하마르티아는 전혀 다른 곳에서 파열음을 냈다. 2019년, 베조스는 영원한 반려자이자 사업 파트너였던 아내 맥킨지와의 이혼을 전격 발표했다. 전 세계는 조만장자의 깜짝 이혼 발표에 경악했다. 몇 달 뒤 미국의 황색언론「내셔널 인콰이어러」는 베조스의 이혼이 로렌 산체스Lauren Sanchez라는 여인과의 불륜 때문이라고 보도했다. 유명인들의 사생활을 카메라에 담는 파파라치들은 8개월 동안 베조스와 산체스가 경비행기와 리무진, 헬리콥터, 5성급 호텔 등에서 애정행각을 벌이는 모습을 찍어 잡지에 팔았다. 세계 최고 갑부의 마음을 사로잡은 산체스는「더 뷰」,「래리 킹 라이브」,「쇼비즈 투나잇」등에 출연한 TV 앵커였다. 베조스와 관계를 가질 때 그녀 역시 배우 에이전트 회사를 운영하던 남편을 둔 유부녀

였다. 산체스가 의도적으로 접근했는지, 베조스가 먼저 대시했는지는 정확하지 않지만, 베조스가 산체스에게 블루 오리진의 일을 맡기면서 급격히 가까워졌다고 한다.

사람들의 이목은 이혼 후 맥킨지가 받게 될 위자료의 액수로 모아졌다. 호사가들의 입방아는 연일 계속되었고, 각종 추측과 무성한 뒷이야기가 이어졌다. BBC는 베조스가 맥킨지에게 350억 달러, 우리나라 돈으로 39조 8천억 원에 달하는 위자료를 지불하기로 합의했다고 발표했다. 또한 베조스가 가지고 있던 회사 지분 16.4% 중 4%를 맥킨지에게 넘기기로 했으며, 부부의 공동 소유였던 「워싱턴포스트」와 블루 오리진의 지분은 베조스에게 양도하는 것으로 결정했다. 맥킨지는 이혼으로 인해 하루아침에 미국에서 두 번째로 부유한 여성이 되었다.

파티장에서 포즈를 취한 산체스(가운데)와 베조스(우)
(출처: bloomberg.com)

흥미로운 점은 베조스는 이혼 후 주변 사람들의 우려를 불식시키기라도 하듯 더 부유해졌다는 사실이다. 2020년 코로나-19 사태로 아마존닷컴의 주가가 치솟았고, 덩달아 그의 자산 가치는 1,716억 달러까지 오르며 역대 최대치를 기록한 것이다. 정말이지 운이 좋은 소는 뒷걸음질을 치다가도 쥐를 잡고, 잘되는 놈은 앞으로 넘어져도 돈을 줍는다. 여담인데, 베조스의 엑스 와이프가 된 맥킨지는 게이츠 부부가 세운 기빙플레지를 통해 자신의 재산 중 절반 이상을 사회에 환원하겠다고 공언했다.

제프 베조스의 분석 차트

독창성	★★★
진실성	★★★
성실성	★★★
계획성	★★★★★
개방성	★★★★

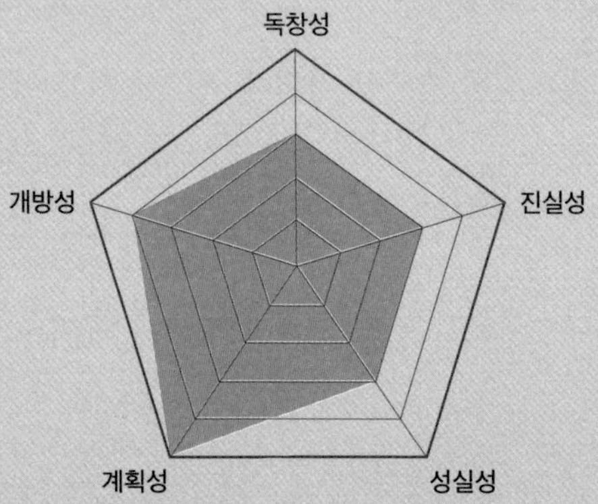

제프 베조스의 연표

1964년 뉴멕시코 주 앨버커키에서 테드 요르겐센(Ted Jorgensen)과 재클린 자이스(Jacklyn Gise) 사이에서 태어남

1966년 친모 재클린이 미구엘 베조스(Miguel Bezos)와 재혼하면서 베조스라는 성을 받음

1982년 플로리다 주 마이애미 팔메토 고등학교를 수석으로 졸업하고 프린스턴대학 물리학과에 입학함

1986년 통신 프로토콜 벤처기업 피텔에 입사함

1988년 뱅커스 트러스트에 컴퓨터 관리자로 이직함
입사 10개월 후 최연소 부사장이 됨

1990년 금융사 D. E. 쇼로 이직함
입사 1년 후 최연소 부사장이 됨

1993년 맥킨지 터틀(MacKenzie Scott Tuttle)과 결혼함

1994년 아마존닷컴을 창업함

1997년 기업공개로 백만장자에 등극함

1998년 음악 스트리밍과 비디오로 사업을 다각화함

2000년 민간 우주탐사기업 블루 오리진을 설립함

2001년 직원 1,300명을 해고하고 구조조정을 실시함

2007년 아마존 프라임 서비스를 시작함

2011년 킨들 파이어를 출시함

2012년 키바 시스템즈를 인수함

2013년 「워싱턴포스트」를 인수함

2017년 홀푸드를 인수함

2018년 무인 상점 아마존-고를 론칭함

2019년 아내 맥킨지와 공식적으로 이혼함

참고문헌

■ 국내서

『성서』, 대한성서공회

게이츠, 윌리엄 H., 『게이츠가 게이츠에게: 나눔을 실천하는 사람으로』, 이수정 역, 2010, 국일미디어

김환표, 『우리의 일상을 지배하는 IT 거인들: 알리바바의 마윈부터 아마존의 제프 베저스까지』, 2016, 인물과사상사

디킨스, 찰스, 『찰스 디킨스의 영국사 산책: 세계 대문호와 함께 2천 년 영국 역사를 걷다』, 민청기 & 김희주 역, 2014, 옥당

로우, 재닛, 『빌 게이츠, 미래를 바꾸는 기술: 빌 게이츠 성공 스토리』, 최인자 역, 1999, 문학세계사

마뇨, 알렉산드로 마르초, 『돈의 발명: 유럽의 금고 이탈리아, 금융의 역사를 쓰다』, 김희정 역, 2015, 책세상

모턴, 프레더릭, 『250년 금융재벌 로스차일드 가문』, 이은종 역, 2008, 주영사

미치아키, 다나카, 『미중 플랫폼 전쟁 GAFA vs BATH: AI시대 메가테크 기업, 최후 승자는?』, 정승욱 역, 2019, 세종서적

바루디오, 귄터, 『악마의 눈물, 석유의 역사』, 최은아, 조우호, 정항균 역, 2004, 뿌리와이파리

버핏, 워런 & 게이츠, 빌, 『빌 게이츠& 워런 버핏, 성공을 말하다』, 김광수 역, 2004, 윌북

번스타인, 윌리엄, 『부의 탄생』, 김현구 역, 2008, 시아출판사

번스타인, 피터 L., 『황금의 지배』, 김승욱 역, 2001, 경영정신

브랜트, 리처드 L., 『원클릭: 아마존 창립자 제프 베조스의 4가지 비밀』, 안진환 역, 2012, 자음과모음

빔, 조지, 『아이 스티브: 스티브 잡스 어록』, 이지윤 역, 2011, 쌤앤파커스

산시로, 요코하마, 『슈퍼리치 패밀리: 로스차일드 250년 부의 비밀』, 이용빈 역, 2011,

한국경제신문사
살락, 키라, 『팀북투로 가는 길: 서아프리카 전설 속 황금도시를 찾아가는 1,000킬로미터 여행』, 박종윤 역, 2011, 터치아트
샌드버그, 셰릴 & 그랜트, 아담, 『옵션 B』, 안기순 역, 2017, 와이즈베리
슐렌더, 브랜트 & 테트젤리, 릭, 『비커밍 스티브 잡스』, 안진환 역, 2017, 혜윰
스톤, 브래드, 『아마존, 세상의 모든 것을 팝니다: 아마존과 제프 베조스의 모든 것』, 야나 마키에이라 역, 2014, 21세기북스
슬레이터, 로버트, 『빌 게이츠와 스티브 발머의 마이크로소프트 재창조』, 김기준 역, 2005, 조선일보사
아이작슨, 월터, 『스티브 잡스』, 안진환 역, 2015, 민음사
아이작슨, 월터, 『이노베이터: 창의적인 삶으로 나아간 천재들의 비밀』, 정영목 역, 2015, 오픈하우스
올러클린, 제임스, 『버핏, 신화를 벗다』, 조성숙 역, 2004, 이콘
월터, 예카테리나, 『저커버그처럼 생각하라: 페이스북의 창업자 마크 저커버그의 성공 원칙』, 황숙혜 역, 2013, 청림출판
윌킨, 샘, 『1% 부의 비밀: 세계 최고 부자들을 통해 본 돈의 메커니즘』, 이경남 역, 2018, 알키
이글턴, 캐서린 & 윌리암스, 조너선, 『화폐의 역사』, 양영철 역, 2008, 말글빛냄
잔지지언, 바한, 『버핏톨로지의 비밀』, 김기준 역, 2008, 비즈니스맵
줌토르, 폴, 『정복왕 윌리엄: 노르망디 공작에서 잉글랜드 왕으로』, 김동섭 역, 2020, 글항아리
처노, 론, 『부의 제국 록펠러: 그 신화와 경멸의 두 얼굴 1』, 안진환 역, 2010, 21세기북스
카네기a, 앤드루, 『철강왕 카네기 자서전』, 박별 역, 2011, 나래북
카네기b, 앤드루, 『부의 복음』, 박별 역, 2014, 예림북
캠프너, 존, 『권력 위의 권력 슈퍼리치: 2천 년을 관통한 부의 공식』, 김수안 역, 2015, 모멘텀
커크패트릭, 데이비드, 『페이스북 이펙트』, 임정민 & 임정진 역, 2010, 에이콘
킬패트릭, 앤드루, 『워런 버핏 평전 1 인물』, 안진환 & 김기준 역, 2008, 월북
테들로우, 리처드 S., 『사업의 법칙 1: 일곱 거인, 그들이 이룩한 제국』, 안진환 역,

2003, 청년정신

퍼거슨, 니얼, 『전설의 금융 가문 로스차일드 1: 돈의 예언자(1798~1848)』, 윤영애 역, 2013, 21세기북스

포드, 헨리, 『나의 삶과 일』, 이주명 역, 2019, 필맥

포드, 헨리, 『헨리 포드의 국제유대인: 세계에서 가장 심각한 문제』, 김현영 역, 2013, 리버크레스트

프리먼, 조슈아 B., 『더 팩토리: 공장은 어떻게 인류의 역사를 바꿔왔는가』, 이경남 역, 2019, 시공사

플루타르코스, 『플루타르코스 영웅전 2』, 박현태 역, 2016, 동서문화사

헤로도토스, 『역사』, 박현태 역, 2008, 동서문화사

호이저, 우베 장 & 융클라우센, 존, 『신화가 된 30인의 기업가: 메디치에서 하워드 슐츠까지』, 이온화 역, 2015, 넥서스BIZ

히버트, 크리스토퍼, 『메디치 스토리: 부, 패션, 권력의 제국』, 한은경 역, 2001, 생각의 나무

■ 외서

Kane, Ousmane Oumar, 『Beyond Timbuktu: An Intellectual History of Muslim West Africa』, 2016, Harvard University Press

Roover, Raymond De, 『The Medici Bank: Its Organization, Management, Operations, and Decline』, 1948, New York University Press

Ward, Allen Mason, 『Marcus Crassus and the late Roman Republic』, 1977, University of Missouri Press

Windsor, Rudolph R., 『From Babylon to Timbuktu: A History of the Ancient Black Races Including the Black Hebrews』, 2003, Lushenan Books

미주

1. 「욥기」 38장 4절
2. 「욥기」 1장 1절, 3절
3. 「욥기」 1장 4절
4. 이글턴, 49
5. 「욥기」 1장 8절
6. 「욥기」 1장 9~11절
7. 「욥기」 1장 12절
8. 「욥기」 1장 14~19절
9. 「욥기」 2장 9절
10. 「욥기」 2장 10절
11. 「욥기」 3장 1~3절
12. 「욥기」 4장 5~7절
13. 「욥기」 6장 24~28절
14. 「욥기」 8장 13~15절
15. 「욥기」 9장 2~3절
16. 「욥기」 11장 2~3절
17. 「욥기」 12장 3절
18. 「욥기」 42장 12절
19. 샌드버그, 23
20. 샌드버그, 45
21. 「욥기」 40장 7절
22. 이글턴, 25~26
23. 헤로도토스, 86
24. 헤로도토스, 62
25. 헤로도토스, 25
26. 헤로도토스, 25
27. 헤로도토스, 26
28. 헤로도토스, 57
29. 헤로도토스, 58
30. 헤로도토스, 59
31. 헤로도토스, 60
32. 플루타르코스, 996
33. 플루타르코스, 998
34. 플루타르코스, 999
35. 플루타르코스, 994~995
36. 플루타르코스, 1012
37. 플루타르코스, 1015
38. 플루타르코스, 1017
39. 플루타르코스, 1022
40. 플루타르코스, 1023
41. 쿼토르, 187
42. 쿼토르, 274~275
43. 쿼토르, 382
44. 쿼토르, 385
45. 쿼토르, 187
46. 쿼토르, 393~394
47. 디킨스, 82
48. 쿼토르, 419
49. 디킨스, 93
50. 쿼토르, 582~583
51. 쿼토르, 585
52. https://www.bbc.com/news/world-africa-47379458
53. Windsor, 95
54. indsor, 95
55. Windsor, 96~97
56. Kane, 51
57. https://en.wikipedia.org/wiki/Gold
58. 살락, 10
59. 살락, 36
60. 살락, 238
61. 살락, 37
62. 살락, 239
63. 히버트, 56~57

64. Roover, 31
65. Roover, 34
66. 히버트, 115
67. 마뇨, 89
68. 호이저, 21
69. 호이저, 22
70. 호이저, 22~23
71. 히버트, 74
72. 호이저, 24
73. 히버트, 3
74. 히버트, 53
75. 히버트, 90
76. 히버트, 91~92
77. 히버트, 96
78. 히버트, 213
79. 호이저, 25
80. 히버트, 125
81. 히버트, 127
82. 모턴, 42
83. 산시로, 70
84. 산시로, 73
85. 호이저, 35
86. 호이저, 35
87. 모턴, 60
88. 모턴, 136
89. 호이저, 36
90. 호이저, 36~37
91. 호이저, 38
92. 호이저, 37
93. 호이저, 40
94. 호이저, 41
95. 모턴, 90
96. 모턴, 91
97. 모턴, 92
98. 호이저, 43
99. 모턴, 93~94
100. 모턴, 94
101. 모턴, 154
102. 모턴, 113
103. 「갈라디아서」 4장 4절
104. 바루디오, 251
105. 「베드로전서」 5장 8절
106. 바루디오, 252
107. 바루디오, 263
108. 바루디오, 249
109. 바루디오, 250
110. 바루디오, 249
111. 바루디오, 264
112. 카네기b, 9
113. 카네기b, 10
114. 카네기a, 65
115. 카네기a, 72~73
116. 카네기b, 23~24
117. 카네기b, 24
118. 카네기b, 30
119. 테들로우, 94
120. 카네기b, 31
121. 카네기a, 267
122. 카네기a, 169~270
123. 테들로우, 98
124. 테들로우, 99
125. 「마태복음」 6장 3절
126. 테들로우, 96
127. 테들로우, 96
128. 테들로우, 119
129. 카네기a, 335
130. 카네기a, 367
131. 카네기b, 66

132. 카네기b, 72~73
133. 카네기a, 84~85
134. 카네기b, 91
135. 포드a, 44
136. 포드a, 46~47
137. 포드a, 45
138. 테들로우, 243
139. 포드a, 46
140. 포드a, 47
141. 테들로우, 243
142. 포드a, 48~49
143. 포드a, 54
144. 포드a, 60
145. 포드a, 61~62
146. 테들로우, 256~257
147. 포드a, 155~156
148. 포드a, 351
149. https://www.pbs.org/wgbh/americanexperience/features/henryford-antisemitism/
150. 포드b, 677~678
151. 테들로우, 299
152. 로우, 22
153. 로우, 24
154. 「마태복음」 5장 6절
155. 슬레이터, 136
156. 로우, 32
157. 로우, 40
158. 슬레이터, 137~138
159. 로우, 45
160. 슬레이터 138
161. 슬레이터, 139~140
162. 게이츠, 103~104
163. 로우, 53
164. 로우, 54
165. 슬레이터, 142~143
166. 슬레이터, 42
167. 슬레이터, 65
168. 슬레이터, 71
169. 슬레이터, 73
170. 버핏, 81
171. 올러클린, 186
172. 올러클린, 179
173. 잔지지언, 159
174. https://www.theguardian.com/business/2011/aug/15/warren-buffett-higher-taxes-super-rich
175. 잔지지언, 228
176. 잔지지언, 236
177. 슐렌더, 49
178. 슐렌더, 59
179. 슐렌더, 59~61
180. 슐렌더, 53
181. 슐렌더, 54
182. 커크패트릭, 40
183. 월터, 41
184. 월터, 42
185. 월터, 44
186. 월터, 52
187. 월터, 56
188. 커크패트릭, 50
189. 월터, 57
190. 월터, 98
191. 커크패트릭, 52
192. 커크패트릭, 57
193. 커크패트릭, 53
194. 커크패트릭, 59
195. 커크패트릭, 65

196. 월터, 92
197. 커크패트릭, 75
198. 커크패트릭, 78
199. 커크패트릭, 80
200. 커크패트릭, 66
201. 커크패트릭, 125
202. 김환표, 268
203. 월터, 270
204. 김환표, 272
205. 스톤, 12
206. 브랜트, 44
207. 브랜트, 42
208. 브랜트, 50
209. 브랜트, 55
210. 브랜트, 61
211. 브랜트, 61
212. 브랜트, 66
213. 브랜트, 89
214. 브랜트, 91
215. 브랜트, 93
216. 브랜트, 136
217. 브랜트, 178
218. https://news.g-enews.com/view.php?ud=2020050511182576109a1f309431_1
219. 브랜트, 225
220. https://www.hankyung.com/international/article/2015081888641

부자의 탄생과 몰락에서 배우는 투자 전략

부자의 역사

1판 1쇄 | 2021년 4월 1일

지은이 | 최종훈
펴낸이 | 박상란
펴낸곳 | 피톤치드
교정교열 | 김동화 디자인 | 롬디
마케팅 | 최다음 경영 | 박병기

출판등록 | 제 387-2013-000029호
등록번호 | 130-92-85998
주소 | 경기도 부천시 길주로 262 이안더클래식 133호
전화 | 070-7362-3488
팩스 | 0303-3449-0319
이메일 | phytonbook@naver.com

ISBN | 979-11-86692-64-6 (03320)

※ 가격은 뒤표지에 있습니다.
※ 잘못된 책은 구입하신 서점에서 바꾸어 드립니다.